MEDJUGORJE

Das Friedensangebot Gottes an die Welt

Umschlagseite: Marienstatue auf dem Kirchplatz in Medjugorje

Das Foto wurde von der Gebetsaktion Medjugorje, Postfach 18, A-1153 Wien zur Verfügung gestellt. Ein vierteljährliches Heft über Medjugorje kann bei diesem Verein bezogen werden.

PARVIS-VERLAG
CH-1648 HAUTEVILLE / SCHWEIZ

ISBN 3-907523-12-1

Peter Zimmermann

MEDJUGORJE

Das Friedensangebot Gottes an die Welt

Erlebnisse
Berichte
Interviews

PARVIS-VERLAG
CH-1648 HAUTEVILLE / SCHWEIZ

Gebet zur Königin des Friedens

Heiligste Jungfrau, du bist die Mutter Gottes und unsere liebevolle Mutter. Infolge deiner Würde als Gottesmutter darfst du teilnehmen am Vorrecht deines göttlichen Sohnes, an seiner allumfassenden Königsherrschaft. Wir sind deine demütigen Diener, deine treuen Kinder. Wir fühlen uns getröstet, wenn wir daran denken, wie der Erlöser der Menschen von den Propheten und den Engeln zu Bethlehem sich ankündigen ließ unter dem schönen Titel Friedenskönig, wie es ebenso dir höchst angenehm und willkommen sein muß, wenn wir dich als Königin des Friedens anrufen und verehren. Dieser Titel paßt so gut für dein mütterliches Herz.

Mit ganzer Seele, mit großer Inbrunst flehen wir zu dir. Durch deine mächtige Fürsprache halte Zwietracht und Haß von den Völkern fern, lenke alle Herzen auf den Weg brüderlicher Liebe und des Friedens! Liebe und Frieden hat Jesus die Menschen gelehrt und ihnen eindringlich ans Herz gelegt zu ihrem allgemeinen Wohl. Auf diesem Weg sucht die Heilige Kirche unaufhörlich uns zu leiten. Ruhmreiche Königin, schau huldvoll herab auf die väterlichen Bemühungen unseres Heiligen Vaters, des Stellvertreters deines göttlichen Sohnes hier auf Erden, und gib ihm einen glücklichen Erfolg! Unermüdlich ist er tätig, die Menschen hinzuführen zum einzigen Mittelpunkt, wo Rettung möglich ist, zum Glauben, und sie in der Einheit des Glaubens zu erhalten. Hilf uns, daß auch wir dem gemeinsamen Vater uns kindlich unterwerfen und eingehen auf seine wohlgemeinten Absichten. Schenke auch den Lenkern unseres Vaterlands die rechte Einsicht! Gib, daß Eintracht herrsche in unseren Familien, Friede in unseren Herzen, christliche Liebe in der ganzen Welt! Amen.

Papst Pius XI.

Vorwort des Herausgebers

Wenn dieses neue Auflage — die erste wurde innerhalb zehn Monaten ausverkauft — auf den Markt kommt, dauern die Erscheinungen der Friedenskönigin Maria im jugoslawischen Dorf Medjugorje bereits über acht Jahre an. Die religiöse Presse der Welt hat dieser Tatsache ganze Spalten, ja, ganze Seiten gewidmet, und auch in deutscher Sprache gibt es schon viele Bücher, die sich in Wort und Bild mit diesen Ereignissen befassen.

War es also noch notwendig, das Manuskript, das uns Peter Zimmermann, ein Laie aus Deutschland, vorlegte, zu veröffentlichen? Herr Zimmermann hielt sich achtmal in Medjugorje, also an der Quelle, auf, um an einem Maximum von genauen, kontrollierten Informationen Vergleiche anzustellen. Er befragte die Seher über Stunden hin, er befragte die Franziskaner-Patres, die sich in der Pfarrei der Seelsorge widmen, er befragte den Bischof von Mostar, den Erzbischof von Split, den Kardinal von Zagreb und Kardinal Ratzinger in Deutschland.

Schon nach der ersten Lesung des Manuskriptes von Peter Zimmermann zögerten wir keinen Augenblick, dieses zu veröffentlichen. Peter Zimmermann leistet einen entscheidenden Beitrag zur besseren Kenntnis der Geschehnisse in Medjugorje, wie sie dort Tag für Tag ablaufen. Er kennt die Probleme, die entstehen mußten, als das Außergewöhnliche in die tägliche Stille eines Landdorfes hereinbrach, das nun plötzlich so viele Pilger heranfluten sieht, daß sie mehrmals die Zahl von 200000 am gleichen Tag übersteigen.

Es steht außer Diskussion: Das vorliegende Werk steht an erster Stelle für alle, die der Sache auf den Grund gehen, den Sachverhalt bis in die Einzelheiten kennenlernen wollen, die sich über die Ereignisse Klarheit verschaffen wollen, weil viel Unkenntnis und Verworrenheit herrscht, was sich auf die kirchlichen Behörden wie auf das gewöhnliche Kirchenvolk nachteilig auswirkt.

Jedermann kennt die Gründe der täglichen Anwesenheit Mariens in Medjugorje seit Jahren. Jedermann kennt ihre Botschaften und ihre Bitten. Von der Art und Weise, wie die Menschheit und vor allem die gläubigen Christen ihre Botschaften annehmen und in die Tat umsetzen, hängt Gedeih und Verderb der Großzahl der Menschen ab.

Daß doch alle, die die Ereignisse von Medjugorje überdacht haben, sich in den Dienst des Friedens und der Friedenskönigin stellen!

Wir freuen uns, das vorliegende Werk allen Verehrern der Friedenskönigin von Medjugorje vorlegen zu dürfen. Sie werden daraus Kraft schöpfen, ihre Überzeugung stärken und ihren Apostelgeist beleben.

Wer durch die Lektüre dieses Buches Medjugorje erst kennenlernt, spürt sicher einen starken Anstoß, an den Gnadenort zu pilgern, um sich an Ort und Stelle persönlich von den Ereignissen zu überzeugen, die in Wort und Bild nur unvollkommen dargestellt werden können.

Möge die Gospa — so nennen die Kroaten Maria — alle segnen, die dieses Buch im rechten Sinn und Geist lesen! Sie möge alle erleuchten, die ihr immer noch ihr Herz verschließen! Es ist unser Wunsch, daß wir alle zu Füßen Mariens, unserer Himmelsmutter, eine einzige Familie bilden, indem wir Gott lieben und ihm dienen, indem wir unsere Brüder und Schwestern lieben, wie Jesus es uns gelehrt und Maria es uns vorgelebt hat.

André Castella

1.
Warum ich nach Medjugorje reiste

Als im Sommer 1981 das Fernsehen, mehrere Tageszeitungen und einige Zeitschriften über die angeblichen Mutter-Gottes-Erscheinungen in Medjugorje (Jugoslawien) berichteten, war ich äußerst skeptisch. Durch Zufall fand ich einen Prospekt des Miriam-Verlages in Jestetten. Darin wurde ein Buch über Medjugorje angekündigt. Dieses Buch mit dem Titel *«Erscheinungen der Gottesmutter in Medjugorje» von Marijan Ljubić* war schnell bestellt. Als ich das Kapitel «Wie ich Medjugorje erlebt habe» las, reifte in mir der Entschluß, sobald wie möglich diesen Ort zu besuchen.

Am meisten beeindruckte mich der Bericht über die subjektiven Empfindungen des Verfassers. Er schreibt: «Was ich während der Erscheinung fühlte, war, die Gospa, die Königin des Himmels, die Mutter meines Gottes und Heilandes und meine Mutter ist da... Ich habe nichts gesehen, nichts Außergewöhnliches, außer die Seher vor mir. Aber in mir brannte das Herz. Trotz bestem Willen kann ich nicht genau beschreiben, was in mir vorging, besonders am dritten Abend. Das Bewußtsein der Anwesenheit der Gospa hat mich so sehr ergriffen, daß mich bestimmt keine Macht der Erde in meinem Glauben erschüttern könnte, daß die Gospa wirklich da war. Nie mehr werde ich vergessen können, was ich in diesen Augenblicken in meinem Innern erlebte... Ist es also ein Wunder, daß ich mich nach diesen drei Tagen nicht von dieser geweihten Stelle losreißen konnte! Mein Herz ist dort geblieben» *(S. 95/96).*

Gerade dieser Bericht war es, der mich zutiefst beeindruckte. Seit dieser Zeit kreisten meine Gedanken um diese Erscheinungen, und für mich stand fest, daß ich bei der nächsten Gelegenheit nach Medjugorje fahren würde. Mein sehnlichster Wunsch war es, einmal während der Visionen in der Kapelle anwesend sein zu dürfen.

2.
Die Ereignisse, die die Erscheinungen von Medjugorje umgeben

Am 24. Juni 1981 erblickten Ivanka Ivanković und Mirjana Dragićević die Gestalt einer Frau. Am gleichen Tag gegen Abend sahen die beiden Mädchen die Erscheinung nochmals. Vor ihren Augen gewahrten sie eine Dame, die ein Kind in ihren Armen hielt. An diesem Tag sahen sechs Jugendliche die Erscheinung am Berg Crnica. Genau an diesem Tag vor 264 Jahren «schlossen sich am 24. Juni 1717, am kirchlichen Festtag des heiligen Johannes des Täufers, vier Londoner Freimaurerlogen zur ersten Groß-Loge der Welt zusammen. Dieses Datum gilt als der offizielle Geburtstag der spekulativen Geistesmaurerei» *(Manfred Adler, «Die Freimaurer und der Vatikan»).*

Am 25. Juni 1981, bei der zweiten Erscheinung, sind anwesend: Vicka Ivanković, Marija Pavlović, Ivanka Ivanković, Mirjana Dragićević, Jakov Čolo und Ivan Dragićević. Diese sechs Jugendlichen werden von jetzt an regelmäßig die Erscheinung sehen.

Am 26. Juni 1981 bittet die Dame um die Bekehrung des Volkes. Die Erscheinung bittet unter Tränen um Umkehr, Versöhnung, Buße, Fasten und Gebet. Auf die Frage, wer sie sei, antwortet die Dame: «Ich bin die selige Jungfrau Maria.»

Am 29. Juni 1981 werden die Seher in Čitluk und später in Mostar von Psychiatern untersucht und für normal erklärt.

Am 30. Juni 1981 werden die Seher vom Erscheinungsberg weggelockt. Sie haben aber in Cerno eine Erscheinung.

Am 1. Juli 1981 bitten die Seher die Gläubigen, täglich das Glaubensbekenntnis, sieben Vaterunser, sieben Gegrüßt seist du Maria und sieben Ehre sei dem Vater zu beten.

Anfang Juli 1981 wird für die Pilger in der Pfarrkirche eine Abendmesse eingeführt. Seit diesem Datum ist für die Pilger jeden Abend ein Gottesdienst.

Am 25. Juli 1981 verteidigt Bischof Žanić die Seher gegen die Angriffe der Behörden.

Am 2. August 1981 berichten etwa 150 Augenzeugen von einem Sonnenphänomen.

Am 6. August 1981 sehen zahlreiche Pilger und Einheimische am Himmel das Wort MIR (Friede).

Am 13. August 1981 wird der Zugang zum Erscheinungsberg von den Behörden offiziell verboten. Die Seher aber haben von jetzt an die Visionen in Privathäusern.

Am 17. August 1981 werden der Pfarrer und der Kaplan von Medjugorje verhaftet, und das Pfarrhaus wird durchsucht.

22. Oktober 1981: Verurteilung des Pfarrers von Medjugorje.

28. Oktober 1981: Hunderte von Augenzeugen sehen am Berg ein geheimnisvolles Feuer, das 15 Minuten sichtbar ist, aber keine Spuren hinterläßt.

11. Januar 1982: Einsetzung einer Untersuchungskommission.

14. Januar 1982: Die Erscheinungen sind von jetzt an in der Pfarrkirche von Medjugorje.

24. Juni 1982: Zum ersten Jahrestag der Erscheinungen kommen Zehntausende von Pilgern (geschätzte Zahl 50000).

25. Dezember 1982: Die Seherin Mirjana Dragićević hat ihre letzte regelmäßige Erscheinung. Die Gottesmutter hat ihr zehn Geheimnisse anvertraut.

17. Februar 1983: Der ehemalige Pfarrer von Medjugorje wird nach 18 Monaten aus der Haft entlassen.

24. Juni 1983: Zum zweiten Jahrestag der Erscheinungen kommen wieder viele Pilger (geschätzte Zahl 130000).

25. Juni 1983: Das Betreten des Erscheinungsberges Crnica und des Kreuzberges Križevac wird durch die Behörden wieder erlaubt.

11. September 1983: 50-Jahr-Jubiläum der Errichtung des großen Betonkreuzes auf dem Križevac, das von den Gläubigen 1933 errichtet wurde.

16. November 1983: Bischof Žanić besucht Medjugorje.

2. Dezember 1983: Ein Schreiben über die Dringlichkeit der Botschaft von Medjugorje wird an den Papst geschickt.

25. Dezember 1983: Die Gottesmutter erscheint an diesem Tag mit dem göttlichen Kind.

Seit Anfang März 1984 gibt die Gottesmutter regelmäßig jeden Donnerstag durch die Seherin Marija Pavlović Botschaften an die Gläubigen.

23. und 24. März 1984: Die erste Sitzung der erweiterten Kommission findet an diesen beiden Tagen statt. Dieser Kommission gehören 14 Mitglieder an.

Im Mai 1984 findet in Mostar eine zweite Sitzung der Kommission statt.

Am 23. Mai 1984 wird Frau Diana Basile aus Italien von Multipler Sklerose und von Blindheit auf einem Auge geheilt.

Im Juni 1984 werden durch Professor Joyeux aus Montpellier (Frankreich) an den Sehern umfangreiche Tests durchgeführt.

5. August 1984: Nach Angaben der Erscheinung ist dies der 2000. Geburtstag der Gottesmutter. Sehr viele Pilger sind aus diesem Anlaß nach Medjugorje gereist.

14. August 1984: Die Gottesmutter bittet: «Ich möchte, daß die Menschen in diesen Tagen mit mir beten, und das in möglichst großer Zahl, daß sie mittwochs und freitags streng fasten, daß sie jeden Tag die freudenreichen, die schmerzhaften und die glorreichen Geheimnisse des Rosenkranzes beten.»

Im September 1984 wird der Kaplan von Medjugorje, P. Tomislav Vlašić, der angeblich die Seher manipuliert und die Welt getäuscht haben soll, in eine andere Pfarrei versetzt.

Am 30. Oktober 1984 schickt Bischof Žanić einen negativen Untersuchungsbericht über die Ereignisse in Medjugorje nach Rom.

Am 25. März 1985 ordnet der Ortsbischof an, die Erinnerungen an alle Ereignisse von Medjugorje auszulöschen.

Seit April 1985 finden die Erscheinungen im Pfarrhaus von Medjugorje statt.

Im April 1985 macht das staatliche slowenische Fernsehen Ljubljana Aufzeichnungen in Medjugorje.

Am 17. April 1985 wird auf der Jugoslawischen Bischofskonferenz in Zagreb über das Phänomen Medjugorje beraten.

Am 24. April 1985 zeigt das staatliche slowenische Fernsehen den Film «Wunder in Medjugorje». Auf vielfachen Wunsch der Zuschauer wird dieser Film im Mai 1985 erneut gezeigt.

Am 7. Mai 1985 hat die Seherin Ivanka Ivanković ihre letzte regelmäßige Erscheinung und sieht dabei ihre verstorbene Mutter.

Vom 15. bis 18. August 1985 macht das staatliche Fernsehen Belgrad Aufnahmen in Medjugorje.

Am 16. Oktober 1985 zeigt das staatliche Fernsehen Belgrad den Film über Medjugorje. Dann findet im Fernsehen eine Diskussion von Fachleuten über die dortigen Ereignisse statt.

Vom 7. Januar bis 24. Februar 1986 hatte die Seherin Vicka Ivanković keine Erscheinungen. Diese Pause steht im Zusammenhang mit einem besonderen Auftrag, den die Seherin von der Mutter Gottes erhalten hatte, der aber vorläufig geheim bleiben muß.

Am 2. Mai 1986 wird die Untersuchungskommission für Medjugorje durch Bischof Žanić aufgelöst. Vier Mitglieder der Kommission waren für die Fortsetzung der Arbeit, elf Mitglieder stimmten für die Beendigung der Untersuchung.

Mit Schreiben vom 3. Mai 1986 erlaubt der Supremo Tribunale della Segnatura Apostolica — das höchste Gericht der katholischen Kirche in Rom — den suspendierten Franziskanern, P. Ivica Vego und P. Ivan Prusina, einen Anwalt zu nehmen. Damit wird ihnen zum ersten Mal Gelegenheit gegeben, sich kirchenrechtlich zu verteidigen. Die Erlaubnis bedeutet aber auch eine erneute Überprüfung der Suspendierung.

Am 12. Mai 1986 wird Frau Agnes Heupel aus Münster in Sekunden von partieller Querschnittlähmung, unter der sie zwölfeinhalb Jahre leiden mußte, während einer Erscheinung geheilt. Etwa eineinhalb Stunden nach ihrer Heilung geht sie ohne Krücken auf den Erscheinungsberg und wieder zurück.

Am 8. Januar 1987 sagt die Erscheinung zu den Sehern: «Liebe Kinder, ich möchte euch auch weiterhin Botschaften geben, aber nicht mehr jeden Donnerstag, sondern am 25. jeden Monats.»

Am 9. Januar 1987 gibt das Sekretariat der jugoslawischen Bischofskonferenz folgende Presse-Erklärung heraus:

«Im Einklang mit den kanonischen Vorschriften, die sich auf die Sache der Beurteilung der angeblichen Erscheinungen und privaten Offenbarungen beziehen, hat die Diözesankommission, die zu diesem Zweck vom Bischof von Mostar, dem Ortsordinarius, gegründet worden war, die Ereignisse in Medjugorje einer Überprüfung unterzogen. Während dieser Überprüfung hat sich gezeigt, daß die

Bedeutung der Geschehnisse, um die es sich handelt, die Grenzen dieses Bistums weit überschreitet.

Daher hat es sich im Sinn oben angeführter Vorschriften als zweckmäßig erwiesen, daß die Arbeit auf dem Niveau der Bischofskonferenz fortgesetzt und aus diesem Grund eine neue Kommission einberufen werde.

Die Glaubenskongregation wurde darüber informiert. Diese hat ihre Anerkennung für die Arbeit der Diözesankommission unter der Verantwortung des Ortsordinarius zum Ausdruck gebracht, und sie hat angeregt, diese Arbeit auf dem Niveau der bischöflichen Nationalinstanzen fortzusetzen.»

Aus diesem Anlaß beruft die Bischofskonferenz Jugoslawiens die Kommission ein, damit diese die Überprüfung der Ereignisse in Medjugorje weiterführe, indem sie die Resultate der Kommissionsarbeit und das Urteil der Kirche erwartet.

Die Hirten und Gläubigen sollen die in solcher Lage übliche Besonnenheit wahren. Deshalb ist die Organisation von Wallfahrten oder andere Kundgebungen, die den Geschehnissen von Medjugorje einen übernatürlich motivierten Charakter beimessen würden, nicht zulässig.

Die Marienfrömmigkeit muß mit den Richtlinien des kirchlichen Lehramtes und insbesondere mit den Richtlinien des Apostolischen Rundschreibens "Marialis Cultus" vom 2. Februar 1974 im Einklang stehen» *(AKSA, 16. Januar 1987).*

Am 9. April 1987 übernahm Bischof Franjo Komarica den Vorsitz der neueingesetzten Untersuchungskommission für Medjugorje.

Am Gründonnerstag 1987 erlebte eine junge Atheistin aus Köln eine einzigartige Bekehrung in der Erscheinungskapelle von Medjugorje.

In der Woche vom 19. bis 24. Juli 1987 besuchte der Päpstliche Nuntius für Irland, Msgr. Alibrandi, privat den Wallfahrtsort Medjugorje.

Am 25. Juli 1987, am Fest des heiligen Jakobus, des Kirchenpatrons von Medjugorje, spendete Bischof Žanić von Mostar dort das Sakrament der Firmung. In seiner Predigt erklärte er, daß die angeblichen Erscheinungen unecht seien, es handle sich um Betrug und Halluzination.

Wenige Stunden später legte die Amerikanerin Mrs. Rita Mary Klaus nach der Pilgermesse am Abend Zeugnis von ihrer einzigartigen Heilung nach 26 Jahren ab. Bei dieser Heilung verschwanden die schweren Deformationen infolge der Multiplen Sklerose an ihren Beinen vollständig. Ebenso wurde ihr blindes Auge geheilt. Aus großer Dankbarkeit betete sie am Altar vor dem ganzen Volk das Magnifikat, den Lobgesang der Gottesmutter.

Im September 1987 verbot Bischof Žanić den Sehern von Medjugorje das Betreten des Pfarrhauses, in dem sie bisher regelmäßig ihre Erscheinungen hatten. Von dieser Zeit an haben die Seher ihre Visionen auf der Empore der Pfarrkirche in Medjugorje.

Im September 1987 wurde nochmals von der kroatischen Bischofsversammlung darauf hingewiesen, daß private Wallfahrten nach Medjugorje erlaubt seien und von einem Priester begleitet werden dürfen.

Im Januar 1988 besuchte der philippinische Botschafter in Moskau, Alejandro Melchior, den Wallfahrtsort Medjugorje und gab ein Interview für das katholische Nachrichtenblatt «*Sveta baština*». Im gleichen Monat kamen drei Bischöfe und 33 Priester aus Brasilien, um in Medjugorje ihre Exerzitien zu halten.

Vom Februar bis August 1988 weilte die Seherin Marija Pavlović in Parma (Italien).

Im März 1988 besuchten etwa 50 französische Journalisten Medjugorje und informierten sich über die Ereignisse.

Am 24. Juni 1988, dem 7. Jahrestag der Erscheinungen, weilte der Camerlengo der Vatikanstadt, Kardinal Johannes Willebrands, in Medjugorje.

Am 25. September 1988 wurde die Seherin Vicka Ivanković von einem langen Sühneleiden befreit. Bereits im Januar 1988 offenbarte ihr die Gottesmutter, daß sie an diesem Tag geheilt werde. Der Termin der Heilung wurde vorher einigen Mitgliedern der Kommission mitgeteilt.

Im Oktober 1988 fand in Leutesdorf am Rhein eine Theologentagung über Medjugorje statt.

Im gleichen Monat wurde der Pfarrer von Medjugorje, Pater Tomislav Pervan, versetzt. Sein Nachfolger wurde Pater Leonard Oreć, der viele Jahre in der Diözese Fulda als Seelsorger tätig gewesen war.

Im November 1988 wurde Bischof Žanić zum Administrator für das Bistum Dubrovnik ernannt; er bleibt weiterhin Bischof von Mostar und Duvno.

Im Dezember 1988 spendete die Seherin Marija Pavlović ihrem kranken Bruder eine Niere.

Während des Jahres 1988 besuchten mehr als 12000 Priester und etwa 50 Bischöfe und Kardinäle den Wallfahrtsort Medjugorje.

Vom 12. bis 27. Mai 1989 fand eine Sühne-Fußwallfahrt von Marienfried bei Ulm nach Salzburg statt. Es ist die erste Etappe der Fußwallfahrt auf dem Weg nach Medjugorje.

Im September 1989 heiratete die Seherin Mirjana Dragićević in der Pfarrkiche St. Jakob in Medjugorje.

Bis Ende Oktober 1989 waren von etwa 1000 gemeldeten Heilungen 350 ärztlich anerkannt.

Ich fragte den damaligen Pfarrer von Medjugorje, P. Tomislav Pervan, über den Ablauf der Liturgiefeier. Er erwiderte:

«Um 18 Uhr beginnen die Gläubigen mit dem freudenreichen Rosenkranz, dann wird der schmerzhafte Rosenkranz gebetet. Um 19 Uhr beginnt der Gottesdienst. Dieser wird immer für den Frieden und die Anliegen der Pilger zelebriert. Während des Gottesdienstes wird immer gepredigt. Gegen 20 Uhr beten alle das Glaubensbekenntnis, sieben Vaterunser, sieben Gegrüßt seist du Maria und sieben Ehre sei dem Vater. Hierauf werden die religiösen Gegenstände geweiht. Dann folgt das Gebet der Priester über die Kranken. Schließlich wird der glorreiche Rosenkranz gebetet. Im Winter findet alles eine Stunde früher statt. Zwischen 18.45 und 19 Uhr haben die Seher ihre Erscheinung im Pfarrhaus.»

Der neue Pfarrer von Medjugorje, Pater Leonard Oreć, erklärte mir, daß seit September 1988 jeden Mittwoch und jeden Samstag das Allerheiligste ausgesetzt wird. Die Anbetung erfolgt im Sommer von 22.30 bis 23.30 Uhr und im Winter von 21.30 bis 22.30 Uhr. Außerdem ist donnerstags nach dem Abendgottesdienst eine Anbetungsstunde vor dem Allerheiligsten.

Nach dem Verbot des Bischofs von Mostar dürfen die Seher ihre Erscheinungen weder in der Kirche noch im Pfarrhaus haben. Seitdem erscheint die Gottesmutter den Sehern dort, wo sie sich gerade aufhalten. Dadurch ist es den Pilgern nicht mehr möglich, bei den Visionen dabei zu sein, da sie weder den Ort noch die Zeit der Erscheinung kennen.

3.
Was sagen Personen, die Verantwortung in der Kirche tragen, über die Ereignisse in Medjugorje

Wiederholt äußerte sich der Heilige Vater über die Ereignisse in Medjugorje.

In der Zeitschrift *«La vita del popolo»* vom 1. Februar 1987 erklärte der Bischof von Treviso, Mgr. Mistrorigo: «Der Papst hat gezeigt, daß er die Ereignisse in Medjugorje gut kennt. Er meint, es sei nichts Schlechtes, daß an diesem Ort gebetet wird, daß man die Sakramente empfängt und ein ernstes geistiges Leben beginnt.»

In der Zeitschrift *«Heiliges Erbe» (Svetoj baštini)* vom März 1988 heißt es: «Vom 15. bis 22. Januar weilten drei brasilianische Bischöfe und 33 Priester in Medjugorje. Sie hielten dort ihre Exerzitien und nahmen an den Andachten der Wallfahrer teil. Auf dem Weg nach Medjugorje kamen sie in Rom mit Papst Johannes Paul II. zusammen. Als der Papst erfuhr, daß sie nach Medjugorje reisen, hat er sie ermuntert und gesegnet und sich selbst ihren Gebeten empfohlen. Er feierte mit ihnen zusammen die heilige Messe.»

In der gleichen Zeitschrift wird Bischof Murillo Krieger zitiert. Bevor er Medjugorje verließ, hielt er eine Abschiedsrede an die Gläubigen dieses Wallfahrtsortes. Er sagte: «Bei unserer Abreise in Brasilien hatten wir den einen Wunsch: nach Medjugorje zu kommen und eine Woche lang in der Marienschule zu verbringen. Aber wir hatten uns überhaupt nicht vorstellen können, daß so viele und reichliche Gnadengeschenke auf uns warteten. Unsere Exerzitien in Medjugorje begannen eigentlich in Rom am vorletzten Mittwoch, als wir uns mit dem Heiligen Vater trafen. Er spornte uns am Grab des heiligen Petrus an, bei diesen Exerzitien unseren Glauben zu festigen und uns unsere priesterlichen Pflichten ins Bewußtsein zu rufen.»

Ljudevit Rupčić schreibt in seinem Buch *«Medjugorje in der Heilsgeschichte» (Miriam Verlag, Jestetten)* im Kapitel «Was sagt die Kirche?»: «Don Vittorio Dal Sass und sein Kollege feierten mit Papst Johannes Paul II. die Messe. Nach der Messe fragte dieser den Papst: "Darf ich nach Medjugorje gehen?", worauf der Papst antwortete: "Warum nicht?" Derselbe Papst hat am 24. Januar 1987 eine Gruppe von Bischöfen aus Norditalien empfangen. Als einer von ihnen fragte: "Wie sollen wir uns Medjugorje gegenüber verhalten?" antwortete der Papst: "Ich wundere mich über diese Frage. Habt ihr nicht von den erstaunlichen Früchten gehört, die dort gedeihen?"» *(S. 185).*

Der jüngste Bischof der USA, Weihbischof Carl A. Fischer von Los Angeles, weilte in Medjugorje. Vor seiner Ankunft war er offiziell in Rom. Als er dem Papst gegenüber erwähnte, daß er nach Medjugorje fahren werde, sagte dieser: «Geh mit meinem Segen!» *(Sveta baština, Dezember 1988).*

In einem Interview erklärte Kardinal Gordon Joseph Gray: «Ich weiß, daß der Papst das Marianische Jahr wegen der Botschaften der Mutter Gottes in Medjugorje gewollt hat. Ich weiß, daß der Papst die Erscheinungen von Medjugorje privat annimmt... weil das, was die Wahrheit dieser Erscheinungen bestätigt, die vielen Früchte sind» *(«Italiani in Scozia», Glasgow, Oktober-November 1987, S. 12).*

Bischof Paolo Hnilica, aus Rom, erklärte: «Der Heilige Vater ist von der Echtheit der Erscheinungen überzeugt» *(«Medjugorje aktuell», Nr. 2, Beuren, April 1989).*

Kardinäle und Bischöfe urteilen über Medjugorje

Der Päpstliche Nuntius für Irland, Msgr. Gaetano Alibrandi, erklärte: «In Medjugorje habe ich großen geistlichen Trost und Stärkung gefunden» *(«Sveta baština» Duvno, Oktober 1987).*

Kardinal Joseph Ratzinger, Präfekt der Glaubenskongregation, stellte klar: «Das Verbot offizieller Pilgerfahrten bedeutet nicht, daß private Gruppen und Einzelpilger nicht dorthin wallfahren dürfen» *(Ingeborg Obereder, «Medjugorje – Einladung zum Frieden», Veritas Verlag, Linz 1987, S. 159).*

Kardinal Hans Urs von Balthasar (+) warnte: «Es gibt nur eine einzige Gefahr für Medjugorje, daß die Menschen an Medjugorje vorbeigehen» *(L. Rupčić, Medjugorje – Ereignis und Wirkung für Kirche und Welt, Tonbandkassette Nr. 8986, Weto-Verlag, Meersburg, 1989).*

Kardinal Agnelo Rossi hat als Vorsitzender einer Jury das Buch *«Ich schaute die Gottesmutter» von Pater Janko Bubalo OFM* über Gespräche mit der Seherin Vicka Ivanković aus Medjugorje mit dem italienischen Buchpreis «Lettera ai credenti» ausgezeichnet.

Kardinal Franjo Kuharić, der Vorsitzende der Jugoslawischen Bischofskonferenz, betont: «Wir müssen die guten Früchte, besonders die vielen Bekehrungen, anerkennen und Gott für sie dankbar sein» *(Marijan Ljubić, «Erscheinungen der Gottesmutter in Medjugorje», Miriam Verlag, Jestetten, 1986, S. 101).*

Kardinal František Tomašek aus Prag bemerkt: «Ich persönlich bin von den Erscheinungen in Medjugorje tief überzeugt und bin tief dankbar... Persönlich bin ich fest davon überzeugt, daß Medjugorje die Fortsetzung von Lourdes und Fatima ist. Die kirchliche Kommission hat sicherlich das letzte Wort, aber die Botschaften müssen wir schon jetzt mit Freude annehmen und leben» *(«Medjugorje», Nr. 8, Wien, 1988).*

Kardinal Guiseppe Siri aus Genua stellt fest: «Ich kann nur sagen, daß ich sehe, wie viele als Heiden von Genua nach Medjugorje fahren und dann mit dem Rosenkranz in der Hand zurückkommen» *(«Il Resto del Cartino», Bologna, 10. April 1987, S. 6).*

Bischöfe urteilen über Medjugorje

Bischof Seamus Hegarty von Irland stellt fest: «An ihren Früchten sollt ihr sie erkennen. Und die Früchte sind so offenkundig, so klar und eindrucksvoll... daß sie einfach nicht ignoriert werden können... Meine wichtigste Erfahrung in Medjugorje war die Zeit, während der ich Beichte hörte... Ich bin sicher, daß ich in diesen drei Stunden mehr wesentliche und tiefer aus dem Herzen kommende Beichten gehört habe als in den einundzwanzig Jahren meines Priestertums. Und ich konnte nicht anders als betroffen sein von der Gnadenwirkung — der deutlichen Gnadenwirkung...» *(«Medjugorje», Nr. 8, Wien, 1988).*

Bischof Myles McKeon aus West-Australien beschreibt die Früchte von Medjugorje mit den Worten: «Hier in Medjugorje sah ich die Wiederherstellung all der Dinge, über deren Vernachlässigung in vielen Teilen der Welt wir traurig sind... Dann sehe ich, daß das ganze Geschehen eucharistisch ist... Wenn Menschen zum Sakrament der Versöhnung zurückkehren, dann ist das großartig... Jesus und Maria sind hier spürbar» *(«Medjugorje», Nr. 9, Wien, 1988).*

Bischof Joseph Devine aus Schottland zieht Vergleiche: «Den Beweis für die Echtheit der Erscheinungen sehe ich in den Früchten. Während in Lourdes die dortige Bevölkerung wie die Paganer (Menschen, die heidnische Elemente in ihren christlichen Glauben aufgenommen haben — Anm. des Verf.) lebt, obwohl die Erscheinungen anerkannt sind, erfahre ich hier in Medjugorje, daß ein guter Teil der Bevölkerung sich auf eine Heiligung hin bewegt» *(«Italiani in Scozia», Glasgow, Oktober-November 1987, S. 11).*

Bischof Michael Pfeifer aus Texas schreibt in seinem Hirtenbrief: «Die Botschaften von Medjugorje weisen die gesunde Lehre auf... Frieden durch Glauben, Gebet, Fasten, Buße und Umkehr, das ist das Herz der Botschaften der Madonna, wie die Seher berichten... Es ist das Wunder der bekehrten Herzen, des geänderten Lebens» *(«idu», Nr. 39, Maria Roggendorf, September 1988, S. 3).*

Erzbischof Mario Peressin aus Italien warnt: «Ich kann von den Pilgerfahrten nach Medjugorje nicht abraten, denn ich habe so viele Leute erlebt, die zehn, fünfzehn, ja zwanzig Jahre nicht in der Kirche waren, und nun, nachdem sie in Medjugorje waren, sind sie alle bekehrt» *(«Eco di Medjugorje», Nr. 38, San Giorgio di Mantova, März 1987).*

4.
Gottes Wirken in Medjugorje und über seine Grenzen hinaus

Während meiner sieben Besuche in Medjugorje, bei denen ich etwa zwei Monate dort weilte, verblüfften mich immer wieder die Aussagen der Einheimischen und der Pilger aus aller Welt über ihre Erlebnisse an diesem Erscheinungsort. Dabei führte ich Interviews mit Personen aus allen fünf Kontinenten. Die große Zahl der Aussagen zeigt mit einmaliger Deutlichkeit, daß Gott hier und in der ganzen Welt seine Gnaden durch Maria in unvorstellbarer Fülle austeilt. Je mehr ich die Menschen dort befragte, um so deutlicher kam mir zum Bewußtsein, daß ich nur einen winzigen Prozentsatz von dem erfaßte, was Gott an diesem Gnadenort zum Heil der Menschen wirkt.

Gottes Wirken und Walten in Medjugorje und über seine Grenzen hinaus läßt sich sehr leicht auf einen Nenner bringen. Dieser Nenner heißt: die Blinden sehen, die Lahmen gehen, die Tauben hören, die Bedrängten werden aufgerichtet, die Trauernden werden getröstet, den Schuldbeladenen wird verziehen, die Friedlosen erfahren einen tiefen Frieden, kurz gesagt, Gott macht alles gut.

Bei meinen Interviews hatte ich nie den Verdacht, daß meine Gesprächspartner mir etwas Unwahres sagen würden. Aus allen Gesprächen spürte ich die große Dankbarkeit für die empfangenen Gnaden heraus.

Da ich keine Veranlassung fand, an ihren Aussagen zu zweifeln, interessierten mich auch die Namen meiner Gesprächspartner wenig. Lediglich bei den geheilten Personen fragte ich, ob ich den Namen veröffentlichen dürfe. Von den elf Geheilten erlaubten mir neun die Veröffentlichung. Obgleich ich nur bei den Geheilten um Name und Adresse fragte, erhielt ich dennoch etwa 50 Anschriften meiner

Gesprächspartner. Da ich diese nicht um die Erlaubnis ihrer Namensveröffentlichung bat, möchte ich sie hier auch nicht erwähnen, um niemand zu nahe zu treten.

Es kann hier nur eine Auswahl dieser Interviews gebracht werden. Es ist auch kaum möglich, diese Gnaden zu katalogisieren, denn die Befragten hatten zum Teil gleichzeitig oder nacheinander mehrere Gnadenerlebnisse. Dennoch versuchte ich, eine Einteilung dieser Gnaden zu finden. Es sind:

a) Interviews und Berichte über besondere Erlebnisse;
b) " " über Phänomene;
c) " " über Mutter-Gottes-Erscheinungen;
d) " " von Personen in großer Not;
e) " " über Heilungen;
f) " " von Nichtkatholiken;
g) " " von Bekehrten.

A) Interviews und Berichte über besondere Erlebnisse in Medjugorje

Eine junge Frau und Mutter aus Bayern berichtete: «Unser letzter Besuch in Medjugorje in diesem Jahr (1985) war bereits unser dritter. Ich empfinde Medjugorje als einen Ort, an dem der Himmel den Menschen ganz nahe ist. Auch habe ich bei jedem meiner Besuche den Trost und die Hilfe der Mutter Gottes in meinem persönlichen Anliegen erfahren dürfen. Jeder dort verlebte Tag wird von innerer Freude begleitet, und jeder Abschied von Medjugorje empfinde ich als einen Abschied von unserer wahren, himmlischen Heimat.»

In Medjugorje fragte ich ***einen jungen Mann aus der Schweiz***, warum er innerhalb eines Jahres zum dritten Mal diesen Ort besuche. Er antwortete:

«Ich möchte Gott immer mehr lieben, denn hier hat mir Gott eine besondere Gnade geschenkt: Er hat mein Herz geöffnet. Ich möchte Gott immer mehr kennenlernen, ihm näher kommen und ihn lieben. Ich habe noch nie in meinem Leben einen so tiefen Frieden erlebt, und dieser Friede strahlt auf meine Mitmenschen aus. Sie fühlen sich zu mir hingezogen und ich zu ihnen. Das habe ich mehrmals erfahren. Diesen Frieden habe ich von Medjugorje nach Lausanne mitgenommen. Ich habe geweint bei der Erkenntnis, daß ich jetzt meine Mitmenschen aus ganzem Herzen lieben kann. Diese Liebe hat auch Früchte gebracht. Diese Ausstrahlung hat sich auf meine Umgebung ausgewirkt und hat vor allem junge Menschen zum Nachdenken über Gott veranlaßt und zwar so stark, daß viele von ihnen nach Medjugorje fahren, um diesen inneren Frieden mit Gott zu finden. Beim Empfang der heiligen Kommunion fühlte ich einmal in meinem Innern einen großen Schmerz über die Seelen, die in Gefahr sind, ewig verloren zu gehen.»

Zwei Frauen aus Süddeutschland berichteten mir über ihre Erfahrungen, die sie in Medjugorje gemacht hatten.

Sie stimmten darin überein, daß die Gottesmutter mit der Botschaft, die sie in Medjugorje gibt, die Menschen zu Jesus führen will. Beide sehen ihr besonderes Gnadengeschenk darin, daß sie durch die Befolgung dieser Botschaft von der Jungfrau Maria systematisch und absolut zu Jesus geführt werden.

Eine der Damen erklärte mir, wie sie auf den Erscheinungsort Medjugorje aufmerksam geworden war: «Ich las ein Buch darüber, dann fühlte ich mich nach Medjugorje hingezogen. Hinzu kam eine große Freude am Gebet. Später beeindruckte mich die Frömmigkeit der Bevölkerung von Medjugorje. Bei meinen beiden Besuchen in Medjugorje bin ich Gott näher gekommen. Ich fühle, daß mich Maria zu ihrem Sohn geführt hat, aber ich danke ihr zu wenig dafür. Heute übergebe ich meine Probleme, Ängste und Sorgen Jesus. Was Gott will, das möchte ich auch. Ich erlebe immer wieder Rückschläge, aber indem ich alles Gott überlasse, finde ich meinen inneren Frieden.»

Diese Aussage beeindruckte mich besonders, denn ich hatte erfahren, daß meine Gesprächspartnerin jahrelang an den Rollstuhl gefesselt war.

Die andere Dame ergänzte: «Seit wir in Medjugorje waren, beten wir täglich den Rosenkranz, manchmal sind wir nur drei Personen, aber oft sind bis zu 20 Beter beisammen. Wir beten den Rosenkranz jeden Tag um die gleiche Zeit. Viele haben das Bedürfnis, mit uns den Rosenkranz zu beten. Wir versuchen die Botschaft von Medjugorje in unserem Leben zu verwirklichen so gut wir können.»

Übereinstimmend erklärten beide Damen: «Die Begegnung mit der Botschaft von Medjugorje war eine große Bereicherung für unser Leben; sie führte zu einer totalen Umkehr. Unser Verhältnis zu den

Mitmenschen hat sich positiv entwickelt. Die Nächstenliebe hat heute einen großen Stellenwert, aber man muß sich auch selbst annehmen können. Heute lesen wir täglich in der Heiligen Schrift. Auch das Fasten macht uns nichts aus, wir fühlen uns wohl dabei. Wir halten sehr viel vom Fasten.»

In Medjugorje fragte ich ***eine ältere Dame aus Wien,*** was sie hierher geführt habe. Sie gab mir zur Antwort:

«Ich bin 80 Jahre alt und besuche Medjugorje zum sechsten Mal. Ich habe hier für mein Innenleben viel profitiert. Mein Gebetsleben ist intensiver geworden, so daß ich das Gefühl habe, mein Herz bete mit. Ich bin zu einer allumfassenden Liebe gekommen, so daß ich jetzt für das Handeln meines Nächsten immer eine Entschuldigung suche. Ich werde immer wieder durch die Frömmigkeit der Einheimischen und der Pilger hierhergezogen.»

In der Nähe von Medjugorje traf ich ***eine Amerikanerin.*** Sie berichtete:

«Im April 1985 besuchte ich Medjugorje zum ersten Mal. Es war eine sehr weite Reise, denn ich lebe in Chicago. Wegen der langen Reise hatte ich mir schon vorgenommen, nicht mehr hierher zu kommen. Aber jetzt (es war August 1985) bin ich wieder da, irgend etwas hat mich hierhergezogen. Ich verbrachte im April 1985 nur zwei Tage in Medjugorje, aber ich war von den Ereignissen tief beeindruckt. Als ich nach zwei Tagen nach Rom weiterreiste, war ich sehr traurig. Wenn ich die Wahl gehabt hätte, wäre ich in Medjugorje geblieben, aber ich befand mich in einer Reisegesellschaft. Während meiner drei Tage in Rom fühlte ich, daß ich einen Fehler gemacht hatte. Rom war die "Ewige Stadt", die Stadt der Liebe. Sie war aufregend und voll von Kunstschätzen. Jetzt schien sie mir leer. Mein Herz war in Medjugorje, in diesem kleinen, einfachen Dorf, wo jeder Komfort fehlt. Als ich nach Hause zurückkehrte, fühlte ich, wie mir durch Medjugorje eine Wahrheit geoffenbart wurde, nach der ich immer gesucht hatte. Ich konnte dieses kleine Dorf nicht mehr aus meinen Gedanken verdrängen. Eines Tages wurde mein größter Wunsch erfüllt. Ich kam am 11. Juli 1985 in Medjugorje an und verbrachte dort sechs Wochen mit den Menschen dieses kleinen Dorfes. Ich bin von der Echtheit der Erscheinungen und von der Dringlichkeit der Botschaft überzeugt.»

Im September 1985 begegnete ich ***einer Mutter von fünf Kindern aus Deutschland.*** Sie erzählte mir:

«Ich wollte am Karsamstag 1985 mit dem Seher Ivan und einer Gruppe von Pilgern auf den Kreuzberg in der Nähe von Medjugorje gehen. Es war etwa 23 Uhr. Bei der siebten Kreuzwegstation hatte Ivan eine Erscheinung der Gottesmutter. Er fiel auf die Knie. Auch alle Pilger knieten nieder. Ich war zwei, drei Meter hinter Ivan. Plötzlich sah ich im linken oberen Winkel des Kreuzes einen Lichtstrahl. Weiter oben auf der linken Seite des Kreuzes erblickte ich eine Wolke, die immer heller wurde und auf mich zukam. Dann spürte ich, wie sich mein Herz weitete und wieder zusammenzog. Ich sah die Gottesmutter nicht. Die Wolke ging zurück und wurde dunkler. Ivan stand auf und berichtete die Worte der Gospa. Sinngemäß sagte die Gottesmutter, daß sie sich über unser Kommen freue und daß sie für uns bete. Sie wünsche, daß wir wieder kommen und daß wir das, was wir gesehen und erlebt haben, verbreiten.

Nach diesem Erlebnis wurde ich von einer tiefen Reue und einer großen Freude erfüllt; ich wollte nur noch allein sein. Über dieses Ereignis mußte ich fast fünf Tage weinen, an zwei Tagen war ich nicht in der Lage, ins Geschäft zu gehen.» Während ihres Berichtes war Frau B. so tief beeindruckt, daß ihr die Tränen über das Gesicht liefen.

Ich fragte sie: «Hat sich seither in Ihrem Leben etwas geändert?» Spontan antwortete sie: «Ich habe meine Sünden erkannt und fühle mich als der schlechteste Mensch der Welt. Jetzt erkenne ich Fehler und Sünden, die ich sonst nie so empfunden habe. Einmal hat mich mein Sohn schwer gekränkt; da ging ich zur Gottesmutter und zu Jesus und merkte, wie sehr ich ihnen weh getan hatte. Das erfüllte mich mit tiefer Reue. Ich bete jetzt für alle Menschen, besonders für meine Verwandten, damit sie nicht verloren gehen. Vor allem bete ich um die Bekehrung der Sünder. Das religiöse Gespräch ist für mich ein sehr großes Anliegen geworden. Seit diesem Erlebnis habe ich eine große Ruhe und einen tiefen Frieden, der durch nichts gestört wird. Mein Gebetsleben ist viel intensiver geworden. Ich spüre beim Beten eine große Freude, so daß mir manchmal die Tränen kommen. Jetzt faste ich freitags bei Wasser und Brot. Ich habe mich überwunden, eine Person, die für mich abstoßend und ekelhaft war und die sich monatelang die Haare nicht waschen ließ, zu pflegen. Es ist eigenartig, diese Frau sah ich bei meinem Erlebnis auf dem Kreuzberg in Medjugorje sehr deutlich vor mir. Jetzt kann ich Dinge für sie tun, die ich vor meinem Erlebnis für unmöglich hielt. Ich tue alles aus Liebe zu unserem Herrgott.»

In Medjugorje fragte ich ***einen jungen Mann aus Serbien,*** warum er zu wiederholten Malen unter schwierigsten Bedingungen hierher gepilgert sei. Er erwiderte: «Seit ich in Medjugorje war, habe ich Frieden in meinem Herzen. Ich bin seither sehr glücklich. Meine Probleme übergebe ich der Gospa, deshalb habe ich keine Probleme mehr. Ich bete mehr als früher und esse und trinke freitags nichts. Jetzt möchte ich täglich zur heiligen Kommunion gehen, aber wegen meines Berufes kann ich nicht. Meine Freundin ging mit mir das erste Mal nach Medjugorje. Vor 20 Tagen ist sie in den Karmel (strenger Orden) eingetreten, vorher wollte sie heiraten. Ich war schon viermal in Medjugorje, und ich glaube, daß Maria dort die Menschen besucht. Die Leute in Medjugorje glauben an die Erscheinungen und beten zu Gott. Maria ist in unser Leben eingetreten und liebt uns. In Medjugorje erlebte ich, daß Maria meine Mutter und die Mutter aller Menschen ist. Ich verstehe nicht, warum der Bischof das nicht glauben kann. In Medjugorje ist nicht der Teufel, sondern Maria wirksam. Meine Freunde haben mit eigenen Augen gesehen, wie sich das Kreuz auf dem Berg drehte.»

Ich fragte einen ***Chemiker aus Belgien,*** warum er nach Medjugorje gekommen sei. Er antwortete: «Ich halte seit meiner Bekehrung in San Damiano im Jahre 1970 Vorträge über Mystik.

Ich hatte zusammen mit meiner Familie 1969 einen schweren Verkehrsunfall. Meine Frau lag im Sterben, sie hatte einen Wirbelbruch im Halsbereich C II, das Gehirn war beim Unfall schwer geschädigt worden; sie konnte nicht mehr sprechen. Meine zwei Kinder und ich selbst kamen mit leichten Verletzungen davon. Im Krankenhaus der Universität Amsterdam sagte einer der Neurologen: "Bleiben Sie ruhig, in ein oder zwei Tagen ist alles vorbei."

Nach zwei Tagen sagte der gleiche Mediziner: "Sie haben kein Glück, Ihre Frau wird am Leben bleiben, aber sie wird zeitlebens ihren Verstand nicht mehr gebrauchen können." Nach zwei Monaten war meine Frau vollständig geheilt, kein Mensch konnte diese Heilung erklären. Die Ärzte waren ratlos. Zwei Monate lang hatte ich Gott wegen meines harten Schicksals schwere Vorwürfe gemacht.

Meine Frau sagte nach ihrer Heilung: "Jetzt habe ich verstanden, daß man jeden Tag sterben kann. Wir müssen deshalb das Leben genießen, solange wir auf Erden sind." Trotz dieser unerklärlichen Heilung entfernten wir uns immer mehr von Gott. Später sagte meine Mutter: "Verstehst Du denn nicht, warum Deine Frau gesund geworden ist? Ich hatte eine Ordensschwester vom Karmel gefragt, ob sie für euch beten würde. Später erzählte diese Schwester, daß sie zusammen mit dem ganzen Kloster zur Mutter Gottes vom Berge Karmel und zu Pater Pio gebetet hätte." Die Schwester bat uns, nach San Giovanni Rotondo zu P. Pio und nach San Damiano zu fahren. Nach vielen Schwierigkeiten fuhr ich zusammen mit meiner Frau, aber ohne unsere Kinder, nach San Damiano. Dort erlebten wir ein großes Wunder, das drei Stunden dauerte. Auf der Rückreise haben wir in Ars eine Generalbeichte abgelegt. Zu Hause begann ich sofort mit Vorträgen über Pater Pio und San Damiano, dabei benutzte ich auch Dias. Später hielt ich auch Vorträge über andere Erscheinungsorte und über stigmatisierte Menschen.

Im August 1984 ging ich nach Medjugorje. Am Tag der Ankunft sah ich abends eine große Silhouette von Pater Pio. Diese Silhouette kam aus der untergehenden Sonne. Sie war sehr deutlich. Das war für mich ein persönliches Zeichen. Später erzählte ich diese Begebenheit der Seherin Marija Pavlović, und ich fragte sie: "Was sagst Du dazu?" Sie lächelte und ich wiederholte meine Frage. Sie schaute mir in die Augen und sagte: "Bei Gott ist alles möglich." Im August 1984 habe ich dreimal die leuchtende Silhouette der Gottesmutter statt des Betonkreuzes gesehen, jedesmal 15 bis 20 Minuten lang. Als ich das P. Rupčić in der Beichte berichtete, sagte er: "Das ist hier ganz normal. Hunderte von Pilgern haben das schon gesehen." Während meiner Besuche in Medjugorje sprach ich mit allen Sehern und allen Priestern der Pfarrei.»

Als ich den Chemiker fragte, was den größten Eindruck auf ihn gemacht habe, antwortete er: «Den größten Eindruck machten auf mich nicht die Ekstasen der Seher, sondern das Gespräch mit Marija Pavlović. Sie war für mich wie ein Engel. Großen Eindruck machten auf mich auch die vielen Leute, die beichteten.»

Ich fragte den Mann, was er in Medjugorje innerlich empfunden habe, darauf erwiderte er: «Das Glück, der Friede und die große geistige Kraft, die ich in San Damiano bei meiner Bekehrung empfangen hatte, steigerten sich in Medjugorje.»

Schließlich fragte ich ihn: «Was würden Sie den Mitmenschen empfehlen, die auf der Suche sind?» Er gab mir zur Antwort: «Die Menschen sollen privat hierherkommen, dann werden sie die göttliche Vorsehung persönlich erfahren. Heute mache ich keine Pläne mehr, sondern überlasse mit großem Vertrauen alles dieser wunderbaren Vorsehung.»

Die Mexikanerin Norma Aida Lara berichtete mir über ihre Eindrücke in Medjugorje. Ich fragte sie, warum sie die weite Reise von Mexiko nach Medjugorje gemacht habe. Sie antwortete: «Ein Priester erzählte mir vom 2000. Geburtstag der Gottesmutter am 5. August 1984. Dieser Tag sollte in Medjugorje festlich begangen werden.» Dann fragte ich die Dame, ob sie vor ihrem Besuch in Medjugorje ein religiöses Leben geführt habe. Darauf erwiderte sie: «Ja, ich führte ein religiöses Leben. Es fehlte mir an nichts. Ich war glücklich in meinem Beruf als Lehrerin. Ich kann sagen, daß ich mit diesem Leben durchaus zufrieden war. Als ich jedoch nach Medjugorje kam, erlebte ich, daß mein bisheriges Leben zu wenig Inhalt hatte. Ich spürte, daß ich den Menschen helfen mußte. Ich hatte das Bedürfnis, mein Vermögen mit ihnen zu teilen. Diese Erkenntnis führte dazu, daß ich längere Zeit in Medjugorje blieb und den Leuten dort half, so gut ich es vermochte. Plötzlich sah ich, daß die Leute sehr litten, dessen war ich mir vorher nie bewußt geworden. Nach einiger Zeit kehrte ich nach Mexiko zurück. Als ich das Interesse der Mexikaner am Erscheinungsort Medjugorje bemerkte, hielt ich in vielen Städten Vorträge. Ich sprach in Häusern, Schulen, großen Sälen und Kirchen. Überall verkündete ich die Botschaft der Gottesmutter von Medjugorje. Im Fußballstadion von Progreso (Yucatan) waren die Sitzplätze so überfüllt, daß man Stühle auf den Rasen des Spielfeldes stellte.

Für mich bedeutet die Menge der Menschen nichts Besonderes, denn ich bin fest überzeugt, daß die Gottesmutter die Menschen in meine Vorträge schickt. Durch diese wurden viele Leute veranlaßt, nach Medjugorje zu fahren. Die Menschen riefen mich an und sagten, daß sie nach meinem Vortrag ihr Leben änderten.

Es gab durch meine Vorträge und durch Bücher über Medjugorje richtige Bekehrungen. Ich organisiere kleinere Pilgerreisen dorthin. Als ich wieder nach Medjugorje zurückkehrte, versuchte ich, immer mehr zu beten. Ich war an vielen Orten der ganzen Welt, aber ich fand nirgends einen so friedvollen Ort wie Medjugorje. Ich fühle hier, daß Gott und die Gottesmutter mich sehr lieben, und ich möchte diese Liebe erwidern. Immer mehr fühle ich einen tiefen Herzensfrieden und eine große Liebe. Meine Liebe zu Gott zeigt sich im Bestreben, die Menschen zu lieben und ihnen zu helfen.»

Schließlich fragte ich Frau Lara: «Was würden Sie anderen Menschen empfehlen?» Sie gab mir zur Antwort: «Die Leute sollen der Botschaft von Medjugorje folgen. Wenn sie das tun, werden sie mit Gott Erfahrungen machen. Die Befolgung dieser Botschaft führt zum Frieden. Die Gottesmutter bringt uns durch ihre Botschaft den Frieden.

Sie kommt, um uns vor der ewigen Verdammnis zu retten. Ich bin mir bewußt, daß ich nur ein Werkzeug in der Hand Gottes bin. Deshalb fühle ich eine große Verantwortung, den Menschen den richtigen Weg zu Gott zu zeigen. Ich bin vollkommen überzeugt, daß Medjugorje der richtige Weg ist.»

Am 30. Juli 1986 befragte ich ***einen Missionar aus Taiwan*** über seine Eindrücke in Medjugorje. Ausführlich berichtete er: «Man spürt hier sehr deutlich, daß die Menschen mit Liebe und Vertrauen zur Königin des Friedens kommen. Die Botschaft von Medjugorje müßten wir auch in China (Festland) bekanntmachen, weil auch dort Frieden, Bekehrung und Verzeihung notwendig sind. Ich bin überzeugt, sobald das Geschehen von Medjugorje in China bekannt wird, werden sich dort die Katholiken darüber freuen, weil sie eine ganz tiefe Liebe zur Mutter Gottes haben. Wir in Nationalchina Taiwan brauchen auch ein solches Ereignis wie in Medjugorje. Ein chinesischer Priester sagte einmal: "Wir brauchen in der Kirche Taiwans ein neues Pfingsten." Am Ende des Zweiten Weltkrieges waren in Taiwan 15 Dominikaner, und es gab etwa 15 000 Katholiken. Diese Zahl stieg bis heute auf 300 000 an, aber im Augenblick bleibt der große Zulauf aus. Wir warten auch auf ein Geschehen wie in Medjugorje, damit ein neuer Andrang zur katholischen Kirche einsetzt. Wenn man hier auch die Mutter Gottes selber nicht sieht, so spürt man doch ihre Nähe. Ich habe inständig zu ihr, der Königin des Friedens gebetet, sowohl für die Kirche auf dem Festland als auch für unsere Kirche in Taiwan.»

Ich fragte den Missionar, warum er nach Medjugorje gekommen sei. Er erwiderte: «Ich bin deshalb hierher gekommen, weil die Ereignisse von Medjugorje in Taiwan durch Bücher sehr bekannt geworden sind. Besonders wurden die Ereignisse durch P. Tardif und durch Schwester McKenna bekanntgemacht. Ich bin aber auch hierhergekommen, um innere Heilung zu finden. Ich glaube auch, daß meine Bitte Erhörung fand. Besonders beim Beichthören habe ich erfahren, wie die Gnade Gottes in den Herzen der Gläubigen am Werk ist. Man spürt bei den Beichtenden, daß sie mit Gott und den Mitmenschen bewußt Frieden schließen wollen. Sie wollen die Botschaft der Königin des Friedens in ihrem Leben verwirklichen. Ich merkte auch beim Beichtehören, wie die Gläubigen die Sünde als Undankbarkeit

Gott gegenüber erleben und deshalb die Sünden aus ganzem Herzen bereuen.» Schließlich fragte ich den Missionar: «Was werden Sie tun, wenn Sie nach Taiwan zurückkehren?» Er gab mir zur Antwort: «Ich werde überall vom Geschehen in Medjugorje erzählen und die Leute motivieren, nach Medjugorje zu fahren, wenn sie die Möglichkeit haben, damit sie dort diese Atmosphäre des Glaubens, der Versöhnung und der Liebe selbst erleben können.»

Ein Akademiker aus Belgien erzählte mir von seinen Erfahrungen in Medjugorje und von seiner schweren Situation: «Am 5. August 1984 befand ich mich in der Kirche von Medjugorje. Ich hatte die Gospa um Hilfe angefleht und betete mehrere Rosenkränze, auch während der Zeit der Erscheinungen.

Plötzlich hatte ich das Gefühl, die Jungfrau Maria werde mein Gebet erhören. Ich glaubte fest daran, und so geschah es auch. Um die Zeit der Erscheinung spürte ich eine Wärme durch meinen Körper strömen, und zwar vom Kopf bis zu den Füßen. Dabei hatte ich die Gewißheit, daß die Gottesmutter mir in schwierigen Situationen immer helfen wird. Ich war überglücklich, denn ich hatte noch nie so etwas erlebt. Wie ich hörte, hatte die Gospa versprochen, an ihrem Geburtstag viele Gnaden an die Pilger auszuteilen, die viel beten. Am folgenden Tag während der Erscheinungszeit hatte ich das gleiche Empfinden wie vorher. In meinem Herzen fühlte ich Glück, Frieden, Freude und die Sicherheit, daß Maria meine echte Mutter ist, die mich auch in den schwierigsten Situationen nicht verlassen würde. Später hatte ich gesündigt, weil ich zu wenig betete und undankbar war. In der Beichte empfand ich tiefe Reue und großen Schmerz. Durch einen Freund rief mich die Gottesmutter nach Medjugorje zurück. Von Geburt an hatte ich beständig Kopfschmerzen. Es ist sehr schwer, damit zu leben. Jetzt möchte ich durch Vicka, die auch schwere Kopfschmerzen ertragen muß, die Gospa bitten mir zu sagen, wie man mit diesen Schmerzen leben soll.

Ich hoffe, daß mir die Jungfrau Maria die Bedeutung meiner Schmerzen zeigen wird. Im Augenblick sehe ich sie als Opfer für die Bekehrung der Sünder. Schließlich bin ich auch hierhergekommen, um die Gospa zu fragen, ob ich Diakon werden darf.»

Ein slowakischer Familienvater von fünf Kindern erzählte mir: «Als ich im Oktober 1984 zum ersten Mal nach Medjugorje kam, wo ich eine Woche verbrachte, änderte sich mein Leben in jeder Hinsicht. Es war zur Zeit, als Professor Laurentin zusammen mit einem

Ärzteteam aus Frankreich an den Sehern medizinische Tests durchführte. Gleich am ersten Tag meines Aufenthaltes in Medjugorje wurde mir bewußt, daß ich mein Leben vollständig ändern mußte, indem ich es in besonderer Weise der Gottesmutter weihte.

Es gibt heute nichts mehr in der Welt, das mich von dieser wunderbaren Mutter trennen könnte. Ich lebe heute für Maria und ihren göttlichen Sohn und verbreite ihre einfache Botschaft. Es gibt nichts Schöneres als sein Leben in ihrem Dienst zu verbringen. Während meines ersten Besuches in Medjugorje half ich die Kirche reinigen. Wir wurden hierauf von einer Schwester zum Essen ins Pfarrhaus eingeladen. Ich traute meinen Augen kaum, als ich dort die Seherin Marija Pavlović erblickte. Mir standen die Tränen in den Augen, als mir bewußt wurde, daß ich mit einer Person zusammenarbeitete, die täglich die Gottesmutter sieht.

Von Medjugorje reiste ich in die Slowakei zurück. Ich besuchte viele Priester und sprach mit ihnen über die Erscheinungen. Alle zeigten an diesen Ereignissen ein besonderes Interesse. Viele von ihnen konnte ich in ihrem schweren Amt ermutigen. Heute halte ich kleine Vorträge über die Ereignisse in Medjugorje. Wo immer es möglich ist, gebe ich Zeugnis von den Erscheinungen unserer himmlischen Mutter.»

Schließlich fragte ich den Familienvater nach seiner Meinung über die Ereignisse in der Welt und in der Kirche. Er berichtete: «Ich glaube, daß heute sehr wenige Menschen die wirkliche furchtbare Gefahr für die Zukunft der Menschheit wahrnehmen und erkennen. Die beste Mutter weint über ihre Kinder, weil sie für immer durch die Hölle verlorengehen. Es ist ein Schrei aus dem wunderbarsten Herzen einer liebenden Mutter im Himmel. Maria weint um ihre Kinder, die auf die Hölle losrennen und nicht wissen, was sie dort erwartet. Gerade ihretwegen vergießt Maria blutige Tränen. Der entscheidendste Grund für das Erscheinen der Gottesmutter in Medjugorje während einer so langen Zeit liegt darin, daß sie ihren Kindern zeigen möchte, wie sie beten sollen, wie sie gerettet werden können, wie sie zu Gott kommen und wie sie ihr Leben auf Erden gestalten sollen, damit sie nach einem kurzen Leben auf ewig mit ihr im Himmel sein können. Was immer Maria in Medjugorje sagt, es bezieht sich auf Gott. Sie spricht auch über ihren Sohn in der heiligen Eucharistie. Welch großes Glück erfahren wir in unserer Zeit durch ihre Worte, im Gegensatz zu so vielen Theologen, die innerhalb der Kirche verschiedene Lehren verkünden. Maria spricht über die monatliche

Beichte in einer Zeit, da diese von vielen Katholiken vollständig abgelehnt wird. Sie spricht über den unaussprechbaren Wert der heiligen Messe und bittet uns, dem heiligen Meßopfer beizuwohnen, wann immer es möglich ist. Die Gottesmutter spricht über den Himmel, das Fegfeuer und die Hölle, Begriffe, die im Wortschatz der Theologen am Verschwinden sind. Sie spricht auch über die Existenz des Teufels, auch wenn Theologen diese in Abrede stellen. Der französische Schriftsteller Baudelaire schreibt: "Liebe Brüder, vergeßt niemals, wenn ihr den Fortschritt der Aufklärung rühmen hört: 'Die schönste List des Teufels ist es, euch zu überreden, daß er nicht existiere!'" In Fatima spricht Maria die gleiche Sprache wie in Medjugorje, über Himmel, Fegfeuer und Hölle. Wenn der Satan seine ganze Macht aufbietet, um die Menschen zu täuschen, indem er ihnen den Glauben an seine Existenz raubt, so ist es die Gottesmutter, die uns in Fatima und in Medjugorje auf die Existenz Satans hinweist.

Der Teufel haßt dieses Bemühen unserer himmlischen Mutter und versucht, die Erinnerung an sie aus den Herzen der Priester und Gläubigen zu reißen, besonders nach dem II. Vatikanischen Konzil hat sich das sehr deutlich gezeigt. Ist es ein Wunder, daß so viele Menschen ohne unsere Mutter verlorengehen, für die sie blutige Tränen vergießt? In den letzten 20 Jahren wurde das Bild der Gottesmutter an vielen Orten aus den katholischen Kirchen entfernt. Ist es da nicht angemessen, wenn Maria zu ihren Kindern kommt und in Medjugorje erscheint, um ihnen den richtigen Weg zum Heil zu zeigen? Dies kann nur durch sie geschehen, denn sie ist die beste Mutter. Als jemand zur Seherin Marija Pavlović sagte, daß es besser sei, direkt ohne die Gottesmutter zu Jesus zu gehen, erwiderte sie: "Für mich war es leichter mit Maria Jesus näherzukommen." Wenn das für die Seherin einfacher war, dann gilt dies auch für uns und alle Gotteskinder, besonders wenn sie Gott fürchten. Unsere Mutter ist uns in dieser Zeit viel näher als in früheren Zeiten. Wie glücklich sollten wir sein, daß wir Katholiken sind, daß wir unsere Mutter immer bei uns haben. Sie möchte immer bei uns sein, und das ist der Grund, warum sie uns bittet, den ganzen Rosenkranz zu beten, damit wir durch dieses Gebet immer mehr mit ihr vereint bleiben, Stunde um Stunde, nahe ihrem unbefleckten Herzen. Sie bittet uns um das Gebet, damit wir ein heiligmäßiges Leben führen können. Das Erscheinen der Gottesmutter in Medjugorje bestärkt die echte Lehre der Kirche, Maria ruft uns auf, dem Heiligen Vater treu zu sein. Wir sollen auf das hören, was Maria und der Papst sagen, denn sie sprechen die gleiche Sprache. Wir sollten auf sie hören und ihre Wünsche erfüllen, denn nur so können wir viele Seelen vor der Hölle bewahren. Heute weiß ich, daß die Gottesmutter unsere Gebete benötigt, sie sind wichtig für die Bekehrung der Sünder und für die Seelen, die noch im Fegfeuer leiden müssen.»

Eine Frau aus Belgien berichtete: «Ich kam etwa 20mal nach Medjugorje. In meinem Wagen nahm ich immer andere Leute mit, darunter waren Theologen, Wissenschaftler und Atheisten. Leider war mein Auto nach drei Jahren nicht mehr fahrtüchtig. Da ich aber einen Wagen benötigte, betete ich inständig zur Gottesmutter von Medjugorje, sie möge mir helfen. Am 25. Juni 1987, es war der Erscheinungstag der Königin des Friedens in Medjugorje, rief mich ein unbekannter Herr an. Er erklärte mir am Telefon, daß mir jemand einen neuen Wagen im Wert von 380000 Belgischen Franken (ca. 19000 DM – Anm. des Verf.) geschenkt habe. Seltsamerweise fühlte ich mich am Tag vor dem Anruf sehr glücklich. Als ich den neuen Wagen in Empfang nahm, war mein einziger Gedanke: Dieses Auto gehört der Gospa von Medjugorje.»

Im Juli 1986 befragte ich in Medjugorje ***einen Missionar aus Alexandria (Ägypten)*** über seine Eindrücke. Er erklärte:

«Während des Beichtehörens spüre ich die Gnade Gottes in den Herzen der Menschen wirken. Die Menschen haben hier einen lebendigen Glauben und eine große Liebe zu Gott. Sie sind für Gott und seine Botschaft geöffnet. Fragen Sie andere Priester, die in Medjugorje Beichte hören; sie werden Ihnen das gleiche berichten. Bevor ich nach Medjugorje kam, war ich glücklich, aber heute kann ich sagen, daß ich noch glücklicher bin. Ich habe hier eine sehr positive Erfahrung gemacht. Früher habe ich immer auf meine Fähigkeiten vertraut, jetzt erkenne ich im Licht Gottes meine Schwächen und Fehler. Heute habe ich gelernt, diese Schwächen Gott aufzuopfern, wie es die heilige Theresia von Lisieux getan hat. Ich vertraue nicht mehr so sehr auf meine Kraft, sondern überlasse mich mit meinen Fehlern und Schwächen der göttlichen Barmherzigkeit.»

Ich fragte den Missionar, ob er etwas über die Marienerscheinungen in Zeitoun bei Kairo erfahren habe, wo Hunderttausende die Gottesmutter über einer Kirche sahen. Er antwortete: «Maria erscheint nicht mehr an dieser Stelle, aber ich habe gehört, daß sie sich noch in der Nähe von Kairo zeigen soll.»

Ein junger Mann aus dem Rhein-Main-Gebiet erzählte mir von seinen Empfindungen während und nach seinem Besuch in Medjugorje:

«Ich empfinde den Frieden in Medjugorje als Voraussetzung für das positive Zusammenleben der Menschen überhaupt. Die Menschen verstehen sich dort als eine Gemeinschaft. Meine persönliche Sehnsucht nach Frieden habe ich in Medjugorje als Realität erlebt, obwohl ich vorher die Befürchtung hatte, daß es eine Illusion sei, im irdischen Leben an einen solchen Frieden zu glauben. Gott ist die Quelle des Friedens, und die Hinwendung zu Gott läßt den Menschen einen tiefen Frieden erfahren. Diesen Frieden erlebt man innerlich. Ich habe eingesehen, daß ich zuerst in mir Frieden schaffen muß, indem ich meine Aggressionen und Vorurteile gegen andere abbaue. Ich erlebte einen tiefen inneren Frieden, als ich meine Aggressionen unter Kontrolle hatte, und bereit war, den Menschen, die mir bewußt Unrecht taten, zu verzeihen und für sie zu beten, damit Gott ihnen Wohltaten erweise. Immer mehr erkenne und fühle ich, daß Gott mich liebt, obwohl ich ihn durch meine Fehler verletze. In Medjugorje habe ich einen Frieden gefunden, wie ich ihn noch nie empfunden hatte.»

Einen Tag nach diesem Interview fuhr dieser junge Mann zusammen mit einer Reisegesellschaft wieder nach Medjugorje.

Eine Schülerin — 15 Jahre — aus dem Schwarzwald berichtete mir über einen Fall von Besessenheit in Medjugorje. Sie schilderte: «Meine Freundin und ich waren eben vom Erscheinungsberg in Bijakovići heruntergestiegen und näherten uns dem Haus der Seherin Vicka. Plötzlich hörten wir schreckliche Schreie. Ich hatte noch nie im Leben solche Laute gehört. Im Hof der Seherin Vicka saß eine Frau von etwa fünfzig Jahren, die diese grauenerregenden Laute ausstieß. Aus Neugierde traten wir näher. Wir sahen fünf Männer, die versuchten, die Frau festzuhalten, aber vergebens. Sie schlug und trat um sich. Erst als Vicka herauskam, beruhigte sich die Frau. Vicka betete mit ausgestreckten Händen über dem Kopf der Frau, dann ging sie in das Haus zurück. Nun wiederholte sich das Spektakel. Die Frau gebärdete sich wie eine Wilde, den fünf Männern gelang es nicht, sie zu bändigen. Ich glaube, sie schrie fast zwei Stunden. Während dieser Zeit machte ich Fotos, aber sie sind alle mißraten.»

Ich fragte die Schülerin, wie dieses Erlebnis auf sie gewirkt habe. Sie erzählte: «Ich war schockiert, aber durch dieses Erlebnis wurde mein

Glaube tiefer. Mein Glaube an die Existenz des Teufels wurde intensiver. Seit ich in Medjugorje war, bete ich, denn vorher hatte ich eigentlich nie gebetet. An Sonntagen ging ich auch nicht regelmäßig in die Kirche. Heute besuche ich sonntags immer die heilige Messe. Ich bete auch gelegentlich, aber nicht jeden Tag, den Rosenkranz.» Dann fragte ich die Schülerin, was sie Menschen mit Glaubensproblemen raten würde. Sie antwortete: «Sie sollen nach Medjugorje fahren, denn bevor ich dort war, habe ich auch nicht an so etwas geglaubt. Wie die Kameraden meiner Klasse hatte ich keine Lust zum Gebet und kein Interesse an religiösen Dingen. Heute geht auch meine Freundin sonntags zum Gottesdienst und betet regelmäßig. Ich kann mich jetzt mit ihr viel besser über religiöse Themen unterhalten. Als ich den Fall der Besessenheit in meiner Klasse erzählte, lachten mich meine Klassenkameradinnen aus, sie können so etwas nicht glauben, deshalb schweige ich jetzt darüber.»

Während einer Taxifahrt berichtete mir der Fahrer von einem erstaunlichen Erlebnis im Zusammenhang mit den Erscheinungen in Medjugorje. Er schilderte: «Ich erhielt vor einiger Zeit durch die Gospa von Medjugorje eine große Gnade. Ich war sehr schwer krank. Durch ihre Fürbitte wurde ich von einer lebensgefährlichen Krankheit vollständig geheilt. Lange überlegte ich, wie ich Gott danken und ihm näher kommen könnte, denn das Fasten mittwochs und freitags war mir zu wenig. Da hörte ich, daß man auch über längere Zeit fasten kann. Ich besorgte mir Fachliteratur, dann besprach ich die Angelegenheit mit meiner Familie und mit einem Seelsorger. Schließlich nahm ich zwei Wochen Urlaub und zog mich in die Einsamkeit zurück, ich hatte nur einen Priester in meiner Nähe. In dieser Zeit lebte ich nur von klarem Wasser. Es war für mich eine wunderbare, einmalige Zeit. Immer mehr erlebte ich, wie ich innerlich und äußerlich für Gott freier wurde. Ich merkte auch, wie mein ganzer Körper bis in die letzte Zelle von allen Schlacken befreit wurde. Ich fühlte mich unbeschreiblich wohl. Nachts schlief ich nur wenige Stunden, aber dafür hatte ich Zeit, zu Gott zu beten. Ich war nicht im geringsten abgespannt oder nervös. Im Gegenteil, ich erfaßte die Dinge mit einer Klarheit wie nie zuvor. Während dieser vierzehn Tage spürte ich auch, daß das Fasten nichts mit Buße zu tun hat, sondern es dient der Reinigung unseres Körpers, damit die Seele für Gott freier wird. Mein Verhältnis zu Gott wurde in dieser Zeit inniger und intensiver. Täglich ging ich spazieren, um meinen Leib fit zu halten. Für mich waren diese zwei Wochen ohne Nahrung eine wunderbare Bereicherung. Ich möchte dieses Fasten von jetzt an jedes Jahr wiederholen. Natürlich möchte ich es unter bestimmten Voraussetzungen auch anderen empfehlen. Ich nahm etwa zehn Kilo ab, trotzdem war mein Wohlbefinden nicht im geringsten beeinträchtigt.»

Ich hatte schon viele Versionen über das Fasten gehört, aber diese überraschte mich am meisten, denn sie zeigt am deutlichsten die Wirksamkeit des Heiligen Geistes.

Eine Frau aus Abano Terme in Italien berichtete mir: «Mein letzter — bisher vierter — Aufenthalt in Medjugorje wird mir für mein ganzes Leben unvergeßlich bleiben. Hier habe ich erfahren, daß Jesus mich so liebt, wie ich bin, mit all meiner Schuld. Es ist kaum zu fassen, wenn ein Kind in Medjugorje zu mir sagt: "Die Gospa möchte, daß wir jetzt nicht fernsehen, weil Jesus leidet." Kaum faßbar ist es auch, wenn acht- oder zehnjährige Kinder zweimal in der Woche bei Wasser und Brot fasten und die Schokolade verächtlich beiseite schieben. Das Beispiel der Seher in Medjugorje gibt mir Kraft. Sie sind der sichtbare Widerschein des Ewigen Lichtes. Die Bereitschaft ihrer Herzen macht es möglich, daß wir Gottes Gegenwart spüren. Der bloße Gedanke an die Seher hilft mir hier inmitten der erdrückenden Gottlosigkeit. Man ist nicht mehr allein.»

Eine Frau aus Irland berichtete mir über ihre Eindrücke in Medjugorje:

«Im Juni 1984 kam ich zum ersten Mal nach Medjugorje. Ich erwartete viele Gnaden, aber meine Erwartungen wurden weit übertroffen. Gott schenkt den vielen Menschen hier seine Gnaden in überreichem Maß. Ich sehe, daß Gott hier die Herzen der Menschen berührt. Manchmal bin ich Zeuge, wie Jesus hier als guter Hirt gegenwärtig ist. Er sucht die Armen, die Einsamen, die Schwachen und Verlorenen. In Medjugorje nimmt er sie in seine Arme. Die Menschen verstehen hier, daß auf der Welt außer Gottes Liebe nichts von Bedeutung ist. Sie wollen nur für Ihn leben. Sie kommen sehr weit in ihrem geistigen Leben. Manchmal treffe ich hier Menschen an, die vorher keine Kenntnis von Gott oder keinen Glauben an Gott hatten. Sie gelangen hier in Medjugorje zu einer tiefen Gotterkenntnis, und diese Erkenntnis dringt tief in ihre Herzen ein: sie wollen von nun an nur für Gott leben. Ich bekomme aus Medjugorje viele Briefe von Pilgern, die über ihre Erlebnisse berichten. Alle fühlen, daß Gott sie liebt. Ich entdecke bei ihnen eine große Freude und einen tiefen inneren Frieden. Der innere Friede kommt aus der Erkenntnis, daß Gott die Menschen über alles liebt.»

Ich fragte die Frau nach ihrem eigenen inneren Frieden. Darauf erwiderte sie: «Als ich zum ersten Mal nach Medjugorje kam, befolgte ich sofort die Botschaft der Gottesmutter. Seither fühle ich einen tiefen Frieden in meinem Herzen. Dieser innere Frieden ist immer in mir.»

Ein junges Mädchen aus Deutschland berichtete mir über den Wandel ihres gesamten Lebens durch die Ereignisse in Medjugorje: «Ich hatte meinen gewohnten Glauben, deshalb kam ich in Medjugorje sofort in Konflikt mit meinem bisherigen Lebenswandel. Als ich einmal auf den Kreuzberg gehen wollte, konnte ich plötzlich nicht mehr weiter. Alles, was ich bisher geglaubt hatte, war noch da, aber es bekam eine völlig neue Dimension. Es war als ob man einen Becher unter einen Wasserfall halten würde. Mein Herz war wie dieser Becher. Es war ein physischer Schmerz in meinem Herzen. Das Gewohnte war weg, und ich erlebte etwas wunderbar Neues. Zuerst war ich leer, die Gnaden Gottes waren noch nicht zu bemerken. Als ein Montfortaner Priester kam, beichtete ich auf dem Kreuzberg. Darauf fühlte ich mich leichter, aber immer noch leer. Ich war jetzt offen für etwas Neues. Als ich nach Deutschland zurückkehrte, war mein Herz voll und mein Kopf leer. Ich sagte damals zu meinen Eltern: "Es gibt dort eine Kirche und zwei Berge und sonst nichts, aber in diesem Nichts ist alles zu finden." Ich kam dann jeden Monat nach Medjugorje, weil ich wußte, daß ich durch jeden Besuch im geistigen Leben einen Schritt weiter gelangen würde. Zurückblickend kann ich sagen, daß mein Leben schrittweise positiv verändert wurde. Gott wurde immer mehr zum Zentrum meines Herzens, ich richtete mein Hauptinteresse schlechthin auf Gottes Dasein. Durch dieses positive Wachsen fiel mein bisheriges Leben wie eine Haut ab. Das Negative verschwindet allmählich, und das Positive entwickelt sich immer mehr.»

Ich fragte das Mädchen nach seinen Empfindungen. Darauf erwiderte sie: «Ich spüre, wie meine Liebe zu Gott täglich wächst. Ich erlebe, wie das Gebet die absolute Bedingung für jegliche Beziehung zu Gott ist. Wenn wir nicht beten, wenden wir Gott den Rücken zu und werden blind und taub für Ihn. Wir erkennen Ihn nicht mehr, wir sehen alles mit einem negativen Blick und beschuldigen Gott für alle Belastungen unseres Lebens. Durch das Gebet öffnen wir uns Gott und werden für Ihn sensibilisiert, weil wir anfangen, Ihn zu suchen, wie Er ist. Damit erlauben wir Ihm, in unser Leben einzugreifen, um es zu verändern. Heute sehe ich, daß durch diese Erkenntnis mein Verhältnis zu Gott viel inniger wurde. Jesus ist mein Bruder, Maria meine Mutter und Gott mein Vater. Alles in der Einheit des Heiligen Geistes. Diese Beziehung wächst täglich, weil dieses Band im Heiligen Geist durch das Gebet immer enger wird. Von dieser absoluten Realität lebe ich heute.» Ich fragte, was es den Menschen empfehlen würde. Das Mädchen antwortete: «Ich würde jedem empfehlen, nach Medjugorje zu reisen, weil wir uns durch diese Reise von unserer gewohnten Umwelt trennen. Damit schaffen wir eine innere Voraussetzung, denn wir haben dadurch Zeit für Gott. Diese Zeit ist die erste Bedingung auf dem Weg zu Gott.»

Im folgenden Interview, das ich mit ***einer Pilgerin aus Niederösterreich*** führte, wird deutlich, wie Gott die Menschen in schwerem Leid tröstet.

Als ich im Juli 1986 auf den Kreuzberg steigen wollte, begegnete ich einer Pilgerin, die mir vom tragischen Tod ihres Sohnes erzählte. Zunächst fragte ich sie nach ihren Eindrücken von Medjugorje. Sie antwortete: «Ich bin heute zum ersten Mal hier. Die Atmosphäre der Liebe und des Friedens ist wunderbar. Die Menschen hier sind so freundlich und nett. Man spürt direkt, daß hier ein Wunder geschah. Dieses Wunder erlebe ich beim heiligen Meßopfer und beim Gebet der Pilger. Die Menschen sind in ihr Gebet versunken. Auch die Natur ist schön.»

Plötzlich standen Tränen in ihren Augen. Sie erzählte: «Ich habe vor fünf Jahren meinen Sohn verloren. Er beging Selbstmord. Eben war ich auf dem Erscheinungsberg. Ich opferte den Rosenkranz, den mein Sohn zur Firmung bekommen hatte, indem ich ihn an ein Kreuz an der Erscheinungsstelle hängte. Seither empfinde ich Trost, Ruhe und Frieden. Ich bin nur einen Tag mit dem Bus hier, aber dieser Tag wird mir unvergeßlich bleiben. In Gedanken werde ich in Medjugorje sein. Ich bin fest davon überzeugt, daß ich hier durch die Gottesmutter meinen Herzensfrieden wiedergefunden habe.»

Ich fragte die Pilgerin, was sie in ihrer Heimat von Medjugorje berichten werde. Sie gab mir zur Antwort: «Ich werde jedem sagen, wie schön es hier in Medjugorje ist, und ich werde jedem, der Kummer und Sorgen hat, raten, diese der Gottesmutter von Medjugorje anzuvertrauen.»

Ein Herr aus Kanada berichtete mir von seinem Wirken in Vancouver: «Vor einiger Zeit wurde ich von der Anglikanischen Kirchengemeinde gebeten, einen Vortrag über die Erscheinungen von Medjugorje zu halten. Die Gemeinde betet jetzt zweimal in der Woche den Rosenkranz. Die Mitglieder dieser Kirchengemeinde haben mir gegenüber den Wunsch geäußert, in Zukunft den Rosenkranz in der Woche viermal zu beten. Die anglikanische Gemeinde plant für nächstes Jahr Pilgerreisen nach Lourdes, Fatima und Medjugorje. Einige haben Lourdes und Fatima schon besucht.»

Ein Afrika-Missionar berichtete mir über seine ungewöhlichen Erfahrungen in Medjugorje. Ich fragte ihn, warum er nach Medjugorje gereist sei. Darauf erwiderte er:

«Ich hörte 1984, als ich von Afrika kam, von Medjugorje. Ich organisierte eine Pilgerreise nach Fatima, Lourdes und Medjugorje. Wir waren nur zwei Tage hier. In den Vereinigten Staaten fragten drei Personen aus der Pilgergruppe: "Pater, wann können wir nach Medjugorje zurückkehren?" Ich war sehr überrascht, denn die Leute waren in Fatima und Lourdes gewesen, aber sie wollten nur nach Medjugorje pilgern. Ich hielt Vorträge mit Dias über die Erscheinungen in Medjugorje.

Ein Amerikaner, der sich auf die Botschaft von Medjugorje hin bekehrte, obwohl er selbst nie dort gewesen war, bot sich an, die Botschaft der Gottesmutter von Medjugorje mit großen finanziellen Mitteln in den USA und in der ganzen Welt zu verbreiten. Als dieser Bekehrte erfuhr, daß ich Filme herstellte, wollte er mich unbedingt sehen, denn er glaubte, daß man mit einem Film die Botschaft besser verbreiten könne. Er war der Meinung, daß ich als Missionar für die Ausbreitung dieser Botschaft in der Dritten Welt, besonders in Afrika, der geeignete Mann sei. So entstand unsere Zusammenarbeit.

In Rom stellte ich fest, daß sich dort die Botschaft schon sehr verbreitet hatte. Dann fuhr ich nach Medjugorje, um Tonfilmaufnahmen zu machen. Mein Photograph — ein Priester — glaubte nicht an Medjugorje, aber nach der Bekanntschaft mit der Seherin Marija Pavlović und der Weise, wie sich diese benahm, sagte er: "Ich bin überzeugt, es ist nicht manipuliert." Dann organisierten wir Fahrten nach Medjugorje. Dabei machte ich die großartige Erfahrung, daß eine Zahl von Pilgern ihr Leben vollständig änderte. Es waren Leute dabei, die seit Jahren keine Kirche mehr betreten hatten und die nun täglich zur heiligen Messe gingen. Es gab Leute, die nie fasteten, und nun fasten sie bei Wasser und Brot. Diese Beobachtungen haben auch mein ganzes Leben verändert, weil diese Entwicklung nicht von mir geplant war. Ich fühlte sehr deutlich, daß die Gottesmutter mich als Instrument benützt, um ihre Botschaft zu verbreiten und die Menschen hierher zu bringen. In jeder Predigt — egal ob in den Vereinigten Staaten, in Italien oder wo immer — erwähne ich diese Botschaft, und ich sehe eine große Reaktion. Ich bin überzeugt, daß Medjugorje eines der größten Ereignisse unserer Zeit ist. Die Botschaft von Medjugorje bringt nichts Neues, sondern sie zeigt uns die Dringlichkeit, die Botschaft des Evangeliums zu verwirklichen. Diese Botschaft bringt uns die wahre Einsicht vom Frieden. Sie veränderte auch mein Leben. Ich verstehe die große Bedeutung des Friedens, den Wert des Gebetes mit dem Herzen, das Fasten, um uns zu reinigen. Durch diese Botschaft fand ich eine tiefere Vereinigung mit Gott. Das Gebet und das Fasten waren dabei die tragenden Säulen. Ich bin nicht an besonderen Zeichen interessiert. Für mich ist die Bekehrung der Sünder das Wichtigste. Diese Erfahrungen sammle ich immer wieder auf meinen Pilgerreisen und während des Beichtehörens.»

Als ich ***einen jungen Mann aus Rijeka in Jugoslawien*** nach seinen Eindrücken in Medjugorje fragte, antwortete er:

«Nach meiner Überzeugung ist der Erscheinungsort Medjugorje der Beginn einer neuen Zeit. Als ich hierherkam, fand ich Menschen, die an Gott, an die Gottesmutter und an die Kirche glauben. Bevor ich nach Medjugorje reiste, hatte ich einen Traditionsglauben. Ich ging sonntags zur heiligen Messe, gelegentlich betete ich, wenn ich Probleme hatte. Ich liebte das Leben, von dem eben nur die jungen Leute träumen. Im Vordergrund standen Sport, Spiele, Spaß und Disko. Ich hatte keine starke Neigung nach einem religiösen Leben. Meine Mutter war sehr religiös. Ich selbst war Lektor in unserer Kirche. Als ich 15 oder 16 Jahre alt war, wurden meine Wünsche an die Welt immer stärker. Ich liebte die materielle Welt. In diesem Alter führte ich noch ein religiöses Leben, aber es war auf der untersten Stufe. Als meine Mutter von den Erscheinungen in Medjugorje erfuhr, pilgerte sie hierher. Nach ihrer Rückkehr stellte ich fest, daß ihr religiöses Leben immer intensiver wurde. Sie war begeistert und betete mehr als zuvor, besonders häufig betete sie den Rosenkranz. Sie folgte der Botschaft von Medjugorje, sie fastete mittwochs und freitags. Am Wandel meiner Mutter erkannte ich, daß an Medjugorje etwas sein müßte.

Kurz darauf fuhr ich in das kleine Dorf. In meinem Herzen empfand ich Freude, Friede und Glück. Als ich zum Erscheinungsberg hinaufstieg, sah ich viele junge Leute. Zur Gitarre sangen sie religiöse Lieder. Die Worte in den Songs verursachten in mir das Gefühl, Jesus spreche zu mir. Deutlich verstand ich: "Du mußt Jesus nachfolgen." Das bedeutete für mich konkret: Du mußt die Botschaft von Medjugorje leben und realisieren. Für mich war es sehr schwer, dies in die Tat umzusetzen, denn ich wollte sofort meine Fehler bekämpfen und loswerden. Ich bin sicher, daß das Gebet meiner Mutter die wirksamste Hilfe war. Innerhalb von zwei Jahren kam ich viermal hierher, nun ist es das fünfte Mal. Für mich ist der Ort Medjugorje ein besonderes Zeichen der Barmherzigkeit Gottes. Jedesmal, wenn ich hierherkomme, fühle ich ein großes Glück und einen tiefen Frieden in meinem Herzen und eine große Sehnsucht, mich Gott im Gebet hinzugeben. Hier fühlte ich besonders die Gegenwart des Heiligen Geistes. Als ich nach Hause kam, erzählte ich meinen Freunden von meinen Erfahrungen in Medjugorje, aber sie fanden nicht den Weg hierher. Ich spüre, daß man für diese jungen Leute besonders beten muß, damit sie den Weg zu ihrer himmlischen Mutter finden. Bei meinem ersten Besuch war mein bester Freund dabei, leider fühlte er nicht das gleiche wie ich. Ich glaube, daß man die Barmherzigkeit Gottes hier spüren kann, aber man kann dieses Empfinden auch verdrängen. Ich habe klar erkannt, daß die Menschen viel beten müssen. Das Gebet ist der einzige Weg, um zu Gott zu gelangen und um Gott die Möglichkeit zu geben, uns seine Gegenwart erfahren zu lassen. Immer mehr versuche ich, Gott in allen Ereignissen und Dingen zu finden. Mein Glaube hat heute eine andere Dimension als vor meinen Besuchen in Medjugorje. Für mich bedeutet der Glaube soviel wie Dynamik. Wir müssen jeden Tag versuchen, den Glauben, die Hoffnung und die Liebe zu steigern.»

Ich fragte den jungen Mann, was er anderen jungen Menschen raten würde. Darauf erwiderte er: «Ich würde allen Leuten raten, nach Medjugorje zu kommen. Sie sollen sich für Gott Zeit nehmen, denn Gott ist das wichtigste im Leben des Menschen. Wenn sie das tun, wird alles leichter. Ich würde ihnen auch raten, in den Mitmenschen Gott zu sehen.»

Ein junger Ingenieur aus Österreich besuchte im Februar 1983 zum ersten Mal den Wallfahrtsort Medjugorje. Hier wurde er mit großen Gnaden beschenkt. Als er in seine Heimat zurückkehrte, setzte er sich intensiv für Medjugorje ein. Er hielt mit Freunden Vorträge, organisierte Pilgerfahrten und verbreitete die Botschaften der

Gottesmutter von Medjugorje. Außerdem richtete er ein Telefonsystem ein, an dem die Donnerstag-Botschaften der Gottesmutter von Medjugorje abgehört werden konnten. Der junge Mann gründete Gebetsgruppen im Sinn der Gospa von Medjugorje, setzte sich zugleich für die Verbreitung eines Schriftenapostolates ein und half dadurch, die Botschaften überall zu verbreiten.

Ich fragte den Ingenieur nach seinen Eindrücken in Medjugorje. Er erwiderte: «Ich war zutiefst ergriffen von der Botschaft der Gospa und spürte, daß Gott hier wirkt, und daß er die Welt ansprechen will, um sie durch die Botschaften aus der gegenwärtigen Situation herauszuführen, die das Herz umkehren. Die Früchte des Friedens und der Liebe sollen dadurch in der Welt wachsen. Bei jedem Besuch habe ich Medjugorje intensiver erlebt. Dabei erweiterte sich für mich das Spektrum der dort gegebenen Botschaften immer mehr. Meinen Beruf gab ich bald nachher auf, um ganz für die Gottesmutter dazusein; ich wollte ihre Botschaften überall verbreiten. Immer mehr spürte ich, daß ich diese Botschaften von Medjugorje so intensiv wie möglich in meinem Leben verwirklichen müsse, um vor der Jungfrau Maria und vor den Menschen glaubwürdig zu sein. Mir wurde meine große Verantwortung bewußt, die ich durch die großen, empfangenen Gnaden hatte. Die Gottesmutter wollte, daß in Medjugorje eine Gebetsgruppe gegründet werde, deren Führung sie selbst über vier Jahre übernehmen möchte.»

Konkret fragte ich ihn, welche Wünsche die Gottesmutter an die Mitglieder dieser Gruppe richtete.

Darauf erwiderte er: «Die Gospa will in dieser Gruppe junge Menschen haben, die sich ganz Gott weihen. Sie sollen am Tag wenigstens drei Stunden beten und zweimal in der Woche bei Wasser und Brot fasten. Maria empfiehlt allen Mitgliedern, wann immer möglich, die heilige Messe mitzufeiern. Die Gruppe solle sich täglich dem Herzen Jesu und dem Herzen Mariens weihen. Die Hauptelemente dieser Gebetsgemeinschaft sind: die tägliche Eucharistiefeier, die Anbetung, das persönliche Gebet und das Leben gemäß den Botschaften. Ich habe mich in Medjugorje einer solchen Gebetsgruppe angeschlossen.»

Schließlich wollte ich wissen, welche Pläne er für die Zukunft habe. Der junge Ingenieur antwortete: «Als ich meinen Beruf aufgab, stand für mich fest, ich wolle Priester werden. Ich spürte den Ruf zum Priestertum durch die Gospa von Medjugorje. Seit zwei Jahren studiere ich Theologie und hoffe, mit Hilfe der Jungfrau Maria dieses Ziel zu erreichen, um möglichst viele Menschen zu Gott zu führen.»

B) Interviews und Berichte über Phänomene

Während eines Gesprächs berichtete mir ***eine Pilgerin, die eben Medjugorje besucht hatte,*** was sie und die übrigen Teilnehmer der Pilgerreise auf der Heimfahrt erlebt hatten. Sie erzählte:

«Am Ostermontag (31. März 1986) traten wir nach der heiligen Messe gegen 11 Uhr im Pilgerbus die Heimreise an. Es wurde viel gebetet und gesungen. Nach 17.30 Uhr fuhren wir durch das jugoslawische Bergland und beteten den Rosenkranz, als uns eine Frau im Bus auf etwas aufmerksam machte. Sie forderte uns auf: "Schaut mal die Sonne!" Wir blickten nach Westen. Ich staunte sehr, als ich bemerkte, daß die Sonne sich drehte. Sie war gelblich-glitzernd, drehte sich immer schneller und hatte einen hellen Rand. Sie änderte ihre Farbe. Das Gelb wurde rötlicher, schließlich drehte sich die Sonne noch schneller und kam direkt auf uns zu. Ich wundere mich noch heute, warum ich in diesen Augenblicken keine Angst hatte, ich konnte nur staunen. Aus der großen Feuerscheibe lösten sich dann viele kleine Scheiben, die sich ebenfalls auf uns zu bewegten. Es war, als kämen sie in den Bus. Ich mußte sofort an das allerheiligste Altarssakrament denken. Plötzlich hörte ich eine Frau sagen: "Oh, diese vielen Hostien!" Als die vielen Lichtscheiben verschwunden waren, sah ich die Sonne noch immer als feurigen Ball, in den man jetzt gut hineinschauen konnte, ohne daß die Augen schmerzten. Nun gingen von der Sonne regelmäßig nach allen vier Himmelsrichtungen große Strahlen aus, die in einem schön glänzenden Grün die Form eines Kreuzes bildeten. Die grünen Strahlen liefen am Ende spitz zu. Das grüne Kreuz war so groß, daß es den ganzen Teil des Himmels einnahm, den ich von meinem Platz im Bus sehen konnte. Das Kreuz verschwand, die Sonne drehte sich immer noch, aber ruhiger. Die Farbe war jetzt wieder gelblich wie am Anfang. Um die Sonne herum waren jetzt abwechselnd Farben wie rot und gelb. Als auch die Farben verschwunden waren, sah man in der Sonne gut abgezeichnet drei kleine Teile, die das Aussehen von Sternen hatten. Sie bewegten sich langsam nach links und verschwanden. Die Sonne entzog sich unserem Blickfeld, dann war alles vorbei. Das Schauspiel hatte etwa 15 Minuten gedauert und zwar zur gleichen Zeit, da die Seher in Medjugorje ihre Erscheinung hatten. Begeistert sangen wir nun alle das "Großer Gott, wir loben dich", um den Herrn zu preisen und ihm zu danken. Ich glaube, daß ich nicht nur für mich spreche, denn die Begeisterung und die Freude war bei allen spürbar, so daß wir in den kommenden Stunden mit ganzem Herzen freudig beteten.»

Eine Frau aus Österreich erzählte mir folgende Begebenheit: «Ich gab meinem Hausarzt eine Medaille von Medjugorje. Er nahm sie, aber er gestand mir, daß er an solche Dinge nicht glauben könne. Trotzdem befestigte er sie im Innern seines Wagens. Eines Tages — so berichtete er später — fuhr er im Winter mit dem Zweitwagen vor seiner Frau, die seinen Wagen benutzte. Plötzlich sah er im Rückspiegel wie das Auto, in dem seine Frau saß, auf der vereisten Straße ins Schleudern geriet und den Abhang hinunterstürzte. In diesem Wagen hatte er die Medaille von Medjugorje angebracht. Seine Frau stieg unverletzt aus dem zertrümmerten Auto. Seither glaubt dieser Arzt an die Wirkung dieser Medaille.»

Von einem besonderen Erlebnis berichtete mir *eine Frau aus Linz*: «Am 9. Dezember 1984 — es war ein Adventssonntag — durfte ich die Sonne von Medjugorje sehen. Es war mir möglich, eine halbe Stunde mit freiem Auge in die Sonnenscheibe zu schauen, ohne geblendet zu sein. Um die Sonne herum hatte sich ein herrlicher rosafarbener Strahlenkranz gebildet.»

Eine Gastarbeiterin aus Deutschland berichtete mir: «Im Jahre 1981 sah ich von Bijakovići aus, wie sich das Kreuz auf dem Berg Križevac sehr schnell drehte. Das sah ich an drei verschiedenen Tagen. Außerdem sah ich, wie sich das Kreuz auf diesem Berg wie in einer riesigen Flamme befand. Das sah ich in einer Nacht des Jahres 1984.»

Eine Frau aus Wien schilderte: «Ich selbst sah schon oft große und furchtbare Warnungen am Himmel von Medjugorje. Einmal war es ein riesiges schwarzes Kreuz über der Sonne. Das sah ich am 8. Dezember 1983. Etwa zehnmal schaute ich nachts ein großes Feuer am Bergkreuz des Križevac, und fast ebensooft erlebte ich ein Sonnenwunder, das zum Teil über eine Stunde dauerte. Diese Zeichen und die Warnungen bestätigen, daß die Erscheinungen in Medjugorje echt sind.»

Eine junge Kroatin berichtete: «Viele Menschen sahen am Himmel von Medjugorje über dem Kreuzberg mehrmals in großen goldenen Buchstaben das Wort "MIR" (Friede). Dieses Wort konnte man auch über dem Erscheinungsberg sehr deutlich sehen. Alle Leute in der Umgebung sahen dieses Zeichen.»

Eine Frau aus Bayern berichtete mir: «Meine Tochter und meine Nichte haben am Ostersonntag 1985 während des Rosenkranzgebetes vor der Kirche von Medjugorje, wie sie uns erzählten, ein Sonnenwunder gesehen. Nach ihrem Bericht haben sie ohne Schwierigkeiten direkt in die Sonne schauen können, wobei sie die Landschaft in wechselnde Farben eingetaucht sahen. Das gleiche haben zusammen mit ihnen viele andere Leute beobachten können. Sie erzählten dazu folgendes: "Ein Mann, der an ihnen vorüberging, wandte den Blick auch zur Sonne, mußte aber wegen der Blendung sofort wieder wegschauen. Er hatte offenbar nichts gesehen. Diese Art von Sonnenwunder konnten am Karfreitag auch uns bekannte österreichische Pilger beobachten. Alle waren davon sehr beeindruckt."»

Ein Ingenieur aus Österreich schilderte mir folgendes Phänomen: «In der Karwoche 1984 durfte ich am Kreuzberg bei Medjugorje Zeuge eines markanten Zeichens werden. Wo sonst das graue Kreuz mit dem stufenförmigen Sockel sichtbar ist, stand eine silbrigweiße Säule, nach einiger Zeit sah ich dazu schwach den silbrigweißen Querbalken immer länger und kürzer werden. Alles stand auf einem weißen Halbkreis. Nach einiger Zeit — als der weiße Halbkreis am Boden blieb — änderte sich das Bild, und es war nur ein tiefschwarzer Querbalken sichtbar, der in der Luft schwebte, dazwischen nichts. Unten war der weiße Halbkreis immer noch gut zu erkennen. Nach etwa zehn Minuten wurde alles wieder so wie immer. Dieses Phänomen haben einige hundert Personen, die bei mir standen, gesehen.»

Eine Frau aus Seewalchen in Österreich berichtete mir über Phänomene, die sie in Medjugorje sah:

«Als man mich aufforderte, in die Sonne zu schauen, versuchte ich es. Zuerst schirmte ich die Augen mit der Hand ab, doch ich merkte gleich, daß es mir ohne Schwierigkeiten möglich war, in die Sonne zu sehen. Eine dunkelgraue bis schwarze Scheibe war vor der Sonne, die sich unheimlich schnell nach rechts drehte. Die Scheibe kam mir kleiner vor als die Sonne, so daß vom Sonnenrand verschiedene Farben, wie bei einem Regenbogen, zu sehen waren. Aber die Farben waren nicht nur rund um die Sonne, sondern breiteten sich strahlenförmig aus. Die Sonne kam mir dabei vor, als wäre sie mehr als sonst aus dem All hervorgetreten, viel näher!

Einmal wurde die dunkle Scheibe vor der Sonne immer heller. Ich meinte, eine Hostie zu erkennen. Ich war im ersten Moment sehr aufgeregt.

Dann dachte ich, daß ich mir alles eingebildet hätte. Ich kam mir viel zu unwürdig vor, dieses Gottesschauspiel sehen zu dürfen. Doch das Sonnenwunder blieb bestehen. Aber nicht nur ich schaute zum Himmel, sondern alle Leute auf dem Kirchplatz beobachteten die Sonne. Alles um mich herum war orangefarbig und fleckig. Ob mein Blick auf die Wiese, auf die Bäume oder auf die Kirche fiel, immer war alles in diese Farben getaucht. Dies könnte aber unter Umständen durch die Farben an der Sonne vom Auge reflektiert worden sein. Was ich an diesem Karfreitag 1985 in der Nähe der Kirche von Medjugorje sah, war ein Wunder Gottes.»

Die Ordensschwester Mary-Frances Mills von New York verbrachte im Januar 1985 zwölf Tage in Medjugorje. Während sie zusammen mit den Sehern zum Kreuz des Križevac emporstieg, sahen sie und ihre drei Begleiter, als die Jungfrau Maria den Sehern erschien, ein sehr großes leuchtendes Kreuz vor ihren Augen. Ihre Freundin berichtete, daß sie dabei die Gottesmutter gesehen habe. Die Schwester schilderte:

«Alle Zweifel, die ich nach Medjugorje mitgebracht hatte, verschwanden in dieser Nacht. Die Botschaft Gottes, die uns an diesem Abend durch Maria gegeben wurde, lautete: "Betet für die Menschen, die unter Satans Einfluß stehen. Schließt auch den Bischof in euer ständiges Gebet ein."»

Margaret MacMillan aus Mississauga (Ontario, Kanada) berichtete, daß sie am 13. Mai 1985 in Medjugorje einen spektakulären Sonnentanz beobachten konnte. Dieses Ereignis sei dem Sonnenphänomen in Fatima vom Jahre 1917 sehr ähnlich gewesen. Hunderte von Pilgern, die diesen Sonnentanz sahen, fielen auf die Knie. Ihr Mann, der sehr skeptisch war, als er nach Medjugorje kam, habe keine Zweifel mehr.

Marie Leman aus Williamsville bei New York besuchte im Juli 1985 zusammen mit einer Pilgergruppe, die von der Universität Steubenville (Ohio) organisiert war, den Erscheinungsort Medjugorje.

Über ihre Eindrücke berichtete sie: «Ich bezeuge, daß sich die Sonne am Himmel drehte. Die Mitte der Sonne glich einer Hostie. Sie war strahlend weiß, aber die Strahlen verletzten die Augen nicht. Es schien, als würde die Sonne ihren Platz am Himmel mehrmals verlassen, um sich auf uns zuzubewegen. Dann kehrte sie an ihren Platz zurück. Der Rand der Sonne drehte sich, als die Hostie auf uns zukam und sich wieder entfernte. Der Kranz der Sonne sah aus wie Funken aus Gold und Silber.»

Catherine Furcotte aus Scarborough (Ontario, Kanada) erklärte: «Ich sah sehr deutlich, wie sich die Sonne drehte.»

Drei Augenzeugen aus Bijakovići erzählten mir übereinstimmend das gleiche Phänomen. Demnach kam im Jahre 1981, als die Erscheinungen noch auf dem Berg stattfanden, immer ein leichter Wind (Brise) auf, der bei der großen Hitze, die diesen Sommer herrschte, alle erfrischte und als sehr angenehm empfunden wurde. Diese leichte Brise sei aber nur während der Zeit der Erscheinung zu spüren gewesen. Nach ihren Aussagen waren die drei Zeugen dreimal bei den Erscheinungen anwesend, und jedesmal hätten sie diesen angenehmen Wind ganz deutlich bemerkt.

Ein Augenzeuge berichtete: «Am 2. August 1981 haben etwa 150 Personen über Medjugorje ein Sonnenwunder gesehen. Die Sonne drehte und verfärbte sich, dann drohte sie auf uns herabzustürzen. Uns packte eine große Angst.»

Der Augenzeugenbericht eines Akademikers aus Mannheim: «Am dritten Tag nach Mariä Himmelfahrt, am 18. August 1981, haben mich meine Bekannten aus der Herzegowina, die mit den Sehern von Medjugorje verwandt sind benachrichtigt, ich möchte die Sonne zwischen 19 und 19.30 Uhr beobachten. Das entsprach der deutschen Zeit von 18 bis 18.30 Uhr. Meine Bekannten haben mir nichts Besonderes gesagt, außer daß ich zu dieser Stunde die Sonne betrachten möchte, und daß ich dabei etwas Außergewöhnliches sehen werde.

Am 18. August ging ich zur angegebenen Stunde in den Park zum Wasserturm von Mannheim, um die Sonne zu beobachten. Der Horizont war wolkenlos, und die Sonne stand noch immer sehr hoch am Himmel. Es könnte einige Minuten nach 19 Uhr gewesen sein, als ich meinen Blick auf die Sonne richtete. Das Sonnenlicht war intensiv und gleißend. Als ich das erste Mal zur Sonne blickte, blendete mich das Licht, aber nur für einen Augenblick, denn das Licht der Sonne war plötzlich mit einer dunklen Scheibe bedeckt, als ob sich eine Sonnenfinsternis ereignete. Um die Sonne herum strahlte ein Kranz von hellem Licht. Die schwarze Scheibe über der Sonnenoberfläche begann langsam zu verblassen, um dann in eine rosa, bald in eine hellblaue und schließlich in eine orange Farbe überzugehen. Dann wurde die Scheibe wieder rosa und blau. Das wiederholte sich mehrmals vor meinen Augen. Im Zentrum der Sonnenscheibe erschien die Erde, die sich langsam um sich selbst drehte, und zwar von rechts nach links. Mit großer Klarheit unterschieden sich die Kontinente Europa,

Asien, Afrika, Australien, Nord- und Südamerika. Die Meere waren ebenso deutlich zu erkennen. Die Umdrehung der Erde vollzog sich immer wieder, dabei wechselten die Farben so, wie ich es vorhin berichtete. Unbewegt betrachtete ich einige Zeit dieses Phänomen. Dann schaute ich auf die Uhr, es waren ungefähr zehn Minuten vergangen. Ich stellte meine Beobachtungen ein. Das Tageslicht war von der gleichen Intensität. Beim Betrachten der Sonne hatte ich keine Schwierigkeiten bemerkt. Dann änderte ich meinen Standort, indem ich etwa 100 Meter weiter zum Springbrunnen ging. Von hier aus beobachtete ich die Sonne erneut, und das gleiche Phänomen wiederholte sich. Meine Beobachtungen dauerten fünf, sechs Minuten. Schließlich wechselte ich zum dritten Mal meinen Standort, auch jetzt wiederholte sich das gleiche Phänomen.

Am 19. August 1981 beobachtete ich das Sonnenereignis wieder von der gleichen Stelle aus. Auch am dritten Tag stellte ich Beobachtungen an, aber ich sah nur noch den Farbenwechsel der Sonne, ein Drehen der Erde konnte ich nicht mehr erkennen. Das Leben in der Stadt hatte während des Phänomens seinen normalen Ablauf. Als ich meinen Blick von der Sonne abwandte, ereignete sich nichts Besonderes. Alle Phänomene beobachtete ich in der Zeit zwischen 19 und 19.30 Uhr. Ich habe das Ereignis so exakt wie möglich beschrieben, wie ich es wahrgenommen habe. Eine Deutung dieses Phänomens vermag ich allerdings nicht zu geben. Ich wurde — wie schon erwähnt — auf dieses Ereignis aufmerksam gemacht. Es gibt noch andere Augenzeugen, die den Farbenwechsel der Sonne und die Sonnenfinsternis sahen.»

Als ich den promovierten Gelehrten fragte, ob er diese Aussage auch unter Eid machen würde, erwiderte er:

«Ich kann jederzeit beschwören, was ich Ihnen sagte, weil es die Wahrheit ist. Ich bin auch jederzeit bereit, vor einer kirchlichen Behörde eine solche Erklärung abzugeben.»

Ich bat den Wissenschaftler, mir etwas über seine Empfindungen zu berichten, die er beim Anblick dieses Sonnenphänomens hatte. Darauf antwortete er:

«Als ich dieses Zeichen am Himmel sah, erschrak ich ein wenig. Ich hatte auch etwas Angst, denn ich dachte, daß mit der Welt etwas geschehen könnte, dann aber fiel mir die Güte und Barmherzigkeit Gottes ein, und meine Befürchtungen verschwanden. Schließlich empfand ich Freude, weil ich dieses Phänomen sehen durfte. Ich habe damals meine Erlebnisse auch der kroatischen Zeitschrift "Ziva zajednica" mitgeteilt. Diese veröffentlichte meinen Bericht im November 1981.»

C) Interviews und Berichte über Mutter-Gottes-Erscheinungen in Medjugorje

Einen Tag nach meinem ersten Besuch bei Bischof Žanić im Januar 1984 begegnete ich dem ***Pfarrer Umberto Lončar von Gradnići.*** Nach seinen Aussagen hatte er am Dienstag, den 4. August 1981, ein besonderes Erlebnis. Er befand sich in Gradnići und blickte gegen 18 Uhr in Richtung Medjugorje. Einige Zeit später entdeckte er eine große Wolke, die sich von Cerno her näherte und eine seltsame Farbe hatte. Pfarrer Lončar meinte, sie sei violett bis rötlich gewesen. Diese mächtige, seltsame Wolke bewegte sich mit großer Geschwindigkeit zum Križevac (Kreuzberg bei Medjugorje — Anm. des Verf.). Hier blieb sie kurze Zeit unbeweglich, doch plötzlich raste sie in östlicher Richtung davon und näherte sich immer mehr dem Boden. Später, gegen 18.40 Uhr, sah er, wie sich auf dem Crnica (Erscheinungsberg) eine wunderschöne Dame zeigte, die sich langsam vom Berg abhob. Dann wurde die rosig-violette Gestalt der Dame immer durchsichtiger, bis nur noch ein Schleier oder Nebel übrigblieb.

Was mich an diesem Bericht am meisten beeindruckte, war der Gesichtsausdruck dieses bescheidenen Pfarrers. Er war tief ergriffen von dem, was er sagte. Man hatte den Eindruck, er sehe die Gestalt der Dame noch vor sich. Dann begleitete er mich aus dem Pfarrhaus und zeigte mir die Stelle, von der aus er die Wolke und die Dame gesehen hatte. Es war die Terrasse zwischen dem Pfarrhaus und der kleinen Dorfkirche. Die Entfernung von hier zum Kreuz- bzw. zum Erscheinungsberg beträgt etwa 8000 bis 10000 Meter. Es ist erstaunlich, daß er aus dieser Entfernung die Farbe und die Gestalt der Dame erkennen konnte. Dieser Pfarrer hatte durch seinen Bericht meine letzten Bedenken im Fall Medjugorje zerstreut. Ich bedankte mich für seine große Gastfreundschaft und seine Offenheit. Durch diesen Pfarrer wurde ich ermuntert, meine Nachforschungen intensiv zu betreiben.

Bei meinem vierten Besuch in Medjugorje traf ich ***einen Italiener,*** der im gleichen Haus wohnte. Während des Frühstücks kamen wir ins Gespräch, und an seinem ganzen Verhalten merkte ich, daß etwas Besonderes in ihm vorging. Auf mein Drängen erzählte er mir, daß er eine Erscheinung der Gottesmutter gehabt hatte. Ich halte seinen Bericht für absolut zuverlässig. Er zeigte sich später bei meinen Nachforschungen im Fall Medjugorje als wertvoller Helfer. Selten habe ich einen Mann von etwa 40 Jahren so intensiv und so lange beten gesehen. Der Italiener hatte einen schwerkranken Sohn, um dessen Heilung er die Gottesmutter anflehte. Wegen der Bedeutung der Ereignisse möchte ich seinen Bericht in voller Länge wiedergeben. Er erzählte:

«Das erste Mal, als ich das Phänomen sah, befand ich mich am Brunnen vor dem Pfarrhaus. Zufällig kam eben Pater Tomislav vorbei, der einigen Frauen auf französisch sagte, sie möchten zum Kreuzberg schauen. Ich war sehr erstaunt, denn an der Stelle des Zementkreuzes sah ich die Gestalt einer Frau. Der Schleier war weiß und bewegte sich im Wind. Die Hände der Gestalt waren über dem Schoß gefaltet. Das Kleid war grün und erstrahlte so hell, wie ich es noch nie gesehen hatte. Es ist mir unmöglich, diese Farbe genau zu beschreiben. Das Phänomen dauerte etwa zehn Minuten. Nach einigen Tagen pilgerte ich zum Erscheinungshügel, um zu beten. Es war etwa 6 Uhr morgens. Fünf Minuten später traf eine jugoslawische Familie ein, die auch zu beten begann. Nach einer halben Stunde ging diese wieder weg. Ich blieb allein zurück und setzte mich auf einen großen Stein, ohne zu beten und ohne irgend etwas Besonderes zu denken. Ich empfand eine totale Leere. Nach ungefähr einer halben Stunde brach ich auf, um zurückzukehren. In diesem Augenblick richtete ich meinen Blick auf den Kreuzberg und sah die Gottesmutter wie beim ersten Mal, nur viel deutlicher und farbenprächtiger. Während mich die Erscheinung das erste Mal überraschte, fühlte ich dieses Mal in meinem Herzen eine unaussprechliche Freude. Ihr Aussehen war so schön, daß ich vor Freude überglücklich wurde. Deshalb streckte ich meine Arme seitwärts wie ein Kreuz aus und begann, Gott aus meinem ganzen Herzen zu loben und zu preisen, weil er mich diese himmlische Freude erleben ließ. Ich begann wieder zu beten und zwar mit lauter Stimme: "Ehre sei Gott!" Ich flehte ihn an und sprach den Namen Jesus mit einer unbeschreiblichen Freude aus. Diese Freude übertraf alles. Nach einiger Zeit machte ich mich auf den Rückweg, während die Erscheinung noch andauerte. Unterwegs begegnete ich einer italienischen Familie: Vater, Mutter, Kind und Großmutter. Die Mutter sprach zu ihrem Kind.

Ich hörte folgende Worte: "... doch am Kreuz (aus Zement) geschieht ja doch nie etwas!" Ich antwortete: "Sehen Sie zum Kreuz!" Alle wandten sich um, und das Kind rief: "Seht, die Gottesmutter!" Es zeigte in Richtung der Erscheinung. Auch die Mutter rief: "Seht, die Gottesmutter!" Der Vater hingegen erwiderte, das alles sei nur eine Sinnestäuschung, während er einen Rosenkranz in den Händen hielt. Die Großmutter sagte nichts.

Ein anderes Mal betete ich sehr lange in der Kirche, als plötzlich eine Ordensschwester zu mir kam und zu mir sagte, ich möchte in die Erscheinungskapelle gehen. Ich trat nach der Seherin Ivanka ein. Die Erscheinung dauerte neun Minuten. Ich brachte meine Anliegen der heiligen Jungfrau vor. Plötzlich empfand ich ein seltsames Kribbeln auf der Haut, ich spürte es am ganzen Körper. Es verursachte in mir eine unbeschreibliche Freude.»

Drei Jahre später traf ich diesen Italiener in Medjugorje wieder. Ich fragte ihn, wie es seinem kranken Sohn gehe. Er erwiderte: «Ich habe hier viel für ihn gebetet. Heute ist er von seiner schweren Hepatitis vollständig geheilt. Früher betete mein Sohn nicht, noch glaubte er. Jetzt zeigt er Interesse am religiösen Leben, er glaubt und betet und geht jeden Sonntag zur heiligen Messe. Mein Sohn war auch einmal in Medjugorje.»

Darauf fragte ich den Mann: «Glauben Sie, daß die Gottesmutter von Medjugorje auf Ihr Gebet hin Ihren Sohn von seiner schweren Infektion heilte?» Er antwortete: «Ich bin sicher, daß mein Gebet geholfen hat. Beten ist etwas Absolutes.»

Am 15. Juni 1985 besuchte ich ***Frau Julijana Ebert in der Nähe von Heidelberg.*** Ich hatte in Erfahrung gebracht, daß sie in einem kleinen Dorf bei Medjugorje einer Erscheinung der Gottesmutter gewürdigt worden war. Sie berichtete mir, daß sie im Mai 1984 in Jugoslawien zu einem Klassentreffen unterwegs war. Da habe sie eine große Sehnsucht verspürt, ganz spontan nach Medjugorje zu reisen. Als sie in der Nähe von Medjugorje wohnte, erschien ihr ganz unerwartet die Gottesmuter. Frau Ebert berichtete:

«In etwa eineinhalb Meter Entfernung schwebte sie vor mir und wurde von einem besonderen Licht umstrahlt. Sofort fiel ich auf die Knie nieder. Die Erscheinung hatte eine mittlere Größe und war von einem wunderschönen, blauen Umhang umgeben, den ich in einer solchen Farbenpracht zuvor noch nie erblickt hatte. Unter dem Umhang trug sie ein strahlend weißes Kleid. Ihr Gesicht war rosafarben und ohne jede Falte. Die Erscheinung sah sehr jung und rein aus. Ich hatte vor dieser Dame große Ehrfurcht und Scheu. Einige Minuten betrachtete ich sie, dann wandte sie ihren Blick auf das Kreuz, das über meinem Bett hing. Dieser Blick der Gottesmutter zum Kreuz zeigte mir sehr deutlich, daß sie uns zu ihrem Sohn hinführen möchte, und daß wir auf Jesus blicken sollen. Ich folgte ihrem Blick. Trotz meiner baptistischen Erziehung kannte ich nicht einmal das "Vaterunser". Ich schämte mich sehr. Plötzlich begann ich ein Gebet zu sprechen, das ich noch nie zuvor gebetet hatte; ich fühlte eine Stimme, die nicht mir gehörte. Ich spürte sehr deutlich, daß die Dame mit mir betete. Zweimal habe ich vom Kreuz zur Erscheinung geblickt, um zu sehen, ob sie noch da sei. Sie war noch da, aber kurz darauf verschwand sie zusammen mit einem strahlenden Licht. Ich war unsagbar glücklich und dankbar, daß ich die Gottesmutter sehen durfte. Keine Schätze der Welt könnten mich so glücklich machen wie diese Vision. Ich ehre jetzt Maria und liebe sie sehr. Jetzt ist mir bewußt geworden, daß man nie genug beten kann. Seit ich diese Erscheinung hatte, benütze ich keinen Lippenstift, kein Haarfärbemittel und keinen Nagellack mehr. Für mich bedeutet Schmuck nichts mehr, ich trage nur noch einen Anhänger mit einem Kreuz. Dieses Ereignis veränderte mein ganzes Leben, es stärkte meinen Glauben und gab mir Kraft, anderen Menschen zu helfen, sich schnellstens zu bekehren. Niemand kann mir sagen, daß es keinen Gott gibt, denn durch Gottes Kraft und Willen durfte ich die Gottesmutter sehen.

Warum durfte gerade ich sie sehen? Seither habe ich mein Leben radikal geändert. Ich faste und lese nur noch religiöse Bücher, besonders die Bibel. Wenn ich sehe, wie die Menschen sündigen, schmerzt mich das sehr. Später wurde ich im Alter von 39 Jahren in der Pfarrkirche von Medjugorje getauft. Endlich war meine große Sehnsucht nach der Taufe in der katholischen Kirche gestillt!

Als ich im September 1984 wieder in Medjugorje weilte, fühlte ich mich, als wäre ich dort geboren.»

Besonders tief haben mich die Freude, die Opferbereitschaft und die Nächstenliebe dieser privilegierten Seherin beeindruckt. Diese Tugenden erinnerten mich stark an die Begegnungen mit den Sehern von Medjugorje. Ihre Aussagen waren fast identisch.»

Frau Ebert erklärte mir: «Ich habe vor nichts mehr Angst, ich würde für meinen Glauben auch ins Gefängnis gehen. Sie dürfen meinen Namen in ihrem Buch veröffentlichen. Ich halte es für sehr wichtig, daß ich mit meinem Namen Zeugnis ablege. Ich habe auch vor dem Tod keine Angst mehr, denn ich weiß jetzt, daß Gott und die Gottesmutter mich lieben und zu sich holen werden.»

In der Tat war hier eine große Bekehrung eingetreten. Frau Ebert berichtete mir: «Seit ich dieses Erlebnis hatte, glaube ich an eine Hölle, und weil ich davon überzeugt bin, tue ich alles, was in meiner

Macht steht, um die Menschen schnell zu Gott zu bekehren. Kein Opfer ist mir dafür zu groß. Mir tun die Menschen, die sündigen, so leid; es trifft mich wie ein Pfeil ins Herz. Früher habe ich geflucht. Heute kann ich niemanden mehr fluchen oder Gott lästern hören; es bereitet mir großen Schmerz.»

Tief beeindruckend war ihr Bericht über ihr Verhältnis zu den Mitmenschen, wie sie ihnen heute begegnet. Um ihnen zu helfen, scheut sie vor keinem Opfer zurück. Es liegen ihr nicht nur die sozialen Probleme am Herzen, sondern auch die Menschen, die in schwerer Sünde leben. Sie sagte: «Man muß für die Menschen beten. Ich spüre eine große Liebe und Verantwortung in mir. Sie brauchen mich, deshalb muß ich mich auch ganz für sie einsetzen.»

Sie erzählte mir von auffallenden Bekehrungen, die durch ihr Gespräch mit lauen oder abgefallenen Christen über Gott und die Gottesmutter, vor allem über ihr Erlebnis in Medjugorje, zustande kamen.

Als ich im Juli 1986 Pater Žarko Ilić, den Verfasser des Buches «Freudige Glaubenserfahrungen in Medjugorje» in Humac bei Ljubuski besuchen wollte, begegnete ich ***Pater Stanko Vasilj***. Er berichtete mir von einer Erscheinung der Gottesmutter, die er und seine Mitbrüder P. Luka Sušac, P. Vinko Dragićević und P. Janko Bubalo — Verfasser des Buches «Ich schaute die Gottesmutter» — hatten. Nach seiner Schilderung kamen sie am 22. Oktober 1981 nach Medjugorje zur Aushilfe. Am Nachmittag sahen sie statt des Kreuzes auf dem Križevac die Gestalt einer Frau in einem blaugrauen Mantel oder Umhang. Um die Gestalt der Dame strahlte ein wunderbares Licht. Viele Pilger knieten auf der aufgeweichten Erde, beteten und sangen vor Freude und Erregung. Einige Ordensschwestern, die sich im Auto Medjugorje näherten, sahen diese Erscheinung von weitem. Interessant ist die Aussage P. Stankos, daß eine Schwester immer wieder behauptete, sie hätte überhaupt nichts gesehen.

Seit Beginn der Erscheinungen fahren diese vier älteren Priester Abend für Abend nach Medjugorje, um dort auszuhelfen.

Während eines Gesprächs im Sommer 1985 fragte ich ***Milka Pavlović***, die Schwester der Seherin Marija Pavlović, ob sie tatsächlich am ersten Erscheinungstag, dem 24. Juni 1981, die Gottesmutter gesehen habe. Milka beteuerte mir, daß sie an diesem Tag die Gospa sah, aber es sei ihre einzige Erscheinung gewesen, und sie sei darüber sehr glücklich.

Von einer Pilgerin hatte ich im Juli 1986 erfahren, daß ***ein älterer Missionar*** aus einem östlichen Land die Jungfrau Maria in Medjugorje gesehen habe. Als ich diesen Priester daraufhin ansprach, erwiderte er: «Ja, ich und viele andere Personen haben sie gesehen.» Es war nur ein einziger Satz, aber er gewinnt an Überzeugungskraft, wenn man bedenkt, daß dieser bejahrte Missionar um seines Glaubens willen lange Zeit im Gefängnis hatte leiden müssen.

Von einer Gewährsperson aus Rockville (USA) hatte ich erfahren, daß ***ein Kind*** geheilt worden war. Meine Untersuchungen ergaben, daß diese Heilung nicht im Zusammenhang mit den Erscheinungen von Medjugorje stand.

Vanya Daniel aus Mohawk (New York), der mit einem schweren Herzleiden geboren wurde, hatte kaum eine Überlebenschance. Eine Woche nach seiner Geburt wurde er operiert, aber die Ärzte hatten wenig Hoffnung, daß das Kind die sehr komplizierte Operation überstehen würde. Nach diesem lebensgefährlichen chirurgischen Eingriff erklärten die Ärzte den Eltern, daß die große Wunde kaum heilen, und daß der Junge nicht aufwachsen würde; hinzu käme eine weitere Operation, um die Herztätigkeit stabilisieren zu können.

Im Jahre 1984 stellten die Eltern eine Kopie der berühmten Iveron Ikone (Mutter Gottes mit Kind), die auf dem Berg Athos verehrt wird, in das Krankenzimmer ihres Sohnes. Seit diesem Tag erholte sich Vanya von seiner schweren Krankheit. Aus Dankbarkeit beschlossen die Eltern, Vanya nach Medjugorje zu bringen. Im Mai 1985 kam der Vater zusammen mit dem kranken Kind in Medjugorje an. Er trug sein Söhnchen, das zu diesem Zeitpunkt eineinhalb Jahre alt war, auf den Kreuzberg. Dort zeigte Vanya plötzlich sehr heftig auf etwas und rief: «Mama, Mama!» Der Vater berichtete später meiner Gewährsperson: «Ich sah niemand auf dem Berg. Wir waren ganz allein. Meine Frau war die einzige Person, die Vanya mit "Mama" anredete, aber sie konnte nicht mitkommen. Schließlich drehte ich mein Söhnchen in eine andere Richtung und versperrte seine Aussicht, aber Vanya drehte sich sofort wieder um, zeigte auf die gleiche Stelle und rief ergriffen "Mama".»

Die Eltern sind fest überzeugt, daß sich die Jungfrau Maria ihrem geheilten Kind auf dem Kreuzberg in Medjugorje zeigte, und daß sie die Heilung ihres Sohnes nur ihr verdanken.

Eine Frau aus Deutschland berichtete mir über ein außergewöhnliches Erlebnis in Medjugorje. Sie erzählte: «Am 24. Juni 1987, dem sechsten Jahrestag der ersten Erscheinung, war ich mit einer Pilgergruppe auf dem Kreuzberg. Als wir bei der zehnten Kreuzwegstation unsere Betrachtung beendet hatten, sah ich ein Leuchten am Himmel und erkannte in dem Licht die Mutter Gottes. Sie trug ein blaugraues Kleid, einen weißen Schleier und stand auf einer Wolke.»

Ich wollte wissen, was die Frau während der Erscheinung empfunden hatte. Spontan erwiderte sie: «Ich konnte nicht fassen, was ich sah. Ich empfand große Freude, Glück, Frieden, Geborgenheit und hatte großes Vertrauen.» Dann fügte sie hinzu: «Die erste Zeit konnte ich mit niemand darüber reden, weil ich mich sehr unwürdig fühlte, so etwas erlebt zu haben. Als ich mich schließlich überwand und darüber sprach, glaubte mir niemand. Bisher hatte ich eine sehr gute Beziehung zur Gottesmutter, aber nicht zu ihrem Sohn. Seit diesem Erlebnis aber habe ich eine große Liebe und Zuneigung zu Jesus und empfinde auch großes Mitleid beim Leiden Christi. Wenn ich heute das Geheimnis des schmerzhaften Rosenkranzes, "Jesus, der für uns gegeißelt wurde", bete, spüre ich manchmal die Geißelhiebe auf meinem Rücken; so empfinde ich es jedenfalls.»

D) Interviews und Berichte von Personen, die in großer Not eine auffallende Hilfe erfuhren

Frau Gertraud Glöckner aus Linz in Österreich berichtete mir: «***Seit meinem 20. Lebensjahr machte mir meine Wirbelsäule im Bereich des Kreuzbeins sehr zu schaffen.*** Ich wurde damals auch behandelt. Der Arzt sprach von Abnützungserscheinungen. Ich spürte zwar eine Linderung, jedoch trat keine vollkommene Genesung ein. Die Schmerzen waren immer da und wurden mit der Zeit immer heftiger. Durch familiäre Umstände hatte ich aber nie recht Zeit, mein Leiden durch langfristige Kuren behandeln zu lassen, sodaß ich jetzt leider über keine ärztlichen Unterlagen verfüge. ***Tatsache ist, daß es mir nicht möglich war, länger als fünf Minuten zu stehen, und auch das Liegen verursachte mir große Mühe.*** Mit dem Gehen und dem Sitzen war es etwas besser.

Nun kam ich am 7. Dezember 1984 nach Medjugorje. Ich muß Ihnen aber gestehen, daß ich nicht wegen meines Leidens diese Fahrt machte, ja nicht ein einziges Mal die liebe Gottesmutter bat, mich gesund zu machen. Ich hatte einen Rucksack voll anderer Anliegen und Bitten für meine Familie und für Bekannte mitgebracht. Ich mußte in Medjugorje immer sehr früh in die Kirche gehen, um einen Sitzplatz zu bekommen, denn ich spürte auch hier meine heftigen Schmerzen, ja, hier ganz besonders.

Aber die große Sache kam erst zu Hause, als ich plötzlich merkte, daß ich keine Schmerzen mehr hatte. Ich konnte ungehindert stehen und probierte dies gleich aus, indem ich mein Bügelbrett hervorholte und während eineinhalb Stunden Wäsche bügelte.

Im Mai 1985 war ich wieder in Medjugorje und betete nun vorn in der Kirche mit P. Slavko die Krankensegnung und den Glorreichen Rosenkranz mit. Bis heute fühle ich mich gesund und kann, Gott sei Dank!, ungehindert meine Arbeit verrichten. Mein lieber Mann hat mir kürzlich zugesagt, im Mai nach Medjugorje mitzukommen. Sie können sich denken, wie sehr ich mich jetzt schon auf diese Reise freue.»

Als ich die Dame fragte, ob ich ihren Namen veröffentlichen dürfe, antwortete sie: «Sie dürfen meinen Namen ruhig erwähnen, denn das, was ich erlebt habe, kann ich jederzeit beschwören.» Ich fragte sie: «Wie lange hatten Sie diese Rückenschmerzen?» Darauf erwiderte sie: «Seit 21 Jahren — also seit meinem 20. Lebensjahr. Besonders heftig wurden die Schmerzen im Jahre 1982. Ich war kaum noch in der Lage zu stehen. Es war für mich eine große Überraschung; ich kann es kaum begreifen, daß ich heute ohne Schmerzen lebe. Es tut mir leid, daß ich Ihnen keine ärztlichen Unterlagen geben kann.»

Als ich Frau Glöckner fragte, ob sie einem Schwerkranken eine Reise nach Medjugorje empfehlen würde, antwortete sie: «Ich würde jedem raten, soweit er transportfähig ist, nach Medjugorje zu fahren, denn ich bin fest überzeugt, daß die Gottesmutter dort erscheint.»

Die wenigsten Menschen haben eine Vorstellung davon, welche Qualen Rückenschmerzen verursachen können, besonders wenn Nerven eingeklemmt sind. Jede falsche Bewegung verursacht sofort ungeheure Schmerzen. Diese Frau hat 21 Jahre diese peinigenden Qualen ausstehen müssen. Bei meinem Gespräch hörte ich immer wieder die große Dankbarkeit von Frau Glöckner gegenüber Gott und der Jungfrau Maria heraus.

Im August 1984 besuchte ich ***Frau Mara Primorac in Mostar.*** Als ich sie nach ihrer Krankheit befragte, holte sie das kroatische Buch von Dr. L. Rupčić «Erscheinungen Unserer Lieben Frau zu Medjugorje» und blätterte darin. Bald hatte sie die Seite gefunden, auf der ihre Krankheit beschrieben ist. Ich fragte sie, ob der Text in diesem Buch über ihren Fall stimme. Sie bejahte. Frau Mara Primorac aus Mostar war im Jahre 1958 im Treppenhaus so unglücklich gestürzt, daß ihre Wirbelsäule verletzt war. Bei meinem Besuch erklärte sie: «Ich war zwei Jahre krank. Die Ärzte in Mostar und Zagreb versuchten mir zu helfen.»

Ein Arzt, Dr. Luka Vasilj aus Zagreb, sagte: «Die Krankheit bleibt, niemand kann Ihnen helfen.» Ich erkundigte mich nach ärztlichen Unterlagen. Frau Primorac erwiderte: «Mein Arzt ist tödlich verunglückt, ich kann die ärztlichen Berichte aus dem Militärkrankenhaus nicht bekommen.» ***Sie versicherte mir, daß ihr fünfter Lendenwirbel vollständig zertrümmert war.*** Ich wollte wissen, wie sie gesund wurde. Sie berichtete: «Ich war in Medjugorje. Nach der Abendmesse betete Pater Tomislav Vlašić über die Kranken. Da spürte ich einen heftigen Schmerz, als ob mir jemand ein Messer in den Rücken stieße. Der Schmerz dauerte nur einen Augenblick, dann fühlte ich mich ganz gesund. Ich wurde am 28. August 1981 in der Kirche von Medjugorje geheilt.»

Ich fragte Frau Primorac nach ihren Empfindungen. Sie gab mir zur Antwort: «Ich bin seither 16mal zu Fuß von Mostar nach Medjugorje gepilgert, zehnmal ging ich in Schuhen und sechsmal ohne Schuhe. Zweimal in der Woche fahre ich nach Medjugorje und faste jeden Mittwoch und Freitag. Ich weiß nicht, wie ich der Gospa danken soll. Deshalb ging ich auch zum Bischof, um ihm meine Heilung zu melden.» Zum Abschied sagte Frau Primorac, daß von ihrer schmerzhaften Krankheit keine Symptome zurückgeblieben seien. Sie könne sich normal bewegen und ihre Arbeiten ungehindert verrichten. Ich war von Frau Primorac und ihrem nüchternen Bericht tief beeindruckt. Ihr bescheidenes Wesen war durchdrungen von großer Dankbarkeit und Freude.

Im Januar 1986 berichtete mir ***Herr N. aus dem Wienerwald (Österreich)*** von seiner auffallenden Besserung seiner Krankheit:

«Am 28. August 1985 spürte ich die ersten Symptome. Am 1. September 1985 bekam ich sehr heftige Schmerzen. Der Arzt erklärte mir, daß es sich um eine Virusinfektion handle. Der am 11. September 1985 durchgeführte Bluttest ergab eine hohe Blutsenkung und stark vermehrte Leukozyten. Die Untersuchung zeigte 20400, normal ist aber 4000 bis 10000. Außerdem zeigte sich eine auffallende

Strukturveränderung am linken Leberlappen. Am 18. September 1985 lautete die Diagnose: ***Tu hepatis, V. A. Hepatom*** (Befundbericht des Landeskrankenhauses). Während dieser Zeit wurde für mich viel gebetet. ***Auch Pater Bernhard,*** der Taufpfarrer meiner Tochter, ***versprach zu beten. Er reiste nach Medjugorje, um dort die Gottesmutter um meine Heilung zu bitten.***»

Die ärztlichen Unterlagen geben Aufschluß über den sehr kritischen Zustand des Patienten. Darin heißt es: «Bis jetzt durchgeführte Befunde: U-Schalluntersuchung vom 19. September 1985: Die rechten Leberlappen zeigen geringe Strukturvermehrung, jedoch durchwegs homogenes Strukturmuster, Gefäßverläufe unauffällig. Im Bereich des linken Leberlappens deutliche inhomogene Strukturierung, wobei ein kugeliges hyperdenses Areal mit mäßig scharfer Begrenzung zum Restparenchym ersichtlich ist. Der Durchmesser beträgt etwa 5 cm. U-Schallkontrolle vom 30. September 1985: Raumforderung des linken Leberlappens mit 8 cm Durchmesser unverändert. Prominenz über die Leberkontur hinaus. Der übrige sonographische Befund dem von 19. September entsprechend... Untersuchung auf Toxoplasmose: neg. rotes und weißes BB vom 18.9.: Leuco 18900... Thrombo 742000.»

Die Gattin erklärte mir: «Am 24. September 1985 teilte mir der Oberarzt auf mein Verlangen mit, daß mein Mann einen bösartigen Lebertumor habe. Er sprach von einer eventuellen Entfernung des linken Leberlappens, falls sich nicht schon Metastasen in anderen Organen gebildet hätten. Am Tag darauf besuchte mich unser Hausarzt und teilte mir mit, er hätte mit dem Oberarzt gesprochen. Ich möge mir keine Hoffnungen machen, mein Mann hätte keine Überlebenschance, es ginge sehr rasch. Meine Verzweiflung in diesen Tagen war sehr groß. Ich hatte einen sterbenskranken Mann, eine pflegebedürftige 82jährige Mutter, ein unversorgtes Kind, einen Kredit und ein nicht fertiges, selbstgebautes Einfamilienhaus.

Ich wußte nicht ein noch aus. In dieser Situation begannen wir zu beten. In meiner Not rief ich Pater Bernhard an, der sofort Unterstützung im Gebet zusagte. Mein Mann sprach mit Pater Bernhard. Dieser gab den Krankensegen und versprach, in ***Medjugorje*** für ihn zu beten und zu danken.

Am 1. Oktober 1985 sagte der Primar-Arzt zu meinem Mann, der nach Hause wollte: "Sie gehen nicht, Sie haben einen bösartigen Tumor auf der Leber." In den folgenden Tagen schlief mein Mann sehr viel. Zu unserer Überraschung konnte mein Mann am 4. Oktober

1985 für fünf Tage nach Hause kommen. Er fühlte sich so gut, daß wir am nächsten Tag zur Abendmesse gehen konnten. Die meisten Kirchenbesucher fielen aus allen Wolken, als sie ihn abgezehrt und schwach in der Kirchenbank sitzen sahen.

Bei der nächsten Untersuchung (Angiographie) und der darauffolgenden Computer-Tomographie wurde laut Auskunft des Arztes eine Verkleinerung des Tumors festgestellt.

Am 17. Oktober 1985 konnte mein Mann aus dem Spital entlassen werden, wobei der Oberarzt ein fassungsloses Gesicht machte und sich anscheinend die Sache nicht erklären konnte. Er sprach nur von einer Kontroll-Untersuchung kurz vor Weihnachten, die aber keine Verschlechterung ergab. Ab 1. Dezember 1985 arbeitete mein Mann wieder ganztägig. Ich habe in dieser Zeit soviel Kraft und Trost im Gebet gefunden, wie ich es vorher nie für möglich gehalten hätte. Darum möchte ich allen Dank sagen, die mitgeholfen haben, für die Genesung meines Mannes zu bitten und zu beten. Insbesondere danke ich ***Pater Bernhard für seine Gebete und die Wallfahrt nach Medjugorje.*** Ganz besonders danke ich der Gottesmutter. Wir durften eine große Gnade erfahren und werden zu gegebener Zeit ein Versprechen einlösen.» Ich fragte, ob sie gerne nach Medjugorje fahren würden. Darauf antwortete die Gattin: «Wir würden gern dorthin pilgern, aber wir haben im Augenblick keine Möglichkeit. Wir versuchen, die Botschaft von Medjugorje zu leben und die Bitten der Gottesmutter zu erfüllen. Für mich ist alles noch unfaßbar. Wir sind von Gott überreich beschenkt worden.»

Im August 1986 begegnete ich ***Marko Bošnjak und seinem Sohn Joško in der Nähe von Ljubuski.*** Herr Bošnjak berichtete mir von seinem Sohn Joško:

«Er wurde am 23. Dezember 1972 in Hrašljani bei Ljubuski geboren. Im Jahre 1977 stürzte er aus sehr großer Höhe von einem Baum. ***Durch den heftigen Aufprall entstand ein sehr komplizierter Beckenbruch. Hinzu kam, daß auch der Oberschenkelhalsknochen eine Fraktur zeigte.*** Mein Sohn lag ohne Unterbrechung 18 Monate lang im Krankenhaus. Auch 1980 und 1981 mußte er im Krankenhaus bleiben. Josko war von der Hüfte bis zu den Beinen eingegipst. Es gab so große Probleme, daß ich nachts nicht mehr schlafen konnte.

Als wir von den Erscheinungen in Medjugorje hörten, riefen wir die Hilfe der Gospa an, denn wir sind eine gläubige Familie. Meine Frau pilgerte 25mal zu Fuß den 15 Kilometer langen Weg nach Medjugorje.

Nun dauerte es nicht mehr lange, bis mein Sohn vollständig gesund wurde. Er treibt heute Sport, besonders gern spielt er Fußball.»

Während des Gesprächs habe ich mich überzeugen können, wie gewandt sich der Junge bewegt. Herr Bošnjak erklärte mir: «Wir alle sind fest davon überzeugt, daß die Heilung unseres Sohnes nur auf die Fürsprache der Gospa von Medjugorje zurückzuführen ist. Wir alle gehen regelmäßig dorthin.»

Ich fragte den Vater nach den ärztlichen Unterlagen. Darauf erwiderte er: «Wir haben damals unseren Sohn auf eigene Verantwortung aus dem Krankenhaus geholt, alle ärztlichen Dokumente mußten wir dort lassen, wir mußten auf deren Besitz verzichten.»

Im Juli 1986 besuchte ich ***Karlo Ivanković in Ljubuski***. Bereitwillig berichtete er über den Verlauf seiner Krankheit und über seine Genesung. Er schilderte:

«Die ersten Symptome meiner Krankheit zeigten sich zu Beginn des Monats Oktober 1983. Vom 25. Oktober bis zum 9. Dezember 1983 war ich wegen einer gefährlichen Gelbsucht im Krankenhaus. Ich hatte die besten Ärzte und die beste Pflege. Die Krankheit verschlechterte sich trotzdem sehr rasch, es wurde kritisch, denn ich wurde von Tag zu Tag schwächer. Täglich bekam ich zwei Flaschen Infusionen. Es waren insgesamt 33 Flaschen. Plötzlich bemerkte ich, daß mein Herz sehr stark zu pochen begann. Ich preßte meine Hand oft unbewußt gegen mein Herz, weil ich dachte, es gehe mit mir zu Ende. Die letzten drei Tage vor der entscheidenden Nacht war ich wie im Delirium. Ich kann mich an diese Zeit überhaupt nicht erinnern. Sie ist für mich wie ausgelöscht. Mein Freund, ein Arzt, sagte meiner Frau, daß sie mit dem Schlimmsten rechnen müsse. Die Ärzte versuchten alles, schließlich erwogen sie als letzten Versuch, mich im Hubschrauber nach Sarajevo oder Laibach (Ljubljana) zu fliegen, um mein Leben zu retten.

Der 26. Tag war der Höhepunkt meiner Krankheit. Mein Blutdruck war auf 60 gesunken. Dieser Wert ist bei Medizinern die äußerste Grenze am Rand des Todes. Nach tagelangem Koma kam ein Zeitpunkt, da ich alles so klar und deutlich erkennen konnte wie nie zuvor in meinem Leben. Ich sah mich im Geist in der Kirche von Medjugorje, ich sah die Leute, die Priester, alles mit einer einmaligen Deutlichkeit vor mir. Plötzlich hatte ich das Gefühl, die Gospa sei bei mir. Diese Empfindung befreite mich von jeder Angst. Ich fühlte mich vollkommen wohl, wie nur ein gesunder Mensch sich wohl fühlen kann. Dann verspürte ich innerlich, als ob die Gospa zu mir sagen würde: "Mein Kind, sag, was dich bedrückt, ich bin für dich da!" In diesem Augenblick fühlte ich eine unbeschreibliche Geborgenheit, eine Ruhe und einen tiefen Frieden, als ob es überhaupt nie ein Problem gegeben hätte. Ich sprach mit der Gospa ohne Angst wie ein kleines Kind, das mit seiner Mutter spricht. Ich spürte sehr deutlich, wie die Gospa ein grenzenloses Vertrauen in mein Herz goß. Wie die Blume sich bei den ersten Sonnenstrahlen öffnet, so habe ich mich dieser wunderbaren Mutter geöffnet. Ich erinnere mich noch heute der Worte, die ich an die Gottesmutter richtete. Sie lauteten: "Liebe Gospa von Medjugorje, ist es wirklich soweit? Ich glaube, ich habe nicht alles erfüllt, was ich in meinem Leben hätte tun sollen. Ich habe drei kleine Kinder, meine Frau und meine schwerkranke Mutter. Aber es geschehe Gottes Wille." Dann begann ich zu beten, und schließlich schlief ich ein. Ich hatte für Raum und Zeit kein Gefühl mehr.

Am nächsten Morgen weckte mich der Chefarzt und fragte, wie es mir gehe. Ich antwortete, daß es mir sehr gut ginge. Bei der regulären Visite erklärte der Chefarzt, daß kein Transport mehr nötig und der kritischste Punkt überwunden sei.»

Bereitwillig gab mir Herr Ivanković die ärztlichen Unterlagen. Darin lautet die genaue Diagnose: ***«Hepatitis virosa ac. HBsAg positiv»***.

In den vorliegenden Unterlagen heißt es am 23. Dezember 1983: «Der Patient hat keine Schwierigkeiten mehr. Die Leber hat normale Funktion.» Bei der Kontrolle am 23. Januar 1984 heißt es: «Keine Beschwerden. Alle Werte befinden sich in normalen Grenzen. Der Virus ist negativ.»

Zweieinhalb Jahre nach diesem Befund sprach ich mit einem gesunden, gut aussehenden Mann, dem man von seiner schweren Infektion nicht mehr das Geringste ansah. Insgesamt konnte mein Gesprächspartner einen Krankenbericht von zwanzig getrennten Blättern vorlegen, der sehr konkret die Schwere der Krankheit und die völlige Genesung dokumentiert. Die Unterlagen sind aus Mostar, Sarajevo und Zagreb. Eine Diät oder Medikamente waren danach nicht mehr notwendig.

Im Sommer 1989 traf ich Herrn Ivanković in Villach (Österreich) wieder. Er hielt dort einen Vortrag über die Ereignisse in Medjugorje. Ich fragte ihn, warum er über Medjugorje spreche. Darauf erwiderte er: «Ich halte Vorträge in Deutschland, Österreich und in der Schweiz, weil ich allen Grund habe, der Gottesmutter für meine Heilung zu danken.»

Im März 1984 wurde mir ein Zeitungsbericht aus Österreich geschickt, demzufolge in Medjugorje eine Frau nach langer schwerer Krankheit geheilt wurde. Es gelang mir, mit ***Frau P. aus Klagenfurt*** zu sprechen und ihren Bericht niederzuschreiben. Sie kam am 14. Februar 1984 in die Erscheinungskapelle der Pfarrkirche Medjugorje. Sie schilderte:

«Irgendwann empfand ich ganz leise die Erlaubnis: "Du darfst dich jetzt setzen!" Augenblicklich führte ich dies aus. Sitzend dachte ich noch einmal, ob es stimme, dachte zuvor noch, vielleicht sei es nur für etwa zehn Minuten. Aber die wunderbare Mutter hat mich nicht nur für zehn Minuten beschenkt! Die Heilung geht behutsam weiter.»

Frau P. versicherte mir, daß sie seit sieben Jahren nicht mehr sitzen konnte. Für ihre Fahrt nach Medjugorje wurde die letzte Sitzreihe im Bus freigemacht, damit sie liegend mitfahren konnte. Liegend fuhr sie nach Medjugorje, und sitzend konnte sie die Heimreise antreten. Ich bat ihren Hausarzt um eine Bestätigung der Diagnose, die Frau P. mir genannt hatte. Der Mediziner teilte mir mit:

«Frau P. befindet sich seit zwei Jahren in meiner Behandlung. Vorher wurde sie von Dr. N. betreut.

Anamnese und Diagnose: Mit 12 Jahren und mit 26 Jahren Lungen-Tb., 1976 Senkungsabszeß im Lumbalbereich, aus unbekannter Ursache, 1975 – 1976 nach Sturz auf Steißbein kein Gehen mehr möglich. Röntgenbilder von 1976, 1977 usw. zeigen ***ein Abgleiten des fünften Lendenwirbels vom Kreuzbein.*** Außerdem beginnende Blockwirbelbildung im unteren Halswirbelsäulenbereich. Eine tuberkulöse Ursache für das Wirbelabgleiten konnte nicht festgestellt werden. Diese Erkrankung kann eine Behinderung der Wirbelsäulenstatik hervorrufen, muß aber nicht.

Eine Kontrolle im Dezember 1982 ergab dieselbe Diagnose. Deshalb kann ich nur zum Schluß kommen, daß ihr der Glaube geholfen hat, ihre körperlichen Fähigkeiten wieder auszuüben, indem sie ihre Angstbarriere des Nicht-sitzen-Könnens psychisch überwand.»

Ein medizinischer Techniker aus München berichtete: «Ich hatte ***eine bakterielle Ohrenkrankheit und eine Pilzvergiftung,*** aber keine Medikamente, keine Antibiotika halfen. Mein Arzt erklärte mir: "Ich bin ratlos. Ich kann Ihnen nicht weiterhelfen." Meine linke Kopfhälfte war gefühllos, alles war wie taub. Dabei hatte ich keine Schmerzen. Die bakterielle Infektion war auch im Begriff, die Hirnhaut anzugreifen. Der schwarze Pilz, der sich in meinem Kopf eingenistet hatte, kann zu krebsartigen Veränderungen führen. Die Ärzte, die mich bis April 1983 behandelten, hatten keinen Erfolg. Sie waren nicht in der Lage, mein Leiden zu mildern. Ich fühlte mich regelrecht verlassen. Als gottgläubiger Mensch dachte ich, wenn die Wissenschaft mir nicht mehr helfen kann, so kann mir nur noch Gott helfen.»

Ich fragte den Techniker, wie er auf Medjugorje aufmerksam wurde. Er erwiderte: «Damals sprach ich mit Bischof Stimpfle von Augsburg über meine Krankheit. Als dieser von meinem Fall hörte, sagte er: "Gehen Sie nach Medjugorje, dort werden Sie Ihr Wunder erleben!" Er war zuvor zusammen mit mehreren Bischöfen in Split bei Erzbischof Frane Franić gewesen. Bischof Stimpfle sagte noch: "Wir Bischöfe glauben, daß in Jugoslawien große Dinge geschehen." Als ich im Jahre 1982 zum ersten Mal im Wagen nach Medjugorje fuhr, half mir dort eine Frau. Sie schickte mich zur Seherin Vicka, die zu mir sagte: "Komm um 3 Uhr wieder, dann weiß ich, wer Du bist!" Als ich um diese Zeit zu Vicka kam, wurde ich wie ein Familienmitglied aufgenommen.»

Ich fragte ihn, wie er denn gesund geworden sei. Darauf antwortete er: «Im April 1983 fuhr ich zum zweiten Mal nach Medjugorje. Hier habe ich während der heiligen Messe und während der Erscheinung um meine Heilung gebetet. Nach dem Gottesdienst kam Vicka zu mir und berichtete: Die Gospa sagt: "Mit Deinem Ohr sieht es sehr schlimm aus, aber es reicht nicht für den Himmel." Dann erklärte mir Vicka: "Geh nach Hause, Du wirst am Montag, den 18. April 1983, um die Mittagszeit gesund." Dieser Glaube, daß ich genau an diesem Tag gesund würde, hat mich nicht mehr losgelassen. Als ich am Montag, den 18. April 1983, wenige Tage nach dieser Prophezeiung wieder in die Klinik kam, ging ich sofort ins Labor, um zu arbeiten. Kurz darauf wurde ich von meinem Arzt noch einmal gründlich untersucht. Er sagte mir: "Sie müssen so schnell wie möglich operiert werden, denn in Ihrem Ohr sieht es böse aus!" Ich dachte, wenn ich heute nicht gesund werde, wie es die Seherin Vicka prophezeite, dann ist Medjugorje für mich nicht echt. Es war um 11.50 Uhr, als ich im Labor einen lauten Knall hörte. Aufgeregt stürzte eine Schwester ins Labor und fragte, ob etwas explodiert sei. Sie mußte den Knall viel stärker gehört haben als ich. Wir haben dessen Ursache nie ermitteln können. Beim Knall wurde mir sofort bewußt: "Du bist geheilt." Plötzlich hörte ich alles wieder sehr genau. Ich stopfte mein gesundes Ohr zu und hörte trotzdem ebenso gut. Als ich gleichentags um 15.30

Uhr zu meinem Arzt ging, untersuchte er mich erneut und erklärte: "Ihr Ohr ist gesund! Ich will aber mit der Sache nichts zu tun haben. Sie sind geheilt. Sie können gehen!" Ich dachte mir, was die Ärzte nicht vermochten, das vermag der Himmel. Mein Glaube wurde belohnt. Gott hat mir diese große Gnade geschenkt. Von diesem Tag an hat sich mein Leben verändert. Mein Glaube an Gott wurde immer intensiver und lebendiger. Ich wollte nicht mehr nach Medjugorje fahren, weil ich dachte, ich hätte meine Gnaden bekommen, es sei nicht mehr nötig.

Aber die Seherin Vicka sagte zu mir: "Von diesem Tag an wirst Du immer kommen!" So pilgerte ich 1984, 1985 und 1986 nach Medjugorje in der Hoffnung, immer dorthin pilgern zu können, wo die Liebe und Barmherzigkeit Gottes in seiner ganzen Fülle nicht nur in mich, sondern in alle eingegossen wird.»

Ich fragte den medizinischen Techniker: «Haben Sie ärztliche Unterlagen für diese Aussagen?» Darauf erwiderte er: «Sie sind alle bei der Kommission in Zagreb.»

Dann wollte ich wissen, ob er diese Aussagen auch vor einer kirchlichen Untersuchungskommission unter Eid bezeugen würde. Hierauf versicherte er mir: «Ich bin jederzeit dazu bereit, diese Heilung auch unter Eid zu bezeugen.»

«Was würden Sie Schwerkranken empfehlen?» wollte ich wissen. Der Geheilte antwortete: «Nur der Glaube und das Gebet können ihnen helfen. Sie müssen sich ganz dem Willen Gottes überlassen.»

Im Juli 1986 besuchte ich ***den kleinen Danijel Šetka in Krivodol bei Mostar*** und dessen Mutter. Frau Šetka berichtete mir bereitwillig über ihren Sohn:

«Es geht meinem Sohn von Tag zu Tag besser. Er war jetzt in der 1. Klasse. Sein Zeugnis ist gut. Danijel hat zwei ältere Geschwister, die vollkommen gesund sind. Sein Bruder ist sieben Jahre und seine Schwester Danijela vier Jahre älter.

Danijel wurde in Mostar geboren. Am vierten Tag nach der Geburt wurde er plötzlich steif. Die Starrheit breitete sich über den ganzen Körper aus. Sie dauerte ungefähr zwei Wochen. Dann wurde es etwas besser. Wir merkten sehr schnell, daß die geistige Entwicklung nicht normal verlief. Wir brachten Danijel nach Deutschland. In Frankfurt/Main wurde er geröntgt und uns erklärt, das Kind sei geistig ganz normal. Die Starre war inzwischen ganz verschwunden. Im Alter, da Kinder stehen und gehen können, war Danijel dazu nicht imstande. Bei jedem Versuch zu gehen, fiel er hin. Ich brachte ihn immer wieder nach Mostar zur orthopädischen Massage, aber diese hatte keinen Erfolg. Als Danijel etwa zweieinhalb Jahre alt war, fuhren wir mit ihm nach Medjugorje. Ich ließ durch den Seher Jakov an die Gospa die Frage stellen, ob Danijel gesund werde. Die Gospa sagte, die Eltern sollten fest an Gott glauben, ihr Kind werde gesund. Da brachen wir alle ärztlichen Behandlungen ab. Der Genesungsprozeß ging sehr langsam vor sich. Von 1985 bis 1986 aber ist eine große Besserung eingetreten. Am Anfang konnte Danijel kaum sprechen. Heute geht in der Schule alles normal, Danijel kommt gut mit und muß keine Sonderschule besuchen. Nachdem wir die Gospa gefragt hatten, konnte Danijel ein wenig gehen. Dann wurde es immer besser. Heute spielt er Fußball, das ist sein Hobby geworden.»

Als ich dies hörte, ging ich zu Danijel und spielte mit ihm Ball. Er zeigte Balltricks, die mich verblüfften.

Frau Šetka berichtete weiter: «Ich pilgerte zusammen mit Danijel siebenmal von hier (der Ort heißt Krivodol) nach Medjugorje, das sind etwa 21 Kilometer. Wir fuhren dann immer im Bus zurück. Das erste Mal pilgerten wir nach Medjugorje, als mein Sohn etwa drei Jahre alt war, das letzte Mal vor zehn Tagen.»

Ich fragte Frau Šetka, was sie den Kranken empfehlen würde. Sie antwortete: «Ich würde jedem Kranken empfehlen, an die Hilfe Gottes und der Gospa zu glauben und auf Genesung zu hoffen.» Ich fragte, ob die Kranken auch nach Medjugorje kommen sollten. Darauf erwiderte Frau Šetka: «Natürlich kann ich das jedem Kranken nur raten. Ich bin fest überzeugt, daß die Gospa von Medjugorje mein Kind gesund gemacht hat.»

Am Ende unseres Gespräches zeigte mir Frau Šetka die ärztlichen Dokumente. Es waren zwölf Unterlagen mit den Befunden der Krankheit. Diese wurden im Krankenhaus von Mostar erstellt. Die Diagnose lautet: ***Blutvergiftung durch Bakterien mit Krämpfen, zu niedriger Blutzucker und Blutarmut.***

Frau Šetka erklärte: «Wegen Danijels Krankheit bin ich nie wieder zum Arzt gegangen, deshalb kann ich Ihnen auch keine ärztlichen Unterlagen nach der Heilung geben.»

Am 12. Oktober 1986 besuchte mich Herr Šetka in Deutschland. Sein Bericht ist eine wertvolle Ergänzung über die Krankheit und die Genesung seines Sohnes. Er berichtete: «Als Danijel am 21. September 1978 in Mostar geboren wurde, war er ganz normal. Am Sonntag – es war der vierte Tag nach der Geburt – wurde mein Sohn vom

Krankenhaus Mostar in die Kinderklinik gebracht. Der Arzt dieser Klinik, der den Sonntagsdienst hatte, sagte zu mir: "Ich kann dieses Kind nicht bei mir aufnehmen, denn es ist ja fast tot. Warum hat das Krankenhaus Mostar das Kind so spät zu uns geschickt?" Als ich mit diesem Arzt in das Krankenzimmer meines Sohnes ging, sah ich, daß dieser ganz blau war. Die Füße waren verkrampft. Nachdem der Arzt meinem Sohn eine Spritze gegeben hatte, entkrampften sich die Füße. Ich war die ganze Nacht mit dem Arzt zusammen. Am nächsten Tag kam der Oberarzt der Kinderabteilung und erklärte mir: "Ich kann jetzt nichts machen, wir müssen das Kind zuerst genau untersuchen."

Ich war enttäuscht und sagte zum Arzt, daß ich mein Kind aus der Klinik nehmen werde, um es irgendwo in Deutschland in ein gutes Krankenhaus zu bringen. Der Arzt machte mich darauf aufmerksam, daß ein Transport lebensgefährlich sei. Er sagte: "Lassen Sie mich gewähren, ich werde alles versuchen, was möglich ist. Wir haben hier in der Kinderklinik eine sehr gute Technik und gute Medikamente." Nach ungefähr einer Woche sagte mir der Arzt, daß Danijel heute ein Auge geöffnet habe. Am nächsten Tag berichtete er, daß Danijel zuerst die Füße, dann die Hände bewegt habe. Nach einem Monat konnte ich meinen Sohn nach Hause nehmen.

Von jetzt an hatte das Kind immer einen guten Appetit. Wir merkten aber, daß es überhaupt keine Interessen hatte. Wegen seines Gesundheitszustandes fuhren wir nach Deutschland. Danijel wurde im Krankenhaus von Frankfurt/Main gründlich untersucht. Die Ärzte erklärten mir, daß er ***eine Paralyse (Lähmung)*** habe, aber geistig vollkommen normal sei. Im Lauf der Zeit stellten wir fest, daß Danijel weder gehen, noch stehen, noch reden konnte. Nur mit größter Mühe stammelte er die Worte "Mama" und "Papa". Danijel versuchte immer wieder zu gehen, aber alle Versuche waren vergeblich. Um sich vorwärts zu bewegen, kullerte er über den Boden, später kroch er auf Händen und Füßen.

Als ich von den Erscheinungen in Medjugorje hörte, brachte ich meinen Sohn am 25. Juni 1981 zu den Sehern. Ich bat sie, die Gospa zu fragen, was mit Danijel los sei. Jakov fragte die Gospa, und ihre Antwort lautete: "Die Eltern sollen beten und glauben, dann wird Danijel gesund." Als die Gospa den Sehern erschien, merkte ich am Verhalten meines Sohnes, den ich auf meinen Armen trug, daß auch er die Erscheinung wahrnahm. Er schaute in die gleiche Richtung wie die Seher. Als die Gospa entschwand, drehten sich alle Seher um, auch mein Sohn folgte den Blicken der Seher. Er sagte: "Papa", dann drehte er mein Gesicht in die Richtung, in die die Gospa entschwunden war. Er zeigte auch mit dem Finger in diese Richtung. Später fragte ich ihn, ob er die Gospa gesehen habe, er sagte nichts, sondern nickte nur. Von dieser Zeit an begann Danijel zu gehen und zu sprechen. Als ich ihn später fragte, ob er damals die Gottesmutter gesehen habe, antwortete er: "Ja".»

Der Vater erklärte mir: «Wenn ich nach zwei oder drei Monaten aus Deutschland zurückkehre, wo ich arbeite, erkenne ich jedesmal eine Besserung im Gesundheitszustand meines Sohnes. Heute ist Danijel an allem interessiert, besonders am Sport, mehr sogar als andere Kinder in diesem Alter. Er ist heute gesund bis auf die rechte Hand, die ihm beim Schreiben noch Schwierigkeiten bereitet. Danijel ist jetzt in der 2. Klasse, und die Lehrerin sagt, daß sie mit seinen Leistungen zufrieden sei. Ich bin überzeugt, daß die Gospa von Medjugorje unseren Sohn geheilt hat. Wir empfinden große Dankbarkeit und Liebe zur Mutter Gottes. Wenn ich heute einen Kranken sehe, besonders wenn es ein Kind ist, denke ich sofort an meinen Sohn, und ich möchte jedem Kranken sagen: "Fahren Sie nach Medjugorje und beten und glauben Sie fest an die Hilfe der Gospa."»

Es ist erstaunlich, daß der kleine Danijel im Alter von knapp drei Jahren den 21 Kilometer weiten Weg von Krivodol bis Medjugorje zurücklegen konnte. Wenige Monate vorher kroch er noch auf Händen und Füßen und kullerte über den Boden, um sich vorwärts zu bewegen. Der letzte Fußweg zehn Tage vor diesem Interview beweist, daß die Mutter fest von der Hilfe der Gottesmutter von Medjugorje überzeugt ist.

Im Frühjahr 1989 berichtete mir ***Frau Maria Pilwarsch aus A-2272 Ringelsdorf 118*** vom tragischen Unfalltod ihres Sohnes. Dieser wurde ohne eigenes Verschulden das Opfer eines Verkehrsunfalls. In zwei Gesprächen versuchte ich, die verzweifelte Mutter zu trösten, indem ich ihr erklärte, daß es ein Weiterleben nach dem Tod gebe, und daß sie ihren Sohn wiedersehen werde. Aber ich spürte sehr schnell, daß hier kein menschlicher Trost helfen konnte. Unter Tränen klagte sie: «Für unseren Schmerz durch seinen Tod finde ich keine Worte. Wir hatten ihn alle sehr lieb. Ich ging durch die Hölle. Diese Qualen und der Druck im Kopf und im Herzen, ich fürchtete um meinen Verstand und um meinen Glauben. Ich hatte das Vertrauen zu Gott verloren und haderte mit ihm. Immer wieder fragte ich: "Warum? O Gott, warum?"

Ich merkte aber bald, daß es ohne Glauben gar nicht ging. Ich brauchte die Hilfe der Mitmenschen und geistliche Führung. So kam ich auch zu Ihrem Buch und wollte Sie unbedingt sprechen. Sie haben mir ein großes Stück weitergeholfen, doch ich fiel immer wieder in Zweifel.»

Bei unserem dritten Gespräch im Sommer 1989 bemerkte ich eine deutliche Veränderung in ihrem ganzen Wesen. Sie strahlte Ruhe und Zuversicht aus. Sehr ausführlich berichtete sie, wie es zum Wandel gekommen war: «Ich fuhr, nachdem ich ihr Buch über Medjugorje *(«Medjurgorje, das Friedensangebot Gottes an die Welt», 1. Auflage, Januar 1989)* gelesen hatte, zusammen mit meinem Mann dorthin. Ich erwartete dort kein Wunder, aber ich flehte die Gottesmutter an, mir den Glauben an ein Wiedersehen mit meinem Sohn zu geben und mir den Herzensfrieden zu schenken. Bald öffnete sich mein Herz, mein schwacher Glaube wurde gefestigt, und in diesem vertieften Glauben kam mir zum Bewußtsein, daß ich mein Kind eines Tages wiedersehen werde. Jetzt weiß ich, daß meine Liebe und meine Sehnsucht ihn überall erreichen. Natürlich überkommt mich noch der Trennungsschmerz, doch ich weiß Walter jetzt wohl geborgen. Seit ich in Medjugorje war, geht alles besser, und ich kann schon ohne Tränen mit Walter reden. Ich möchte noch in diesem Jahr wieder nach Medjugorje fahren und kann dies nur jedem empfehlen, der ein schweres Kreuz zu tragen hat. Es ist ganz sicher ein Gnadenort. Sie können gerne meine Adresse bekanntgeben, denn ich weiß nur zu gut, wie sehr man die Gespräche und die Hilfe der Mitmenschen in einer ähnlichen Situation braucht.»

Zusammenfassend kann man sagen, daß die Gottesmutter in Medjugorje eine tiefe Herzenswunde heilte und einen lebendigen Glauben an die Auferstehung und an das ewige Leben in dieser verzweifelten Mutter entfachte.

E) Interviews und Berichte über Heilungen in und außerhalb Medjugorje

Während eines Besuches in Lourdes führte mich der damalige Präsident des Ärztebüros, Dr. Pellisier, durch die Räume, die in der Regel nur Medizinern zugänglich sind. In diesem Ärztebüro werden Heilungen registriert, untersucht, als echt oder unecht erklärt. Bereitwillig zeigte mir Dr. Pellisier die Geräte, Apparate und andere Einrichtungen. Schließlich führte er mich zu einem Aktenarchiv, das in der Welt einmalig sein dürfte. Er reichte mir zwei Ordner und ließ mich dann allein, damit ich die Akten über Heilungen in aller Ruhe durchlesen konnte. Die zwei Ordner enthielten sämtliche Unterlagen vom Beginn der Krankheit bis zur vollständigen Heilung. Es handelte sich in den beiden Fällen um Multiple Sklerose und um eine Nebennieren-Insuffizienz. Beim Studium dieser beiden Fälle wurde mir bewußt, welch einmalige Gnade Gott diesen Menschen durch Maria hatte zuteil werden lassen. Nach jahrelangem Siechtum trat die Heilung ganz plötzlich ein. Hier wurde mir klar, welche Bedeutung Marien-Erscheinungen für Leib und Seele haben können.

In Medjugorje fragte ich den Pfarrer, P. Tomislav Pervan: «In Lourdes und Fatima sind Tausende von Menschen geheilt worden. Gibt es auch in Medjugorje Heilungen?» Er erwiderte: «Es sind einige Hundert Heilungen im Pfarrhaus gemeldet. Gestern kam eine Frau aus Bosnien und meldete eine Heilung. Ihr Kind hatte eine Hüftgelenkverkrümmung. Dieser Schaden sollte im Krankenhaus behoben werden. Die Mutter holte Erde vom Erscheinungsberg und mischte sie unter das Badewasser. Einen Tag nach dem Bad sei das Kind gesund gewesen. Eine Behandlung oder Operation im Krankenhaus sei überflüssig geworden. So gibt es Hunderte von Fällen.»

Bei diesem Gespräch erfuhr ich auch, daß sich die Franziskaner von Medjugorje kaum um die Angaben über die angeblichen Heilungen kümmern. Einmal sind sie durch ihre pastorale Tätigkeit sehr stark engagiert, dann halten sie Heilungen nicht für besonders wichtig. Im Vordergrund und Mittelpunkt steht für sie die unsterbliche Seele und nicht der sterbliche Leib.

Bei meinen Nachforschungen über Heilungen gab es große Schwierigkeiten und Hindernisse zu überwinden. Um von einem Zeichen (Wunder) Gottes sprechen zu können, müssen drei wichtige Faktoren berücksichtigt werden. Es sind:

a) Die Diagnose mit allen erforderlichen medizinischen Gutachten. Es muß eindeutig feststehen, daß eine Heilung nach dem heutigen Stand der Wissenschaft beim betreffenden Patienten nicht mehr möglich ist.

b) Der subjektive Bericht des Geheilten über seinen früheren und jetzigen Zustand, vor allem der genaue Bericht über den Ablauf der Heilung.

c) Die unmittelbare ärztliche Bestätigung nach der Heilung, daß diese wissenschaftlich nicht erklärbar sei.

Die Heilung der Angelika Wolf aus Dornbirn in Österreich von metastasenbildendem Brustkrebs und von einem Tumor an der Wirbelsäule

Die über hundertseitige ärztliche Dokumentation, die mir zur Verfügung gestellt wurde, zeigt die ganze Tragweite der schweren Erkrankung. Die genaue Diagnose lautet: «Metastasierendes Mammakarzinom mit Zustand nach Ablatio mammae li. am 9.2.1988 – 4 von 18 Lymphknoten befallen.» Darnach bildete sich eine Tochtergeschwulst an der Wirbelsäule, die sofort operiert werden mußte. Dazu das Gutachten der Universitätsklinik für Neurochirurgie Innsbruck: «Bei der Operation am 28.10.1988 wird daher eine Entlastungslaminektomie von Th 5 bis 7 durchgeführt. Dabei fand sich in Höhe Th 6 eine starke Bedrängung des Rückenmarks von ventral her. Es läßt sich dabei tumoröses Gewebe ausschälen. Auf der rechten Seite wächst der Tumor dann Richtung Rippe auch in die Muskulatur vor; er scheidet das Rückenmark ein. Nach links ist ebenfalls seitlich ein Tumor tastbar. Eine Wurzel (vermutlich D 6) ist beidseits voll in den Tumor eingescheidet. Es wird daher beidseits eine Rhizotomie durchgeführt. Die Tumorplatte rund um den Duralsack wird abgelöst, und es werden auch Tumormassen aus dem Wirbelkörper BWK 5 und 6 herausgelöffelt. ***Radikal läßt sich der Tumor jedoch nicht entfernen.***»

Ich fragte die Geheilte nach dem Krankheitsverlauf. Sie berichtete: «Im Februar 1988 stellten die Ärzte an der linken Brust eine metastasenbildende Krebsgeschwulst fest. Die Brust mußte sofort amputiert werden. Im Oktober 1988 wurde eine Metastase am 5. und 6. Brustwirbel entdeckt, ich wurde daraufhin sofort operiert. Dann bildete sich im Januar 1989 ein kleiner Knoten im Narbenbereich der amputierten Brust. Ich habe inzwischen zwei Chemo-Therapien und 21

Bestrahlungen hinter mir. Im Oktober 1988 nahm ich das Medikament Orimeten. Heilungsaussichten waren nach der Überzeugung der Ärzte keine vorhanden. Sie gaben mir überhaupt keine Überlebenschance.» — «Wie machte sich der Tumor an der Wirbelsäule bemerkbar?» wollte ich wissen. Darauf antwortete sie: «Ich bekam sehr starke Schmerzen im Rücken, dann konnte ich plötzlich nicht mehr gehen, in den Beinen hatte ich kein Gefühl mehr.»

Dann fragte ich meine Gesprächspartnerin, wie es zu der Heilung kam. Frau Wolf schilderte: «Ich besuchte vom 24. bis 29. April 1989 den Erscheinungsort Medjugorje. Ich spürte dort das große Verlangen zur Beichte zu gehen, denn ich hatte vor zwölf Jahren das letzte Mal gebeichtet. Bevor ich am Abend die heilige Messe besuchte, legte ich meine Beichte ab. Nach dem Abendessen — es war etwa 21.30 Uhr — wurden plötzlich meine linke Hand und mein linker Arm bis hinauf in den Schulterbereich sehr heiß, als ob ich innerlich brennen würde. Ich bekam Angst, aber mein Vertrauen zur Gottesmutter überwand diese. Als ich mich in meinem Zimmer umkleidete, fiel mir sofort ein Riß in der Brustprothese auf. Beim Abtasten des Narbenbereichs konnte ich keinen Knoten mehr feststellen. Ich wurde von großer Freude erfüllt. Spätere Untersuchungen ergaben, daß die Brustprothese durch zu starke Hitzeeinwirkung diesen Riß bekommen hatte. Seit meiner Wirbelsäulenoperation im Oktober 1988 trug ich ein Stützkorsett. Nach meinem Besuch in Medjugorje wurde es überflüssig. Heute fahre ich Rad, gehe wandern und habe überhaupt keine Schmerzen mehr. Seither nahm ich auch keine Medikamente mehr. Ich fühle mich gesund und wohl. Die Ärzte, die mich behandelten, wundern sich, daß ich noch da bin, und daß es mir so gut geht.»

Von höchster Aktualität ist der medizinische Bericht vom April 1989, wenige Tage vor der Abreise der Kranken nach Medjugorje. Im ärztlichen Dokument steht: «Bei obengenannter Patientin besteht ein Zustand nach metastasierendem Mammakarzinom. Während einer Kontrolle im Krankenhaus Dornbirn im April 1989 wurden im Bereich der Ablationsnarbe (Narbenbereich der amputierten Brust — Anm. des Verf.) links mehrere derbe, zur Unterlage verschiebliche Knoten getastet, diese sonographisch verifiziert und dokumentiert.»

Die Untersuchung Frau Wolfs nach ihrem Aufenthalt in Medjugorje wird in einem medizinischen Gutachten so formuliert: «In einer klinischen Untersuchung vom 10. Mai 1989 konnten die beschriebenen Veränderungen bei ausgezeichnetem Allgemeinzustand der Patientin nicht mehr getastet werden.»

Schließlich fragte ich Frau Wolf, ob sie die Heilung als ein neugeschenktes Leben betrachte. Spontan erklärte sie: «Ja, schon.» Dann fügte sie hinzu: «In meinem Leben hat sich vieles geändert. Früher war ich lau, ging selten in die Kirche und betete kaum. Seit meiner Heilung bete ich fast täglich den ganzen Psalter (alle 15 Geheimnisse des Rosenkranzes — Anm. des Verf.), davon einen Rosenkranz am Abend mit meiner Familie. Mein Mann und ich fasten jeden Mittwoch und Freitag bei Wasser und Brot. Wir besuchen so oft wie möglich die heilige Messe. Früher hatte ich überhaupt keine Beziehung zu Maria, heute betrachte ich sie als meine Mutter.» Als letztes wollte ich wissen, ob sie hoffte, in Medjugorje gesund zu werden. Sie erklärte: «Ich wollte mir dort nur Kraft holen, denn ich habe noch drei kleine Kinder zu versorgen.»

Die Heilung der Agnes Heupel aus Münster von partieller Querschnittlähmung

Die Geheilte berichtete über den Verlauf der Krankheit:

«Im Jahre 1974 verhob ich mich an einer sehr schweren Patientin im Krankenhaus, wo ich Krankenschwester war. Die Folge war ein Bandscheibenvorfall im Bereich der Lendenwirbel. Ich wurde zweimal an der Bandscheibe operiert, doch es trat keine Besserung ein. Schließlich erklärten mir die Ärzte, daß eine partielle Querschnittlähmung mit Störungen im Blasen- und Darmbereich bleibe. All die Jahre hatte ich heftige Schmerzen. Die Ärzte sagten mir auch, daß ich mir keine Hoffnungen machen sollte, denn eine Heilung sei völlig ausgeschlossen.»

Ich fragte Frau Heupel über jenes Ereignis vom 12. Mai 1986, das ihrem Leben eine Wende brachte. Sie antwortete: «Ich durfte damals, am 12. Mai, bei der Marienerscheinung in Medjugorje dabei sein. Als die Seher Marija und Ivan auf die Knie fielen, rutschte auch ich auf die Knie, dabei empfahl ich Gott alle Menschen, die sich mir anvertraut hatten. Für mich war die Anwesenheit der Gottesmutter eine Realität. Als die Erscheinung zu Ende war, verließen alle Leute den Raum. Ich wollte auch hinausgehen, und P. Slavko bat mich, meine Krücke mitzunehmen.»

Zwei Monate nach diesem Ereignis fragte ich Pater Slavko: «Was haben Sie damals zu Frau Heupel gesagt, nachdem sie geheilt war?» Er erwiderte: «Ich sagte nur, nehmen Sie ihre Krücke mit!» Die Geheilte berichtete weiter: «Ich habe es nicht begriffen, ich habe auch nichts vermißt, auch nicht meine Krücke, die ich sonst immer bei mir hatte. Als ich aus dem Pfarrhaus kam und die Krücke in meiner Hand trug, sah ich viele Blitzlichter. Ich dachte, daß ich mit meiner Krücke in der Hand komisch aussehen müßte. Dann umarmten und betasteten mich die Leute draußen. Ob sie etwas bemerkt hatten, wußte ich nicht. Über meinen Zustand war ich mir immer noch nicht im klaren. Dann ging ich schnell in die Kirche zur heiligen Messe. Aber ich hatte nicht das Bedürfnis, den Leuten zu sagen, daß ich soeben geheilt worden sei. In der Kirche sagte eine Frau zu mir: "Agnes, setz Dich — wenn Du hinfällst — Du hast keine Krücke bei Dir." Erst jetzt kam mir zum Bewußtsein, daß mit mir etwas Großes geschehen war. Ich begann zu weinen und am ganzen Körper zu zittern. Während der Predigt stand ich auf und ging im Gang bis zum ersten Pfeiler in der Nähe des Altares. Dort setzte ich mich neben die Leute auf den Boden.

Bei der heiligen Wandlung und bei der heiligen Kommunion kniete ich ganz frei ohne die geringsten Beschwerden. Später traf ich draußen ein junges Mädchen. Ich sagte zu ihm, ich wolle auf den Erscheinungsberg gehen. Das Mädchen war dagegen, daß ich allein ging.

Auf dem Hinweg hielt es meine Hand, auf dem Heimweg lief ich so schnell, daß es mir kaum folgen konnte. Es sagte: "Geh bitte langsamer! Wenn Dir etwas geschieht! Du rennst ja geradezu!"

Ich wollte wissen, wann das war. Frau Heupel antwortete: «Es war etwa eineinhalb bis zwei Stunden nach meiner Heilung. Am nächsten Tag stieg ich auch ohne Schmerzen auf den Kreuzberg. Seit diesem Zeitpunkt nahm ich keine Medikamente mehr.»

Ich fragte Frau Heupel, was sie kranken Menschen empfehlen würde. Darauf erwiderte sie: «Ich möchte ihnen sagen, daß sie zu Gott und zur Gottesmutter Maria Vertrauen haben sollen. Auf keinen Fall sollten sie etwas erzwingen wollen. Man kann und darf Gott nicht erpressen. Wenn es Gottes Wille ist, trifft eine Heilung ein. Viele Heilungen sieht man nicht auf den ersten Blick. Sie geschehen im tiefsten Innern. Gott hat auch mich das Vertrauen in die Menschen gelehrt. Darum sehe ich meine Heilung als einen Weg, der auch heute noch nicht zu Ende ist.»

Ich erkundigte mich nach ihren Empfindungen. Sie antwortete: «Ich sehe zurzeit meine Aufgabe in Medjugorje. Ich möchte Zeugnis geben, denn die Menschen brauchen das Zeugnis. Ich gehe heute viel mehr auf die Menschen zu als früher. Heute habe ich eine ruhigere Grundeinstellung. Ich erlebe mich nie dankbar genug, sehr deutlich sehe ich die Grenzen meiner Dankbarkeit und kann nur beten: "Herr, ich bin nicht würdig, aber sprich nur ein Wort..." Ich bin oft in Medjugorje und bete dort sehr lange in der Stille. In der übrigen Zeit stehe ich den Pilgern als Ansprechpartner zur Verfügung.»

«Sprechen Sie auch über Ihre Krankheit und Ihre Heilung?» wollte ich wissen. Sie gab mir zur Antwort: «Nur, wenn ich dazu aufgefordert werde.»

Dann berichtete sie von dem, was sie am meisten bewegt: «Mein Friede beginnt im Herzen. Wenn ich vor meiner eigenen Türe kehre und nicht so sehr auf die Fehler der anderen schaue, ist das für mich auch eine Friedensarbeit. Ich suche zuerst meine eigenen Fehler und beginne diese zu bekämpfen. Meinen Frieden kann ich nur in Gott finden, das gilt auch für die mitmenschlichen Beziehungen. Gott hält die Welt in seinen Händen, deshalb halte ich nichts von einer Schwarz-Weiß-Malerei.»

Ich fragte Frau Heupel nach der Botschaft von Medjugorje. Darauf erwiderte sie: «Lassen wir uns auf die Botschaft ein, bevor wir uns kritisch mit ihr auseinandersetzen. Die Gospa wirbt um ihre Kinder, sie bedankt sich bei ihnen für ihr Kommen, für ihr Beten und ihre Opfer. In unendlicher Liebe zeigt sie uns auch unsere Fehler und weist den Weg zur Vollkommenheit. Sie zeigt uns immer wieder ihren Sohn Jesus Christus. Für mich ist es sehr wichtig, daß uns der Sohn Gottes seine Mutter schickt, damit sie uns von der Liebe Gottes Kunde gibt.»

Ich fragte die Geheilte nach medizinischen Unterlagen. Sie erwiderte: «Ich bin vollständig gesund. Das ist besonders bemerkenswert, da trotz meiner Heilung in Medjugorje alle ärztlichen Befunde gleich geblieben sind. Die Röntgenaufnahmen zeigen nach der Heilung die gleichen Krankheitssymptome wie vorher. Nach diesen medizinischen Befunden ist alles so wie früher mit dem Unterschied, daß ich heute keine Krücken und keinen Rollstuhl mehr brauche, ich kann mich ungehindert und ohne Schmerzen bewegen.»

Als ich Frau Heupel fragte, ob ich Einsicht in diese medizinischen Unterlagen nehmen dürfe, sagte sie: «Alle Befunde und Diagnosen sind in Medjugorje. Einige Ärzte haben Gutachten über meinen Fall erstellt, auch diese sind in Medjugorje.»

Bei meinem Gespräch merkte ich nicht die geringsten Anzeichen der geschilderten Krankheit. Hier hatte Gott offensichtlich an einem Menschenkind auf die Fürbitte der Gottesmutter nach über einem Jahrzehnt schweren Leidens in Sekunden ein Wunder vollbracht. Die Akten dieses Falles sind dem Vatikan zugestellt worden.

Ich fragte auch die Mutter der Geheilten, was sie empfand, als ihre Tochter von Medjugorje anrief und von ihrer Heilung berichtete. Frau Heuptel antwortete: «In den höchsten Tönen jubelnd sagte mir meine Tochter: "Mutti, ich kann gehen." Dann war Stille. Wieder beteuerte sie mir: "Mutti, ich kann gehen." Ich konnte immer noch nichts sagen, dann erklärte die Tochter noch einmal: "Mutti, so glaube mir doch, ich kann gehen." Nach einer Pause erwiderte ich: "Kind, damit spaßt man nicht!" In diesen Augenblicken war ich schockiert. Schließlich konnte ich zu ihr sagen: "Ja, Kind, wenn du mir das so sagst, dann glaube ich dir, denn du hast mich noch nie belogen." Die innere Freude, die meine Tochter bewegte, muß einmalig gewesen sein, denn sie jubelte.»

Dann fragte ich die Mutter: «Was ging nach diesem Anruf in Ihnen vor?» Sie erwiderte: «Ich habe den ganzen Abend geweint und die halbe Nacht wachgelegen. Immer wieder mußte ich an das Vergangene denken. In mir war ein Widerstreit von Verstand und Herz: "Das kann doch nicht wahr sein!" Ich empfand eine Dankbarkeit gegenüber Gott und der Gottesmutter, die ich nicht zum Ausdruck bringen kann. Ich dachte an die vielen Jahre der Pflege meines Kindes, ich mußte an die Worte des Arztes in der Klinik denken: "Können Sie die Wahrheit ertragen? Für Ihre Tochter können wir nichts mehr tun!" Ich dachte aber auch daran, wie meine Tochter bei starken Schmerzen versuchte, mich nicht anzusehen, um mich zu schonen. Dann richtete sie ihren Blick auf ihre Strickarbeit. Es war das einzige, was sie noch tun konnte.»

Ich wollte von der Mutter wissen, ob ihr Leben durch die Heilung der Tochter eine Wende erfahren habe. Frau Heupel antwortete: «Durch all die Leiden war ich ein gefestigter Mensch geworden, aber durch dieses Erleben wurde mein Glaube noch vertieft. Man kommt immer mehr ins Nachdenken über die Größe und Liebe Gottes und der Gottesmutter.»

Darauf fragte ich die Mutter: «Was empfehlen Sie den Menschen, die in einer ähnlichen Situation sind?» Spontan erwiderte sie: «Sie sollen ein großes Gottvertrauen haben und sich im Gebet innig an Gott und die Jungfrau Maria wenden.»

Interessant war auch ihre Schlußbemerkung: «Vier oder fünf Tage nach der Heilung sagte meine Tochter am Telefon: "Mutti, das habe ich nicht geschenkt bekommen, dafür muß ich sehr viel tun." Heute akzeptiere ich das Leben und die Pläne meiner Tochter, obwohl mir die Einsamkeit schwer fällt.»

Die Heilung eines jungen Mannes von einer Ausweitung der Hirninnenräume durch Hirnwasseransammlung und venöse Blutung zwischen Gehirn und Schädel

Im Januar und August 1984 besuchte ich diesen jungen Mann, der in der Nähe von Mostar wohnt, und befragte ihn nach seiner Krankheit und seiner Heilung.

Offen und ausführlich schilderte er: «Nach fünf Gehirnoperationen wurde ich nach Hause entlassen. Da ich nicht mehr gehen konnte, wurde ich getragen. Man fütterte mich wie ein kleines Kind, ich konnte aber nur ganz wenig essen und nur flüssige Nahrung zu mir nehmen. Ein halbes Jahr lang lag ich im Bett. Da ich über meinen Körper keine Kontrolle mehr hatte, ließ ich alles ins Bett gehen. Ich konnte weder sprechen noch richtig sehen. Ich sah jeden Buchstaben und jeden Gegenstand mehrfach. Ein Bild sah ich oben, das gleiche Bild unten.

Nach Monaten konnte ich ein wenig gehen, ungefähr wie ein Betrunkener, aber der rechte Arm und das rechte Bein waren halb gelähmt. Ich spürte keine Schmerzen. Bei Gehversuchen stolperte ich oft. Eine kleine Besserung war eingetreten, denn vorher hatte ich überhaupt nicht mehr gehen können. Die Ärzte sagten, daß ich ein großer Invalider werde, das heißt bei uns, daß ich nur wenig Chancen hätte, diese Krankheit zu überleben. Meine Eltern wußten genau, wie krank ich war. Sie brachten mich im August 1981 nach Medjugorje. Nach der heiligen Messe in der Pfarrkirche wurde für die Kranken gebetet. Vicka, eine der Seherinnen, legte mir die Hände auf und betete, während mich meine Mutter und eine Nachbarin stützten. Plötzlich spürte ich, wie meine Hilflosigkeit verschwand, und gleichzeitig fühlte ich mich wie neu geboren. Meine Mutter fragte Vicka, was sie an meiner Stelle beten könnte, denn ich war wegen meiner Krankheit nicht mehr in der Lage, irgendein Gebet zu verrichten. Ich hörte alles mit einer neu gewonnenen Klarheit mit, aber ich schwieg, denn ich genierte mich, in der Gegenwart der Nachbarin etwas zu sagen. Als sie weg war, erzählte ich meinen Eltern, was ich während des Gebetes für die Kranken durch Vicka erlebt hatte. Dann wurde es von Tag zu Tag besser. Bereits nach einem Monat waren alle Symptome der Krankheit verschwunden. Bevor ich wieder zur Arbeit ging, untersuchte mich ein Arzt. Er stellte fest, daß mir nichts fehle und daß ich arbeitsfähig sei. Die Ärzte, die mich fünfmal am Gehirn operiert hatten, können nicht glauben, daß ich noch lebe. Von meiner Krankheit ist keine Spur zurückgeblieben.»

Am Ende seines Berichtes hielt er mir den Kopf hin und bat mich, die Haare etwas zur Seite zu schieben. Ich erkannte eine Vertiefung in der Schädeldecke in der Größe eines Hühnereies. Ein Teil der Schädeldecke hatte wegen der komplizierten chirurgischen Eingriffe entfernt werden müssen. Diese Vertiefung war aber auch das einzige, was von der gefährlichen Krankheit von damals als Erinnerung blieb.

Vergegenwärtigen wir uns den Ablauf der Krankheit: Aus geronnenem Blut bildeten sich Pfröpfe, die die Blutgefäße im Gehirn mehr oder weniger verstopften. Durch die geringe Blutzufuhr wurde das Gehirn nicht mehr mit der erforderlichen Menge Sauerstoff versorgt. Die Folge war das Absterben von Gehirnzellen, die sich im Gegensatz zu anderen Zellen nicht regenerieren. Durch den Verlust der Gehirnzellen in bestimmten Bereichen traten die typischen Symptome auf: Sprachverlust, Einschränkung der Sehfähigkeit, Gleichgewichtsstörungen, die Unfähigkeit, den Körper unter Kontrolle zu halten, Verlust der Gehfähigkeit und schwere Lähmungserscheinungen.

Diese Heilung verdient deshalb größte Beachtung, weil trotz der abgestorbenen Gehirnzellen, die für die Funktionsausfälle verantwortlich sind, eine vollständige Heilung eintrat.

Ich habe einen gesunden, kräftigen Mann angetroffen, dem von seiner früheren Krankheit nicht das Geringste anzumerken war. Es scheint, daß sich die abgestorbenen Gehirnzellen vollständig erneuert haben. Ich habe vom Geheilten einen 13 Seiten langen Krankenbericht erhalten. Aus diesen ärztlichen Unterlagen geht klar die Diagnose hervor: Ausweitung der Hirninnenräume durch Hirnwasseransammlung und venöse Blutung zwischen Gehirn und Schädel.

Der Vater des Geheilten berichtete mir, daß sein Sohn innerhalb von 48 Stunden zweimal wegen akuter Lebensgefahr am Gehirn operiert werden mußte, und daß die Ärzte ihm wenig Hoffnung machen konnten.

Die Heilung einer Frau von Multipler Sklerose

Im August 1984 besuchte ich in Jugoslawien eine Frau in den mittleren Jahren, die an Multipler Sklerose gelitten hatte. Ihr Bericht über ihre Krankheit und ihre Heilung ist bescheiden, sehr ausführlich und ergreifend. Sie erzählte:

«Am 27. November 1978 wurde ich am Arbeitsplatz krank. An diesem Tag hatte ich heftige Kopfschmerzen, so daß ich den Kopf nicht mehr aufrecht halten konnte. Von 10 bis 18 Uhr war ich total bewußtlos. Man brachte mich ins Krankenhaus. Die Ärzte vermuteten eine Meningitis (Hirnhautentzündung — Anm. des Verf.). Um 18 Uhr erwachte ich. Überall hatte ich starke Schmerzen. Am nächsten Morgen versuchte ich aufzustehen, aber ich mußte mich an etwas festhalten, um nicht umzufallen. Nur unter größten Schmerzen konnte ich ganz kleine Schritte tun. Mein Zustand verschlechterte sich von Tag zu Tag. Ich brachte die nächsten 34 Monate in den besten Krankenhäusern Jugoslawiens zu. Ich war in Zagreb, Belgrad, Krapinske, Toplice, Lipik. Alle Ärzte sagten mir, es gebe für mich keine Genesung, ich möge mich auf den Rollstuhl vorbereiten. Eines Tages im Juli 1981 bat ich mehrere Personen, sie möchten mich nach Medjugorje bringen. Als ich dort ankam, traf ich den ehemaligen Pfarrer, P. Jozo Zovko, den ich nach dem Weg zum Berg der Erscheinung fragte. Mit der Hand zeigte er die Richtung. Ich sagte zu meinen Begleitern, ich würde hier vor der Kirche warten, bis sie vom Berg zurückkämen. Darauf fragte mich der Pfarrer: "Wollen Sie auf den Berg?" Ich antwortete ihm: "Ja, aber Sie sehen, daß ich nicht gehen kann." Er erwiderte: "Geh, und wenn Du zurückkommst, wirst Du mir sagen, wie Du hinaufgekommen bist." Langsam ging ich. Ich hatte das Gefühl, als ob mich jemand zu sich riefe. Ohne große Schwierigkeiten gelangte ich auf den Erscheinungsberg. Auf dem Rückweg war es schwieriger. Ich mußte mich mehrmals hinsetzen, um auszuruhen. Am Fuß des Berges stand das Auto. Wir fuhren zur Kirche und nahmen an der heiligen Messe teil. Das war für mich der erste Messebesuch nach 32 Monaten. Dann war alles so wie früher. Ich war wieder so krank wie vorher. Ich konnte nicht einmal mehr beten, weil ich zu zerstreut war. Durch die Krankheit zitterte ich am ganzen Körper. Am 25. September 1981 pilgerte meine Tochter zu Fuß von zu Hause auf den Erscheinungsberg. Auf diese Weise war sie wegen meiner Krankheit schon sieben Mal dorthin gepilgert. Also war es das achte Mal. Vor der Kirche von Medjugorje traf sie den Seher Jakov und bat ihn, meinetwegen die Gottesmutter etwas zu fragen.

Der Seher sagte: "Falls die Gospa antwortet, werde ich es dir sagen." Nach der heiligen Messe kam Jakov mit der Antwort. Sie lautete: "Bald wird es deiner Mutter besser gehen, aber du mußt an Stelle deiner Mutter fest glauben, beten und fasten, weil sie es nicht kann." Als meine Tochter von Medjugorje zurückkehrte, erzählte sie mir den Sachverhalt und bat mich flehentlich zu versuchen, wenigstens das Glaubensbekenntnis, sieben Vater unser, sieben Gegrüßt seist du

Maria und sieben Ehre sei dem Vater zu beten. Am nächsten Abend versuchte ich diese Gebete zu verrichten. Es ging aber nicht, weil ich zu schwach war. Ich versuchte es immer wieder, und in einem Augenblick — ich weiß heute nicht mehr, ob im Traum oder im wachen Zustand — erblickte ich ein bisher nie gesehenes Licht und in diesem Licht die Gottesmutter. Ich reagierte mit den Worten: "Womit habe ich das verdient, meine Gospa?"» (Als sie mir dies erzählte, liefen Freudentränen über ihr Gesicht; sie war von diesen Erinnerungen tief bewegt.) Dann berichtete sie weiter: «Ich streckte meine Arme aus, um die Erscheinung zu umarmen. Heute weiß ich nicht mehr, ob ich etwas berührt habe oder nicht. Als ich laut sagte: "Womit habe ich das verdient, meine Gospa?", hörte meine Tochter im Nachbarzimmer zu und fragte, was ich gesagt hätte.

Ich erzählte meiner Tochter die Begebenheit, worauf diese sagte, das komme wahrscheinlich daher, daß ich ständig daran denke. Meine Tochter brachte mir ein Glas Wasser. Bald darauf schlief ich ein. Am nächsten Morgen stand ich ohne jede Schwierigkeit und ohne Schmerzen auf. An diesem Tag — es war der 27. September 1981 — kochte ich zum ersten Mal nach 34 Monaten für meine Familie das Mittagessen. Von diesem Tag bis heute spüre ich nichts mehr von der Krankheit. Nach einem Monat ging ich allein zu meiner Ärztin. Als ich in der Praxis ohne Begleitung erschien, wunderte sich die Ärztin und fragte, in welcher Begleitung ich gekommen sei. Ich sagte ihr, daß ich allein gekommen sei. Die Ärtzin konnte es nicht glauben und fragte, wer die zwei großen Taschen getragen habe. Ich sagte zu ihr: "Ich selbst." Die Ärztin konnte es nicht fassen und fragte erneut, was ich in der Zwischenzeit unternommen hätte. Ich antwortete nur kurz: "Medjugorje!" Die Ärztin — eine Mohammedanerin — sagte: "Vergiß die Gottesgabe nicht!"»

Ich fragte die Geheilte, ob sich ihre Beziehungen zu ihren Mitmenschen verändert hätten. Sie antwortete: «Ich habe ein neues Mitgefühl für die Kranken. Ich tue alles, um ihnen zu helfen.»

Sie erzählte mir weiter: «Als ich monatelang im Krankenhaus lag, kam mein jüngstes Kind zu mir und sagte: "Mama, komm doch wieder nach Hause, ich weiß nicht einmal mehr, wie du aussiehst!"»

Während unseres Gesprächs stand sie einmal auf, bückte sich nach vorn, ohne die Knie zu beugen, und legte die Handflächen flach auf den Boden. Eine Übung, die vielen Gesunden zu schaffen macht. Es fällt einem Außenstehenden schwer, die Tatsache zu akzeptieren, daß diese Frau vor kurzer Zeit schwer krank war, und daß die Ärzte ihr keine Hoffnung machen konnten. Allein die ärztlichen Unterlagen lassen keinen Zweifel aufkommen. Noch etwas spricht für die Echtheit dieser Aussagen. Frau N. bekam nach dreijähriger Krankheit eine Invalidenrente und einen Pflegesatz. Drei Fotokopien der Berechnung der Invalidenrente wurden mir zur Verfügung gestellt.

Es soll noch erwähnt werden, daß die Weltgesundheitsorganisation der Vereinten Nationen im Jahr 1957 feststellte: «Todesfälle infolge dieses Leidens sind häufiger, als bisher angenommen wurde» *(Prof. Heupke, «Wisse – Erkenne – Handle», S. 733).* Die Multiple Sklerose ist eine Erkrankung des Zentralnervensystems, deren Ursachen heute noch kaum erforscht sind. In jedem Fall ist der Verlauf unberechenbar. Die Krankheit führt in der Regel nach langem Siechtum zum Tod.

Von der Geheilten bekam ich einen sieben Seiten langen Krankenbericht aus dem die Diagnose «Multiple Sklerose» eindeutig hervorgeht.

Die Heilung der Marija Brumec aus Maribor von einem Kompressionsbruch des elften Brustwirbelkörpers

Dr. Ludvik Stopar gab mir einen Bericht über eine außergewöhnliche Heilung, die in Medjugorje geschah:

Frau Marija Brumec fiel von einem Heuwagen und brach dabei den elften Wirbel der Brustwirbelsäule. Die Diagnose der Traumatologischen Abteilung des Krankenhauses Maribor lautete: Kompression des elften Wirbels der Brustwirbelsäule auf die Hälfte. Am 8. Juni 1982 bekam die Frau ein Korsett, das sie zwei Monate lang trug. Eine Röntgenkontrolle zeigte, daß der elfte Wirbel um 2/3 verkleinert war. Die Bewegungsmöglichkeit im Bereich der Lendenwirbelsäule war um 1/3 eingeschränkt. Die Röntgenkontrolle vom 30. Dezember 1982 zeigte, daß der elfte Wirbel, der eine Fraktur hatte, mit dem zehnten Wirbel verblockt war. Während der medizinischen Rehabilitation 1982 und 1983, d.h. während der Behandlung im Thermalbad Dobrna, hat sich ihr Gesundheitszustand so weit gebessert, daß sie zu leichten Hausarbeiten fähig war. Die Schmerzen an der Brustwirbelsäule beim Gehen und Bewegen blieben. Nach Abschluß der Behandlung war Frau Marija Brumec eine Invalide. Auf der beigefügten Röntgenaufnahme ist der zusammengesunkene elfte Brustwirbel deutlich zu erkennen.

Während einer Wallfahrt wurde Frau Brumec am 8. August 1983 in Medjugorje plötzlich geheilt. Dafür bürgt die beigefügte Aussage von Pfarrer Drofenika und die Bestätigung der Geheilten, die jetzt wieder in der Lage ist, auf dem Bauernhof die schwersten Arbeiten zu verichten, wie vor ihrem Sturz. ***Auf der Röntgenaufnahme zur Kontrolle von Hals-, Brust- und Lendenwirbelsäule waren überhaupt keine pathologischen Veränderungen mehr zu sehen, als ob es nie einen Bruch gegeben hätte.***

Diese verblüffende Aufnahme zeugt von der raschen organischen Heilung.

Als Dokumentation sind beigefügt:

1) zwei Entlassungsschreiben aus dem Krankenhaus;

2) Kartei des medizinischen Rehabilitationszentrums in Dobrna;

3) zahlreiche Röntgenaufnahmen über den Bruch des elften Brustwirbels;

4) eine Röntgenaufnahme, die zeigt, daß es ***keinen Bruch*** mehr gibt;

5) die Aussage von Pfarrer Drofenika;

6) der Aussagebericht der Geheilten mit Unterschrift und der Bericht des Neurologen und Parapsychologen Dr. Ludvik Stopar aus Maribor.

Ich fragte die Geheilte, Frau Marija Brumec, wie es zu dem schweren Unfall gekommen war. Sie berichtete: «Am 5. Juni 1982 fiel ich in der Scheune aus etwa 4 m Höhe herunter. Dabei schlug ich mit dem Rücken auf dem Ziegelsteinboden auf. Der elfte Wirbel der Brustwirbelsäule wurde zusammengequetscht. Ein gutes Drittel ist geblieben. Ich lag 14 Tage im Krankenhaus, hatte zwei Monate Gips und war zweimal je drei Wochen in Dobrna zur Kur. Ich war zur Arbeit unfähig, konnte nur langsam gehen und mich nicht bücken.»

Auf meine Frage, wie es zu einer Besserung kam, erwiderte sie: «Meine Krankheit dauerte bis zum 8. August 1983. Da reiste ich nach Medjugorje. Es hatte sich in dieser Zeit nichts wesentlich gebessert. Die Ärzte hatten mir gesagt, ich müsse mich in mein Schicksal fügen, da ich nicht mehr arbeitsfähig sei. In der Erscheinungskapelle von Medjugorje am Abend des 8. August 1983 spürte ich während der Erscheinung, als ob ein Wind bliese. Es gab aber keinen Durchzug, weil kein Fenster offen stand. Die Anwesenden spürten von diesem Wind nichts, selbst Pfarrer Drofenika nicht, der neben mir kniete. Ohne Schmerzen ging ich später zu Bett, und ohne Schmerzen stand ich auf. Am nächsten Tag ging ich zu Fuß zum Ort der Erscheinung und meldete dort dem Herrn Pfarrer, daß meine Wirbelsäule nicht mehr schmerze. Ich spürte von da an keine Schmerzen mehr. Jetzt bin ich ganz gesund und kann mit Leichtigkeit und ohne Schmerzen die schwersten Arbeiten verrichten.»

Ich fragte die Geheilte, ob sich ihr Verhältnis zu Gott und den Mitmenschen geändert habe. Sie entgegnete: «Ich spüre jetzt ein unbeschreibliches Glück. Was ich erlebe, läßt sich nicht ausdrücken. Früher hatte ich keine Zeit für die heilige Messe, jetzt habe ich mehr Zeit für das Gebet und die tägliche heilige Messe. Besonders gerne bete ich jetzt den Rosenkranz zur Ehre Mariens und ihr zum Dank. Alles kann ich irgendwie leichter ertragen. Auch meine Beziehungen zu den Mitmenschen haben sich gebessert.»

Ich erkundigte mich nach den ärztlichen Dokumenten. Sie antwortete: «Die Röntgenaufnahmen nach dem Unfall und nach der Heilung wurden Dr. Stopar ausgehändigt, der sie der Kommission nach Mostar schickte.»

Heilung einer Frau aus Wien von einem bösartigen Hauttumor

Frau Dr. Elisabeth Schmitz-Mayr-Harting aus Wien berichtete mir über eine auffallende Heilung ihrer Mutter:

«Am 2. Mai 1985 abends, als ich Vorbereitungen für eine Pilgerreise nach Medjugorje traf, rief mich meine Schwägerin an. Sie erklärte, daß sie meine 86jährige Mutter in die I. Universitätsklinik von Wien gebracht habe. Universitätsprofessor N. habe eine bösartige Geschwulst, ein Melanom, mit beginnender Metastasenbildung am Ballen des rechten Fußes festgestellt. Da dieses Melanom ein besonders radikaler Krebs sei, müsse man so bald als möglich operieren. Der Professor hatte die Operation für Freitag, den 10. Mai 1985, um 8.30 Uhr in Vollnarkose angesetzt, obgleich meine Mutter an Herz- und Kreislaufschwächen litt. Es war für mich ein schrecklicher Schlag, als ich hörte, daß meine alte, gebrechliche Mutter eine bösartige Krebsgeschwulst habe. Ich war sehr traurig und verzweifelt, weil meine Mutter so sehr leiden mußte. Ich hatte große Angst, daß sie wegen ihres schwachen Herzens und ihres schlechten Kreislaufs während der Operation sterben könnte.

Am Freitag, den 3. Mai 1985 vormittags, besuchte ich meine Mutter. Sie saß in einem Sessel, ihre Füße lagen hoch. Wegen der bösartigen Geschwulst, einem schwarzen Fleck vom Aussehen eines 5-Schilling-Stückes, und wegen großer Schmerzen konnte sie kaum gehen. Ich legte ihren kranken Fuß auf meinen Schoß, goß Weihwasser vom Erscheinungsaltar der Gottesmutter in Medjugorje auf den Verband, nahm den kranken Fuß zwischen meine Hände und betete zu Jesus und der Gottesmutter, sie möchten meine Mutter gesund werden lassen, da Jesus gesagt hatte: "In meinem Namen werden sie Kranken die Hände auflegen, und sie werden gesund werden." Ich hatte gehört, daß in Medjugorje Kranke durch das Erbarmen der Gottesmutter geheilt wurden. Aus diesem Grund flehte ich Maria mit aller Glut meines Herzens an, sie möge meine hilflose, alte Mutter von ihrem furchtbaren Melanom heilen. Ich goß immer wieder Weihwasser aus Medjugorje auf den Fuß und betete den Krankensegen, legte ihr während des Gebetes meine Hände auf. Ich betete alle drei Rosenkränze und manche andere Gebete. Abends machte ich wieder Weihwasserumschläge und betete, den kranken Fuß zwischen meinen Händen, die gleichen Gebete wie vormittags. Dies tat ich bis zum 5. Mai 1985. Von Tag zu Tag wurde die dicke bösartige Geschwulst kleiner. Das schwarze Melanom zog sich zusammen, als würde es eintrocknen, und kleine, stecknadelkopfgroße schwarze Flecken klebten jedesmal am Verbandmull. Darunter und rundherum wuchs eine rosa, neue, gesunde Haut nach, so daß meine Mutter am 6. Mai wieder normal gehen konnte, nur noch mit einem kleinen schwarzen Rest einer Kruste auf dem rechten Ballen, während die gelblich-graue bösartige Geschwulst vollständig verschwunden war.

Am 7. Mai konnte ich die Operation in der I. Universitätsklinik telefonisch absagen. Die Heilung machte weiter gute Fortschritte, so daß ich am 10. Mai 1985 nach Medjugorje fahren konnte, wo ich sehr für meine Mutter und den Heiligen Vater betete, der sich am Fatimatag in Holland in großer Gefahr befand, durch ein Attentat ermordet zu werden. Nach meiner Rückkehr nach Wien stellten die Professoren fest, daß die Geschwulst verschwunden war. Der Fuß war durch das Weihwasser vom Erscheinungsaltar der Mutter Gottes vollständig geheilt. An Pfingsten 1985 fuhr ich zum achten Mal nach Medjugorje. Ich hatte jetzt Gründe genug, der Gottesmutter dort zu danken.»

Ich fragte Frau Dr. Schmitz acht Monate nach der Heilung ihrer Mutter, ob es am rechten Fuß noch irgendwelche Komplikationen gegeben habe. Sie antwortete: «Der Fuß ist ganz geheilt.»

Die mir zur Verfügung gestellten ärztlichen Unterlagen der I. Universitäts-Hautklinik Wien bestätigen, daß die Patientin an einem Melanom (mit einigen kleinen Satellitenherden) an der rechten Planta (Großzehenballenbereich) litt. Es handelt sich bei einem Melanom um eine bösartige braune bis schwarze Geschwulst. Von der gleichen Klinik wird auch eine Heilung durch den behandelnden Professor festgestellt. Außerdem wird bestätigt, daß nach einer Weihwasserbehandlung die angesetzte Operation überflüssig wurde.

Die Heilung der Kornelia Glatz aus dem Burgenland von chronischer Nierenerkrankung mit Nierensteinbildung

Frau Kornelia Glatz aus dem Burgenland in Österreich berichtete mir über ihren langen Leidensweg und ihre Heilung durch die Gottesmutter von Medjugorje:

«Bei meiner dritten Nierenoperation am 28. September 1981 in Wien, Allgemeines Krankenhaus, wurde mir ein Nierenstein entfernt und ein Plastikharnleiter eingesetzt, der leider schon am zweiten Tag verstopft war. Vom Bauchfell wurde mir ein künstliches Nierenbecken gemacht und zwei Rippen gekürzt, die eine um 5 cm, die andere um 7 cm. Sechs Wochen lang hatte ich Nierenblutungen, vier Wochen lang hatte ich eine Schiene und durfte mich kaum bewegen. Hinzu kam eine Lähmung des Darmes. Die vierte Operation war schon angesetzt, doch mein Internist willigte nicht ein, weil ich viel zu schwach war. Ich hatte 15 kg abgenommen und war mit den Nerven am Ende. Nach acht Wochen Krankenhausaufenthalt hatte ich zwei Wochen lang beständig 40 Grad Fieber. Da ich auf Penicillin, Sulfonamide und Jod allergisch bin, konnte man mir kaum Medikamente geben. Ich machte die Hölle durch. Täglich probierten die Ärzte andere Medikamente aus, bis aus Deutschland endlich ein ganz neues Präparat kam. Dreimal täglich bekam ich die stärksten Dosen. Das Fieber sank, kurz vor Weihnachten wurde ich entlassen, aber mit der Auflage, im Januar zur Operation zu kommen. Daheim ging es ein wenig aufwärts. Man hatte mir einen Katheter in die Niere eingesetzt, das Ende wurde am Oberschenkel in einen Behälter für Urin geleitet. Ich konnte vor Schwäche kaum gehen. Lieber wollte ich sterben, als nochmals operiert zu werden. Ich ging deshalb im Januar nicht zur beabsichtigten Operation. Ich war Gott für jeden Tag dankbar. Alle sechs Wochen mußte der Katheter erneuert werden. Die Ärzte wollten mir unbedingt die Niere entfernen. Meine Bekannten und Freunde rieten mir, mich operieren zu lassen, doch ich lehnte ab. Im Juli 1983 verschlechterte sich mein Zustand. Jetzt mußte der Katheter alle ein bis zwei Wochen erneuert werden. Ich war verzweifelt. Der behandelnde Arzt machte mich darauf aufmerksam, daß die Niere entfernt werden müsse. Am 14. September 1983 — es war mein Geburtstag — brachte mir ein guter Bekannter einen Stein und Erde vom Erscheinungsberg in Medjugorje. Er gab mir auch ein Bild der Gottesmutter von Medjugorje. Von nun an kniete ich jeden Abend zur Erscheinungszeit mit der Erde in der Hand vor dem Marienbild und betete. Ich war fest überzeugt, daß mir die Gottesmutter helfen werde. Sie müssen wissen, seit meiner Jugend verehre ich Maria.

Nun geschah folgendes: War der Katheter verstopft, bekam ich kein Fieber und keine Harnstauung, sondern alles funkionierte normal. Der Arzt schickte mich zum Röntgen auf die Urologische Station Oberwart. Einige Wochen vorher war ich hier in Oberpullendorf beim Röntgen; dabei stellte man fest, daß kein Harnleiter zu sehen war, nicht einmal wie ein Haar. Als ich nun in Oberwart auf dem Röntgentisch lag, kamen die Ärzte aus dem Staunen nicht heraus und sagten immer wieder: "Ja gibt's das? Das gibt es doch nicht!" Sie sahen auf der Röntgenaufnahme einen ganz dicken Harnleiter. Ich wurde nach Graz ins Krankenhaus gebracht, um die Nierenfunktionen überprüfen zu lassen. Dort staunte man genauso. Obgleich die Niere dreimal operiert und total zerschnitten war, funkionierte sie so gut wie die gesunde.

Mitte November 1983 kam ich in das Allgemeine Krankenhaus Wien. Man untersuchte meine Niere auf allen Stationen, zweimal war ich zur Isotopen-Untersuchung. An einem Sonntag lag ich volle drei Stunden auf dem Röntgentisch, denn wochentags war nie so lange Zeit dafür. Niemand konnte es glauben, es funktionierte alles normal, und am 3. Dezember 1983 wurde der Katheter entfernt.

Können Sie sich das vorstellen! Nach 26 Monaten! Wissen Sie, was das heißt? Nein, das kann nur ermessen, wer es am eigenen Leib erfahren hat. Ohne Operation! Ich konnte es am Anfang selbst nicht fassen. 26 Monate konnte ich nur auf der linken Seite liegen, konnte nicht schlafen aus Angst, der Katheter könnte herausgehen. Wäre das eingetreten, hätte ich innerhalb einer Stunde im Krankenhaus sein müssen. Mein Oberschenkel war übersät mit Blasen, die von Pflastern stammten, mit denen man den Katheter und den Urinbehälter befestigt hatte. Sie waren sehr schmerzhaft, jede Bewegung tat weh. Ich konnte nur schief und mit ausgestrecktem rechtem Bein sitzen. Es war fürchterlich. Seit dem 3. Dezember 1983 knie ich jeden Abend zur Erscheinungszeit mit Erde in der Hand vor dem Bild der Gottesmutter und bete und danke. Seither war ich schon zweimal in Medjugorje. Es waren für mich einmalige Erlebnisse.»

Ich fragte die Geheilte, was sie jetzt empfinde; darauf erwiderte sie: «Aus Dankbarkeit habe ich versprochen, in der kurzen Zeit, da ich noch lebe, möchte ich nur noch Gutes tun. Für mich ist jeder Tag ein Geschenk. Seit über einem Jahr stelle ich Teddys für arme Kinder her, für Waisen, für Kranke, für SOS-Kinderdörfer und für Heime mit behinderten Kindern. Bis jetzt habe ich über 300 Teddys verschenkt und damit vielen Kindern Freude bereitet. Glauben Sie mir, ich hatte es im Leben nicht leicht. Mein Mann starb vor 20 Jahren 38jährig. Ich stand mit meinen drei kleinen Kindern allein da, das jüngste war damals vier Jahre alt. Außerdem hatte ich eine Zimmerei und ein Sägewerk mit 16 Arbeitern. Ich stand 12 Jahre an der Säge, bis ich krank wurde. Hinzu kam meine kranke Mutter, die ich 18 Jahre lang pflegte. Ich könnte über mein Leben ein Buch schreiben, denn ich habe viel durchgemacht, aber die Gottesmutter hat mich nicht vergessen.»

Als ich Frau Glatz nach ärztlichen Unterlagen fragte, antwortete sie: «Ich gebe ihnen, was ich noch habe, Röntgenbilder und andere Befunde habe ich an das Pfarramt Medjugorje geschickt.»

Aus dem Befundbericht des Facharztes für Urologie geht hervor, daß es sich um drei Nierensteinoperationen handelt. Weiter geht aus dem Bericht hervor: «Bei der Patientin besteht ein Zustand nach Pyelotomie rechts 1968 und nochmaliger Pyelotomie rechts 1978 wegen Nierenbeckenrezidivstein rechts. Es kam darauf neuerlich zur Bildung eines Nierenbeckenrezidivsteins und zur Entwicklung einer subpelvinen Stenose rechts. Es wurde dann 1981 eine neuerliche Pyelotomie und Teritoneal-Lappenplastik mit langzeitiger Schienung durchgeführt. Postoperativ entwickelte sich eine Ureter-Abgangssterose, so daß die Nephrostomie rechts belassen werden mußte. Darauffolgende Fistelfüllungen ergaben eine fadenförmige subpelvine Stenose mit unzureichendem Abfluß in die Blase. Es bestand außerdem ein chronischer Harnweginfekt mit Klebsiellen 10^7. Eine neuerliche urodynamische Untersuchung und Isotopen-Untersuchung zur Klärung der Abflußverhältnisse aus der re. Niere wurde daraufhin vom 21.11. bis 7.12.1983 an der urologischen Universitätsklinik Wien durchgeführt. Bei diesen Untersuchungen zeigte sich nun keine relevante Abflußbehinderung mehr. Die Druckwerte im Nierenbecken waren annähernd im Normalbereich, und nach dreitägiger Abklemmung der

Nephrostomie ohne Beschwerden wurde diese am 3. Dezember 1983 entfernt. Die Patientin war daraufhin fieber- und beschwerdefrei... Bei der letzten Harnkontrolle am 29. Mai 1984 war der Harnbefund unauffällig, der Uricult steril.» Es folgt der Name des Urologen und der Stempel der Arztpraxis. Das Schreiben datiert vom 27. Juli 1984.

Ich fragte die Geheilte: «Sie sprachen von einer Verlegung der Harnleiterplastik am zweiten Tag nach dem Einsetzen. Können Sie mir das genauer erklären?»

Frau Glatz antwortete: «Meine Niere sonderte kleine Steine und Sand (Gries) ab, dadurch wurde der Katheter verstopft. Diese Verstopfung verursachte sofort hohes Fieber.»

Wir sprachen auch über die Röntgenaufnahmen. Frau Glatz erzählte: «Ich selbst habe die Röntgenaufnahmen vor und nach der Heilung gesehen. Vorher war kein Harnleiter zu erkennen, nach meiner Heilung sah ich einen dicken Harnleiter. Es ist schade, daß Sie diese Aufnahmen nicht sehen können. Sie sind jetzt in Medjugorje. Als ich P. Rupčić dort von meiner Heilung berichtete, erwiderte er: "Sie sind die 396. Gebetserhörung." Ich bin über meinen jetzigen Zustand Gott und der Gottesmutter sehr dankbar, denn ich bin auf jeden Fall fest davon überzeugt, daß mir die Gottesmutter von Medjugorje geholfen hat.»

Ich fragte Frau Glatz: «Was würden sie jemandem empfehlen, der sehr schwer krank wäre?» Sie erwiderte: «Ich würde sagen, nehmen Sie Erde von Medjugorje und beten Sie.»

Auf meine Frage, ob ich ihren Namen veröffentlichen dürfe, antwortete sie: «Tun Sie, was Sie für richtig halten, das überlasse ich ganz Ihnen.»

Die Heilung des Jozo Vasilj von Blindheit

Eine Augenzeugin berichtete mir von der Heilung des Jozo Vasilj: «Ich wohnte damals in unmittelbarer Nähe des alten Mannes. Aus diesem Grund kannte ich ihn sehr gut. Er war acht oder noch mehr Jahre lang blind, genau weiß ich es nicht mehr. Herr Vasilj wohnte allein mit seiner Frau.

Gleich zu Beginn der Erscheinungen wurde er geheilt. Er ist vor einem Jahr (1985) gestorben. Seine Frau ging damals auf den Erscheinungsberg und betete für ihren Mann. Sie nahm Erde von der Erscheinungsstätte und vermischte sie zuhause mit Wasser. Diese Flüssigkeit ließ sie bis zum nächsten Tag stehen. Am nächsten Morgen wusch sie damit das Gesicht ihres Mannes und betete dabei. Als sie ihm das Gesicht abtrocknen wollte, sagte ihr Mann plötzlich: "Ich kann sehen!" Frau Vasilj wollte ihrem Mann nicht glauben. Als er ihr aber sagte, daß sie nur einen Strumpf trage, rief sie: "Mein Gott, du kannst ja sehen!"

Vor der Heilung von Herrn Vasilj habe ich oft gesehen, wie er von seiner Frau geführt wurde. Sie gingen immer zusammen zur Kirche.»

Ich fragte die Augenzeugin, ob sie bereit wäre, diese Aussage auch unter Eid zu machen. Sie antwortete: «Ich kann schwören, daß das, was ich Ihnen sagte, die Wahrheit ist.» Dann erwähnte sie: «Nach der Heilung lebte Herr Vasilj noch ungefähr drei Jahre. Als er starb, war er etwa 80 Jahre alt. Nach der Heilung habe ich ihn ganz allein umhergehen sehen. Ich halte diese Heilung für absolut zuverlässig.»

Nach diesem Gespräch mit der ehemaligen Nachbarin des Geheilten Jozo Vasilj fragte ich Pero Vasilj, den Onkel des Sehers Ivan Dragićević, ob diese Aussagen zuverlässig seien. Er erwiderte: «Mein Großvater war blind. Als er von den Erscheinungen der Gospa hörte, bat er, man möge ihm Erde vom Erscheinungsberg bringen. Am nächsten Tag wusch er sich mit Wasser, in das Erde von der Erscheinungsstätte beigemischt war, dann konnte er wieder sehen.» Von Pero Vasilj erfuhr ich außerdem, daß sein Großvater seit langer Zeit unter einem Hautausschlag litt, der sich am ganzen Körper ausgebreitet hatte. Die Haut war gerötet und wund. Der Hautausschlag verursachte oft einen starken Juckreiz, der zur Folge hatte, daß beim Kratzen die Stellen bluteten. Kein Medikament — auch keines aus der Bundesrepublik — brachte Linderung oder Heilung.

Pero Vasilj versicherte mir: «Als mein Großvater sich damals mit dem Wasser, das mit Erde vom Erscheinungsberg vermischt war, wusch, verschwand auch dieser lästige Hautausschlag. Die Haut wurde wieder rosa wie bei einem Kind.»

Die Heilung der Marica Kvesić aus der Nähe von Mostar von Nervenerkrankung mit unbekannter Ursache, die mit Lähmungen und Gefühlsstörungen einhergeht

Als ich im Juli 1986 Frau Kvesić besuchte, berichtete sie ausführlich über ihre schwere Krankheit. Bereitwillig zeigte sie mir alle ärztlichen Unterlagen. Die erste Diagnose wurde am 27. Mai 1980 erstellt. Sie lautet: Polyradiculoneuritis. Frau Kvesić war laut den vorhandenen

Unterlagen vom 13. Oktober 1980 bis zum 21. September 1981 im Krankenhaus und wurde dort behandelt. Bei der Entlassung war nur eine leichte Besserung festzustellen. Es heißt hier, daß die Reflexe total erloschen seien, dann folgt eine lange Liste mit Vorschlägen für weitere Behandlungen. Während eines stationären Aufenthaltes vom 11. Januar 1982 bis 5. Februar 1982 wird vom Institut für Physiotherapie und Rehabilitation in Sarajevo die gleiche Diagnose erstellt. Frau Kvesić schilderte ihre traurige Vergangenheit sehr lebhaft und offen: «Ich war total gelähmt und konnte nur sitzen, liegen und sprechen. Ich lag entweder im Bett oder saß im Rollstuhl. Die Ärzte waren der Meinung, daß eine Besserung innerhalb eines Jahres eintreten könnte, aber diese trat nicht ein. Ich war in Mostar, Sarajevo und Zagreb.

Im Krankenhaus von Sarajevo erfuhr ich durch Bekannte von den Ereignissen in Medjugorje. Meine Verwandten gingen dorthin und beteten für mich. Von Vickas Schwester, meiner Schulkameradin, hörten die Seher von meiner schweren Erkrankung. Sie fragten die Gospa, was ich tun müsse, um gesund zu werden. Die Gospa antwortete, daß ich nach Medjugorje kommen und während der Erscheinung anwesend sein soll. Damals zeigte sich die Gospa noch auf dem Berg. Meine Schwester holte mich in Sarajevo ab und brachte mich nach Medjugorje. Alle gingen zur Erscheinung auf den Berg, nur ich mußte im Hause bleiben. Als die Seher vom Berg kamen, nahmen sie mich zur Kirche mit. Damals war P. Jozo Zovko noch Pfarrer in Medjugorje. Die Seher brachten mich in die Sakristei, dort beichtete ich. Vor der heiligen Messe kniete ich mich auf den Boden der Sakristei. Dort kniete ich während eines ganzen Rosenkranzes. Meine Schwester fragte mich, ob sie mir helfen könnte. Ich verneinte und blieb weiterhin knien. Dann verspürte ich den Wunsch, mich selbst aufzurichten, und es gelang mir, mich auf meine Füße zu stellen. Ich blieb während der heiligen Messe in der Sakristei. Ich wollte die Kirche betreten, das gelang aber nicht, weil diese überfüllt war. Nach der heiligen Messe beteten die Seher über die Schwerkranken, auch über mich. Ich fühlte mich während dieser Zeit sehr glücklich, froh und zufrieden.

Dann fuhren wir zu meinen Eltern. Es war Freitag. An diesem Tag lief ich zum ersten Mal allein, ohne fremde Hilfe, auf den Balkon. Ich hielt mich zuerst mit beiden Händen, dann mit einer Hand am Geländer fest. Schließlich lief ich allein, ohne jegliche Hilfe durch die Küche. Es waren etwa sechs Meter. Meine Eltern standen bereit, um mich eventuell aufzufangen. Bis Sonntag blieb ich bei ihnen. An diesem Tag konnte ich vom ersten Stock ins Erdgeschoß hinuntersteigen. Am Abend brachte mich meine Schwester wieder ins Krankenhaus nach Sarajevo. Am Sonntagabend begegnete ich der Ärztin, die um diese Zeit Dienst hatte. Als sie mich erblickte, wie ich neben meinem Rollstuhl herlief, sah sie mich erstaunt an und sagte: "Wenn ich wüßte, daß so etwas möglich ist, hätte ich Dich schon längst nach Medjugorje geschickt."

Nach kurzem Aufenthalt im Krankenhaus wurde ich entlassen. Die Besserung ging von jetzt an sehr rasch vor sich. Innerhalb der nächsten 14 Tage war ich in der Lage, allein im Bus meine Eltern zu besuchen.»

Ich fragte Frau Kvesić: «Wann spürten Sie überhaupt nichts mehr von Ihrer schweren Krankheit?» Sie erwiderte: «Nach der Entlassung aus dem Krankenhaus fühlte ich mich sehr wohl. Ich hatte überhaupt keine Beschwerden mehr. Alle Wege konnte ich ohne Schwierigkeiten gehen. Schließlich machte ich meine Führerscheinprüfung. Im Januar 1984 heiratete ich, und bald gebar ich einen gesunden Sohn. Bis heute traten keine Komplikationen auf. Soviel ich weiß, wurde von meinen Leidensgefährten, die die gleiche Krankheit hatten, aber nicht in so starkem Maß, bis heute niemand gesund. Ich weiß das genau, weil ich noch mit ihnen Kontakt habe. Der Professor, der die Klinik leitet, sagte zu mir: "Man müßte hier ein Bild von Dir aufhängen, um allen zu zeigen, daß auch eine Heilung dieser schweren Krankheit möglich ist."»

Ich fragte die Geheilte: «Was empfinden Sie heute?» Darauf erwiderte sie: «Ich bin felsenfest überzeugt, daß meine Heilung nur auf die Fürbitte der Gospa zurückzuführen ist.

Ich empfinde heute eine große Sehnsucht nach Medjugorje. Aus Dankbarkeit über meine Heilung legte ich damals den Weg von meinem Elternhaus bis Medjugorje zu Fuß zurück. Ich pilgerte von morgens 5 Uhr bis nachmittags 16 Uhr. Den Weg von über 50 Kilometern lief ich barfuß. Inzwischen war ich über hundert Mal in Medjugorje.»

Ich fragte Frau Kvesić nach ihrem Verhältnis zu Gott. Sie antwortete: «Ich war immer religiös und ging vor meiner Krankheit jeden Sonntag zur Kirche. Es ist normal, daß ich heute Gott mehr liebe als früher, da er mich von dieser schweren Krankheit befreit hat.» Bereitwillig zeigte mir Frau Kvesić Fotos von ihrem Aufenthalt in der Klinik. Sie zeigen ein junges Mädchen im Rollstuhl. Jetzt sah ich eine gesunde Mutter und ein gesundes, munteres Kind vor mir, die Freude und Zufriedenheit ausstrahlten.

Ich wollte mich schon verabschieden, da erzählte sie mir eine erstaunliche Geschichte: «Eine weit entfernte Tante fühlte einen Knoten in der Brust und ging zu ihrem Bruder, der Mediziner ist. Er ertastete den Knoten und überwies seine Schwester sofort zu einer radiologischen Untersuchung nach Sarajevo. Dort wurde ein bösartiger Tumor festgestellt. Die Ärzte rieten zu einer sofortigen Operation. Meine Tante bat um Bedenkzeit, denn sie wollte nach Medjugorje gehen. Das tat sie auch, sie betete dort um Heilung. Als sie nach Hause ging, konnte sie den Knoten in ihrer Brust nicht mehr ertasten. Am nächsten Tag besuchte sie ihren Bruder. Dieser, der Arzt, konnte auch keinen Knoten finden, aber er schickte sie vorsichtshalber noch einmal zur radiologischen Untersuchung nach Sarajevo. Die Auswertung ergab, daß keine Geschwulst mehr vorhanden war. Bis heute sind bei meiner Tante keine Komplikationen aufgetreten.

Meine Tante heißt ***Ilka Bazina***, sie wohnt in ***Kočerin***. Mein Fall und der Fall meiner Tante sind dem Pfarramt Medjugorje übergeben worden.»

Frau Kvesić berichtete noch, daß sie 16 Jahre alt war, als sie von der Lähmung heimgesucht wurde. Sie hatte Grund genug, Gott für diese Heilung zu danken.

Die Heilung der Diana Basile aus Italien von Multipler Sklerose und Blindheit

Die ersten Symptome der Krankheit traten 1972 auf: Schreibunfähigkeit der rechten Hand, Zittern am ganzen Körper (Unmöglichkeit zu schreiben und zu essen) und völliges Erblinden des rechten Auges. Im November 1972 erfolgte die Einlieferung in das Zentrum für Multiple Sklerose in Gallarate (Italien), das unter der Leitung von Prof. Cazzullo steht. Dort wird die Diagnose «Multiple Sklerose» bestätigt. Die Krankheit bewirkt ein Fehlen am Arbeitsplatz für die Dauer von 18 Monaten. Ein kollegialer Besuch des Arztes Dr. Riva (Neurologe des CTO) und von Prof. Retta (Physiatrischer Primarius des CTO) befürworten die Aufhebung jeglicher Arbeitsaktivität wegen Invalidität. Auf ständiges Verlangen der Patientin, nicht vollständig auf die Arbeitsausübung verzichten zu müssen, wird Frau Basile wieder in den Arbeitsprozeß eingegliedert, jedoch mit verminderten Arbeitsaufgaben. Es erfolgt die Verlegung von der Radiologischen Abteilung in das Sanitäre Sekretariat. Die Patientin hatte Schwierigkeiten beim Gehen (gespreizter Gang ohne Knicken des rechten Knies). Der Gebrauch der rechten Hand und des oberen rechten Gelenkes für die Arbeit war unmöglich geworden. Sie brauchte das obere rechte Gelenk als Stütze, und das war wahrscheinlich der Grund, weshalb es nicht zu einer Hypotrophie der Gelenkmuskulatur kam. Eine schwere Störung des Harnflusses hatte sich schon im Jahre 1972 bemerkbar gemacht (totale Disfunktion des Harnflusses) mit perinaler Hautaffektion. Die Patientin wurde bis 1976 mit ACTH, Imuran und Decadron behandelt.

Nach einer Wallfahrt nach Lourdes 1976 konnte man, obwohl es zu keiner Besserung des Schwarzen Stars am rechten Auge kam, eine Besserung der Bewegung feststellen. Diese Besserung führte zur Aufhebung jeglicher Therapie bis zum August 1983.

Ende Sommer 1983 hatte sich der generelle Zustand der Patientin stark verschlechtert (schwere Depressionskrise)...

Ein Arbeitskollege der Patientin überredete Frau Basile zu einer Wallfahrt nach Medjugorje. Die Pilgerfahrt wurde von Pfarrer Giacometti von der Pfarrei S. Nazaro/Mailand organisiert. Pfarrer Giacometti hatte vorher angekündigt, daß während der Erscheinungen niemand die Sakristei betreten dürfe.

Frau Basile erklärte: «Ich befand mich am 23. Mai 1984 am Fuß der Treppe neben dem Altar der Kirche von Medjugorje. Frau N. aus Bologna hatte mir geholfen, die Treppe hinaufzusteigen, indem sie mich am Arm stützte. Als ich mich dort befand, wollte ich nicht mehr in die Sakristei eintreten. Ich erinnere mich, daß ein Mann auf französisch zu mir sagte, ich möchte mich nicht von der Stelle rühren. In diesem Moment wurde die Türe geöffnet, und ich trat in die Sakristei ein. Ich kniete hinter der Tür nieder, dann kamen die Seher. Als diese gleichzeitig auf die Knie fielen, hörte ich ein lautes Geräusch. Dann erinnere ich mich an nichts mehr (nicht an das Gebet oder anderes). Ich erinnere mich nur noch an eine unbeschreibliche Freude, und daß ich einige Episoden aus meinem Leben, die ich vollkommen vergessen hatte, wie in einem Film wieder erkannte, z.B. daß ich die Taufpatin eines Kindes war, dessen Eltern weggezogen sind, und an die ich mich nicht mehr erinnerte. Am Ende der Erscheinungen folgte ich den Sehern, die sich zum Altar der Kirche begaben. Ich lief wie alle anderen und beugte mein Knie normal, aber ich merkte es nicht.

Frau N. aus Bologna kam mir weinend entgegen und sagte zu mir: "Heute habe ich zwei Gnaden erhalten, jene dich zu begleiten, und die zweite, bei Pater Tomislav zu beichten."

Der Mann aus Frankreich — etwa 30 Jahre alt — war sehr bewegt und umarmte mich sogleich. Herr N. kam mir entgegen und sagte: "Sie sind nicht mehr der gleiche Mensch. Ich bat um ein Zeichen, und nun treten Sie von dort so verändert heraus."»

Die anderen Pilger, die im gleichen Bus wie Frau Basile kamen, erkannten sofort, daß etwas sehr Ungewöhnliches geschehen war. Sie umarmten Frau Basile, alle waren tief bewegt.

Als Frau Basile am Abend in ihr Hotel kam, bemerkte sie, daß sie nicht mehr unter Harnflußstörungen litt, und daß die Hautaffektionen geheilt waren. Das rechte Auge hatte seine normale Funktion wieder erreicht seit seiner totalen Erblindung im Jahre 1972. Am darauffolgenden Tag (24. Mai 1984) legte Frau Basile aus Dankbarkeit den zehn Kilometer langen Weg von Ljubuski nach Medjugorje barfuß zusammen mit einem Krankenwärter zurück. Am gleichen Tag stieg sie auf den Erscheinungsberg. Frau N. brach in Tränen aus, als sie die Geheilte wieder sah, nachdem diese aus Jugoslawien zurückgekehrt war.

Frau Basile sagte: «Während dies geschieht, beginnt in meinem Innern etwas zu leben, das mich mit Freude erfüllt... Man kann es mit Worten schwer erklären. Wenn ich jemand mit der gleichen Krankheit fände, würde ich weinen, weil es schwierig ist, sich anderen mitzuteilen... Wir gehören zu Gott... Die Multiple Sklerose hat mich in der Blüte meines Lebens, mit 30 Jahren, getroffen. Damals hatte ich zwei Kinder. In mir war eine große Leere. Heute würde ich jemand mit der gleichen Krankheit sagen, geh nach Medjugorje. Ich hatte damals keine Hoffnung mehr, aber ich sagte: Wenn Gott es so will, nehme ich die Krankheit an. Aber Gott muß für meine Kinder sorgen. Der Gedanke, daß andere meine Arbeit verrichten mußten, machte mich leiden. Zu Hause sind jetzt alle glücklich, meine Kinder und auch mein Mann, der praktisch Atheist war. Aber er sagte: "Wir müssen nach Medjugorje fahren und uns bedanken."»

Am 5. Juli 1984 wurde Frau Basile von Augenärzten untersucht. Das Ergebnis war eine normale Sehkraft von 10/10 des rechten Auges — es war seit 1972 total blind gewesen — und eine Sehkraft von 9/10 des linken gesunden Auges. Diese Heilung wurde am 5. Juli 1984 in Mailand von Dr. L. Frigerio und drei weiteren Ärzten bestätigt.

Dieser Bericht wurde mir freundlicherweise von Dr. Frigerio aus Mailand mit der ausdrücklichen Erlaubnis der Geheilten zur Verfügung gestellt.

Die Heilung der Amerikanerin Rita Mary Klaus von Multipler Sklerose

Der Bericht von Mrs. Rita Mary Klaus aus Evans City (USA) gibt Zeugnis von einer einzigartigen Heilung.

Ich fragte die Geheilte nach dem Verlauf ihrer Krankheit. Sie schilderte:

«Ich litt 26 Jahre an den Folgen der Multiplen Sklerose. Die letzten sieben Jahre waren extrem schwierig. Mein Krankheitszustand wurde zunehmend schlechter infolge einer vollständigen Lähmung beider Füße und Fußknöchel und durch die strukturellen Verformungen beider Beine, die durch das Schrumpfen der Muskeln verursacht wurden. Das rechte Bein wurde mehrmals operiert, um das Zusammenziehen der Muskeln zu mildern, und um die Kniescheibe in die richtige Lage zu bringen, weil sich beide Knie — besonders das rechte — nach innen verformt hatten.

Ich hatte auch nervenbedingte Blasenentleerungsstörungen und litt an Infektionen. Mein Sehvermögen war auch in Mitleidenschaft gezogen. Ich hatte in meiner rechten Hand ein so starkes Zittern, daß ich nur wenige Zeilen schreiben konnte und diese nur sehr schlecht. Es wurde mir erlaubt, kurze Strecken im Haus zu gehen.

Dabei benutzte ich lange Fußstützen und Krücken für den Unterarm, aber die meiste Zeit des Tages verbrachte ich in einem Rollstuhl.»

Darauf fragte ich Mrs. Klaus, wie sie geheilt wurde. Sie antwortete: «Am ***18. Juni 1986*** — ich war eben dabei, meinen täglichen Rosenkranz zu beenden — kam mir plötzlich der Einfall, Jesus um meine Heilung durch die Fürbitte der Gottesmutter von Medjugorje zu bitten. Vorher hatte ich das Buch gelesen: “Erscheint die Jungfrau Maria in Medjugorje?” Es war vom Autor René Laurentin. Als Antwort auf die Bitten Mariens in Medjugorje hatte ich angefangen, mehrere Tage in der Woche zu fasten. Vorher hatte ich nie um meine Heilung gebetet, sondern nur darum, den Willen Gottes gut und fröhlich erfüllen zu können. Als ich unsere himmlische Mutter bat, sie möge sich für mich einsetzen, spürte ich wie eine Woge von Elektrizität in mir. Ich spürte plötzlich einen tiefen Frieden, dann wurde ich müde und schlief ein.

Am nächsten Morgen bemerkte ich, daß ich in meinen Füßen Gefühl hatte und bewegte die Zehen. Ich tat etwas, was ich seit über zehn Jahren nicht mehr hatte tun können. Ich wollte meine Beinstützen entfernen, weil es sehr heiß war. Als ich mich bückte, um sie zu lösen, bemerkte ich, daß die Deformationen meiner Beine verschwunden waren. Von Freude überwältigt weinte ich und dankte Gott und Maria. Ohne Beinstützen und Krücken ging ich zur Treppe, die zum zweiten Stock hinaufführte. Ich sagte mir: "Wenn ich geheilt bin, kann ich diese Treppe hinaufrennen!"

Ich rannte die Treppe hinauf und lief über den ganzen Platz! Meine große Freude mußte ich jemand mitteilen. Als ich am Telefon unserem Pfarrer von meiner Heilung erzählte, glaubte er mir nicht. Ich besuchte ihn, kniete mich ohne Hilfe nieder und erhielt seinen Segen. Auch mein Arzt wollte mir nicht glauben. Er untersuchte mich sehr gründlich, dann gab er mir zu verstehen, daß keine Spur von Multipler Sklerose mehr vorhanden sei. Alle Reflexe waren normal, das Gleichgewicht und die Muskelstärke ebenfalls, das Zittern war verschwunden. Der Arzt konnte es nicht glauben. Er erklärte mir, daß in seiner Praxis nie ein solcher Fall vorgekommen sei. Keine Zeichen von Deformationen waren mehr vorhanden, auch die Lähmung und der bis dahin vorhandene Muskelschwund waren weg. Der Arzt sagte, daß mir mit dieser Heilung ein zweites Leben geschenkt wurde. Er riet mir: "Gehen Sie in die Kirche und danken Sie Gott!" Dies waren seine Worte zum Abschied.»

Ich fragte die Geheilte, ob sie vollständig gesund sei. Mrs. Klaus erwiderte: «Ja, ich bin in einem ausgezeichneten Gesundheitszustand, und seit dem Tag meiner Heilung ist mir, als sei ich nie krank gewesen. Ich bin jetzt in der Lage, für meinen Mann und meine drei Töchter zu sorgen. Sie sind dreizehn, elf und acht Jahre alt. Außerdem bin ich jetzt in unserer Gemeindeschule mit den Fächern Musik und Naturwissenschaft voll beschäftigt.»

Ich wollte etwas über die Dankbarkeit von Mrs. Klaus wissen. Sie berichtete: «Mehrmals in der Woche gebe ich Zeugnis von meiner Heilung — manchmal vor Gruppen von 25 Leuten, manchmal vor mehr als tausend Personen in den Vereinigten Staaten und in Kanada. Dadurch hören viele Menschen die Botschaft von Frieden und Hoffnung, die Gott uns durch seine heilige Mutter in Medjugorje verkündet. Ich kann unserer himmlischen Mutter nichts verweigern, wenn sie mich um etwas bittet. Ich wurde ja geheilt, um ihre Friedensbotschaft zu verkünden. Ich danke unserem lieben Herrn und unserer Mutter täglich für die Gnade, die sie mir geschenkt haben. Seit meiner Heilung erzählen mir viele Menschen, daß durch mich ein großer Friede in sie einkehre. Ich verstehe das nicht und weiß auch nicht, wie es sich ereignet, aber ich weiß sehr genau, daß dies alles von Gott kommt und nicht von mir. Viele dieser Leute bekehren sich und empfangen die heiligen Sakramente. Für mich ist das ein Wunder, und ich danke Gott, daß er mich als Kanal seiner Gnaden benutzt, die den Menschen zuströmen.»

Ich fragte die Geheilte, was sie schwerkranken Menschen raten würde. Sie erwiderte: «Ich würde ihnen sagen, daß ihre Krankheit eine günstige Gelegenheit sei, von Gott Gnaden zu erlangen. Sie sollten diese Gelegenheit gut nützen, um näher zu Gott zu gelangen und um den vielen Seelen zu helfen, die ihrer Gebete und Leiden bedürfen. In ihren Gebeten sollten sie immer den Willen Gottes suchen.

Für mich war meine Krankheit ein großes Glück im Unglück. Meine Heilung war auch ein großer Segen. Alles kommt aus Gottes Hand. Ob Gesundheit oder Krankheit, beides sollte von uns mit großem Frieden und mit Freude angenommen werden. Dies ist aber nur möglich, wenn wir mit dem Willen Gottes vollständig übereinstimmen. Das ist die Botschaft unserer himmlischen Mutter vom Frieden in Medjugorje.»

Ich fragte Mrs. Klaus: «Waren Sie schon einmal in Medjugorje?» Sie antwortete: «Nein, ich war noch nie dort, aber ich möchte an diesem heiligen Ort gern meinen besonderen Dank abstatten. Ich möchte dort Gott und der Gottesmutter für meine Heilung aus ganzem Herzen danken.»

Ich bat Mrs. Klaus um ärztliche Dokumente. Bereitwillig gab sie mir diese. Die medizinischen Unterlagen bestätigen die Aussagen der Geheilten. Aus einer Erklärung des Rehabilitationszentrums von Pittsburg in Pennsylvania vom 17. April 1985 geht hervor, daß Mrs. Rita Mary Klaus seit 25 Jahren an den Folgen der Multiplen Sklerose litt. Im Operationsbericht des Presbyterian-University-Hospitals von Pittsburg vom 29. März 1981 heißt es: Diagnose: Multiple Sklerose und Knie-Deformation.

Die medizinischen Gutachten über die Heilung sind vom 23. Juni 1986, 20. Februar 1987 und 10. März 1987. Sie bestätigen, daß eine Heilung stattgefunden habe. Im Gutachten vom ***23. Juni 1986 — vier Tage nach der Heilung*** — wird berichtet: «Die Patientin ist vollkommen unabhängig von irgendwelchen Hilfsmitteln. Sie hat die volle Stärke der beiden Beine wiedergewonnen. Ihr Gleichgewichtsempfinden und ihre Sinneswahrnehmung sind gut. Sie hüpfte bei geschlossenen Augen auf einem Bein, es gab nur geringfügige Probleme. Die Überprüfung der Nerven im Bereich der Waden und Füße war gut, die Sehnenreflexe waren symmetrisch und normal. Im Gesamten hat die Patientin eine ungeheure Heilung erfahren.» Dieses Gutachten wurde von einem Arzt des Rehabilitationszentrums Pittsburg erstellt.

Am Ende unseres Gespräches holte Mrs. Klaus ein ärztliches Dokument ihres Augenarztes aus einer Mappe und zeigte es mir. Beim genauen Betrachten stellte ich komplizierte Eintragungen aller Art fest. Es waren Linien, schraffierte Flächen und unbekannte Symbole zu erkennen. Als sie meinen fragenden Blick bemerkte, erklärte sie: «Das ist eine Darstellung meines Auges. Mit diesem Auge konnte ich nichts mehr sehen, nun ist es vollständig gesund. Ich kann alles damit erkennen.»

Die Heilung der Schülerin Monika Tot aus Bruchsal von Lupus Nephritis

Im Oktober 1987 besuchte ich die Schülerin Monika Tot — 15 Jahre — in Bruchsal. Sie berichtete ausführlich über den Verlauf ihrer schweren Krankheit:

«Als ich zehn Jahre alt war, begann meine Krankheit. Im Jahre 1982 mußte ich wegen einer Ellbogenverletzung ins Spital nach Bruchsal. Ich trug sechs Wochen lang einen Gipsverband. Bald bemerkte ich rote Punkte an beiden Beinen und Füßen. Hinzu kam, daß ich mich sehr müde fühlte. Am Hals entstand ein starker Juckreiz. Wenn ich kratzte, zeigten sich blaue Striemen. Mein Hausarzt verschrieb mir eine Salbe, aber mein Zustand verschlechterte sich. Ich wurde immer müder.

Schließlich ging ich mit meiner Mutter zum Hautarzt. Als er mich sah, sagte er: "Warum sind Sie nicht früher gekommen?" Er bestellte sofort einen Krankenwagen und überwies mich an die Kinderklinik in Karlsruhe. Dort wurde mein Blut untersucht und eine Knochenmarkpunktion vorgenommen. Die Untersuchung ergab, daß ich nur 1000 Thrombozyten im Blut hatte, normalerweise hätte ich in meinem Alter 100000 davon haben müssen. Dadurch fehlte mir der notwendige Sauerstoff im Blut. Ich bekam Cortisontabletten, die für die Vermehrung der Thrombozyten sorgen sollten. Nach acht Wochen wurde ich aus der Klinik entlassen. Bald stellten sich die alten Krankheitssymtome wieder ein. Ich mußte erneut in die Kinderklinik. Jetzt wurde die Behandlung geändert, aber ohne Erfolg. Ich bekam für eine Woche Immunglobin, doch es trat keine Besserung ein. Die Ärzte waren ratlos.»

Dann schilderte mir Frau Tot den weiteren Leidensweg ihrer Tochter: «Die Ärzte baten uns um das Einverständnis, die Milz entfernen zu dürfen. Wir unterschrieben. Die Milz wurde 1984 entfernt. Nach dieser Operation war meine Tochter ein Jahr lang ohne Beschwerden. Dann kam wieder der Ausschlag am Hals. Wenn Monika unbemerkt in der Nacht am Hals kratzte, wurden überall Blutergüsse sichtbar. Zu dieser Zeit hatte sie 27000 Thrombozyten. Wieder waren die Ärzte ratlos, sie wollten abwarten.»

Dann erzählte Monika: «Meine Füße schwollen an, und meine Gelenke schmerzten sehr. Es war, als ob die Gelenkteile aneinander reiben würden. Schließlich wurde ich auf Rheuma behandelt. Nachdem mir Voltarentabletten verschrieben wurden, hatte ich nur noch gelegentlich Schmerzen. Dann wurde die Behandlung in der Kinderklinik Karlsruhe auf Aspirintabletten umgestellt. Bald stellten sich wieder die Gelenkschmerzen ein. Die Temperatur erhöhte sich auf 40° bis 41° Grad. Wieder beratschlagten die Ärzte über eine neue Behandlungsmethode. Meine Mutter ließ sich daraufhin eine Überweisung für die Kinderklinik in Mannheim geben. Hier wurde die Diagnose auf "Lupus erythematodes" gestellt. Die Untersuchung ergab, daß eine Niere nicht arbeitete. Es folgte eine sechsmalige Punktion dieses Organs. Mittlerweile staute sich das Wasser in meinem Körper, die Augenlider und die Füße wurden sehr dick und in den Fingerspitzen hatte ich ständig ein Kribbeln.»

Frau Tot erwähnte: «Der Arzt hatte bei den Punktionen nicht genügend Gewebe entnehmen können, um eine neue Behandlungsmethode zu finden. Nun wollte man ein Stück der Niere entfernen. Dieses Mal gaben wir keine Erlaubnis zu einer Operation, zumal uns die Ärzte wenig Hoffnung machten. Monikas Blutdruck stieg bedenklich an, auch das Fieber blieb hartnäckig. Der Eiweißmangel wurde immer bedrohlicher. Die Oberärztin dieser Kinderklinik erklärte mir: "Die Tabletten und Spritzen haben nicht geholfen. So wie es aussieht, können wir Ihrer Tochter nicht weiter helfen. Wir haben alles versucht." Das war im März 1986. Auf dem Höhepunkt der Krankheit traf ich eine Bekannte. Sie sagte zu mir: "Sie haben schon soviel probiert, jetzt versuchen Sie es doch einmal mit Medjugorje." Bis zu diesem Zeitpunkt hatte ich nie etwas von diesem Ort gehört. In meiner Verzweiflung erklärte ich: "Ich glaube an nichts mehr." Der Krankheitszustand meiner Tochter wurde immer bedrohlicher. Während mein Kind in der Klinik lag, fuhr mein Mann nach Medjugorje. Dort fragte er den Seher Ivan, was mit unserer Tochter geschehen soll.

Der Seher überbrachte die Worte der Gospa: "Die Familienangehörigen sollten mittwochs und freitags fasten und den Rosenkranz beten. In kurzer Zeit wird man sehen." Nun fasteten und beteten wir. Allmählich merkten wir, daß sich das Fieber und der Blutdruck senkten. Der Eiweißverlust ließ nach und stabilisierte sich. Von Anfang April bis Ende Mai 1986 verbesserte sich der Zustand immer mehr. Ende Mai 1986 konnte Monika die Klinik verlassen. Sie wird zwar heute noch kontrolliert, aber sie ist vollständig geheilt.»

Ich wollte wissen, wie es Monika gehe. Darauf antwortete das Mädchen: «Ich fühle mich wohl, es tut mir nichts mehr weh.»

Dann fragte ich Monika, ob sie an eine Heilung durch die Gottesmutter von Medjugorje glaube. Sie erwiderte: «Ich bin fest davon überzeugt, daß die Gospa von Medjugorje mich geheilt hat. Ich empfinde heute eine sehr große Dankbarkeit.»

Ich wollte wissen, ob sich ihr religiöses Leben seit der Heilung verändert habe. Sie antwortete: «Durch dieses Ereignis ist mein religiöses Leben tiefer geworden. Ich bete täglich den Rosenkranz. Ich versuche die Botschaft von Medjugorje zu leben. Ich bete, faste und lese in der Heiligen Schrift. Ich gehe sonntags regelmäßig in die heilige Messe.»

Schließlich fragte ich Monika, was sie kranken Menschen in einer ähnlichen Situation empfehlen würde. Darauf erwiderte sie: «Ich empfehle allen Kranken, ebenfalls nach Medjugorje zu fahren, oder wenn sie dazu nicht in der Lage sind, einen Verwandten dorthin zu schicken.»

Ich bat die Mutter um ärztliche Unterlagen. Bereitwillig gab sie mir eine zehnseitige Dokumentation der Kliniken Mannheim und Karlsruhe. Diese bestätigt die Aussagen der Mutter und der Geheilten. Die exakte Diagnose lautet: «Lupus erythematodes-disseminatus (Lupus Nephritis)». In der Anamnese heißt es: «Da im weiteren Krankheitsverlauf immer wieder schwere Thrombocytopenien, begleitet von Hautblutungen und auch einmalig einer schweren Mensesblutung auftraten, erfolgten mehrere stationäre Aufenthalte in der Kinderklinik Karlsruhe. Mehrmalige Cortisonkuren, die Behandlung mit hochdosierten Immunglobulinen, sowie mit Azathioprim hatten keinen wesentlichen Einfluß auf den Krankheitsverlauf, so daß man sich im Januar 1984 zu einer Splenektomie nach Pneumovax-Impfung unter Cortisonschutz entschloß. Auch nach der Operation kam es wieder zum Abfall der Thrombocyten...

Die Behandlung mit Voltaren unter der Vorstellung einer PCP im Januar 1986 war ohne Erfolg, zusätzlich traten im Februar/März

1986 schmerzhafte Schwellungen an großen und kleinen Gelenken auf, sowie rezidivierende Fieberschübe.»

Von großer Bedeutung ist das Gutachten vom 9. Juni 1986 kurz nach der Entlassung der Geheilten aus dem Klinikum. Die Feststellung der Fachärzte lautet: «Nach deutlicher Besserung der nephritischen Symptome und klinischer Beschwerdefreiheit konnte die Patientin am 30. Mai 1986 in ihre weitere hausärztliche Betreuung entlassen werden...»

Seit der Entlassung aus dem Klinikum sind alle Krankheitssymptome verschwunden, wie mir die Geheilte selbst versicherte. Das hübsche und aufgeschlossene Mädchen machte auf mich einen sehr gesunden und zufriedenen Eindruck. Während meines Interviews konnte ich nicht die geringste Spur der langen, lebensgefährlichen Krankheit entdecken.

Ein Wort an die Kranken und Sterbenden

«Wenn Gott andere Menschen auf die Fürbitte der Gottesmutter von Medjugorje heilt, warum macht er *mich* nicht gesund?» wird mancher Kranke und dem Tod Geweihter denken.

Während meinen Untersuchungen stieß ich auf einen tragischen Krankheitsfall. Eine Mutter von zwei kleinen Kindern berichtete mir von ihrem schweren Leiden. In ihrem Körper hatten sich überall Metastasen gebildet. Der Krebs war nicht mehr aufzuhalten. Trotz der stärksten Betäubungsmittel hatte sie heftige Schmerzen. Auch der Gedanke an ihre Kinder und ihren Mann bedrückte sie sehr. Tief beeindruckt von diesem Leid wandte ich mich an den Seher Jakov Čolo in Medjugorje und fragte ihn, was ich der jungen Mutter sagen könnte. Nach einiger Zeit kam er mit einer Botschaft der Gottesmutter zu mir. Sie lautete: «Diese Frau soll sehr viel beten, auch wir sollen für sie beten, damit sie in der Lage ist, das Kreuz zu tragen, das Gott ihr gegeben hat.» Es wurde kein Wort von Heilung oder von Tod erwähnt. Ich teilte die Antwort der jungen Mutter mit. Sie brachte zum Ausdruck, daß an ihr der heilige Wille Gottes geschehen möge. Ich bat viele Bekannte um das Gebet für diese kranke Frau, um den Wunsch der Gottesmutter zu erfüllen: «Auch wir sollen für sie beten.» Die Amerikanerin Rita Mary Klaus, die nach 26 Jahren von Multipler Sklerose geheilt wurde, versicherte mir: «Ich werde für diese Mutter beten. Gott muß sie sehr lieben, wenn er ihr einen solchen Anteil an seinem Leiden gibt.»

Der Kaplan von Medjugorje, Pater Petar Ljubičić, erklärte mir: «Es ist sehr wichtig, daß sich diese Frau ganz dem Willen Gottes anvertraut. Das tägliche Gebet wird ihr helfen, ihr ganzes Leben, auch ihre Krankheit, in die Hände Jesu zu legen. Wenn jemand mit Jesus verbunden lebt, wird ihm nichts zu schwer. Das Gebet ist für uns alle immer die Quelle der Kraft, der Freude und der Hoffnung. Bleiben wir im Gebet für diese junge Mutter verbunden.»

Beim letzten Gespräch mit der Schwerkranken sagte diese zu mir: «Mein Zustand ist unverändert, es geht mir sehr schlecht, die Schmerzen sind nur schwer zu ertragen, sie quälen mich Tag und Nacht. Aber ich habe mich ganz dem Willen Gottes übergeben und ihn gebeten, er möge mich so bald wie möglich sterben oder so bald wie möglich gesund werden lassen, damit diese furchtbaren Schmerzen aufhören.»

Ich fragte sie: «Was würden Sie todkranken Menschen raten, die am verzweifeln sind?» Ihre Antwort ist wie ein Vermächtnis: «Ich würde ihnen raten, sich total Gott zu übergeben und sich ihm anzuvertrauen. Erst wenn wir uns vertrauensvoll dem Willen Gottes überlassen, erhalten wir die Kraft, das schwere Leiden zu ertragen, denn Gott will immer nur unser Bestes.»

Kurz darauf starb diese tapfere Mutter nach unsäglichen Qualen.

Dieses erschütternde Schicksal soll den Menschen Mut machen, die in ähnlicher Situation leiden müssen. Wir schöpfen Trost und Kraft aus dem Gebet, um mit Jesus sagen zu können: «Vater, nicht mein, sondern dein Wille soll geschehen» *(Lk 22,42)*. In dieser gottergebenen Gebetshaltung werden uns die Gnadenschätze des Himmels geschenkt, denn aus Liebe zu Gott leiden ist das Höchste, was ein Mensch zur Verherrlichung Gottes beitragen kann.

Die kleine heilige Theresia vom Kinde Jesu, die mit 24 Jahren nach schwerer Krankheit und unter unsäglichen Schmerzen starb, zeigte in ihrer «Geschichte einer Seele» Millionen Menschen den Wert des Leidens. Sie erklärte: «Wenn Jesus will, daß man leidet, dann muß man das alles über sich ergehen lassen» *(S. 197)*... «Mein Herz ist ganz erfüllt vom Willen Gottes» *(S. 200)*.

Wie wertvoll das Leiden in den Augen Gottes ist, geht aus folgenden Worten dieser Heiligen hervor: «Ich habe keine anderen Mittel, um Dir (o Gott) meine Liebe zu beweisen, als Blumen zu streuen, das heißt, kein Opfer, keinen Blick, kein Wort vorübergehen zu lassen, aus den kleinsten Handlungen Nutzen zu ziehen und sie aus Liebe zu tun. Ich will leiden aus Liebe und mich selbst aus Liebe freuen...» Wenige Stunden vor ihrem Tod sagte sie unter größter Atemnot: «Oh

Mutter, der Kelch ist bis zum Rand gefüllt. Nein, nie hätte ich geglaubt, daß es möglich wäre, so viel zu leiden... Ich kann mir das nur durch mein äußerstes Verlangen erklären, Seelen zu retten» *(S. 20)*.

Das Leiden aus Liebe zu Gott angenommen und ertragen, ruft Gottes unendliche Barmherzigkeit auf die unbußfertigen Sünder herab. Auf dieser Welt wird es uns ein Geheimnis bleiben, wie viele unsterbliche Seelen durch solche Opfer- und Sühneseelen für eine ganze Ewigkeit gerettet werden. Jeder Kranke möge sich der erschütternden Worte der Gottesmutter in Fatima erinnern: «Es kommen so viele Seelen in die Hölle, weil niemand für sie betet und opfert!» Der Kranke, der in diesem Sinn seine Leiden für die unsterblichen Seelen und für die Beleidigungen, die Gott täglich zugefügt werden, aufopfert, leistet Unaussprechliches für das Reich Gottes. Wenn in einer Familie ein Kind krank wird, so gilt die Sorge der Eltern primär diesem Kind. In ihrer Sorge tun sie alles, um ihm zu helfen. Um wieviel mehr wird unsere himmliche Mutter und der gütige, barmherzige Gott den Kranken nahe sein und ihnen beistehen. Das sollte ein großer Trost für alle Kranken und Sterbenden sein.

F) Interviews und Berichte von Nichtkatholiken

In Jugoslawien führte ich ein Interview ***mit einem jungen Moslem***. Ich fragte ihn, ob er von Medjugorje gehört habe. Darauf antwortete er: «Ich bin sehr davon überzeugt, daß Gott existiert, aber seit den Erscheinungen in Medjugorje habe ich noch mehr Vertrauen zu Gott. Durch diese Ereignisse spüre ich mehr als zuvor Gott als die Liebe. Ich betrachte die Frau, die dort erscheint, als Mutter, die hierher kommt, um uns zu helfen. Sie will uns lehren, wie wir als Brüder und Schwestern leben sollen.»

«Was empfinden Sie, wenn Sie das Wort "Gospa" hören?» wollte ich wissen. Ohne Scheu erwiderte er: «Ich spüre eine große Liebe und Zuneigung zur Gospa. Seitdem sie erscheint, habe ich das große Verlangen, katholisch zu werden. Der Zwiespalt und die Probleme dieser Religionen sind geringer geworden, seitdem es die Erscheinungen in Medjugorje gibt, denn diese Frau ist die Mutter aller Menschen. Heute sehe ich im katholischen Glauben die Wahrheit. Dieser Glaube lehrt uns, daß wir das bessere Leben schon hier auf Erden haben und auch im Paradies. Ich bereite mich seit einiger Zeit darauf vor, katholisch zu werden.»

Darauf wollte ich wissen, ob ihm diese Vorbereitungen Freude bereiten. Der Moslem versicherte mir: «Ja, sehr, ich sehne mich darnach, katholisch zu werden.»

Ich fragte ihn, ob er etwas Bewegendes erlebt habe, was mit Medjugorje im Zusammenhang stehe. Er gab mir zur Antwort: «Ja, auf dem Erscheinungsberg. Ich betete dort mit geschlossenen Augen. Als die Erscheinung war, öffnete mir jemand sanft die Augen, dabei sah ich einen schönen Stern, der sich vom Erscheinungsberg zum Kreuzberg bewegte. Dieses Zeichen war für mich überwältigend und erfüllte mich mit grenzenloser Freude, denn ich fühlte, daß Gott mich liebt. Dieses Erlebnis hat mich dazu veranlaßt, mein Leben besser zu gestalten. Wenn heute Menschen kommen, die wenig oder kein Geld haben, nehme ich sie in mein Haus auf und gebe ihnen Herberge. Auf diese Weise versuche ich, die Nächstenliebe zu praktizieren. Vor diesem Ereignis habe ich von dieser Frau geträumt und im Traum mit ihr gesprochen. Sie sagte dabei zu mir: "Ich komme wieder!"»

Eine ***Protestantin*** aus der Nähe von Wiesbaden berichtete mir über ihre Eindrücke, die sie in Medjugorje gesammelt hatte. Ich fragte sie: «Wie kamen Sie auf die Idee, nach Medjugorje zu fahren?» Sie antwortete:

«Durch Verwandte wurde ich angeregt, diesen Ort zu besuchen.» Ich wollte wissen, was sie als evangelischer Christ dort empfunden und erlebt habe. Darauf erwiderte sie: «Alles war für mich neu, die Menschen, die heilige Messe. Das Gebet empfand ich in meinen Ohren wie ein Gesang. Ich sah Kranke und Behinderte, das hat mich tief erschüttert. Alles war für mich fremd.

Ich war in einer sehr schwierigen Lage. Ich hatte von Wallfahrten gehört, nun wollte ich eine solche miterleben. Der Gründonnerstag 1986 war für mich ein großes Erlebnis. Nach dem Gottesdienst war ich innerlich zufrieden und verspürte eine große Freude. Es könnte Ostersonntag oder Ostermontag gewesen sein, als wir einen Spaziergang in der Nähe von Medjugorje machten. Wir waren fünf oder sechs Personen. Während einer Unterhaltung bemerkten wir plötzlich einen herrlichen Rosenduft. Er kam allmählich, blieb einen Augenblick und verschwand wieder. Eine Frau sagte, daß dieser Duft ein Geschenk der Gospa sei. Ich habe den Duft tief eingeatmet und aufgenommen, es war ein herrliches Gefühl.»

Ich fragte sie, ob sie von Medjugorje etwas mitgenommen habe. Sie antwortete: «Durch Medjugorje bin ich im Glauben fester geworden. Es ist eine Freude in mir, die ich vorher nicht kannte. Mein innerer Friede wurde in Medjugorje durch alles, was ich dort erlebte, vertieft. Früher war ich schüchtern, heute bin ich meinen Mitmenschen gegenüber aufgeschlossener. Ich kann heute mit Leuten, die ich gut kenne, auch über meinen Glauben und Gott sprechen. Ich bete heute für die Kranken und die Ungläubigen.»

Ich fragte die Protestantin nach ihrem Verhältnis zur Mutter Jesu. Darauf erwiderte sie: «Seitdem ich in Medjugorje war, habe ich ein gutes Verhältnis zu ihr.» Ich wollte den Grund wissen. Darauf gab sie mir zur Antwort: «Weil sie jeden Tag auf die Erde kommt und Botschaften bringt, die zum Heil der Menschen sind.» Ich fragte die Dame, ob sie versuche, die Botschaften in ihrem Leben zu verwirklichen. Sie erwiderte: «Ich mache mir Gedanken über diese Botschaft, es steht manches darin, wie man leben könnte. Ich esse zum Beispiel freitags kein Fleisch, das war bei uns zu Hause schon immer so.»

Darauf fragte ich die Dame, ob sie nochmals nach Medjugorje fahren werde. Sie antwortete: «Ja, ich würde wieder hinfahren.» Dann gab sie auch die Gründe dafür an: «Ich finde dort Geborgenheit. Ich erlebe dort Frieden. Es ist dort eine Herzlichkeit vorhanden, wie sie sonst nirgends anzutreffen ist.» Ich fragte sie, ob sie das konkreter erklären könnte. Sie erwiderte: «Einmal wollte ich allein einen Spaziergang zum Kreuzberg machen, da begegnete ich einer älteren Frau. Ich grüßte sie, darauf sagte diese: "Warte!" Dann holte sie zwei Ostereier und schenkte sie mir. Ich gab ihr einen Kuß, und sie umarmte mich, eine fremde Person.» Dann berichtete sie mir von einem Phänomen: «Auf dem Heimweg schien die Sonne wunderbar, sie veränderte sich dauernd und zeigte sich in ständig wechselnden Farben. Auf der linken Seite hatte sie blaue Flecken und rechts war sie zartrosa. Das Blau schwebte vor der Sonne und verschwand wieder. Dann drehte sich die Sonne wie ein Rad und kam auf mich zu. Sie drehte sich rasend schnell. Für mich war dies ein Wunder. Ich verspürte überhaupt keine Angst, sondern ich war innerlich ruhig und voller Freude. Die Menschen in meiner Nähe stimmten vor Freude über dieses Wunder ein Lied zum Lobe Gottes an.»

Schließlich fragte ich: «Würden sie jemand eine Reise nach Medjugorje empfehlen?» Ohne zu zögern antwortete sie: «Ja, nur.»

Am 9. Oktober 1985 schilderte mir ***ein Herr aus Alexandria (Virginia, USA)*** ein Erlebnis, das er auf dem Weg zum Kreuzberg in der Nähe von Medjugorje hatte. ***Er gehört der Episkopalkirche an.*** Der Amerikaner berichtete:

«Wir waren am Karfreitag 1985 in der Kirche von Medjugorje zur Auferstehungsfeier. Dann fuhren wir zum Onkel des Sehers Ivan. Es war etwa 22.30 Uhr, als Ivan sagte, wir sollten auf den Kreuzberg gehen. Unterwegs und am Fuß des Kreuzberges schlossen sich uns noch einige Pilger an. Es waren etwa 20 bis 25 Personen, darunter viele Frauen. Als wir emporstiegen, war der Weg so hell, daß wir keine Taschenlampen brauchten. Die Frauen beteten den Rosenkranz. Ich war am Anfang der Gruppe. Als ich bemerkte, daß eine ältere Frau nicht gut gehen konnte, blieb ich bei ihr und führte sie am Arm. So gelangte ich fast ans Ende der Pilgergruppe. Bei der 4. Kreuzwegstation überholte uns Ivan sehr rasch. Kurz vor der 7. Station sah ich, wie alle Pilger plötzlich und gleichzeitig auf die Knie fielen. Die ältere Frau an meiner Seite war auch auf die Knie gesunken, so kniete auch ich hin. In diesem Augenblick war es außerordentlich still. Ich schaute zum Kreuz der 7. Station. Da sah ich auf der linken Seite des Kreuzes eine Frau. Sie trug einen Schleier und ein langes Kleid, dessen Weiß ich aber nicht genau beschreiben kann. Meine Überraschung war sehr groß, denn so etwas hatte ich nicht erwartet. Doch ich hatte keine Angst. Durch die Erscheinung wurde ich in keiner Weise erschreckt, sondern ich war fasziniert. Der Kopf der Dame war leicht nach vorn geneigt und nach links gewendet, wo sich der Seher Ivan befand. Es war mir, als würde die Zeit still stehen; ich kann über die Dauer der Vision keine Angaben machen. Während alle aufstanden, konnte ich die Dame immer noch sehen. Als jemand mit einer Taschenlampe von der 8. Kreuzwegstation herunterkam, blickte ich kurz in diese Richtung. Als ich zurückschaute, war die Dame verschwunden. Später fragte ich einige Personen aus der Gruppe, wer neben dem Kreuz gestanden sei. Alle sagten, sie hätten niemand gesehen. Nach dieser Erscheinung fühlte ich mich sehr wohl. Ich war sehr glücklich und innerlich über das Erlebte freudig erregt.»

Ich fragte meinen Gesprächspartner, ob und wie sich das Ereignis in seinem Leben und im Verhalten zu seinen Mitmenschen ausgewirkt habe. Er antwortete: «Bei meiner Abreise empfand ich einen Frieden, wie ich ihn vorher nie so tief empfunden hatte. Dieser innere Friede in meinem Herzen nahm in der folgenden Zeit immer mehr zu. Ich fragte mich immer wieder, warum gerade ich und nicht die anderen dieses Erlebnis hatten. Vorher ging ich nur an besonderen Feiertagen — Weihnachten und Ostern — zur Kirche. Heute besuche ich so oft wie möglich die heilige Messe. Früher hatte ich keine Zeit zum Gottesdienstbesuch, heute habe ich genügend Zeit. Ich bete jetzt regelmäßig zu Hause, in der Kirche, beim Autofahren, überall. Nie mehr gehe ich ohne Weihwasser aus dem Haus. Auch trage ich seit diesem Erlebnis eine Wundertätige Medaille um den Hals. Nach dieser Erscheinung sind für mich die weltlichen Dinge nicht mehr wichtig. Ich versuche jetzt, meinen Glauben zu vertiefen. Heute bin ich für die Not meiner Mitmenschen hellhörig geworden. Seit diesem Erlebnis bin ich traurig, weil ich den Menschen nicht so helfen kann, wie ich gern möchte. Ich bete heute besonders für die Menschen, die sich in einer ähnlichen Situation wie ich vor meinem Erlebnis befinden, damit sie sich zu Gott bekehren. Früher drängte mich meine Frau dazu, nach Medjugorje zu gehen. Seit diesem Erlebnis möchte ich so bald wie möglich wieder dorthin fahren, ich fühle eine große Sehnsucht in mir, diesen Ort wieder zu besuchen.»

Am Ende unseres Gesprächs sagte er mir, daß er in zwei Wochen wieder nach Medjugorje fahren werde.

Ich fragte einen ***Protestanten***, warum er nach Medjugorje gereist sei. Er antwortete:

«Ich habe ein Buch über Medjugorje gelesen. Meine Frau und ich wollten nach Griechenland fahren. Mehr aus Neugierde und mit sehr kritischer Einstellung wollte ich mir auf der Fahrt nach Griechenland Medjugorje ansehen. Wir kamen todmüde in Čitluk an und suchten uns ein Zimmer. Am nächsten Morgen erfuhren wir beim Frühstück, daß am Abend vorher in Medjugorje eine Lichtgestalt zu sehen gewesen sei. Nach dem Frühstück fuhren wir nach Medjugorje und blieben dort sieben Tage. Vor allem wollten wir uns für diesen Ort Zeit nehmen. Ich bemerkte sehr schnell, daß Medjugorje meiner Frau mehr bedeutete als mir, denn sie ist Katholikin. Die Atmosphäre in Medjugorje hat mich sofort erfaßt und tief beeindruckt, vor allem, weil die Menschen aus allen Ländern eine Gemeinschaft bilden und den Willen haben, die Botschaft Christi zu leben. Ich hatte das Gefühl, als gehöre ich einer großen Familie an. In diesen sieben Tagen schwanden meine Vorurteile Medjugorje gegenüber immer mehr. Ich bin zur Überzeugung gelangt, daß die Leute in diesem Dorf zufrieden sind ohne den Ballast, den wir für so wichtig halten. Wir jagen so vielen Dingen nach, die letztlich nicht dem Seelenfrieden dienen.»

Dann fragte ich den Ingenieur, ob er sich in den sieben Tagen dort gelangweilt habe. Er erwiderte: «Im Gegenteil, wir sind jeden Tag nach dem Frühstück sofort von Čitluk nach Medjugorje gefahren und haben bereits um 10 Uhr die Pilgermesse besucht. Das Bedürfnis zu beten steigerte sich bei mir schrittweise, so daß ich durch das gemeinsame Gebet mit den vielen Pilgern zu einem meditativen Beten gelangte. Dadurch verbreitete sich in mir eine große innere Ruhe, und ich empfand einen tiefen Frieden, den ich in dieser Weise noch nie erlebt hatte. Ich ging auch auf den Erscheinungsberg und betete dort für mich allein. Als ich einmal mit Pater Slavko sprach, schwanden meine letzten Zweifel an den Ereignissen in Medjugorje.

Nach sieben Tagen Aufenthalt in Medjugorje wollten wir nach Griechenland weiterfahren. In Buna bei Mostar riß durch ein Mißgeschick an meinem Wagen der Blinkerhebel ab. Deshalb beschlossen wir, nur bis Dubrovnik zu fahren und drei Tage dort zu verbringen. Ich sagte damals zu meiner Frau: "Diese Panne ist nicht tragisch, denn sie ist ein Fingerzeig von Maria."

In Dubrovnik trafen wir eine Theologin aus Kansas City, die dort auf einem Theologischen Kongreß einen Vortrag hielt. Wir sprachen über Medjugorje. Sie hatte davon gehört und zeigte großes Interesse. Sie sagte uns, daß eine Gruppe von Theologen beabsichtige, nach Medjugorje zu fahren.

Nachdem ich den Schaden an meinem Wagen nicht beheben konnte, beschlossen wir, über Medjugorje nach Deutschland zurückzufahren. Wir hatten dabei die Absicht, Pater Slavko in Medjugorje über den beabsichtigten Besuch der Theologengruppe zu informieren. Wir freuten uns auf das Wiedersehen mit Medjugorje und der Bevölkerung. Wir blieben zwei Tage und wohnten bei einer Familie. Hier erlebten wir, wie nicht nur diese Familie, sondern alle Leute von Medjugorje die Botschaft verwirklichen. Ich habe von Medjugorje Abschied genommen mit dem festen Vorsatz, bei nächster Gelegenheit wieder hierher zu kommen und dann länger zu bleiben.»

Ich fragte den Mann, wie oft er schon in Medjugorje gewesen sei. Er antwortete: «Zweimal. Bei diesem zweiten Besuch haben mir die abendlichen Gottesdienste sehr viel gegeben.»

Ich bat ihn, mir das genauer zu erklären. Er sagte: «Mir war jetzt alles viel vertrauter als bei meinem ersten Besuch. Vor allem beeindruckten mich die Einheimischen. Obgleich ich täglich von 17.30 bis 21 Uhr in der Kirche war, habe ich mich nie nach einem baldigen Ende des Gottesdienstes gesehnt.»

Darauf fragte ich ihn: «Würden Sie noch einmal nach Medjugorje fahren?» Er gab mir zur Antwort: «Selbstverständlich.» Ich fragte ihn auch, ob er versuche, die Botschaft von Medjugorje zu leben. Er antwortete: «Ja, an meinem Arbeitsplatz. Ich sehe jetzt die Menschen als Geschöpfe Gottes, ich akzeptiere heute ihre Fehler und Schwächen.»

Ich wollte wissen, ob sich in seinem Gebetsleben etwas geändert habe. Darauf erwiderte er: «Früher hat meine Frau die Gebete gesprochen, heute bin ich aktiv und formuliere die Gebete frei nach der jeweiligen Situation. Ich bin überzeugt, daß mir das Gebet sehr hilft, auch das Bittgebet an die Heiligen, wobei ich aber heute noch meine Gebete am liebsten direkt an Jesus Christus richte. Er ist meine wichtigste Bezugsperson.»

Zum Schluß fragte ich den Mann, ob er als Protestant seinen evangelischen Brüdern und Schwestern eine Reise nach Medjugorje empfehlen würde. Darauf sagte er: «Ich habe mit Katholiken über Medjugorje gesprochen, und ich spürte Ablehnung und Unverständnis. Jemand sagte, daß er das nicht glauben könne, so etwas könne es nicht geben. Ich gab dieser Person zur Antwort: "Sie leben leichter, wenn sie nicht daran glauben, denn die Botschaft von Medjugorje zu leben, ist schwer." Ich würde die Reise dorthin nur jemand empfehlen, der die nötige Reife und Offenheit auf dem Weg zu Gott hat.»

Ungefähr ein Jahr nach diesem Gespräch begegnete ich diesem protestantischen Herrn erneut. Er berichtete mir, daß er nun zum dritten Mal nach Medjugorje gefahren sei. Als ich ihn fragte, warum er nochmals eine so weite Reise gemacht habe, antwortete er:

«Ich spüre dort wie an keinem anderen Ort die Nähe Gottes. Wenn ich in der Kirche unter den vielen Pilgern bin, gibt mir das für mein Leben sehr viel.»

Ich fragte eine junge ***Protestantin aus Deutschland,*** warum sie nach Medjugorje gereist sei. Sie erzählte:

«Mit meinem Mann, der schon einmal in Medjugorje war, fuhr ich zum ersten Mal dorthin. Am Anfang war es für mich sehr schwierig. Es fiel mir schwer, so lange in der Kirche zu bleiben. Ich war entsetzt über das Beten und das Hinknien auf dem Berg, wo die Mutter Jesu erschienen sein soll. So etwas kannte ich ja nicht. Die ersten Tage wollte ich unbedingt nach Hause. Mein Mann, der katholisch ist, versuchte mir zu helfen; er gab sich die größte Mühe. Zwei Tage vor der Abfahrt hatte ich ein seltsames Gefühl. Es war mir, als würde ich an der Hand Gottes gehen, dann war ich so erfüllt und geborgen in der Nähe Gottes, daß ich es nicht beschreiben kann. Ich erlebte in mir einen ganz tiefen Frieden. Es war überwältigend. Nach diesem Erlebnis versuchte ich den Rosenkranz zu beten. Seither bete ich ihn jeden Tag. Ich schließe alles in dieses Gebet ein. Es ist eine große Wandlung in mir vorgegangen, denn ich nehme die Botschaft von Medjugorje sehr ernst. Die Begegnung mit P. Jozo Zovko, dem früheren Pfarrer von Medjugorje, hat mich tief beeindruckt, weil ich wußte, daß er wegen der Erscheinungen im Gefängnis war. Obwohl er mich nicht kannte, fragte er mich als einzige unter den vielen Pilgern nach meinem Namen. Er gab mir dadurch das Gefühl, daß ich als Protestantin in Medjugorje kein Außenseiter war. Jetzt versuche ich, meinen Glauben zu vertiefen. Kurz vor der Abfahrt fiel es mir sehr leicht, während des Gottesdienstes drei Stunden in der Kirche zu verbringen. Ich kann das nicht erklären. Heute bete ich mehr und intensiver. Die Zweifel an der Existenz Gottes sind jetzt nicht mehr so massiv wie vor der Fahrt nach Medjugorje.»

Danach fragte ich die Dame: «Würden Sie wieder nach Medjugorje fahren?» Spontan kam die Antwort: «Ich würde jederzeit wieder dorthin fahren, am liebsten sofort.»

Der Kolumnist ***Wayne Weible aus Myrtle Beach (USA)*** änderte auf Grund eines Erlebnisses sein ganzes Leben:

In seinem Bericht heißt es: ***«Als lutherischer Protestant*** wußte ich nichts über die Jungfrau Maria. Ich unterrichtete an einer Sonntagsschule der Lutherischen Kirche, als ich zum ersten Mal etwas über Medjugorje hörte. Mein Vortrag befaßte sich mit dem Thema "Wunder heute". Am Ende des Vortrages erwähnte eine Zuhörerin die Ereignisse in einem kleinen Dorf in Jugoslawien. Sie wußte nur, daß dort angeblich die Mutter Jesu einigen Kindern erschien. Als Herausgeber von vier wöchentlich erscheinenden Gemeindezeitungen und als Kolumnist war ich neugierig, mehr darüber zu erfahren. Es war mein einziges Interesse. Ich wollte einen guten Artikel zur Weihnachtszeit bringen. Nach meinem Vortrag unterhielt ich mich mit der Person, die das kleine Dorf in Jugoslawien erwähnt hatte. Sie verwies mich an einen Freund, der ein Buch und einen Videofilm über die angeblichen Erscheinungen besaß. Nachdem ich im Besitz dieses Materials war, fühlte ich nichts als Neugierde. Einige Abende später schauten meine Frau und ich den Videofilm an. Was sich dann — während der Film lief — ereignete, veränderte mein Leben vollständig. Ich fühlte mich plötzlich angesprochen. Ich weiß nicht, wie ich das erklären soll. Ganz deutlich hörte ich einen klaren Auftrag: "Du bist mein Sohn, und du sollst das Werk meines Sohnes tun. Schreibe über die Ereignisse in Medjugorje, dann wirst du nicht länger in diesem Zeitungsbetrieb arbeiten, denn dein Leben wird der Ausbreitung dieser Botschaft gewidmet sein." Ich dachte über das nach, was sich ereignet hatte. In meinem Herzen gab es keine Zweifel über den Ursprung des Auftrages. Er kam von Maria, der gesegneten Jungfrau. Ich wunderte mich nur: "Warum gerade ich?" Ich wußte so wenig und fühlte mich unwürdig. Im Dezember veröffentlichte ich eine Serie von vier Artikeln über die Erscheinungen. Später fügte ich andere Artikel über meine persönlichen Eindrücke und die neuesten Informationen hinzu. Im März 1986 wurde unser Zeitungsbetrieb verkauft, wie es in der Botschaft vorhergesagt war. Meine Arbeit besteht nun darin, die Botschaft von Medjugorje so intensiv wie möglich überall zu verbreiten.»

Während unseres Gesprächs erklärte er mir: «Können Sie sich das vorstellen, ich habe in der kurzen Zeit seit diesem Erlebnis 5 Millionen Mal die Botschaft von Medjugorje gedruckt und verschenkt.» Vergegenwärtigt man sich, daß eine Zeitung von acht Seiten, die der Journalist herausgab, etwa einen Dollar kostet, so kommt man auf die Summe von 5 Millionen Dollar. Überrascht fragte ich ihn, wie er das finanziell verkrafte. Darauf erwiderte er: «Die Verbreitung dieser Botschaft steht unter dem besonderen Schutz der Mutter Jesu von Medjugorje. Sie veranlaßt alles. Sie sorgt dafür, daß das Geld rechtzeitig vorhanden ist. Es kommen immer wieder Spenden. Manchmal gibt mir jemand 1000 Dollar in die Hand. Die Spenden und die Ausgaben halten sich die Waage.

Als ich dem Journalisten meinen Freund Marijan Ljubić vorstellte, der das erste Buch in deutscher Sprache über die Ereignisse in Medjugorje schrieb, ging er auf ihn zu und gratulierte ihm. Überzeugend versicherte er ihm: «Sie haben mit Ihrem Buch ein kleines Licht entzündet, das zu einer großen Flamme wurde!»

Man muß sich das vergegenwärtigen! Ein Lutheraner sagt zu einem Katholiken, daß er mit seinem Buch über die Gottesmutter Maria eine große Flamme entzünden habe. Mit dieser Flamme meinte er nichts anderes, als die Liebe der Menschen zu der Mutter Jesu. Das ist einmalig!

Als ich Herrn Weible fragte, ob er die Absicht habe, zum katholischen Glauben zu konvertieren, antwortete er: «Ich beabsichtige, katholisch zu werden.» Dann begründete er mir diesen Schritt: «Ich kann dann täglich die heilige Messe besuchen und in der heiligen

Kommunion Jesus empfangen. Dieses Sakrament gibt es in meiner Lutherischen Kirche nicht. Heute bin ich überzeugt, daß jeder Glaube, der auf dem Evangelium Jesu beruht, auch die Botschaft von Medjugorje einschließt. Dieser Glaube ist in der Liebe Gottes begründet und steht unter dem Schutz Gottes.»

«Was würden Sie Ihren Brüdern und Schwestern nach den neuen Erfahrungen, die Sie gesammelt haben, empfehlen?» wollte ich wissen. Darauf entgegnete er: «Ich würde ihnen empfehlen, ihren Glauben in der überzeugendsten Weise zu leben.»

Dann fragte ich ihn, was er den Katholiken empfehlen würde. Er erklärte: «Sie sollten einmal im Monat ihre Sünden bereuen und beichten, und sie sollten selbstverständlich einmal in der Woche dem heiligen Meßopfer beiwohnen.»

Ich wollte von meinem Gesprächspartner wissen, ob er versuche, die Botschaft von Medjugorje in seinem Leben zu verwirklichen, ob er als Protestant auch einen Bezug zum Rosenkranzgebet gefunden habe. Spontan berichtete er: «Ich versuche den Rosenkranz zu beten, manchmal bete ich am Tag fünf Rosenkränze, manchmal nur einen, das hängt von der Zeit ab, die ich zur Verfügung habe. An manchen Tagen halte ich an drei verschiedenen Orten der Vereinigten Staaten Vorträge über die Ereignisse in Medjugorje. Wenn ich an einem Tag drei Vorträge halte, bleibt mir nur die Zeit für einen Rosenkranz.»

Angesichts der knappen Zeit, die er für sein Privatleben zur Verfügung hat, fragte ich ihn: «Was sagt Ihre Frau dazu?» Er erwiderte: «Meine Frau unterstützt mich.»

Ich erwähnte die auffallende Hilfe des heiligen Josephs bei meinen Untersuchungen und wollte seine Meinung über diesen Heiligen in Erfahrung bringen. Seine Antwort kam spontan: «Ich glaube, daß die wenigsten Menschen eine Vorstellung von der Größe dieses Mannes haben. Ich bin überzeugt, daß seine Stellung im Himmel direkt nach der Mutter Jesu kommt.»

Schließlich verwies er auf ein Buch, in dem er näheres darüber gelesen hatte. Der Titel lautet: «Der Gottmensch, Leben und Leiden unseres Herrn Jesus Christus» aufgezeichnet von Maria Valtorta.

Etwa zwei Jahre nach diesem Interview traf ich im Herbst 1989 Wayne Weible am Fuß des Erscheinungsberges in Medjugorje wieder. Als wir zusammen zur Erscheinungsstätte emporstiegen, wurde er ununterbrochen von Pilgern aus den verschiedensten Ländern angesprochen. Jeder wollte ihn sehen und sprechen oder ein Wort von ihm hören. Sie brachten ihre Anliegen vor und empfahlen sich seinem

Gebet. Seine Popularität ist in kurzer Zeit enorm angestiegen. Einen Tag später hatten wir miteinander einen Termin vereinbart. Ich fragte ihn, was er als Lutheraner für die Gottesmutter empfinde. Bereitwillig erklärte er mir: «Maria wurde mir alles, sie unterrichtet mich, sie ist meine Mutter, meine Führerin, Freundin und Bekennerin.» Dann fügte er hinzu: «Sie ist eine dienende Mutter, die immer zu Jesus führt. Das ist, was ich innerlich fühle.»

Ich wollte wissen, ob er noch seine Zeitungen mit der Botschaft der Gospa von Medjugorje verbreite. Darauf antwortete er: «Ich habe inzwischen 17000000 Exemplare gedruckt und an die Leute verschenkt. Außerdem schrieb ich ein Buch mit dem Titel "Medjugorje – Die Botschaften". Das Buch hat eine Auflage von 20000 Exemplaren und ist fast vergriffen. Ich hielt Vorträge über die Botschaften der Gospa von Medjugorje in Irland, England, Schottland, Island, Singapur, Trinidad, Australien, Granada und auf den Fidschi-Inseln. Weitere Vorträge sind geplant auf den Philippinen, in Korea und an vielen anderen Orten der Welt, um die Botschaften der Gottesmutter zu allen Menschen zu bringen.

Meine Vorträge erreichen viele Ungläubige. Sie hören die Geschichte von einem reichen Mann, der ich war, und der durch die Gottesmutter berührt wurde, und der alles verkaufte. Ich habe meinen Beruf aufgegeben. Meine neue Berufung ist die Verbreitung der Botschaft von Medjugorje in der ganzen Welt.»

Erneut fragte ich ihn, ob er konvertieren möchte. Er erwiderte: «Ja, ich möchte katholisch werden und bereite mich darauf vor.» Der Journalist Wayne Weible gehört nach meiner Erfahrung zu den größten Phänomenen, die Medjugorje hervorbrachte.

Nach diesen Begegnungen konnte ich nur noch über die Wege Gottes staunen, die für uns fast unvorstellbar sind.

Der anglikanische Geistliche, Father Michael Koonsman, von Bowery im Zentrum New Yorks schilderte: «Durch meine sechs Besuche in Medjugorje wurde mein Leben durch die Mutter Jesu unglaublich gesegnet.»

G) Interviews und Berichte von Bekehrten

Von einer jungen Frau aus Köln

wollte ich wissen, warum sie so radikal ihr Leben änderte. Sie berichtete: «Ich stamme aus einer katholischen Familie. Mit vierzehn Jahren meldete ich mich vom Religionsunterricht ab und ging von da an sonntags auch nicht mehr in die Kirche. In einer langen Trotzphase lehnte ich jede Autorität ab und probierte alles aus, was mir Spaß machte: Sex, Drogen, Alkohol, Kneipen, Rockkonzerte, Diskotheken und wechselnde Freunde. Von meinen Eltern hörte ich zum ersten Mal das Wort "Medjugorje". Sobald dieses Wort erwähnt wurde, reagierte ich entweder aggressiv oder spottete darüber. Am Palmsonntag 1987 fuhr meine Mutter zusammen mit Verwandten nach Medjugorje. Auf die Einladung, mitzufahren, reagierte ich sehr ablehnend, denn ich wollte von diesem Ort nichts wissen. Seltsamerweise saß ich einen Tag nach der Abreise meiner Verwandten im Zug und fuhr Richtung Süden. Nach fast 30 Stunden Fahrt kam ich sehr gereizt in Medjugorje an. Dort ärgerte ich mich darüber, daß ich die lange Reise gemacht hatte, denn mich interessierte dieser Ort überhaupt nicht. Ich machte mir selbst Vorwürfe. Als ich die Herberge meiner Mutter suchen wollte, traf ich einen Franziskaner. Es war, wie sich später herausstellte, Pater Petar, der mich fragte, warum ich hierhergekommen sei. Trotzig antwortete ich: "Ich weiß es selbst nicht. Die Erscheinungen interessieren mich überhaupt nicht, weil ich nicht an Gott glaube." Verblüfft hörte ich ihn sagen: "Ich bin froh, daß Sie hier sind! Alles andere wird die Gottesmutter erledigen!" Aus Langeweile ging ich abends in die Kirche. Als Atheistin war mir alles eine einzige Qual. Am Gründonnerstag ging ich meiner Mutter zuliebe in die Seitenkapelle der Pfarrkirche. Dort war das Allerheiligste zur Anbetung ausgesetzt. Ich lümmelte mich auf den Boden, weil ich das Knien haßte. Dann sang eine deutschsprachige Pilgergruppe das "Heilig" von Schubert. In diesen Augenblicken geschah etwas mit mir, was ich nicht beschreiben kann. In einem einzigen Moment schenkte mir Gott den Glauben. In Sekunden wurde mir bewußt, daß es einen Gott gibt, der Mensch wurde, der für uns am Kreuz starb und der jetzt in dieser Hostie anwesend war. Diese plötzliche Erkenntnis veranlaßte mich, hemmungslos zu weinen. Es dauerte Tage, bis ich mich einigermaßen beruhigen konnte. Ich durfte Gottes barmherzige Liebe erfahren. Am Karsamstag beichtete ich und konnte zum ersten Mal in meinem Leben wirklich Ostern feiern. Es war eine zweifache Auferstehung: Jesus war von den Toten auferstanden, aber auch ich war vom Tod auferstanden. Ich blieb länger als meine Verwandten in Medjugorje, um mich ganz der Botschaft der Gottesmutter öffnen zu können.»

Schließlich wollte ich etwas über die Ziele dieser Frau erfahren. Sie erklärte: «Seit meiner Bekehrung hat sich mein Leben vollständig verändert. Ich bin ein glücklicher Mensch. Die tägliche heilige Messe ist für mich zum Höhepunkt meines Lebens geworden. Seit einiger Zeit lebe ich in Italien in einer Gemeinschaft, die sich "Oase des Friedens" nennt. Hier versuchen wir, die Botschaften der Königin des Friedens von Medjugorje zu leben. Ich habe mein Leben Gott geweiht, damit er sich der hartnäckigen Sünder erbarme, so wie Er sich meiner erbarmte.»

Ein Herr aus der Nähe des Bodensees

berichtete mir über seine plötzliche Bekehrung durch die Ereignisse in Medjugorje. Ich fragte ihn nach seiner früheren Einstellung. Darauf erwiderte er:

«Seit unserer Hochzeit war ich nie mehr in einer katholischen Kirche. Als dann unsere Kinder zur ersten heiligen Kommunion gingen, besuchte ich ihnen zulieb die Kirche. Ungefähr elf Jahre lang hatte ich keine Kirche mehr von innen gesehen.»

Ich wollte wissen, wie es zu seiner Bekehrung kam. Er antwortete: «Meine Frau sollte in Medjugorje getauft werden. Aus diesem Grund bat sie mich, sie dorthin zu begleiten. Als ich zum ersten Mal die Kirche von Medjugorje betrat, ging ich bis zur Glastüre, während meine Frau und meine Mutter weiter gingen. An dieser Eingangstüre drehte ich mich plötzlich um und begab mich wieder ins Freie. Den Grund kann ich mir heute noch nicht erklären. Ich ging außen an der Kirche entlang, wo die Leute beichteten. Mir kam nicht einmal zum Bewußtsein, was die Menschen dort taten. Ich habe sie nur beobachtet. Dann sah ich die Schilder mit den verschiedenen Sprachen, ich lief weiter bis ich ein Schild mit der Aufschrift "Deutsch" entdeckte. Ohne es zu wollen, stellte ich mich in die Reihe der Leute, die in deutscher Sprache beichten. Ich hatte das Gefühl, es führe mich jemand hierher. Dann beichtete ich.»

Darauf fragte ich den Herrn, was er nach der Beichte empfunden habe. Er gab zur Antwort: «Es war mir, als ob ein Stein von meinem

Herzen gefallen wäre. Ich war sehr erleichtert und glücklich, besonders weil ich hier an diesem heiligen Ort sein durfte und auch zur heiligen Kommunion gehen konnte. Während der Abendmesse erlebte ich ein Wunder an einem zehnjährigen Mädchen, das seit sieben Jahren blind war. Die Eltern verließen während des Gottesdienstes mit ihrem geheilten Kind die Kirche, weil es sehr weinte. Nach der Abendmesse waren wir vor der Kirche mit dem geheilten Mädchen zusammen. Es waren viele Leute anwesend. Dieses Erlebnis hat mich tief beeindruckt. So hat mir Gott den richtigen Weg wieder gezeigt. Von diesem Zeitpunkt an nahm ich das religiöse Leben wieder sehr ernst.»

Ich fragte den Mann nach seinen Empfindungen nach der plötzlichen Bekehrung. Darauf antwortete er: «Ich gehe seither jedem Streit aus dem Weg. Ich erlebe einen Frieden im Herzen, in der Familie, im Geschäft und überall. Für mich ist diese Bekehrung wie ein zweites Leben. Die Gebote Gottes sind für mich sehr wichtig geworden.»

Schließlich fragte ich ihn, was er suchenden Menschen empfehlen würde. Spontan erwiderte er: «Ich würde ihnen empfehlen, nach Medjugorje zu fahren, weil sie nur dort den richtigen Weg finden können, oder wenn sie diese Möglichkeit nicht haben, zu Hause oder in der Kirche zu beten, denn nur durch das Gebet können sie den Frieden finden.»

Die Bekehrung eines Frührentners

Im April 1987 fragte ich einen ehemaligen Landwirt, wie er auf Medjugorje aufmerksam wurde. Er berichtete:

«Im Spätherbst 1985 erfuhr ich durch eine Frau aus der Nachbargemeinde von den Erscheinungen der Gottesmutter in Jugoslawien. Meine Gattin und ich wurden von dieser Dame zu einem Vortrag mit Filmvorführung eingeladen. Wir waren davon so begeistert, daß wir uns spontan für die nächste Busreise nach Medjugorje anmeldeten.»

Ich fragte den Landwirt nach seinem Leben, das er vor seiner Reise nach Medjugorje geführt hatte. Bereitwillig schilderte er seine bewegte Vergangenheit:

«Ich bin heute 55 Jahre alt und war früher Maurer und Landwirt. Seit 1955 bin ich verheiratet und habe eine 30jährige Tochter und einen 23jährigen Sohn. Ich führte zwanzig Jahre lang eine Landwirtschaft. Im Jahre 1975 war der Betrieb mit 350000 DM verschuldet. Die Arbeit wuchs uns über den Kopf, und so hatten wir keine Zeit mehr für Gott und die Kirche. Meine Frau sagte immer wieder zu mir: "Arbeit ist auch Gebet."

Während unsere Kinder in der Ausbildung waren, bewirtschaftete ich mit meiner Frau allein den ganzen Betrieb. Um die Schulden und die laufenden Unkosten bezahlen zu können, nahm ich im Winter auch Schwarzarbeit als Maurer an. Unsere Tochter hatte zwei schwere Verkehrsunfälle. Bei einem Unfall wurde sie so schwer verletzt, daß sie zwei Jahre im Krankenhaus verbringen mußte. Es war sehr fraglich, ob sie die schweren Verletzungen überleben würde. Während dieser Zeit war meine Frau fast am Verzweifeln. Dazu kam ein weiterer Unfall. Beim Beladen an einem Steilhang in N. machte sich meine Zugmaschine im Wert von 40 000 DM selbständig. Sie raste über eine Hauptstraße in einen Laden. Dabei wurde die Inhaberin schwer verletzt. Sie leidet noch heute an den Folgen dieses Unfalls. Der schwere Schlepper hatte Totalschaden. Hinzu kam, daß wir in unseren Stallungen mit dem Vieh großes Pech hatten. Heute frage ich mich, war das nicht eine Strafe Gottes? Im Jahre 1981 verkauften wir das ganze Anwesen. Mit dem Erlös konnten wir endlich unsere Schulden bezahlen. Ich arbeitete als Maurer, und wir bauten uns ein Haus. Als der Rohbau stand, war ich am Ende meiner Kräfte. In einem Urlaub erholte ich mich. Im Mai 1983 bekam ich heftige Schmerzen. Die Diagnose lautete: Sprunggelenkabnützung (Gelenkarthrose). Ich wurde berufsunfähig geschrieben und Frührentner. Zum Gehen benützte ich Krücken.

Ich war fast am Verzweifeln. Rückblickend kann ich sagen, daß mein Leben von Hektik, Streß und Unzufriedenheit bestimmt war. Durch mein schweres Schicksal wurde ich gereizt und haderte mit Gott. Ich gab ihm die Schuld an allem, und von der Kirche wollte ich nichts mehr wissen.»

Nach diesem Bericht fragte ich den Mann: «Welche Auswirkungen hatte Ihre Reise nach Medjugorje?» Spontan erwiderte er:

«Heute kann ich sagen, daß ich ein zufriedener Mensch bin. In meinem Herzen sind Ruhe und Zufriedenheit eingekehrt, wie ich sie vorher nie kannte und auch mit Worten kaum beschreiben kann. Der Aufenthalt in Medjugorje hat meine Frau und mich sehr beeindruckt, vor allem der Erscheinungsberg, der Kreuzberg und die schöne Wallfahrtskirche. Heute geht alles viel besser.

Damals sagte eine Pilgerin zu meiner Frau: "Ihr Mann kann doch nicht auf diesen Berg (gemeint ist der Kreuzberg) hinaufsteigen, er kann ja kaum gehen!" Mit Gottes Hilfe war ich in der Lage, diesen beschwerlichen Weg hochzusteigen. Von Tag zu Tag konnte ich mich besser fortbewegen. Für mich bedeutete dies ein kleines Wunder. Aus übergroßer Dankbarkeit beichtete ich seit zwanzig Jahren zum ersten Mal wieder und empfing die heilige Kommunion. Nun habe ich wieder Ruhe gefunden und einen Frieden, den es vorher für mich nie gab. Heute bin ich sicher, daß uns damals, während des Vortrages der Frau aus der Nachbargemeinde, die Gottesmutter nach ihrem Gnadenort Medjugorje gerufen hat.»

Ich fragte den Bekehrten: «Was würden Sie den Menschen raten, die sich in einer ähnlichen Situation befinden wie Sie damals?» Er erwiderte: «Ich möchte ihnen raten, sich zu bekehren und Gott zu suchen, denn ohne Gott verliert das Leben seinen Sinn. Nur in ihm findet man Glück und Frieden. Das habe ich am eigenen Leib erfahren.»

«Versuchen Sie die Botschaft von Medjugorje zu leben?» wollte ich wissen. Er antwortete: «Ja, sicher, ich versuche zu beten und zu fasten. Wir gehen jetzt regelmäßig zum Gottesdienst.»

Zum Schluß fragte ich ihn: «Hat sich Ihr Gesundheitszustand seit ihrem Besuch in Medjugorje weiter gebessert?» Hierauf erklärte er mir: «Es ist vieles besser geworden, und wenn es so bleibt, kann ich sehr zufrieden sein. Ich kann jeden Tag ohne Krücken aus dem Haus gehen, wozu ich früher nicht in der Lage war.»

Die Bekehrung einer jungen Protestantin

Ich fragte eine junge Protestantin aus München, warum sie nach Medjugorje gefahren sei. Sie antwortete: «Ein Arbeitskollege erzählte mir, daß in einem Dorf in Jugoslawien die Mutter Gottes einigen Kindern erscheine. Ich bin zwar evangelisch, aber ich bin immer auf der Suche nach irgend etwas. Im Lauf der Zeit lernte ich einige Gurus und den Buddhismus kennen. Jahrelang hatte ich Rauschgift, meistens Haschisch und manchmal LSD, genommen. Ich verbrachte viele Nächte in Diskos. Ich wuchs in einer total zerrissenen Familie auf. Mein Vater ist Alkoholiker, meine Mutter ist ihm hörig. Ich war nur noch ein chaotisches Bündel Mensch. Deshalb hörte ich mir dieses "Märchen" meines Arbeitskollegen an, um dann an die Stirn zu pochen und zu sagen: "Armer Irrer!" Seine Begeisterung und Überzeugung beeindruckte mich aber doch etwas. Schließlich erklärte ich ihm, daß ich diese "ach, so tolle Harmonie" selbst einmal kennenlernen möchte. Kurze Zeit später bekam ich Urlaub. Es bot sich die Gelegenheit, in einem Auto und zusammen mit fremden Leuten nach Medjugorje zu fahren. Diese Leute waren alle sehr nett, aber sie beteten wie die Wilden. Für mich war das eine maßlose Übertreibung. Während der Fahrt mußte ich plötzlich heftig weinen; ich konnte mich kaum beruhigen. Dieser Vorfall war mir sehr peinlich. In Medjugorje war ich sehr neugierig. Auf unerklärliche Weise zog es mich sofort — mitten in der Nacht — auf den Erscheinungsberg. Nachdem ich zuerst den falschen Gipfel erklommen hatte, kam ich endlich am rechten Ort an. Hier fand ich nichts, außer daß die Menschen zu laut und durcheinander beteten. Ich wäre am liebsten allein hier gewesen, so verließ ich den Ort schnell wieder. Im Verlauf des nächsten Tages geschah etwas Seltsames. Ich wollte mich unbedingt bei jemandem aussprechen. Ich hatte keine Ahnung, was mit mir los war. Plötzlich spürte ich, daß die liebe Gottesmutter wirklich hier anwesend ist, und was noch wichtiger war, daß sie meine Mutter und die Mutter aller Menschen ist.

Während eines ausführlichen Gesprächs mit einem Geistlichen in Medjugorje wurden mir die Hochs und die Tiefs meines Lebens noch einmal bewußt. Alles, was sich in der langen Zeit in mir gestaut hatte, konnte ich hier loswerden. Es war ein befreiendes und heilsames Gespräch. Ich fühlte mich jetzt wie neu geboren. Ich fuhr als neuer Mensch nach Hause. In München hatte ich das Bedürfnis, meine Freunde zu bekehren. Das hatte aber zur Folge, daß alle einstimmig erklärten: "Du bist aber auf einem sehr schlimmen Trip!" Sie konnten den Sinn meiner Worte nicht begreifen, deshalb sind einige Freundschaften in die Brüche gegangen. Gottes Wille soll geschehen, dann ist alles gut.»

Ich fragte sie, ob sich ihr Leben durch Medjugorje verändert habe. Sie erwiderte: «Es ist ein lebenslanger Weg durch viele große und kleine Schlaglöcher und Gebirgsketten zu einer lieblichen Wiesenblume, aber die vielen bunten Strohhalme, die so leicht zu nehmen sind, locken mich oft so gewaltig, daß ich einen oder gleich mehrere erfasse, doch im Innersten weiß ich genau, daß nur die liebliche Wiesenblume mich glücklich machen kann.»

Als ich sie fragte, wen sie mit der lieblichen Wiesenblume und den bunten Strohhalmen meine, erwiderte sie: «Die liebliche Wiesenblume ist Gott, und die bunten Strohhalme sind die Verlockungen dieser Welt, sie heißen Reichtum, Bequemlichkeit, Genußsucht, Egoismus und Sex. Es sind die Versuchungen durch den Teufel, den niemand mehr ernst nimmt.»

Ich fragte die junge Frau: «Was würden Sie den Menschen empfehlen, die sich in einer ähnlichen Glaubenskrise befinden?» Spontan erwiderte sie: «Ich empfehle jedem, der Glaubenszweifel hat, so schnell wie möglich nach Medjugorje zu fahren. Er möge beten: "Wenn's dich gibt, lieber Gott und liebe Gottesmutter, dann hilf mir bitte schnell. Ich schaffe es nicht allein, ich verstehe nichts mehr; wenn es dich gibt, lieber Gott, dann hilf mir!"»

«Wie denken Sie heute über die Menschen, die keinen Glauben haben?» fragte ich. Meine Gesprächspartnerin antwortete: «Leider gibt es viele Menschen, die überhaupt nichts glauben. Die Ursache liegt meines Erachtens in der Institution der Kirche. Auch für diese Menschen sind wir zuständig. Wir müssen für sie beten, opfern und fasten. Ich möchte allen Menschen sagen, daß der Teufel keine Erfindung ist, sondern eine Realität. Er wütet und möchte die Menschen für sich gewinnen.»

Ich fragte weiter: «Haben Sie in Ihrer Umgebung junge Leute überzeugen können?» Darauf erwiderte sie: «Nur eine Person, es ist unheimlich schwer, die jungen Leute zu überzeugen; sie lachen mich aus und wollen nicht glauben. Sie haben gar keine Lust, ihr Leben zu ändern. Sie leben zum Teil lesbisch oder homosexuell und sind für religiöse Themen nicht ansprechbar. Es besteht nicht das geringste Interesse. Man erntet nur Spott und Gelächter.»

Darauf fragte ich sie: «Haben Sie die Absicht, zum katholischen Glauben zu konvertieren?» Die junge Frau gab mir zur Antwort: «Ja, ich möchte katholisch werden, aber ich habe in meiner Umgebung fast niemand, der mir dabei helfen könnte. Zurzeit lerne ich den katholischen Katechismus für mich allein. Ich brauche notwendig einen Halt, und ich sehe in einer Konversion für mein Leben eine große Chance. Immer wieder erlebe ich Rückfälle in meine alten Fehler, aber ich hoffe, durch meinen Glaubensübertritt diese Fehler besser bekämpfen und überwinden zu können. Seit langem ist in mir eine große Sehnsucht nach Gott, dem ich in Medjugorje näher gekommen bin. Ich möchte jetzt für ihn leben und ihm immer nahe sein.»

Zum Schluß fragte ich Sie: «Kann man bei Ihnen von einer Bekehrung sprechen?» Sie erwiderte: «Doch, auf alle Fälle, ich bin Gott näher gekommen und sehe jetzt einen sinnvollen Weg für mein Leben.»

Etwa zwei Jahre nach diesem Interview — im Mai 1989 — fragte ich sie erneut, ob sich ihr Leben durch Medjugorje positiv verändert habe. Darauf erwiderte sie: «Ich hatte noch einmal die Gelegenheit, nach Medjugorje zu fahren. Hier half mir die Mutter Gottes, den katholischen Glauben zu entdecken. Ich wurde katholisch und empfing auch das Sakrament der Firmung. Seither geht es mir viel besser. Ich bin ruhiger geworden. Die heilige Kommunion ist für mich die Kraft- und Gnadenquelle geworden. Trotzdem ist das Leben ein täglich neu beginnender Kampf, aber mit dem riesigen Unterschied, daß ich jetzt ein Ziel vor Augen habe.»

Interview mit einem Bekehrten

In Medjugorje fiel mir ein junger Australier durch seinen Gebetseifer besonders auf. Ich fragte den Computerfachmann, warum er nach Medjugorje gekommen sei. Er entgegnete: «Ich suchte Gott.» Darauf fragte ich ihn: «Wie verlief Ihr Leben vorher?» Ausführlich berichtete er:

«Ich hatte vorher keine Religion, keinen Glauben, keine Taufe, ich hatte nichts. Vor zwei Jahren stellte mein Arzt bei mir eine nervöse Disposition fest und empfahl mir Meditationsübungen. Während der Meditation dachte ich über Gott nach, vor allem über meine Beziehung zu ihm. Ich suchte mehrere Sekten auf. Etwa drei Monate war ich in Indien, dann arbeitete ich nahezu 18 Monate in Bagdad (Irak). Hier machte ich meine ersten Erfahrungen mit dem Islam. In dieser Zeit las ich viele Bücher über Religionen, aber es war kein Buch über den katholischen Glauben darunter. Dann ging ich nach London und begegnete meinem Freund. Er kam eben von Medjugorje zurück. Für mich war sein Bericht seltsam und interessant zugleich. Da ich durch Europa reiste, wollte ich auf der Fahrt auch Medjugorje kennenlernen. Aber ich war nicht sicher, daß ich dorthin kommen würde.

Im Januar 1986 besuchte ich Medjugorje. Ich fühlte, daß es kein gewöhnlicher Ort ist, denn ich spürte die Nähe Gottes in meinem Herzen. Ich kam ohne Frieden nach Medjugroje. Heute habe ich Frieden. Der Grund meines Herzensfriedens liegt darin, daß ich weiß: Gott liebt mich! Die Liebe Gottes zu mir verlangt nach einer Antwort, und diese Antwort bedeutet: Ich muß Gott und die Schöpfung lieben. Heute weiß ich um die Schwere der Sünde. Die Sünde zerstört die Harmonie und Liebe zwischen mir und Gott und allem. Ich entdeckte hier das Gebet. In der heiligen Beichte und in der heiligen Kommunion wird mir die Gnade gegeben, die Schwere der Sünde und ihre Folgen immer besser zu erkennen. Als ich etwa eine Woche in Medjugorje war, betete ein Pilger, der die Gabe hatte, Jesus und Maria mit dem Herzen zu sehen und mit ihnen Zwiesprache zu halten, über mich, indem er seine Hände über mich hielt.

Während dieses Gebetes fühlte ich in unaussprechlicher Weise, wie der Heilige Geist in mich einkehrte. In diesen Augenblicken hatte ich kein Empfinden für Zeit und Raum. In mir war ein unbeschreiblicher Friede und eine übergroße Freude. Nach diesem Erlebnis blieb ich noch zwei Wochen in Medjugorje und betete dort. Am Ende fühlte ich, daß ich unbedingt die Taufe empfangen müsse. Ich spürte, daß ich durch die Taufe ganz Jesus und Maria gehören werde.

Schließlich ging ich nach Australien und bereitete mich auf die Taufe vor. Nach fünf Wochen kam ich nach Medjugorje zurück und empfing hier die Sakramente der Taufe und der Firmung. Die Seher Marija und Ivan waren meine Paten. Ich lebte jetzt in Medjugorje für den Augenblick. Ich weiß sehr genau, daß die Mutter Gottes eine Botschaft für mich und uns alle hat. Diese Botschaft der Liebe muß ich von jetzt an in meinem Leben verwirklichen.»

Niemals wieder traf ich einen solchen Menschen, der sich vor jeder Unterhaltung scheute, um Zeit für das Gebet und für Gott zu haben. Sein innerer Friede und sein freundliches Wesen waren trotz seiner Zurückgezogenheit beeindruckend.

Die wunderbare Bekehrung des Amerikaners John Hill aus Boston

Mr. Hill hatte 23 Jahre lang keine Beziehung zur katholischen Kirche. Sein Handeln war von Machtstreben und Habgier gekennzeichnet. Der Materialismus stand im Vordergrund, er war der Typ eines hartherzigen Geschäftsmannes.

Sein Leben änderte sich radikal, als er von den Erscheinungen der Gottesmutter in Medjugorje hörte. Nach seiner Aussage kam diese Änderung durch die Jungfrau Maria zustande, die ihn zu ihrem göttlichen Sohn führte. Die Bekehrung war so tiefgreifend, daß er in Boston das «Zentrum für den Frieden» (Center for Peace) gründete. Mr. Hill wollte mit dieser Gründung die Friedensbotschaft von Medjugorje überall verbreiten und regelmäßig Pilgerfahrten von den USA nach Medjugorje organisieren.

Seit dieser Gründung gibt es jeden Monat Pilgerreisen zur Erscheinungsstätte in Jugoslawien. Im Sommer 1987 hatte ich Gelegenheit, mit der Tochter John Hills zu sprechen, die in Medjugorje eben eine Pilgergruppe aus den USA betreute.

Interessierte Pilger, die die englische Sprache beherrschen, können sich an dieses «Center for Peace», P.O. Box 66, Essex Street Station, Boston, Ma 02112, oder «Center for Peace», P.O. Box 1269, Concord, Ma 01742, USA, wenden. Hier erhalten sie wichtige Informationen über die Ereignisse in Medjugorje und Auskünfte über Pilgerreisen dorthin.

Tausende haben durch dieses Zentrum für den Frieden durch Maria den Weg zu Gott gefunden. Aus diesem Grund hat die Bekehrung John Hills eine überragende Bedeutung.

Ich fragte eine junge Frau aus München,

die in Medjugorje ihren Glauben wiederfand, warum sie dorthin gefahren sei. Sie antwortete:

«Nicht ich wollte nach Medjugorje fahren, nein, meine Mutter bot mir eine Reise an und wollte sie auch bezahlen. Sie war schon dort gewesen. Es war ein Geschenk Gottes für sie und meinen gehörlosen Bruder, denn sie hatten durch mich sehr großes Leid zu tragen. Sie schwärmten vom Aufenthalt in Medjugorje, und je mehr sie das taten, um so gereizter wurde ich. Es war für mich einfach zuviel! Den letzten Anstoß, doch zu fahren, gab mir eine bis dahin unbekannte Frau, die mir am Telefon gut zuredete — wie ein Arzt einem Schwerkranken. Auch meine besten Freunde hatten mir oft gesagt: "Du bist vollkommen krank!" Mein Stolz gab das nicht zu, aber die Seele spürte das.

Der Entschluß war gefaßt: Erholung zu suchen. Mit dem Geschehen in Medjugorje wollte ich aber nichts zu tun haben. Ich hatte die feste Absicht, mich von den anderen abzusondern. Ich wollte in die Berge. Merkwürdigerweise drängte sich mir immer ein Gedanke auf, den ich mehr und mehr zu verwirklichen suchte: Ich wollte das Esoterische mit dem Katholischen verbinden.

Am 19. August 1985 fuhr ich mit einem Busunternehmen für sieben Tage nach Medjugorje. Ich wußte nicht, daß bis zu diesem Zeitpunkt etwa hundert Menschen für meine Umkehr beteten. Meine Familie erinnerte sich noch an einen Satz, den ich kurz vor meiner Abfahrt mit fester Überzeugung ausgesprochen hatte: "Glaubt ja nicht, daß ich mich ändere, wenn ich dort bin!"»

Ich wollte von meiner Gesprächspartnerin wissen, woran sie vorher geglaubt hatte. Sie erwiderte: «Meine Eltern haben mich im katholischen Glauben erzogen, aber man nimmt das so gedankenlos hin, ohne dankbar zu sein. Bald traten große Veränderungen ein. Es begann die Zeit des Studiums. Ich lernte neue Kreise und neue Freunde kennen. Alles schien faszinierend. Ich fühlte mich besser als die Leute, die normal zur Arbeit gingen. Mir gefiel das Leben an der Universität. Meine einfachen Eltern verstanden diese neue Einstellung nicht, und das machte mir Spaß. Meine innere Unruhe versuchte ich mit tausenderlei Aktivitäten zu überdecken. Ich reiste in viele Länder, besuchte Sportclubs, sang in verschiedenen Chören, war in vielen Diskos. Mein Studium war zweitrangig, denn es bestand ja kein Zwang. Bis spät in die Nacht waren wir unterwegs, froh, die Eltern nicht zu sehen, mit denen ich zwar noch sonntags zur heiligen Messe ging. Auch das gab ich bald auf, endlich konnte ich tun, was ich wollte, und mußte nicht mehr gehorchen. Es war ein Teufelskreis, in dem ich mich befand.

Meine Eltern schienen machtlos. Meine Augen wurden mit jedem Tag blinder für den Sinn der heiligen Messe. Und je mehr ich Jesus mein Herz verschloß, um so mehr Gewalt besaß der Teufel. Es begann die schwerste Zeit meines Lebens, dieses Leid hatte ich aber mir und meiner Umwelt selbst aufgeladen. Schließlich wurde meine Mutter krank. Ständig stritten wir uns, es gab viele Tränen. Ich sehnte mich nach Liebe. Es brach meiner Mutter fast das Herz, als sie hörte, daß ich in eine Kommune ziehen wolle. Bald begann ich mich für den indischen Glauben — die Esoterik — zu interessieren. Ich las viele Bücher darüber. Die Diskothek wurde nun zu meinem nächtlichen Ritual. Heute möchte ich alle warnen, die oft dorthin gehen! Besonders die Rockmusik läßt euch gebärden wie die Tiere, denn viele Gruppen haben sich dem Okkultismus verschrieben! Von der Esoterik schwenkte ich zur Lektüre von magischen Büchern. Ich kreiste irgendwie nur noch um mich selbst. Ein Jahr lang besuchte ich einen Reinkarnationskurs. Von diesem Kurs kann ich heute sagen, daß er die Teilnehmer zum Stolz verführt. Bei allem Suchen wünschte ich nur eines: den wahren, inneren Frieden zu finden. Doch mein Fehler war, daß ich den katholischen Glauben für ein Linsengericht des "Mehr-scheinen-Wollens" verkauft hatte.»

Ich fragte die junge Frau nach ihrem Erlebnis in Medjugorje, von dem ich erfahren hatte. Die Studentin berichtete: «Ich kann es nicht mit Worten ausdrücken, was dort geschehen ist. Es ist wie bei einer unheilbaren Krankheit, die plötzlich geheilt wird. Wir sehen ein Vorher und ein Nachher, aber was dazwischen liegt, ist so feingliedrig, so ineinander geschaltet, daß es nur ein fachkundiger Arzt erklären kann. Der Mensch kann nur noch staunen. Der Arzt ist in diesem Fall Jesus, und seine Mutter Maria, so empfinde ich es, ist eine unendlich liebe Krankenschwester. Das alles habe ich erst nach meinem Aufenthalt in Medjugorje bemerkt, dort war ich sozusagen noch "bewußtlos". Jetzt bete ich, daß ich das alles bis zu meinem Tod nicht mehr vergesse und dafür dankbar bin. Damals wurde ich wie von einer unsichtbaren Macht zur Beichte geführt und empfing die heilige Kommunion nach einer Unterbrechung von fast zwei Jahren. Etwas in mir bat die Gottesmutter, sie möge mir ihre Demut leihen. Ich bekam die Kraft, mit dem bisherigen Leben zu brechen und in Christus wiedergeboren zu werden. Es war ein harter Kampf, aber viele halfen mir dabei.»

Ich fragte die Bekehrte nach ihrem Verhältnis zu Gott und Maria. Sie erklärte mir: «Maria führt uns auf den leichten Weg zu Jesus. Sie muß man zum Zentrum des Lebens machen, dann hat man Gott als Zentrum. Jeder Tag ist ein neues Geschenk, um das zu verwirklichen. Wenn wir versuchen, Gott immer mehr zu lieben, dann werden wir im Leben mit allem glücklicher und zufriedener sein. Wir müssen jeden Tag versuchen, auch wenn es uns schwer fällt, nichts für uns selbst zu behalten, sondern alles den anderen, den nach Frieden Hungernden, zu geben. Je mehr wir das tun, um so mehr Friede wird sein. Das geht nur, wenn wir jeden Tag beten, u.a. den Rosenkranz. Für mich ist die Erkenntnis sehr wichtig: Die Liebe kann nicht sterben. Auch wenn unsere Freunde schon heimgegangen sind, bleibt doch die Liebe zwischen uns. Das bedeutet: Wir sollten mehr zu unseren Verstorbenen beten, denn sie helfen ganz sicher!»

Schließlich fragte ich: «Was würden Sie den Menschen empfehlen, die sich in einer schweren Glaubenskrise befinden?»

Sie erwiderte: «Vor allem möchte ich als Studentin meinen Kommilitonen sagen: Laßt euch nicht kompliziert machen! Bleibt auf dem Weg der Einfachheit und der Demut! Demut heißt “Mut zum Dienen”. Das fängt schon bei kleinen Sachen an, man braucht nicht große Worte zu machen. Betet für die Menschen, die nicht glauben können, denn sie haben das Gebet sehr notwendig. Dankt Gott, daß ihr studieren dürft, von ihm haben wir die Gabe, uns geistig weiterzubilden, nicht aus uns selbst. Mancherorts wird die Universität als “Alma Mater” bezeichnet. Besonders die Studenten sind dieser “Gütigen Mutter” anvertraut. Weiht euch jeden Tag der Gottesmutter! Besonders prüft die Zeitströmungen sehr sorgfältig. Prüft euch selbst ganz genau! Welcher Grund steckt dahinter, wenn ihr neue Religionen sucht? Prüft die Leute, die neue Religionen verbreiten. Oft gilt ein Grundsatz: “Nur wer gegen den Strom schwimmt, kommt zur Quelle.”»

Frau Anna Oestringer aus Donaueschingen

berichtete mir von ihrer Bekehrung durch die Ereignisse in Medjugorje. Sie schilderte:

«Ich stamme aus einer armen Familie in Jugoslawien. Als mein Vater sehr jung starb, mußten meine acht Geschwister und ich in verschiedenen Familien arbeiten, um überleben zu können. Bei uns zu Hause wurde weder über Gott noch über die Kirche gesprochen. Im Mai 1969 kam ich nach Deutschland und arbeitete in einem Altersheim. Im September 1969 starb auch meine Mutter, jetzt waren wir Kinder auf uns selbst angewiesen. Im Januar 1971 heiratete ich. Wir haben zwei Töchter. Schon vor einigen Jahren hatte ich den Wunsch, katholisch zu werden, aber es kamen immer neue Schwierigkeiten, die so groß waren, daß ich schließlich jegliches Interesse verlor.

Eines Tages rief mich meine Schwiegermutter an und bat mich, die Bildzeitung zu kaufen, in der sich ein Artikel über Julijana Ebert befand. Diese hatte in Medjugorje eine Erscheinung der Gottesmutter. Als ich den Bericht gelesen hatte, besuchte ich im Frühjahr 1986 Julijana. Ich kenne sie schon lange, denn wir waren vor 15 Jahren Nachbarn. Sie erzählte mir ausführlich von ihrem Erlebnis in Medjugorje, von ihrer Erscheinung, ihrer Taufe und ihrer Erstkommunion. Julijana strahlte Wärme aus, war für jeden zugänglich und sehr hilfsbereit. Nach diesem Gespräch mit Julijana erwachte in mir eine große Sehnsucht nach dem katholischen Glauben. Herr und Frau Ebert machten mir den Vorschlag, diesen Schritt in Medjugorje zu tun. Wir holten beim zuständigen Bischof in Jugoslawien die Genehmigung ein. Im August 1986 besuchten wir Medjugorje. Am Fest Mariä Himmelfahrt, am 15. August 1986, wurde ich in Medjugorje in die katholische Kirche aufgenommen. Es war für mich das schönste Erlebnis. Heute versuche ich, die Botschaft von Medjugorje zu verwirklichen. Dadurch habe ich eine Möglichkeit gefunden, ganz nahe bei Gott zu sein. Bei unserer Ankunft in Medjugorje wurden wir Zeugen eines Wunders. Ein zehnjähriges Mädchen aus Italien war seit sieben Jahren blind. Während der Abendmesse konnte es plötzlich sehen. In Medjugorje bekam ich eine große Gnade geschenkt, denn ich durfte einen herrlichen Rosenduft der Mutter Gottes wahrnehmen. Ich bin heute überglücklich, weil ich auch zu Hause immer wieder diesen wunderbaren Rosenduft bemerke. Dann habe ich jedesmal das Gefühl, meine himmlische Mutter stehe neben mir. Ich habe den Weg zu

Gott gefunden und bete für die ganze Welt, vor allem um den Frieden, den wir so notwendig haben, denn nur durch Gebet können wir den Frieden erlangen.»

Eine Heilung verursacht mehrere Bekehrungen

Während meines Gesprächs mit der Amerikanerin Rita Mary Klaus, die durch die Fürbitte der Gottesmutter von Medjugorje auf einzigartige Weise geheilt wurde, erfuhr ich von mehreren Bekehrungen. Frau Klaus erklärte mir:

«Ich habe Ihnen noch nicht von den großen Gnaden erzählt, die meine drei Brüder, meine Schwester und deren fünf Kinder erhielten. Nach vielen Jahren, die sie fern der Kirche lebten, haben sich alle wegen meiner Heilung bekehrt. Meine fünf Nichten und Neffen im Alter vom 25, 23, 16, 12 und 10 Jahren wurden getauft und empfingen an Ostern 1987 ihre Erste heilige Kommunion. Im Sommer 1987 besuchte ich aus Dankbarkeit über meine plötzliche Heilung zum ersten Mal zusammen mit meiner Familie den Gnadenort Medjugorje. Seit unserer Rückkehr besucht mein Mann, der protestantisch ist, den Konvertitenunterricht und lernt den katholischen Katechismus. Auch meine Schwägerin Susan bereitet sich auf das Sakrament der Taufe vor. Es waren ihre drei Kinder, die am letzten Osterfest, nach der Bekehrung und Aufnahme meines Bruders Rick in die katholische Kirche, getauft wurden. Meine Kusine Theresa und ihre zwei Kinder werden an Weihnachten 1987 in die katholische Kirche aufgenommen. Sie und ihr Gatte werden zugleich kirchlich getraut. Wir alle sind darüber sehr glücklich. Unsere himmlische Mutter hat dieser Familie so viel Freude geschenkt, daß es unmöglich ist, dies mit Worten auszudrücken. Preisen wir Gott und seine heiligste Mutter für diese großen Gnaden!»

Die Bekehrung eines Moslems

Ein Herr aus Deutschland berichtete mir von seinen Erlebnissen in Medjugorje: «Durch ein Buch wurde ich auf die Marienerscheinungen in Jugoslawien aufmerksam. Seltsamerweise wurde mein Herz von einer tiefen Sehnsucht nach diesem Ort erfüllt. Bald beschlossen wir, auf das übliche Osterfest zu verzichten und nach Medjugorje aufzubrechen.

Als wir im April 1987 dort eintrafen, wurden wir von einer beispiellosen Atmosphäre des Gebetes ergriffen. Nachdem wir eine Vision der Seher miterleben durften, überkam mich ein unbeschreibliches Gefühl, alles in mir war bereit, dem Ruf der Mutter Gottes zu folgen. Am nächsten Morgen trafen wir dort einen fremden Priester, der sich bemühte, mir den christlichen Glauben näher zu erläutern. Nach diesem Gespräch spürte ich den großen Wunsch, mich taufen zu lassen. In Medjugorje habe ich den Weg zu Jesus durch Maria gefunden. Am Osterfest 1988 empfing ich das Sakrament der heiligen Taufe. Dabei erfuhr ich eine vollkommene Wandlung in meinem Denken und Handeln. Das Gesetz "Auge um Auge, Zahn um Zahn" wird durch das Gebot Christi "Liebe deinen Nächsten wie dich selbst" ersetzt. Damit ist mir zum ersten Mal klar geworden, daß man mit dem Guten das Böse überwinden kann. Ich bemühe mich, das Gute und Jesus selbst in jedem Menschen zu entdecken. Durch die Erleuchtung des Heiligen Geistes erkenne ich deutlicher meine Schwächen und Fehler und versuche, sie zu vermeiden. Durch den regelmäßigen Empfang des Bußsakramentes, gemäß der Gospa von Medjugorje, werde ich befähigt, meine schlechten Gewohnheiten langsam abzulegen. Die heilige Messe führt zu einem ständigen Wachstum im Glauben.»

Ich wollte von meinem Gesprächspartner wissen, was er anderen Menschen empfiehlt, darauf erwiderte er: «Ich wünsche allen Menschen, aus dieser großen Gnadenquelle in Medjugorje reichlich zu schöpfen.»

Nach diesem Interview mußte ich unwillkürlich an die Marienerscheinungen in Zeitoun-Kairo denken. Dort erschien die Gottesmutter von 1968 bis 1969 ein Jahr lang einer Menge von 50 000 bis 100 000 Menschen und löste eine große Friedensbewegung aus. Kardinal Stephanos, Patriarch der katholischen Kopten, erklärte, daß dieses Wunder eine Botschaft himmlischen Wohlwollens darstelle und die Pilger aus aller Welt zur Kirche von Zeitoun herbeiführen werde. Wem erschien dort die Jungfrau Maria? Es waren fast nur Moslems, die die ganze Nacht im Gebet verharrten und Verse des Korans aufsagten *(«Der Fels», Juni 1980; P. Jerome Palmer, «Zeitoun — Die Frau kehrt nach Ägypten zurück», Würzburg 1).*

Ich bin jederzeit bereit, die Namen, Adressen sowie ärztliche Unterlagen meiner Interviewpartner — soweit sie in meinem Besitz sind — einer kirchlichen Untersuchungskommission zur Verfügung zu stellen.

5.
Meine zahlreichen Gespräche

A) Meine Gespräche mit den Sehern

Das Ziel meiner Reisen nach Medjugorje war unter anderem, den Sehern zu begegnen, um die Informationen über alles, was ich gelesen und gehört hatte, aus erster Hand zu bekommen.

Mein Gespräch mit der Seherin Marija Pavlović

Zu Beginn der Unterredung mit der Seherin erklärte ich den Grund meines Kommens. Zunächst bat ich Marija, die wichtigsten Punkte der Botschaft von Medjugorje zu nennen. Sie berichtete:

«Am 26. Juni 1981 sah ich, wie die Mutter Gottes wegen der Sünden weinte. Sie forderte die Menschen zur Bekehrung auf und bat sie, Frieden durch Versöhnung zu schaffen. Die Gottesmutter will mitten unter dem Volk sein, weil es noch tiefgläubige Menschen gibt. Alle Kranken sind zum Gebet aufgefordert. Die Menschen sollen beharrlich auch für die Kranken beten, denn viele lassen im Beten nach. Mit dem Gebet kann man sogar Kriege verhindern. Wenn die Leute das Glaubensbekenntnis beten, stellen sie sich bewußt auf die Seite Jesu. Durch das Fasten kann man die meisten Gaben und Gnaden erhalten. Die Menschen sollen bei Wasser und Brot fasten. Sie sollen einmal im Monat zur Beichte gehen.»

Ich fragte die Seherin: «Die Mutter Gottes bittet in Fatima um das tägliche Rosenkranzgebet als Voraussetzung für den Frieden in der

Welt. Gilt das auch für die Botschaft von Medjugorje?» Sie erwiderte: «Der Rosenkranz soll gebetet werden, aber jedes Gebet ist vor Gott wertvoll.»

Dann richtete ich an Marija die Frage: «Durch wen soll die Botschaft von Medjugorje verkündet und verbreitet werden?» Sie antwortete: «Alle müssen die Botschaft verkünden, auch die Bischöfe.» Ich fragte: «Soll die Botschaft von Medjugorje in einem Hirtenbrief verkündet werden?» Darauf erwiderte sie: «Es hängt von den einzelnen Bischöfen ab, ob sie der Welt die Botschaft verkünden oder nicht. Es gibt diesbezüglich keine Ermahnung der Gottesmutter.»

Ich sagte ihr, daß viele Menschen beim Beten Probleme haben. Sie seien über ihre Zerstreuung während des Betens sehr unglücklich. Darauf entgegnete sie: «Wichtig ist, daß wir Gott diese Zeit schenken.»

Ich erzählte ihr, daß ich in Deutschland mit einem einflußreichen Theologen über Medjugorje und Fatima gesprochen hatte, der dazu meinte: «Das sind Visionen und sonst nichts. Für mich sind sie nicht wichtig, denn für mich gilt nur das Evangelium.» Ich bat Marija um eine Stellungnahme. Sie sagte: «Es ist der Zweck der Erscheinungen, die Menschen zum Heil zu führen. Erscheinungen haben keinen Selbstzweck und stehen im Dienst des Evangeliums, sie sollen die Menschen zum Glauben führen.»

Dann richtete ich an die Seherin die Frage: «Hältst du den Titel meines Buches "Medjugorje — das Friedensangebot Gottes an die Welt" für sinnvoll?» Sie antwortete: «Den Titel kann man nehmen.»

Nun fragte ich Marija: «Würdest du zum Zeugnis der Echtheit der Erscheinungen auch ins Gefängnis gehen oder noch größere Opfer bringen?» Ohne lange Überlegung gab sie zur Antwort: «Ja, zu jeder Zeit bin ich bereit, auch größere Opfer zu bringen. Ich würde sogar mein Leben für die Echtheit der Erscheinungen hingeben.»

Da die Seher von Medjugorje seit den Erscheinungen unter einem ungewöhnlichen Streß stehen, richtete ich an Marija die Frage: «Was betrübt dich am meisten?» Sie entgegnete: «Die Sünde.»

Dann erwähnte ich die Seherin Vicka Ivanković, die jedes Gebet für ihre Heilung ablehnt. Ich fragte deshalb Marija: «Will Vicka mit ihren Leiden und Schmerzen Sühne leisten für die Beleidigungen, die Gott und Maria zugefügt werden?» Sie erwiderte: «Vicka will mit

Absicht für die Sünder leiden.» Da wir beim Thema Krankheit waren, richtete ich an Marija die Frage: «In Lourdes und Fatima sind Tausende von Menschen von schweren Krankheiten geheilt worden. Gibt es auch in Medjugorje Heilungen?» Sie antwortete: «Es sind Heilungen im Pfarrhaus gemeldet.»

Dann zitierte ich noch eine Stelle aus dem neuen Katechismus «Botschaft des Glaubens»; hier heißt es: «Aber wir hoffen doch auch, daß kaum ein Mensch für die Hölle schlecht genug ist» *(Seite 371)* und bat die Seherin um ihre Meinung. Sie sagte: «Es gibt Menschen in der Hölle.»

Ich erwähnte noch die gewaltige Prophezeiung von Fatima im Jahre 1917 über die Vernichtung mehrerer Nationen. Die Seherin entgegnete: «Es wurde hier kein Wort über die Vernichtung erwähnt, aber mehr darf ich nicht sagen.»

Schließlich fragte ich Marija: «Hast du eine bestimmte Bitte, die du an die Menschen in aller Welt richten möchtest?» Sie gab mir zur Antwort: «Nur ein einziges Wort, "Beten", denn damit kann man alles erreichen!»

Meine Unterredung mit der Seherin Vicka Ivanković

Zu Beginn unseres Gesprächs — es war Anfang 1984 — berichtete ich der Seherin über die Vorwürfe, die Bischof Žanić von Mostar gegen sie vorbrachte. Vicka hörte sich alles ruhig an. Sie gab keinen Kommentar zu diesen Vorwürfen.

Ich erzählte ihr, daß ich die Absicht hätte, ein Buch über die Erscheinungen in Medjugorje zu schreiben. Als ich mein großes Anliegen vorbrachte, sie möchte für das Gelingen dieses Werkes den Heiligen Geist dafür erbitten, gab sie mir zu verstehen, daß sie das gerne tun werde.

Dann richtete ich die Frage an sie: «Gehst du täglich zur heiligen Kommunion? Ich sehe dich und die anderen Seher nur selten beim Empfang der heiligen Eucharistie.» Sie antwortete: «Wir stehen oft unter der Empore und empfangen dort die heilige Kommunion.» Darauf fragte ich: «Wünscht die Gottesmutter in Medjugorje, daß wir täglich den Rosenkranz beten?» Sie gab mir zur Antwort: «Ja, wir sollen täglich den Rosenkranz beten.» Von der Seherin Marija Pavlović hatte ich ein halbes Jahr vorher erfahren, daß sie bereit sei, ihr Leben für die Echtheit der Erscheinungen hinzugeben, deshalb fragte ich auch Vicka: «Würdest du für die Echtheit der Visionen auch schwere Opfer bringen?» Ohne zu zögern sagte sie: «Jedes Opfer. Ich würde mein Leben nicht nur einmal dafür hingeben, sondern ich wäre bereit, dreimal dafür zu sterben.» Dann fragte ich sie: «Was betrübt dich am meisten?» Sie antwortete: «Nichts, außer wenn die Menschen fluchen und auf andere Weise sündigen.»

Das Wort «Sünde» veranlaßte mich, über die Geheimnisse der Seher nachzudenken. In zwei Geheimnissen sagte die Gottesmutter, daß die Strafe gemildert, aber nicht mehr abgewendet werden könne. Ich sprach Vicka darauf an und fragte sie: «Glaubst du, daß eine Massenbekehrung die Strafe Gottes ganz abwenden könnte?» Sie dachte über meine Frage nach, aber sie ließ sie unbeantwortet.

Darauf richtete ich an sie die Frage: «Wäre das für dich das größte Opfer, wenn die Gospa nicht mehr erscheinen würde?» Sie antwortete: «Ja, aber damit muß ich einmal rechnen.»

Ich wollte wissen, wer die Botschaft verbreiten soll. Sie sagte: «Die Menschen, die hierherkommen, sollen sie verbreiten.»

Mir fiel die Angst der Menschen vor der Zukunft ein, deshalb bat ich die Seherin: «Könntest du etwas sagen, um den Menschen die Angst vor der Zukunft zu nehmen?» Spontan erwiderte sie: «Wer betet und sich bekehrt, braucht keine Angst zu haben.»

Wir kamen auf die Mutter-Gottes-Erscheinungen in Fatima zu sprechen. Ich sagte ihr, daß die Christen die Bitten Mariens überhört hätten und sie nicht beachteten. Dann fragte ich sie: «Was wird geschehen, wenn man die Bitten der Gospa von Medjugorje genauso überhört und sie nicht beachtet?» Sie gab mir zur Antwort: «Darüber darf ich nichts sagen, weil ich dann über die Geheimnisse sprechen müßte.»

Ich bat sie, mir etwas Positives über die Liebe der Gottesmutter zu uns Menschen zu sagen. Ohne lange Überlegung entgegnete sie: «Die Liebe der Gospa zu uns Menschen ist unbeschreiblich. Maria möchte alle Menschen an sich ziehen.»

Darauf fragte ich: «Möchtest du eine Bitte an die Menschen richten?» Sie sagte: «Ich möchte nicht meine Bitten, sondern die Bitten der Gottesmutter den Menschen empfehlen, denn nur sie zählen.»

Schließlich richtete ich an Vicka die Frage: «Stört es dich, wenn die Menschen dich bedrängen und belästigen?» Sie gab mir zur Antwort: «Nein.» Ich dachte vor allem an die vielen Fotografen, die mit ihren Blitzlichtern die Andacht der Seher und Pilger während der Erscheinungen stören. Vicka sagte zu mir, daß sie die Blitzlichter während der Visionen überhaupt nicht wahrnehme.

Mein Gespräch mit der Seherin Ivanka Ivanković

Am 6. Mai 1985 hatte Ivanka zusammen mit den anderen Sehern eine Vision. Während dieser Erscheinung wurde ihr das Zehnte Geheimnis anvertraut. Am folgenden Tag hatte Ivanka die vorläufig letzte Vision der Gottesmutter zu Hause. Zusammen mit der Gospa erschienen zwei Engel und ihre leibliche Mutter, die kurz vor den Erscheinungen in Bijakovići gestorben war. Ich fragte Ivanka über die Ereignisse, die sie bei der letzten Erscheinung hatte. Auf meine Frage: «Sah deine Mutter genau so aus wie vor ihrem Tod?» antwortete sie:

«Ich habe meine Mutter sofort erkannt; sie hatte die gleichen Gesichtszüge wie zu Lebzeiten; sie strahlte ein Licht aus, aber ich kann dieses Licht nicht beschreiben. Meine Mutter sah sehr glücklich aus, weil sie in der Nähe der Gottesmutter weilen durfte. Sie trug wie die Gospa ein graues Kleid, das bis zu den Füßen reichte. Dieses Grau war eine sehr schöne Farbe, ebenso schön wie das Kleid der Gottesmutter. Dieses Grau hat keine Ähnlichkeit mit unserer grauen Farbe. Meine Mutter und ich umarmten und küßten einander.» Ich fragte die Seherin: «Hat deine Mutter mit dir gesprochen?» Sie gab mir zur Antwort: «Ja, sie sagte zu mir: "Ich bin sehr stolz auf dich!" Ich weiß heute nicht mehr, wie lange ich meine Mutter umarmt habe. Meine Mutter war sehr glücklich, aber auch ich war überglücklich.»

Dann fragte ich Ivanka: «Wie hat sich die Gospa von dir verabschiedet?» Sie antwortete: «Ich durfte die Gottesmutter umarmen und küssen. Sie sagte zu mir, daß sie noch am 25. Juni 1986 erscheinen werde. Als die Gospa nicht mehr erschien, war es am Anfang für mich sehr schwierig. Aber bald merkte ich, daß die Gottesmutter überall bei mir und bei allen Menschen ist. Ich weiß nicht, ob sie mir nach dem 25. Juni 1986 noch einmal erscheinen wird.»

Als ich ihr von der gefährlichen Zeit berichtete, in der wir leben und von der Welt, die sehr bedroht ist, antwortete sie: «Deshalb ist ja die Gottesmutter gekommen.»

Ich fragte Ivanka: «Würdest du für die Echtheit der Erscheinungen auch große Opfer bringen?» Darauf antwortete sie: «Ich bin bereit, dafür in den Tod zu gehen, ich fürchte den Tod nicht, denn dieses Leben ist kurz.» Als ich an sie die Frage richtete: «Möchtest du gern sterben, um bei der Gospa und deiner Mutter leben zu können?» antwortete sie: «Ja, immer, zu jeder Sekunde.»

Ich fragte sie: «Hast du den Himmel, das Fegfeuer oder die Hölle gesehen?» Sie erwiderte: «Ich habe den Himmel und das Fegfeuer gesehen. Beide sah ich wie ein Bild. Die Menschen im Himmel sind bei Gott sehr glücklich. Die Hölle habe ich nicht gesehen, es wurde damals jedem freigestellt, sie zu sehen oder nicht.»

Schließlich fragte ich Ivanka, wie man den Frieden verwirklichen könne. Sie erklärte: «Die Menschen sollen nur nach dem streben, was himmlisch ist. Sie sollen beten, daß sie in der Seele den Frieden finden. Sie sollen beten, damit sie den Frieden in der Familie und in der ganzen Welt finden, dann wird überall Frieden herrschen, dann werden wir auch nach dem Tod den ewigen Frieden bei Gott finden. Diesen Frieden kann man nur durch Gebet erreichen. Beten heißt nicht nur ein "Vaterunser" oder "Gegrüßt seist du Maria" sprechen, sondern mit Gott über alles reden.»

Als ich am Ende unseres Gesprächs von meiner Sorge berichtete, daß sich viele Menschen über ihr Leben nach dem Tod keine Gedanken machen und in großer Gefahr sind, ewig verloren zu gehen, teilte sie diese Sorge.

Ein Interview mit dem Seher Ivan Dragićević

Ich richtete an Ivan die Frage: «Hast du schon einmal den Himmel, das Fegfeuer und die Hölle gesehen?» Er antwortete: «Ich habe nur den Himmel gesehen.»

In einer Botschaft der Gospa heißt es, die Priester sollen das Volk mit dem Rosenkranzgebet vertraut machen. Deshalb fragte ich den Seher: «Glaubst du, daß es sinnvoll wäre, wenn die Priester — auch die Bischöfe — vor der heiligen Messe mit dem Volk zusammen den Rosenkranz beten würden? Wäre das nicht eine gute Motivation für die Gläubigen und die Erfüllung der Bitten der Gottesmutter?» Darauf antwortete er: «Auf jeden Fall wäre das sehr sinnvoll und sehr wichtig, daß sie vor jeder heiligen Messe gemeinsam mit den Gläubigen den Rosenkranz beten würden. Dies wäre eine Vorbereitung und Einstimmung auf die heilige Messe.»

Ich fragte Ivan: «Hast du die Gospa schon einmal weinen sehen?» Der Seher antwortete: «Ja, ich habe die Mutter Gottes manchmal weinen sehen.»

Ich wollte wissen, welche Sünden Gott am meisten beleidigen. Darauf gab er zur Antwort: «Die Gospa möchte, daß alle Menschen umkehren und den Frieden finden. Jede Sünde, die wir begehen, besonders die Abkehr von Gott, schmerzt Gott und die Gospa.» Ich richtete an ihn die Frage: «Glaubst du, daß Gott der Welt in Medjugorje durch die Gospa ein Friedensangebot macht?» Er erwiderte: «Ja, Gott schickt seine Mutter, um uns durch ihre Botschaften zum Frieden zu führen. Jede dieser Botschaften hat ihre eigene Tiefe und führt uns zum Wesentlichen.»

Darauf fragte ich den Seher, wie man dieses Friedensangebot Gottes verwirklichen könne. Er gab zur Antwort: «Zuerst ist es wichtig, daß die Leute umkehren. Wenn wir beten, verspüren wir im Inneren den Frieden. Wir sollen umkehren, um diesen Frieden zu verwirklichen. Mit dem Gebet kann man alles, was man plant, in der Vereinigung mit Gott erreichen.»

Ich fragte ihn über das Schicksal Polens. Er antwortete: «Die Gospa hat mir über Polen nichts gesagt!»

Schließlich richtete ich an ihn die Frage: «Würdest du für die Echtheit der Erscheinungen auch große Opfer bringen? Würdest du auch dafür sterben? Er erwiderte: «Ja, ich bin bereit zum Zeugnis für die Echtheit der Erscheinungen große Opfer zu bringen. Ich bin bereit, dafür zu sterben.»

Lange Zeit hatte ich meinen Gesprächspartner für sehr menschenscheu und kompliziert gehalten. Während unseres Gesprächs im Kreis seiner engsten Verwandten erlebte ich einen jungen Mann, der mich verblüffte. Er zeigte keinerlei Scheu, war aufgeschlossen, hatte Sinn für Humor und neckte einen Verwandten. Sein Wesen strahlte Glück, Freude und Frieden aus.

Ein Interview mit der Seherin Mirjana Dragićević aus Sarajevo

Zunächst erwähnte ich das häufige Weinen der Gottesmutter in der Welt. Mirjana erklärte mir: «Die Gospa weint wegen der Ungläubigen. Wer diese Tränen und die Sorge der Gospa nicht ernst nimmt, bringt sein Leben und sein Heil in große Gefahr. Über alles andere, was daraus folgt, kann ich jetzt nicht sprechen, weil ich an die Geheimnisse gebunden bin. Ich sah, wie die Gospa weinte. Wenn jemand uns etwas unter Tränen mitteilen möchte, dann ist das ein Zeichen, daß es um eine schwerwiegende Sache geht, daß wir uns darüber Gedanken machen sollen. Wenn die Gospa weint, sollen wir bedenken, daß es sich um unser ewiges Heil handelt. Die Gospa sagte mir, daß die Ungläubigen auch ihre Kinder seien, und daß es ihr schwerfalle mitanzusehen, wie sie sich ins Verderben stürzen. Als Mutter möchte sie ihnen helfen. Der größte Wunsch der Gospa ist es, daß alle ihre Kinder sich bekehren und gerettet werden. Wir können aber die Gospa trösten, wenn wir beten, fasten, Buße tun und Werke der Nächstenliebe verrichten.»

Dann fragte ich Mirjana: «Die Gottesmutter erwähnt oft, daß wir mit dem Herzen beten sollen. Kannst Du das genauer erklären?» Sie berichtete: «Das Gebet mit dem Herzen ist für mich das wahrhaftige, demütige, gesammelte und ergebene Gebet unseres ganzen Wesens. Das ist das echte Gebet, zu welchem die Gospa stets aufruft. Ich möchte das mit einem Bild aus dem Leben ausdrücken. Wir müssen lernen, wie ein Kind zu bitten, das seinem Vater ein Anliegen vorbringt. Das Kind weiß, daß der Vater es liebt, deshalb wendet es sich an ihn und bittet ihn. Je beharrlicher und zärtlicher es bittet, desto früher wird sich der Vater seines Kindes erbarmen und seinen Wunsch erfüllen. So ungefähr muß auch unser Verhältnis zu unserem himmlischen Vater sein, der weiß, was wir benötigen.»

Zum Schluß fragte ich Mirjana, ob sie bereit wäre, für die Echtheit der Erscheinungen in Medjugorje große Opfer zu bringen. Sie versicherte mir: «Als Garantie für die Wahrheit dieser Erscheinungen bin ich in jedem Fall bereit, die größten Opfer zu bringen.»

Ein Interview mit dem Seher Jakov Čolo

Vom jüngsten Seher wollte ich wissen, warum die Gottesmutter an so vielen Orten der Welt Tränen vergieße. Jakov antwortete:

«Die Gospa weint wegen der Sünder, die Gott, der sie liebt, so leichtfertig beleidigen.»

Dann erwähnte ich, daß die Existenz des Teufels und der Hölle überall mehr und mehr aus dem Bewußtsein der Menschen verdrängt werde. Ich fragte ihn, ob er etwas Konkretes über dieses Thema sagen könne. Darauf erwiderte er: «Die Hölle existiert. Das ist eine große Wahrheit. Ich hatte Gelegenheit, das zu erfahren. Es fällt mir schwer, darüber zu sprechen. Zweimal zeigte mir die Gospa diesen schrecklichen Zustand, in den die Seelen kommen, die ohne Reue mit schweren Sünden sterben.»

Dann wollte ich von Jakov wissen, ob die Botschaft von Medjugorje ein Friedensangebot Gottes an uns sei. Er betonte: «Ich bin fest überzeugt, daß die Botschaften der Königin des Friedens der Bekehrung und dem Heil der Menschheit dienen.»

«Wie könnte man diese Friedensbotschaft den Menschen näherbringen?» fragte ich. Hierauf erklärte er: «Ich glaube, die Botschaften der Gospa von Medjugorje sind so einfach, daß sie von allen Menschen verstanden werden.»

Dann fragte ich ihn, ob er mir die wesentlichsten Punkte dieser Botschaft knapp und präzise nennen könne. Darauf berichtete er: «Die Gospa ist gekommen, um alle Menschen zur Bekehrung, zum Gebet, zur Buße, zum Fasten und zum festen Glauben aufzurufen. Wir sollen uns bemühen, diese Botschaften aus Liebe zu Gott und zu den Brüdern und Schwestern zu leben, damit wir den Frieden erlangen. Wenn wir das tun, werden wir alle in den Himmel kommen.»

«Würdest Du zum Zeugnis für die Echtheit der Erscheinungen in Medjugorje auch große Opfer bringen?» fragte ich ihn. Hierauf antwortete er: «Ich wäre zu jedem Opfer bereit, um die Glaubwürdigkeit der Erscheinungen zu bezeugen.»

Eine leidgeprüfte Mutter wandte sich einige Monate vor diesem Interview an mich und bat um meine Hilfe. Sie meinte, daß ich vielleicht irgendetwas für sie und ihre Familie tun könnte. Ihr Bericht war das Erschütterndste, was ich je hörte. Diese Mutter verlor vor einigen Jahren durch einen Verkehrsunfall ihren zweiten Sohn. Wenige Wochen später verunglückte auch die Braut ihres ältesten Sohnes tödlich. Bald erkrankte ihr jüngster Sohn an Krebs, als Folge mußte ein Bein amputiert werden. Diese Ereignisse führten dazu, daß ihr ältester Sohn in schwerste Depressionen verfiel. Er hatte nur noch den Wunsch, aus dem Leben zu scheiden. In diesem Zustand wurde er zunächst in eine geschlossene Anstalt gebracht, weil die Gefahr von Selbstmord außerordentlich groß war. Auf Bitten der Eltern und auf eigenen Wunsch kam er in eine Nervenklinik, wo er sich freier bewegen konnte. Er mußte ständig Medikamente nehmen.

Als ich dem Seher Jakov Čolo von diesem Schicksal berichtete, antwortete er: «Dieser Fall ist wirklich schwer. Eines ist sicher, Gott weiß alles. Beten wir zur Königin des Friedens, daß sie dieser Mutter die Gnade der Beharrlichkeit und den festen Glauben erbittet, daß sie all das ertragen kann. Auch sie soll beten: Himmlischer Vater, dein Wille geschehe. Ich werde diese Mutter der Gospa empfehlen und sie in meine Gebete einschließen.»

Kurz nach diesem Interview teilte ich die Antwort des Sehers der schwergeprüften Mutter mit. Überglücklich berichtete sie: «Stellen Sie sich vor, unser ältester Sohn ist nicht wiederzuerkennen. Er hat sich vollständig zum Guten verändert. Alle Depressionen sind verschwunden. Er hat auch sein Studium wieder aufgenommen. Er denkt überhaupt nicht mehr an Selbstmord. Heute ist er voll Energie und Optimismus. Er benötigt nicht einmal Medikamente. Wir wissen gar nicht, wie wir Gott und der Jungfrau Maria danken sollen.»

Das war noch nicht alles. Freudestrahlend erzählte die Mutter, daß auch ihr jüngster Sohn seine Prüfung gut bestanden und trotz seiner schweren Behinderung eine gute Anstellung unter sehr zahlreichen Bewerbern gefunden habe. Sie seien jetzt alle zufrieden und überglücklich.

Aussagen über das Meßopfer und die heiligen Eucharistie

Die Aussagen der Seher von Medjugorje über die heilige Eucharistie sind von besonderer Tragweite. Die Gottesmutter will den Menschen sagen, daß das heilige Meßopfer der Mittelpunkt ihres Lebens werden muß. Sie möchte, daß wir dieses einmalige Gnadengeschenk Gottes immer bewußter und intensiver miterleben. Maria bringt zum Ausdruck, daß wir mit großer Liebe an diesem wunderbaren Geschehen teilnehmen sollen. Diese Teilnahme an der heiligen Eucharistiefeier soll zu einem Miterleben der Geheimnisse von Tod und Auferstehung Jesu führen. Nach den Worten der Jungfrau Maria ist die würdige Mitfeier des heiligen Meßopfers das wertvollste Gebet in den Augen Gottes. Die Königin des Friedens drängt uns, daß wir durch die ehrfürchtige Teilnahme am Kreuzesopfer ihres göttlichen Sohnes zu einem tiefen Gotterlebnis gelangen. Sie weist darauf hin, daß Gott uns in der heiligen Eucharistiefeier die Fülle seiner Gnaden schenken will. In einer Botschaft sagt sie ausdrücklich, daß sie immer anwesend sei, wenn die Gläubigen ihren Sohn im Allerheiligsten Altarssakrament anbeten, und sie wendet sich an die Menschen mit der Bitte: «Betet ohne Unterlaß das Allerheiligste Sakrament des Altares an!» *(15.3.1984).*

Marias größter Wunsch ist es, daß die Gläubigen durch die würdige Teilnahme am heiligen Meßopfer immer mehr mit ihrem Sohn vereinigt werden und dadurch in der Heiligkeit Fortschritte machen.

Sehr bemerkenswert ist auch die Bitte der Königin des Friedens um die Danksagung. Maria wünscht, daß die Gläubigen nach Beendigung des heiligen Meßopfers noch einige Zeit in der Kirche bleiben, um Gott für sein Kommen und seine großen Wohltaten Dank zu sagen. Konkret sagt Maria in Medjugorje, daß durch die ehrfurchtsvolle

Mitfeier der heiligen Eucharistie ganz besondere Gnaden an alle ausgeteilt werden, und daß man dafür nie genug danken kann... Aus diesem Grund soll man sich Zeit zur Danksagung nehmen. Am 3. April 1986 sagte sie: «Jesus gibt euch seine Gnaden in der heiligen Messe... nehmt mit Liebe die heilige Messe an.»

Mit ihren Botschaften über die heilige Eucharistie will unsere himmlische Mutter zum Ausdruck bringen, daß es nichts Größeres, nichts Erhabeneres, nichts Heilbringenderes für uns Menschen gibt als die würdige und ehrfurchtvolle Mitfeier der heiligen Messe, denn hier begegnen wir dem Allmächtigen Gott, der sich für uns erniedrigt hat, damit wir ihn begreifen und lieben können.

B) Interviews mit Mitgliedern der Untersuchungskommission

Ein Gespräch mit dem Generalvikar von Mostar, Dr. Ante Brajko

Als ich am 30. Juli 1986 ohne Voranmeldung im bischöflichen Ordinariat klingelte, öffnete mir Dr. Brajko die Türe und führte mich ins Besuchszimmer. Ich erklärte ihm den Grund meines Kommens.

Wir kamen auf das Thema «Medjugorje» zu sprechen. Wie bei unserer ersten Begegnung — es war unmittelbar nach meinem zweiten Gespräch mit Bischof Žanić im Ordinariat — hatte der Generalvikar große Bedenken. Konkret äußerte er: «Wie kann Medjugorje echt sein, wenn die angebliche Gospa alle Religionen für gut hält?» Ich warf ein, daß die katholische Kirche die Einheit im Glauben erstrebe. Dr. Brajko erwiderte: «Das ist Ihre Interpretation.» Von Bedeutung scheint die Tatsache, daß der Papst im Herbst 1986 in Assisi mit führenden Persönlichkeiten aller Religionen zusammentraf und dort im Geiste des heiligen Franziskus, zusammen mit diesen Vertretern der Weltreligionen, um die Einheit und den Frieden auf der Welt betete. Im Handeln des Papstes und in der Aussage der Gottesmutter über die Weltreligionen ist kein Widerspruch zu sehen.

Für den Generalvikar waren die Ereignisse in Medjugorje sehr zweifelhaft. Darauf berichtete ich ihm von meinen Interviews mit Nichtkatholiken, Geheilten, Bekehrten und Menschen, die die Gottesmutter selbst gesehen oder besondere Gnadenerlebnisse hatten. Ich warnte davor, das Wirken des Heiligen Geistes in Medjugorje zu ignorieren. Vor allem machte ich dem Generalvikar den Vorwurf, daß hier im bischöflichen Ordinariat Hunderte von Heilungsunterlagen gestapelt seien, die überhaupt nicht zur Kenntnis genommen wurden. Ich erwähnte die Heilung der Marija Brumec aus Maribor, deren Röntgenaufnahmen eindeutig einen gebrochenen und gequetschten Brustwirbel und nach der Heilung einen vollständig regenerierten Wirbel zeigen.

Dr. Brajko wurde nachdenklich und antwortete: «Vielleicht haben Ihre Nachforschungen mehr Erfolg als unsere Arbeit.» Das war für mich eine unerwartete Äußerung. Waren wirklich alle Möglichkeiten zur Klärung des Phänomens «Medjugorje» ausgeschöpft worden?

Die Methoden bei der Untersuchung scheinen nicht stichhaltig zu sein, wenn man sich die folgenden Punkte vergegenwärtigt:

1. Die Mitglieder der Kommission wurden durch Bischof Žanić beeinflußt. Immer wieder erklärte der Ortsordinarius, daß die angeblichen Seher Halluzinationen hätten und die Menschen belügen, und daß sie von den Franziskanern in Medjugorje manipuliert würden.

2. Es wurde von bestimmten Mitgliedern der Kommission der Vorschlag gemacht, auch Pilger und Einheimische über die Vorgänge in Medjugorje zu befragen. Dieser Vorschlag wurde aber von der Mehrheit dieser Kommission abgelehnt.

3. Einige Mitglieder der Kommission waren nicht ein einziges Mal während der Erscheinungen anwesend.

4. Da man P. Tomislav Vlašić für den Erfinder und Drahtzieher der Erscheinungen hielt, fragten einige Mitglieder der Kommission die Seher: «Und was hat euch Tomislav Vlašić heute gesagt? Was für eine Botschaft der Gospa sollt ihr uns heute mitteilen?»

5. P. Radogost Grafenauer aus Maribor, den Bischof Žanić eingeladen hatte, damit er die Ereignisse in Medjugorje untersuche, hatte dem Bischof erklärt, daß die Untersuchungen und Verhöre der Seher nicht sachbezogen und einer bischöflichen Kommission unwürdig seien.

6. Einen Tag vor diesem Gespräch hatte ich bei der Suche nach einer geheilten Frau eine Begegnung mit einem katholischen Pfarrer. Ich fragte ihn nach einer geheilten Person. Er erwiderte: «Sie ist weggezogen, aber ich weiß nicht wohin. Die angebliche Heilung ist sehr zweifelhaft, man sollte darüber nichts veröffentlichen. Wenn Ihnen die Frau sagt, daß sie vor den Erscheinungen in Medjugorje gehen konnte, dann sagt sie die Wahrheit, denn ich habe sie selbst beim

Gehen beobachtet, wenn sie aber sagt, daß sie erst nach den Erscheinungen gehen konnte, lügt sie.» Trotz dieser negativen Aussage fand ich mit Hilfe meines Taxifahrers die gesuchte Person. Die ärztlichen Unterlagen, die sie mir gab, widerlegten die Behauptungen des Pfarrers. Als ich der Geheilten die Bedenken und Behauptungen des Priesters mitteilte, antwortete sie: «Er lügt, er weiß auch, wo ich jetzt wohne.» Ich schilderte dem Generalvikar diese Begebenheit und fragte ihn: «Was geht hier vor? Warum werden Personen, die nach den Ereignissen in Medjugorje forschen, derart getäuscht?» Mein Gesprächspartner erkundigte sich nach der Pfarrei, doch ich hielt es für sinnvoll, diesen katholischen Pfarrer und dessen Pfarrei nicht zu nennen. Handelte der Pfarrer aus eigener Initiative, weil er eine Antipathie gegen Medjugorje hatte, oder handelte er so, weil es ihm von oben diktiert wurde? Diese Frage muß offen bleiben.

7. Ich wollte wissen, warum Bischof Žanić von 142 ärztlichen Dokumenten im Fall der Heilung von Frau Diana Basile aus Italien nur deren sechs an den Präsidenten des ärztlichen Büros in Lourdes geschickt hatte. Dr. Frigerio aus Mailand, der zusammen mit Kollegen diese 142 Dokumente gesammelt und sie Bischof Žanić, Erzbischof Franić aus Split und Kardinal Kuharić aus Zagreb zur Verfügung gestellt hatte, erklärte mir, daß Dr. Mangiapan, der Leiter und Präsident des ärztlichen Büros in Lourdes, eine sehr negative Stellungnahme im Fall der Diana Basile abgegeben habe. Diese wurde von Bischof Žanić an die Glaubenskongregation in Rom gesandt. Ich fragte Dr. Brajko, warum der Bischof nicht alle Unterlagen nach Lourdes geschickt habe. Der Generalvikar antwortete sinngemäß, daß der Bischof nach bestem Wissen und Gewissen diese Auswahl getroffen habe. Es ist befremdend, diese negative Stellungnahme aus Lourdes zu lesen, wenn man sich vergegenwärtigt, daß Diana Basile nach mehr als einem Jahrzehnt in Medjugorje von Multipler Sklerose und einseitiger Blindheit geheilt wurde.

Im Verlauf unseres Gesprächs berichtete ich dem Generalvikar von todkranken Menschen, die in Medjugorje durch die Gottesmutter geheilt wurden. Beeindruckt von meinen Erfahrungsberichten erklärte er: «Ich sehe für Medjugorje durchaus positive Kriterien. Ich werte es sehr positiv, daß so viele Menschen nach Medjugorje pilgern, dort ihren Glauben vertiefen und im Gebet Gott suchen. Gott hat für die Menschen viele Wege, um sie zum Heil zu führen. Ich bin offen für die Ereignisse in Medjugorje, aber alles muß sorgfältig erwogen werden.»

Wie kann man aber noch die Ereignisse von Medjugorje analysieren, wenn die Mehrheit der Kommission für einen Abbruch der Arbeit war, weil angeblich der übernatürliche Charakter fehlte?

Ich fragte Dr. Brajko, warum der Bischof im Fall Medjugorje kein endgültiges Urteil — sei es negativ oder positiv — gefällt habe. Er erwiderte: «Wir haben unsere Ergebnisse und Gutachten dem Bischof gegeben, der sie nach Rom brachte. Ein endgültiges Urteil steht uns nicht zu.»

Diese Aussage steht im Gegensatz zur Feststellung von Bischof Paolo Hnilica. In einem Interview erklärte dieser: «In der Kirche war es schon immer üblich, daß Phänomene wie in Medjugorje — nach dem Kirchenrecht — in die Kompetenz des zuständigen Ortsbischofs fallen. Er hat zu prüfen, zu beurteilen, zu verurteilen oder zu approbieren» *(Medjugorje — Gebetsaktion Nr. 4, 1986, Wien).*

Aus verschiedenen Quellen hatte ich erfahren, daß die Glaubenskongregation in Rom Bischof Žanić zu Mäßigung und Zurückhaltung gegenüber Medjugorje gebeten und ihm ihre Hilfe angeboten hatte. Als ich auf diese Behauptungen einging, dementierte sie Dr. Brajko:

«Das stimmt nicht, wir haben von Rom keine Vorschriften für Medjugorje bekommen.» Ich fragte ihn: «Glauben Sie, daß Bischof Žanić unter Druck stehen könnte?» Er bejahte, dann erklärte er, daß der Bischof wegen Medjugorje Drohbriefe erhalte. Aus manchen Briefen gehe eindeutig hervor, daß man ihm nach dem Leben trachte.

Schließlich ging ich auf das Verhältnis des Weltklerus und der Franziskaner ein. Ich bemerkte, daß die Erscheinungen in Medjugorje von der katholischen Kirche schon längst anerkannt wären, wenn das Verhältnis zwischen den Welt- und Ordenspriestern nicht zu großen Spannungen geführt hätte. Dr. Brajko erwiderte: «Das hat damit überhaupt nichts zu tun. Ich selbst bin in einer Franziskanerpfarrei groß geworden.» Dann erwähnte ich die suspendierten Franziskaner P. Ivica Vego und P. Ivan Prusina und ging auf die Verstöße gegen das Kirchenrecht bei ihrer Suspendierung ein. Der Generalvikar antwortete: «Sie haben trotz Ermahnungen nicht auf uns gehört, sie haben sich viel zuschulden kommen lassen.» Darauf erwiderte ich: «Wenn Sie mir eine Fotokopie dieser Ermahnungen geben können, bin ich von der Rechtmäßigkeit des Urteils überzeugt.» Leider verließ ich das bischöfliche Ordinariat ohne diese Beweisstücke.

Ein Interview mit P. Dr. Ivan Dugandžić

Am 28. Juli 1986 fragte ich Dr. Dugandžić: «Warum wurde die Arbeit der Untersuchungskommission für Medjugorje beendet?» Er antwortete: «Bischof Žanić äußerte den Wunsch, die Mitglieder der Kommission sollten bis Ende 1985 möglichst zu einem Abschluß ihrer Gutachten über Medjugorje kommen. Am 2. Mai 1986 sagte der Bischof zu uns, daß er in Rom war, und nun wünsche, mit dieser Sitzung die Arbeit über Medjugorje abzuschließen. Wir sollten entscheiden, ob wir weiterarbeiten oder nicht. Die Mehrheit der Mitglieder der Kommission war dafür, die Arbeit zu beenden. Sie waren der Meinung, genügend Material zu haben, um ein Urteil fällen zu können. Zwei Psychiater wollten das Phänomen weiter beobachten. Vier Theologen wollten weiterforschen. Bischof Žanić hat das ganze Material und die Gutachten der Kommissionsmitglieder der Glaubenskongregation in Rom übergeben.»

Ich fragte Dr. Dugandžić: «Ist es wahr, daß die Glaubenskongregation dem Ortsbischof ihre Hilfe angeboten hat?» Darauf erwiderte er: «In der Zeitschrift "Glas Koncila" steht, daß die Glaubenskongregation Bischof Žanić ihre Hilfe im Fall Medjugorje angeboten habe. Nach meiner Meinung ist das eine diplomatische Sprache, ich glaube, daß mehr dahintersteckt. Ich sehe das große Interesse des Vatikans an Medjugorje.»

Ich fragte weiter: «Stimmt es, daß Bischof Žanić sich in der Öffentlichkeit nicht mehr über Medjugorje äußern soll?» P. Dugandžić antwortete: «Das haben wir aus mehreren Quellen aus Rom erfahren. Der Bischof hat Hunderten von Personen gesagt, daß er im Mai 1986 nach der Sitzung ein negatives Urteil über Medjugorje fällen werde.» Ich wollte wissen, warum die Kommission aufgelöst wurde. Dr. Dugandžić sagte: «Das ist für mich ein Geheimnis.»

Ich richtete an ihn die Frage: «Glauben Sie, daß Gott durch die Botschaft von Medjugorje der Welt ein Friedensangebot machen möchte?» Darauf erwiderte er: «Davon bin ich fest überzeugt, gerade deshalb habe ich mich in der Untersuchungskommission so sehr für Medjugorje eingesetzt.»

«Wie sehen Sie die Botschaft von Medjugorje?» fragte ich. Darauf antwortete er: «Die Botschaft ist eine Einladung im Sinn des Evangeliums.»

Nach seiner Überzeugung erlebe die Welt durch ihre Abkehr von Gott in vielen Bereichen eine Zerfallserscheinung. Ein großer Teil der Menschen sei sich nicht mehr bewußt, daß sie in einer unsicheren und gefährdeten Welt leben. Aus diesem Grund schicke Gott die Gospa, um die Menschen zur Bekehrung und Versöhnung aufzurufen, damit der Friede in der Welt wieder hergestellt werden könne.

Weitere Themen, die ich mit P. Ivan Dugandžić besprach, werden an anderen Stellen wiedergegeben.

C) Meine Gespräche mit kroatischen Bischöfen

Interviews mit Bischof Žanić von Mostar

Bei meiner dritten Reise nach Medjugorje besuchte ich am 1. Januar 1984 in Mostar Mgr. Pavao Žanić. Er ist der zuständige Bischof für die Pfarrei Medjugorje, er hat das letzte Wort über die Echtheit der Erscheinungen zu sprechen.

In der bischöflichen Erklärung, die in «Glas Koncila» von 16. August 1981 veröffentlicht wurde, heißt es: «Was kann über den Fall von Bijakovići gesagt werden? Es steht fest, daß die Jugendlichen von niemand, besonders nicht von der Kirche, instruiert wurden, die Unwahrheit zu sagen. Also deutet, wenigstens bisher, alles daraufhin, daß die Jugendlichen nicht lügen. Es bleibt also die am meisten problematische Frage: Handelt es sich um subjektives Erleben der Jugendlichen oder um etwas Übernatürliches?

Als die Juden den Aposteln den Mund verschließen wollten, sagte der kluge, vernünftige Schriftgelehrte Gemaliel im Rat: "Wenn dieses Vorhaben oder dieses Werk von Menschen stammt, wird es zerstört werden; stammt es aber von Gott, so könnt ihr es nicht vernichten..." *(Apg 5,38-39).* Wir nehmen vorläufig diesen Standpunkt ein!»

Diese Verlautbarung des Bischöflichen Ordinariates in Mostar liegt inzwischen zweieinhalb Jahre zurück. Während dieser Zeit hat sich vieles geändert. Zunächst sagte ich zum Bischof, daß ich aus Dankbarkeit für ein Gnadengeschenk in Medjugorje ein Buch über diese Erscheinungsstätte schreiben möchte.

Dann fragte ich ihn: «Wann wurde die kirchliche Untersuchungskommission im Fall Medjugorje eingesetzt?» Der Bischof blätterte in einem Aktenbündel, dann antwortete er: «Seit dem 11. Januar 1982 gibt es diese Kommission.»

Ich wollte wissen, wie viele Fachleute dieser Kommission angehören. Bischof Žanić erklärte mir, daß zunächst vier Personen, dann zwölf Experten mit dieser Aufgabe betraut wurden.

Dann fragte ich: «Stimmt es, daß Sie die Seherin Marija Pavlović mit Bernadette Soubirous verglichen haben?» Er sagte, daß ihm dazu Parallelen eingefallen seien, er habe es assoziiert.

Ich erklärte ihm, daß in einem Artikel über Medjugorje zu lesen war: «Der Bischof von Mostar hat gesagt: "Medjugorje ist am Absterben."» Er erwiderte: «Diese Aussage ist falsch.»

Ich fragte den Bischof: «Wann waren Sie das letzte Mal in Medjugorje?» Er antwortete: «Es war am 16. November 1983.»

Als ich die beiden Bücher über Medjugorje in deutscher Sprache erwähnte, sagte er, daß beide Verfasser an der Wahrheit vorbeigingen. Die Bücher seien weder sachlich noch objektiv. Ich erwähnte, daß bedeutende Persönlichkeiten aus Politik und Wissenschaft vor einer gefährlichen Krise in der Welt — manche sprechen von einer Endzeit — warnen, daß aber die Befolgung der Botschaften von Fatima und Medjugorje aus dieser Krise herausführen könne.

Jetzt wurde mein Gesprächspartner sehr konkret. Er sagte, daß Vicka Ivanković bei ihm war und ihm beteuerte, sie habe nur zwei bestimmte Monate in ihrem Tagebuch aufgezeichnet. Außerdem habe ein Franziskanerpater aus Medjugorje geschworen, daß nur diese beiden Monate in Vickas Tagebuch existierten. Er und seine Mitarbeiter hätten aber herausgefunden, daß Vicka ihr Tagebuch über einen längeren Zeitpunkt geführt habe.

Plötzlich sprach der Bischof von der Türkenzeit und erklärte, daß die Franziskaner seit etwa 400 Jahren die Seelsorge in der Herzegowina ausübten. Dabei erfuhr ich, daß die Diözese Mostar noch sehr jung ist. Bischof Žanić äußerte sich in diesem Zusammenhang dahin, daß bei der Neugründung seiner Diözese mit den Franziskanern Probleme auftauchten. Vor etwa drei Jahren wurden zwei Franziskanerpatres vom Ordensgeneral in Rom im Einvernehmen mit dem Bischof wegen Ungehorsam von ihrem Amt suspendiert. Der Bischof erklärte, daß diese beiden Franziskaner auch weiterhin ihr Amt als Priester ausübten, obgleich sie «a divinis» suspendiert seien. Er übergab mir ein Schreiben, das angeblich Auszüge aus Vickas Tagebuch enthielt. In diesem Schreiben, das mit der Maschine getippt war, werden die beiden suspendierten Priester von der Gottesmutter gebeten, im

Kloster von Mostar zu bleiben und ihr Priesteramt weiterhin auszuüben.

Da mir der Bischof das Schreiben schenkte, möchte ich eine Stelle daraus zitieren. Hier heißt es: «20. Januar 1982 — Mittwoch. Wir fragten, was die Patres N.N. nun tun sollten, da sie von ihrem Amt suspendiert waren. Die Gospa antwortete: "Sie sind nicht schuldig... Laßt sie bleiben, sie sollen oft beten, und alle anderen sollen für sie beten."»

Die Bestätigung des Schreibens durch den Bischof ließ in mir schwere Zweifel an der Echtheit der Erscheinungen von Medjugorje aufkommen. In der Geschichte der Kirche ist kein Fall bekannt, daß auf Grund einer Privatoffenbarung eine solche Verfügung ausgesprochen wurde. Diese Behauptung des Bischofs ist das einzige negative Kriterium, das ich im Fall Medjugorje bisher gefunden hatte. Bischof Žanić blieb mir allerdings den Beweis für diese Behauptung, daß die Gottesmutter in seinen Kompetenzbereich eingegriffen habe, schuldig, denn er zeigte mir nur ein maschinengeschriebenes Blatt. Darin waren acht verschiedene Tage vom 19. Dezember 1981 bis zum 29. September 1982 aufgeführt. Vickas Tagebuch wollte oder konnte mir der Bischof nicht zeigen.

Bischof Žanić erklärte, daß der Ort der angeblichen Erscheinungen früher einmal eine Hinrichtungsstätte gewesen sei, und daß man die jetzigen Vorgänge politisch damit in Verbindung brachte.

Gerade er — so beteuerte der Bischof — habe damals die Franziskaner vor den kommunistischen Behörden verteidigt und in Schutz genommen. Er habe immer wieder betont, daß die Erscheinungen nichts mit Politik zu tun hätten.

Als der Bischof nur negative Gesichtspunkte im Fall Medjugorje aufzählte, fragte ich ihn ganz offen: «Glauben Sie, daß alle Vorkommnisse in Medjugorje Unsinn sind?» Bischof Žanić gab mir darauf eine sehr bemerkenswerte Antwort: «Nein, irgend etwas muß an der Sache sein.»

Durch die vielen negativen Bemerkungen des Bischofs irritiert, stellte ich an ihn die sehr unüberlegte Frage: «Würden Sie sich denn sehr freuen, wenn die Gospa in ihrer Diözese erschiene?» Darauf sagte der Bischof sinngemäß, daß er sich glücklich schätzen würde, wenn dies der Fall wäre.

Da sagte ich zu ihm: «Wenn ein Fall bekannt würde, daß durch die Gospa von Medjugorje ein Mensch von Multipler Sklerose oder von einem gefährlichen Krebs im Endstadium geheilt wurde, wäre dies ein Beweis dafür, daß Gott am Werk ist. Wenn aber erkennbar wird, daß Gott durch eine solche Heilung eingegriffen hat, muß man mit höchster Wahrscheinlichkeit davon ausgehen, daß Gott überall am Werk ist.» Hier stimmte mir der Bischof voll zu. Er sagte: «Solche Heilungen sind konkrete Hinweise für die Echtheit der Erscheinungen.» Ich versprach ihm, daß ich nach solchen konkreten Fällen forschen und ihm die ärztlichen Unterlagen zusenden werde. Dabei war der Bischof mehr als skeptisch. Er sprach sogar davon, daß ärztliche Unterschriften gefälscht sein könnten. Der Bischof sagte: «Warum schicken die Franziskaner von Medjugorje nicht einen Geheilten zu mir, damit ich mir ein Urteil erlauben kann?»

Am Ende unserer Unterhaltung sprachen wir über die schwerwiegende Entscheidung, die im Fall Medjugorje gefällt werden müsse. Der Bischof sagte: «Es muß alles sehr sachlich und objektiv geprüft werden, denn der Schaden, der durch eine falsche Entscheidung verursacht würde, wäre verhängnisvoll. Es wäre eine Blamage vor der Welt und vor den Kommunisten. Der Teufel bekehrt Zehntausend, um nachher Zwanzigtausend in die Irre zu führen.»

Als ich den Bischof nach einem fast zweieinhalbstündigen Gespräch verließ, mußte ich über seine letzten Worte nachdenken. Er hatte gesagt: «Unter diesen Umständen wird es Ihnen kaum möglich sein, über Medjugorje ein Buch zu schreiben.» Ich hatte ihm darauf geantwortet: «Ich suche nur die Wahrheit und sonst nichts. Wir beide haben das gleiche Ziel, denn wir suchen gemeinsam nach der Wahrheit. Ich werde weiterforschen.»

Nach diesem langen Gespräch irrte ich enttäuscht und verwirrt durch Mostar und versuchte, das Gehörte zu verkraften. Ich bat Gott um ein Zeichen, an dem ich erkennen konnte, ob ich mein Manuskript beenden solle oder nicht. Gott gab mir innerlich zu verstehen, daß er meine Bitte erfüllen würde.

Am 16. August 1984 besuchte ich Bischof Žanić von Mostar erneut. Seine negativen Urteile im Fall Medjugorje waren im wesentlichen die gleichen wie bei unserem ersten Gespräch an Neujahr 1984. Der Bischof versuchte in einem rund zweistündigen Gespräch mich davon zu überzeugen, daß in Medjugorje nicht Gott, sondern der Teufel am Werk sei. Er kam zu dem Ergebnis: Die Franziskaner manipulieren die angeblichen Seher. Diese belügen die Welt.

Mein Gespräch mit dem Vorsitzenden der jugoslawischen Bischofskonferenz, Kardinal Franjo Kuharić

Sechs Tage nach meinem ersten Besuch bei Bischof Žanić in Mostar, am 7. Januar 1984, traf ich mit Kardinal Kuharić in Zagreb zusammen. Ich erklärte ihm den Grund meines Besuches. Der Kardinal zeigte sich sehr aufgeschlossen und interessiert. Als ich ihm von einer Frau aus Deutschland erzählte, die nach einem Schlaganfall in Medjugorje geheilt wurde, bat er: «Besuchen Sie diese Frau, versuchen Sie die ärztlichen Unterlagen zu bekommen, und schicken Sie diese an Bischof Žanić nach Mostar.»

Am 5. Januar 1984 hatte ich in der Nähe von Mostar einen jungen Mann besucht, der an einer Gehirnthrombose litt, und der durch die Handauflegung und das Gebet der Seherin Vicka Ivanković von seiner schweren Krankheit geheilt wurde. Ausführlich berichtete ich dem Kardinal über das Gespräch mit dem Geheilten. Kardinal Kuharić erklärte mir, daß er Vicka Ivanković persönlich kenne.

Dann erwähnte ich meinen Besuch bei Bischof Žanić vor wenigen Tagen. Sinngemäß sagte der Kardinal, daß er in ihm einen sehr zuverlässigen Mitarbeiter habe.

Wir kamen auf die Untersuchungskommission zu sprechen, die Bischof Žanić eingesetzt hatte. Kardinal Kuharić kritisierte: «Man hätte eine Kommission einsetzen sollen, die untersucht und schweigt, die Fakten sammelt und prüft und nicht, wie es geschehen ist, nach kurzer Zeit Informationen an die Öffentlichkeit abgibt. Es sollten nicht nur Fachleute aus dem eigenen Land, sondern auch Experten aus dem Ausland zugezogen werden.»

Während unseres Gesprächs erwähnte ich die gefährliche Situation in der Welt und erklärte, daß die Botschaft von Medjugorje mit der Botschaft von Fatima fast identisch sei. Ich verschwieg auch nicht, daß wir die Botschaft von Fatima überhört hätten, und daß die Gefahr bestehe, daß es der Botschaft von Medjugorje ähnlich gehen könne. Mein Gesprächspartner wollte und konnte über die Erscheinungen in Medjugore nichts sagen. Er verwies auf die Kompetenzen in diesem Fall und erklärte, daß man Medjugorje an den Früchten erkennen werde.

Lange unterhielten wir uns über die Suspendierung der beiden Franziskanerpatres aus Mostar und die angeblichen Äußerungen der Gottesmutter in diesem Fall. Kardinal Kuharić berichtete über die Türkenzeit und die Ausübung der Seelsorge durch die Franziskaner in den letzten 400 Jahren. Er erklärte mir, daß die beiden Patres «a divinis» suspendiert seien. Wir sprachen auch darüber, daß es in der Kirchengeschichte ein einzigartiger Fall sei, wenn zwei suspendierte Priester auf Grund einer Privatoffenbarung in ihrem Amt verbleiben. Wir waren der gleichen Überzeugung, daß es sich hier um das negativste Kriterium im Fall Medjugorje handle.

Im Verlauf unseres Gesprächs kamen wir wieder auf die ernste Situation unserer Zeit zu sprechen. Ich sagte dem Kardinal, der Papst habe sich in Turin geäußert, daß noch nie in der Geschichte die Menschen so zahlreich vom Glauben abgefallen seien.

Wir sprachen auch über das Buch des Atomphysikers Bernhard Philberth *«Christliche Prophetie und Nuklearenergie»* und dessen gewaltige Aussage zum Thema «Endzeit». Der Kardinal zeigte sehr großes Interesse an diesem Buch und wollte es sich besorgen lassen.

Als ich ihm gegenüber von den angeblichen Aussagen des Papstes in Fulda über das Dritte Geheimnis von Fatima berichtete, sagte er: «Wir waren in Rom beim Papst zu Tisch und fragten ihn, ob er wirklich etwas über das Dritte Geheimnis von Fatima ausgesagt habe. Der Papst hat dementiert. Er habe von der Bedrohung der Welt durch den Unglauben gesprochen und als Heilmittel das Gebet, die Buße und die Umkehr zu Gott empfohlen.»

Bei dieser Gelegenheit fragte ich den Erzbischof, ob der Papst — wie ich es von verschiedenen Seiten gehört hatte — nach Jugoslawien komme. Kardinal Kuharić sagte, daß der Papst die Bedingungen der Regierung zu überprüfen habe, die ihm bei einem Besuch in Jugoslawien gestellt würden.

Über die Lage in der Welt und ihre Krise sagte der Erzbischof: «Es sind große dämonische Kräfte am Werk. Die Menschen suchen ihr Heil nicht mehr in Gott, sondern im Materialismus und in der Genußsucht.» Er zeigte sich besorgt über die Entwicklung der Nuklearwaffen und sprach konkret vom Wirken des Antichrist. Der Kardinal war der Meinung, daß wir in einer apokalyptischen Zeit leben. Als Gegenmaßnahmen nannte er: Gebet, Buße und Umkehr. Ich erwiderte ihm, daß Gott uns in Medjugorje durch Maria ein großes Friedensangebot macht, das wir sehr ernst nehmen sollten. Zum Abschied spendete mir Kardinal Kuharić seinen Segen und überreichte mir eine Geschenkkassette, die drei Langspielplatten mit kroatischen Weihnachtsliedern enthielt. Dann wünschte er mir viel Erfolg bei meinen weiteren Nachforschungen.

Ein kurzes Interview mit dem damaligen Erzbischof von Split, Msgr. Frane Franić, dem Vorsitzenden der Glaubenskommission der Bischofskonferenz Jugoslawiens

Anläßlich eines Jubiläums besuchte der Erzbischof am 1. Dezember 1985 die Bundesrepublik Deutschland. Bei dieser Gelegenheit führte ich mit ihm ein kurzes Gespräch. Dr. Frane Franić hatte sich in den Medien sehr positiv über Medjugorje geäußert. Dadurch kam es zu Meinungsverschiedenheiten zwischen ihm und Bischof Žanić von Mostar, der für die Pfarrei Medjugorje zuständig ist. Aus diesem Grund wurde ihm von Rom nahegelegt, in der Öffentlichkeit wegen Medjugorje keine Differenzen mehr auszutragen.

Ich fragte den Erzbischof, ob Kardinal Ratzinger oder Kardinalstaatssekretär Casaroli die beiden Oberhirten ersucht habe, in den Medien keine Meinungsverschiedenheiten mehr über Medjugorje zu erwähnen. Er antwortete: «Kardinal Casaroli.»

In den Medien wurde berichtet, daß Erzbischof Franić im Herbst 1984 den Papst besuchte und sehr wahrscheinlich mit ihm über Medjugorje sprach. Ich fragte ihn diesbezüglich. Er sagte: «Ich war beim Papst, aber über dieses Thema habe ich nicht mit ihm gesprochen.»

Gewährspersonen hatten mir berichtet, daß der Heilige Vater an Medjugorje sehr großes Interesse zeige. Auf meine Frage, ob diese Information stimme, antwortete er: «Der Papst ist an Medjugorje interessiert.»

Ich richtete an ihn die Frage: «Welche Kriterien gibt es in Medjugorje?» Der Erzbischof erwiderte: «Medjugorje erkennt man an den Früchten!» Diese Aussage war mir zu vage, deshalb fragte ich konkreter, ob er gute oder schlechte Früchte meine. Er gab mir zur Antwort: «Gute Früchte.»

Zum Schluß bedankte ich mich für den Brief, den er mir im Januar 1985 geschrieben hatte. In diesem Schreiben brachte er zum Ausdruck: «Es gefällt mir, daß Sie über die Gnaden berichten, die Ihnen von der Jungfrau Maria geschenkt wurden. Die Veröffentlichung der Gnaden gefällt auch unserem Herrn und seiner heiligen Mutter sehr.»

Als ich diesen Brief dem Erzbischof zeigte, sagte er: «Ich habe Ihnen das geschrieben, was ich damals in meinem Inneren empfand.» Im Verlauf unseres Gesprächs spürte ich sehr deutlich, daß die Anordnung aus Rom die Antworten des Erzbischofs sehr stark beeinflußten. Zusammen mit dem oben erwähnten Brief schickte mir

Erzbischof Franić ein Interview, das er mit einer kroatischen Kirchenzeitung geführt hatte. Daraus sollen einige Stellen zitiert werden:

Er bringt darin zum Ausdruck, daß man dem endgültigen Urteil der kirchlichen Untersuchungskommission nicht vorgreifen dürfe. Er ist sich zusammen mit seinen Amtsbrüdern darin einig, daß Pilgerfahrten nach Medjugorje im Namen der Kirche oder irgendeines Bistums nicht durchgeführt werden sollten, bis eine endgültige Entscheidung durch den Bischof von Mostar getroffen sei. Der Erzbischof betont in diesem Interview, daß er es nicht für sinnvoll halte, wenn die Pilgerfahrten nach Medjugorje eingeschränkt oder gegängelt würden. Er betrachtet alle Pilgerfahrten, die nicht von der Kirche organisiert sind, als Privatangelegenheit. Ferner bewertet er den ständig ansteigenden Pilgerstrom als positiv, besonders die Früchte, die man in Medjugorje erkennen könne, deuteten möglicherweise auf einen übernatürlichen Eingriff hin.

Dr. Franić betont, daß anerkannte Theologen und Wissenschaftler der verschiedensten Disziplinen sich sachlich mit den Phänomenen auseinandersetzten. Aus diesem Grund glaube er, daß Betrug mit Sicherheit ausgeschlossen werden könne. Als wichtigste Voraussetzung für eine erfolgreiche Arbeit der Untersuchungskommission sieht er das Studium der einschlägigen Literatur über diese Phänomene. Er ist überzeugt, daß man nicht bei den Unvollkommenheiten der Seher stehen bleiben dürfe, sondern zum Wesen der Botschaft vordringen müsse.

Er wendet sich gegen die Behauptung, die «Kinder hätten Halluzinationen». Solche Zwangsvorstellungen, die über drei Jahre andauern, würden das gesündeste Gehirn zerstören.

Der Erzbischof schließt das Interview mit der Bemerkung, daß er sich fügen werde, wenn der zuständige Bischof von Mostar ein Verbot ausspreche. Solange das nicht geschieht, hält er es für legitim, wenn ein Geistlicher — auch ein Bischof — als Privatperson nach Medjugorje pilgert und dort die Mahnung zum Gebet ernst nimmt.

Im Frühjahr 1985 wurde mir das Protokoll eines Gesprächs zwischen Erzbischof Frane Franić und den Franziskanern, die Medjugorje betreuen, zur Verfügung gestellt.

Wegen seines privaten Charakters und wegen der Anordnung aus Rom hielt ich es lange Zeit nicht für angebracht, daraus Auszüge zu bringen. Zwei Tage nach meinem Gespräch mit Erzbischof Franić fand ich dieses Interview in der Zeitschrift *«Mater Nostra» (Dezember*

1985). Da es nun der Öffentlichkeit zugänglich ist, möchte ich daraus wichtige Aussagen des Oberhirten zitieren, die Medjugorje betreffen.

Pater Slavko Barbarić, der damalige Kaplan von Medjugorje, fragte den Erzbischof: «Zu welchen Schlußfolgerungen sind Sie gekommen?» Msgr. Franić antwortete:

«Unsere Liebe Frau erscheint hier. Davon bin ich überzeugt...! Die Persönlichkeiten der Seher und Seherinnen waren für mich eine freudige Überraschung... Am 17. Dezember, dem Tag meiner Bischofsweihe, bin ich hierher gereist, um den 34. Jahrestag dieser Weihe zu begehen. Ich habe die heilige Messe unerkannt gefeiert. Niemand in der Kirche hat geahnt, daß ich Bischof bin. An diesem Tag bat ich Marija (es handelt sich um die Seherin Marija Pavlović — Anm. des Verf.), meine Frage an unsere Liebe Frau zu stellen, aber nur, wenn sie damit einverstanden sei: Die Gottesmutter möge mir einen Wink zu meiner Haltung geben. Ich wäre sehr zufrieden, wenn sie mir Hinweise gäbe auf meine schwachen Stellen, die ich im Auge behalten muß, um mich zu bessern. Das war meine besondere Bitte. Ihre Antwort: Von nun an erwartet mich verstärktes Leiden, doch unsere Liebe Frau werde mit mir mitleiden. Sie sind gewiß die Folgen meiner Medjugorje gegenüber eingenommenen Haltung. Ich habe dies auch in Rom gespürt. Hier etwas weniger. Die Zukunft wird uns Auskunft geben.

Für mich ist es offensichtlich, daß die Seherin Marija unter der besonderen Wirkung des Heiligen Geistes steht, daß sie in der liebevollen Annahme des Kreuzes Fortschritte im geistigen Leben macht. Sie will die Wahrheit leben. In ihr wie in den anderen von mir besuchten Sehern ist keine Lüge... Ich bin überzeugt, daß der gleiche Geist in seinen Kindern und in vielen Bestrebungen zur Erneuerung im Geist, die sich gegenwärtig in der Kirche bemerkbar machen, am Werk ist. Solche Bewegungen sind bei uns vorhanden, zum Beispiel bei den Focolari, den charismatischen Gebetsgruppen usw. Hinzufügen kann man die Gebetsgruppen der Jugendlichen in Zagreb... In Split sind sie zahlreich, die Jungen erklären, daß ihre Begeisterung für das Gebet durch Medjugorje genährt werde.

Unsere klassische Pastorallehre ist so eng strukturiert, daß wir die neuen Formen, die uns der Heilige Geist eröffnet, damit nicht erfassen. Ich sehe darum keine Unvereinbarkeit zwischen Medjugorje und dem Heiligen Geist. Er ist in unserer Kirche wie auch in der ganzen Welt auf verschiedene Weise am Werk. Nach meiner Auffassung handelt es sich um eine große Gesamtbewegung, die ununterbrochen vorwärts drängt, und Medjugorje ist sozusagen der Gipfelpunkt dieses Wirkens...

Medjugorje nicht verstehen, heißt verkennen, daß der Heilige Geist dort wirkt. Ich selbst habe nie erwartet, daß der Ort die ganze Welt anzuziehen und in Bewegung zu setzen vermöchte. Medjugorje ist wie ein Höhepunkt des Wirkens des Heiligen Geistes. Unsere Liebe Frau ruft uns aus allen Ecken der Welt, damit wir uns gegenseitig als Brüder und Schwestern anerkennen. Wir können uns verständigen, selbst wenn wir rassisch und sprachlich verschieden sind. Der Glaube vereinigt uns so, daß wir eines Herzens sind.

Ich sehe Medjugorje vor allem in der Annäherung der Brüder der anderen Kirchen, der Orthodoxen, der Muselmanen und selbst der marxistischen Brüder. Unsere Liebe Frau strahlt hier nur Liebe aus. Sie ist die Mutter aller, sie lehrt uns, einander zu lieben...

Ich glaube, daß wir, die wir unsere Liebe Frau von Medjugorje verehren, das eine Ziel verfolgen müssen: unseren Glauben an Gott und an den Menschen zu stärken... Wir müssen dafür sorgen, daß die Botschaft unserer Lieben Frau nicht zum Fall irgend eines Menschen führt, sondern zum Heil aller! Ich selbst verließ Medjugorje mit dem festen Entschluß, jeden Groll gegen Priester oder Gläubige, deren Meinung von meiner eigenen verschieden ist, auszuschalten. Ich möchte für immer die geistige Haltung bewahren, die ich bei den Franziskanerbrüdern vorgefunden habe. Sie lehren, wie man beten soll, wie man den liturgischen Zeremonien beiwohnen muß...

Ja, der Himmel drängt sich niemand auf. Er respektiert die Freiheit des Menschen. Jesus Christus verhielt sich ebenso. Er hat keinen gezwungen, ihm nachzufolgen. Wenn die Leute ihn nicht aufnehmen wollten, zog er sich zurück!»

Gespräche mit dem Präfekten der Glaubenskongregation, Kardinal Joseph Ratzinger

Am 30. Oktober 1984 schickte Bischof Pavao Žanić von Mostar einen inoffiziellen Bericht über die Ereignisse der Marienerscheinungen von Medjugorje nach Rom, der in keiner Weise den Realitäten entspricht. Nachdem ich die Beschuldigungen des Bischofs zur Kenntnis genommen hatte, sprach ich am 30. Dezember 1984 mit dem Präfekten der Glaubenskongregation, Kardinal Joseph Ratzinger. Bei diesem ersten Gespräch machte ich ihn auf die unhaltbaren

Beschuldigungen, die unsachlichen Untersuchungen und die Widersprüche aufmerksam. Nach dieser Unterredung wurde mir die Notwendigkeit einer «schriftlichen Stellungnahme» bewußt.

Als mich Dr. Frigerio aus Mailand in der Osterwoche 1985 darauf hinwies, daß in wenigen Tagen in Zagreb eine Bischofskonferenz tagen sollte, wobei auch Medjugorje erörtert werde, schickte ich sofort eine Stellungnahme zu dem erwähnten Bericht von Bischof Žanić an den Vorsitzenden der jugoslawischen Bischofskonferenz, Kardinal Franjo Kuharić. Der Erhalt dieses Berichtes wurde mir vom Sekretär des Kardinals bestätigt. Einen Monat später sandte ich einen 125 Seiten langen Bericht mit Beweismaterial an Kardinal Ratzinger nach Rom. Da ich lange keine Bestätigung über den Erhalt dieser Stellungnahme bekam, sprach ich am 27. August 1985 erneut mit dem Präfekten. Bei dieser Unterredung wies ich vor allem auf die beiden suspendierten Franziskaner Vego und Prusina hin, die gemäß meinen Untersuchungen zu Unrecht verurteilt wurden. Bei der Suspendierung wurde außerdem gegen das Kirchenrecht verstoßen.

Durch meine Nachforschungen war ich auch auf einen Fall gestoßen, der in erschreckender Weise offenbart, wie das Kirchenrecht mißbraucht wurde. In der Erzdiözese Sarajevo wurden drei Franziskaner exkommuniziert. Diese Patres erfuhren erst von ihrer Bestrafung, als sie das «Amtsblatt des Bischofs» lasen. Ich machte den Kardinal auf diese drei exkommunizierten Franziskaner aufmerksam und wies daraufhin, daß in ihrem Fall alle Vorschriften des Kirchenrechts für eine Exkommunikation mißachtet wurden. Ich fragte den Präfekten, ob er etwas für diese Patres tun könne. Er antwortete: «Ich kenne diesen Fall.» Dann sprach er von Kompetenzen, die berücksichtigt werden müßten.

Wenige Tage vor diesem zweiten Gespräch war einer dieser exkommunizierten Franziskaner an den Folgen dieser Strafe in geistiger Umnachtung gestorben. Ich sagte dem Kardinal, daß er für einen dieser Patres nichts mehr tun könne und daß jede Hilfe zu spät komme. Dabei äußerte ich meine Enttäuschung über die Mißachtung des Kirchenrechts in diesen beiden Fällen.

Ich fragte den Präfekten, ob er mein Einschreibepaket mit einem ausführlichen Bericht über die Ereignisse in Medjugorje erhalten habe. Kardinal Ratzinger antwortete: «Ich habe mehrere Berichte über Medjugorje bekommen und gelesen, aber ich werde mir Ihren Bericht noch einmal geben lassen.»

Mit dieser Zusicherung endete das Gespräch. Die Unsicherheit, ob meine Stellungnahme in Rom wirklich an den richtigen Mann gekommen sei, veranlaßte mich, ein drittes Mal mit dem Präfekten der Glaubenskongregation zu sprechen. Am 3. Januar 1986 fragte ich den Kardinal, ob er mein Schreiben bekommen habe. Er antwortete: «Ja, ich habe es erhalten und gelesen.» Endlich hatte ich Gewißheit, daß mein Bericht in den richtigen Händen war. Der Inhalt dieser Gespräche mit dem Präfekten wird bei passender Gelegenheit an anderen Stellen erwähnt.

6.
Eine Stellungnahme

Ende Oktober 1984 hat der Bischof von Mostar einen inoffiziellen Bericht an die Glaubenskongregation nach Rom gesandt.

Hier eine Zusammenfassung der Untersuchungsergebnisse, die Bischof Žanić der Glaubenskongregation nach Rom schickte:

1. Es wurde festgestellt, daß es sich bei den Kindern um kollektive Sinnestäuschung (Halluzination) handelt.
2. Die Seher haben von Anfang an gelogen.
3. Diese Halluzinationen sind von dem Franziskanerpater Tomislav Vlašić mit großer List ausgenützt worden.
4. Die Absicht der Franziskaner besteht darin, durch das angebliche Erscheinen der Jungfrau Maria die Gunst der einfachen Leute zu gewinnen.
5. Die angeblichen Mitteilungen der Gottesmutter sind Angriffe gegen den Bischof und den Papst.
6. Pater Tomislav Vlašić ist der Anstifter, Urheber und Organisator aller angeblichen Marienerscheinungen. Dieser Pater hat vor dem Bischof einen Meineid geleistet. Er hat die Seher mit seinen Ideen jahrelang manipuliert.

Nach diesen Behauptungen schrieb Bischof Žanić, am 25. März 1985, folgenden Brief an das katholische Pfarramt in Medjugorje:

«Bei unserem Zusammentreffen, das wir am 31. September 1984 im Ordinariat in Mostar hatten, habe ich gefordert, die Ereignisse von Medjugorje herunterzuspielen und langsam auszulöschen. Es ist aber alles beim alten geblieben, und man muß mit einer großen Schande für die Kirche rechnen. Nach all diesem verlange ich jetzt von Ihnen unverzüglich, die "Seher" von den Auftritten und "Erscheinungen" in der Pfarrkirche fernzuhalten... Innerhalb von zehn Tagen soll eines Abends die neue Statue der Gospa vor dem Altar unauffällig entfernt und dafür die alte Statue wieder aufgestellt werden. Man soll aufhören, von den Erscheinungen zu reden, keine Botschaften bekanntmachen, mit allen Andachtsübungen aufhören, die aus den "Erscheinungen" und ihren Botschaften hervorgegangen sind. Ebenso soll der Verkauf von Souvenirs und die Propagierung der Ereignisse durch die Presse eingestellt werden. Die Leute dürfen beichten, und die Messen dürfen gehalten werden. Den auswärtigen Priestern... erlaube ich nicht, die Messen für das Volk zu halten und zu predigen. Die "Seher" sollen Ihnen alles abgeben, was sie geschrieben haben, besonders aber den sogenannten "Lebenslauf der Gospa". Die Ausrede, alles sei noch Geheimnis, kann die Seher keinesfalls davon befreien, alles abzugeben. Da von ihren Tagebüchern und anderen Niederschriften in der Öffentlichkeit gesprochen wurde und dies große Auswirkungen auf die Ereignisse von Medjugorje hinterlassen hat, sind alle diese Dokumente und Materialien der Aufsicht des Ordinariats zu unterstellen und werden somit Gegenstand der Prüfung des Phänomens von Medjugorje. Wir hoffen, daß Sie den Forderungen unseres Schreibens nachkommen werden.»

Mit Grüßen und Segenswünschen
+ Pavao Žanić
Bischof von Mostar-Duvno

Bei meinen Nachforschungen fand ich heraus, daß diese Ergebnisse keine Tatsachen sind, sondern Vermutungen und daraus resultierende Behauptungen. Sie wurden ohne das erforderliche Beweismaterial nach Rom geschickt.

Es gibt zwei Aussagen des Ortsordinarius, die seinen Vorsitz in der Untersuchungskommission für Medjugorje unglaubwürdig machen. Von zwei Gewährspersonen erfuhr ich folgende Tatsachen:

Der frühere Pfarrer von Medjugorje, Pater Jozo Zovko, fragte damals den Bischof, warum er seine positive Haltung gegenüber Medjugorje geändert habe. Darauf erwiderte dieser: «In dieser Angelegenheit darf ich mich nicht noch mehr engagieren. Ich bin nicht bereit, dafür ins Gefängnis zu gehen.»

Als Bischof Žanić im Herbst 1983 die Kathedrale von Djakovo betreten wollte, ging Schwester Elekta Zeljko auf ihn zu und wollte ihm gratulieren, weil in seiner Diözese die Gottesmutter erscheint. Darauf erwiderte ihr der Bischof: «Die Gospa hat mir die Hölle gebracht.»

Diese Äußerungen, die meine Gewährspersonen unter Eid bezeugen können, sind so schwerwiegend, daß der Bischof als Vorsitzender der Untersuchungskommission nicht mehr tragbar ist, da durch solche Aussagen die Objektivität bei den Ermittlungen nicht mehr gewährleistet wird.

Bereits im April 1985 wurde Bischof Žanić vom Sekretariat des Vatikans mit Zustimmung der Glaubenskongregation offiziell um Zurückhaltung und Besonnenheit im Fall Medjugorje gebeten, insbesondere sollte er seine Angriffe gegen Medjugorje in der Öffentlichkeit unterlassen. Er wurde ersucht, alle Gutachten seiner Untersuchungskommission der Glaubenskongregation zu übergeben, damit sie gemeinsam ausgewertet und dann darüber entschieden werden könne.

Diese Anordnung aus Rom war einer der Gründe, die zur Auflösung der Untersuchungskommission vom 2. Mai 1986 führten. Der Ortsordinarius wurde gebeten, mit der Glaubenskongregation und dem Sekretariat des Vatikans in Verbindung zu bleiben.

Nach meinen Informationen wurde der Fall Medjugorje, wie ihn die Untersuchungskommission von Mostar erarbeitet hatte, von der Glaubenskongregation in Rom nicht übernommen. Die vielen positiven Berichte von den verschiedensten Seiten über Medjugorje dürften die Kongregation bewogen haben, die Untersuchung der Bischofskonferenz in Jugoslawien anzuvertrauen. Auf jeden Fall verfolgt die Glaubenskongregation in Rom — und nicht zuletzt der Heilige Vater — die Ereignisse des inzwischen weltweit bekannten Wallfahrtsortes mit besonderem Interesse und besonderer Wachsamkeit.

Aus den vorliegenden Berichten, die mir von Gewährspersonen zur Verfügung gestellt wurden, geht hervor, daß der Papst ständig über die neuesten Nachrichten aus Medjugorje informiert wird.

Über den historischen Hintergrund im «Fall Herzegowina» schreibt der Theologe Milan Mikulich: «Als Bischof Petar Čule im Jahre 1942 die Diözese Mostar-Duvno in der Herzegowina, die vorher unter der geistlichen Obhut der Franziskanerbischöfe stand, übernahm, wandte er sich sofort an den Heiligen Stuhl, um von den Franziskanern einige Pfarreien für seine Diözesanpriester zu beanspruchen. Die Franziskaner auf ihren Pfarreien pochten auf ihre historischen Rechte, weil sie allein den christlichen Glauben und die Kirche in diesem Gebiet vor dem Verfall gerettet hatten, indem sie unter der Türkenherrschaft gelitten und ihr Blut vergossen hatten, während die Diözesanpriester die Leute im Stich gelassen hatten und angesichts der türkischen Invasion davongelaufen waren, um sich in Sicherheit zu bringen...

Der Heilige Stuhl gab 1975 ein Dekret heraus. Darin wurden die Franziskaner aufgefordert, dem Bischof sieben Pfarreien, die mit Namen aufgeführt waren, zu übergeben (die Pfarrei Medjugorje war nicht dabei)... Die Katholiken weigerten sich, die Diözesanpriester als ihre Seelsorger zu akzeptieren. Sie konnten nicht vergessen, daß vier Jahrhunderte vorher die Diözesanpriester sie verlassen hatten... Als im Jahre 1979 Pater John Vaughn OFM, ein Amerikaner, als neuer Ordensgeneral gewählt wurde, ersuchte ihn Papst Johannes Paul II., in der Herzegowina einen Weg der Zusammenarbeit zwischen dem Bischof und den Franziskanern in die Wege zu leiten... Fünf Jahre sind seither vergangen, aber die Pfarreien sind immer noch in den Händen der Franziskaner... Nachdem sich Bischof Petar Čule im September 1980 in den Ruhestand begeben hatte, folgte ihm sofort Pavao Žanić, ein Diözesanpriester aus der Erzdiözese Split. Sobald er die Diözese Mostar übernahm, teilte er die Pfarrei Mostar, die unter der geistlichen Obhut der Franziskaner stand, auf. Er nahm vier Fünftel dieses Gebietes für seine neue Dompfarrei. Er verkündete diese Aufteilung den Gläubigen persönlich in Gegenwart der Diözesan- und Ordenspriester in der Franziskanerkirche. Am Ende seiner Rede betonte der Bischof, daß die Aufteilung mit Zustimmung der Ordensleitung der Franziskaner vorgenommen worden sei. Als der Bischof seine Rede beendet hatte, stand Pater Marinko Leko OFM, der eigentliche Seelsorger an der Franziskanerkirche und Mitglied der Provinzleitung, auf und teilte den versammelten Katholiken mit, daß es seitens des Ordens ***keine Zustimmung*** gegeben habe. Einige Tage später veranlaßte der Bischof, daß Pater Leko, ohne irgendeine Schuld und aller Möglichkeiten beraubt, als Priester zu wirken, von Mostar nach Duvno geschickt wurde.

Diese ungerechte willkürliche Handlung von Seiten des Bischofs gegen diesen prominenten Franziskaner entfachte den Zorn der Katholiken noch mehr. Sie weigerten sich, mit dem Bischof und seinen Diözesanpriestern zusammenzuarbeiten. Sie suchten weiterhin den pastoralen Dienst bei den Franziskanern. Einige der älteren Franziskaner fragten Kirchenrechtler und Moraltheologen um Rat und fühlten sich in ihrem Gewissen verpflichtet auch jenen Gläubigen zu dienen, die in die neue Dompfarrei eingegliedert worden waren. Unter den Franziskanern befanden sich auch zwei junge Priester, Pater Ivan Prusina und Pater Ivica Vego OFM...

Diese Franziskaner betraten das Gebiet der neuen Dompfarrei, feierten die heilige Messe und spendeten die Sakramente in verschiedenen Kapellen, auf Friedhöfen und in Privathäusern.

Bischof Žanić glaubte, der einzige Weg, den Frieden in Mostar wieder herzustellen, sei die Entlassung der Franziskaner Prusina und Vego aus dem Franziskanerorden... Er wählte sie als Prügelknaben aus, was als Warnung für die übrigen Franziskaner dienen sollte. Bischof Žanić erörterte dieses Vorhaben mit Pater N. Radić OFM, dem Delegaten des Franziskanergenerals. Der Vorschlag wurde sofort angenommen, und schon im April 1981 wurden die Dekrete für die Vertreibung der beiden Patres aus dem Orden veröffentlicht. Empört ihrer Ordensgelübde beraubt zu sein, blieben sie im Kloster Mostar, wo ihr Provinzial residiert. Gemäß einer glaubhaften Quelle wandten sie sich, wegen dieses ungerechten Ausschlusses aus dem Orden und wegen der versuchten Aufhebung ihrer Gelübde gegen ihren eigenen Willen, an das höchste Gericht...

Es ist interessant festzustellen, daß Bischof Žanić zu Beginn der Erscheinungen an diese glaubte, während seine Diözesanpriester skeptisch waren. Ein Priester der Erzdiözese Zagreb sagte mir im Januar 1984, daß diese Priester von Mostar sich weigern, an die Erscheinungen in Medjugorje zu glauben, weil die Pfarrei Medjugorje den Franziskanern gehöre, und weil die Gegenwart der Gottesmutter in Medjugorje leicht als ein Einstehen für die Franziskaner im Konflikt um die Pfarreien angesehen werden könnte. Anderseits schrieb mir ein Franziskanerpater, daß Bischof Žanić über Medjugorje begeistert war, wahrscheinlich weil er hoffte, die Gottesmutter würde den Franziskanern sagen, sie sollten ihre Pfarreien dem Bischof übergeben... Seitdem die Gottesmutter durch Vicka und Jakov eine nachteilige Botschaft an den Bischof richtete... änderte er seine Haltung gegenüber den Sehern und den Franziskanern in Medjugorje. Er begann die Behauptung zu verbreiten, in Medjugorje erscheine nicht die Gottesmutter, sondern der Teufel. Mit anderen Worten, aus einem leidenschaftlichen Verteidiger und Befürworter wurde ein erbitterter Gegner.

Als sich die Lage derart zuspitzte, wurden auch die Bischöfe Kroatiens, sogar die Bischofskonferenz, in diesen Fall der Erscheinungen verwickelt. Einige Bischöfe befürworteten die Einsetzung einer internationalen Kommission von Experten... Es scheint, daß Bischof Žanić seine Kommission als eine Tarnung benützte, hinter der er seine

Angriffe gegen Medjugorje und alles, was damit zusammenhängt, entwickelte. Er beschuldigt die Franziskaner von Medjugorje, Urheber dieses Betruges und Manipulierer der Seher zu sein. Sie sollen diese gewaltigen Halluzinationen hervorrufen, um von den Pilgern finanziellen Gewinn zu erhalten... Am Ende all seiner Angriffe gegen Medjugorje und die Personen, die damit im Zusammenhang stehen, sagte Bischof Žanić: ***«Dies ist nicht mein letztes Urteil. Wenn ich irre, bin ich bereit, alles zu widerrufen und nach Medjugorje zu gehen, um Buße zu tun»*** *(Auszüge aus: A Chronological Analysis of the Case of the Medjugorje Apparitions — A Response to Various Published News Releases, by Fr. Milan Mikulich).*

Der Kronzeuge von Medjugorje

In seinem Bericht an die Glaubenskongregation erwähnt Bischof Žanić den Jesuitenpater Radogost Grafenauer aus Maribor in Jugoslawien, der angeblich Auszüge aus dem Tagebuch der Seherin Vicka Ivanković abgeschrieben haben soll.

Bei meinem zweiten Gespräch am 16. August 1984 erklärte mir Bischof Žanić, dieser Pater sei ein Anhänger von Medjugorje. Er berichtete mir, daß P. Grafenauer in Medjugorje war und ihm eine Botschaft der «angeblichen» Gottesmutter mitgebracht habe.

Aus diesem Grund sprach ich mit P. Grafenauer, um den ganzen Sachverhalt zu erfahren. Er sagte: «Ich habe für den Bischof keine ausdrückliche Botschaft der Gottesmutter mitgebracht, sondern ich habe nur einige Stellen aus der Chronik der Erscheinungen, die von P. Tomislav Vlašić geführt wurde, abgeschrieben und dem Bischof gegeben. Der Bischof betrachtete diese Auszüge mit dem größten Mißtrauen und interpretierte eine "Botschaft der Gospa" in sie hinein, weil eine Aussage der Seherin Vicka Ivanković ihn persönlich sehr beleidigte, und weil diese Aussage und meine Auszüge aus der Chronik der Erscheinungen in einem engen Zusammenhang standen.

In dieser Aussage behauptet die Gottesmutter, daß der Bischof für alle Unordnungen in seiner Diözese die Schuld trage. Dagegen seien die zwei suspendierten Franziskaner — P. Ivica Vego und P. Ivan Prusina — unschuldig. Vicka war über die voreilige Suspendierung dieser beiden Patres so schockiert, daß sie in ihrem Temperament eine Formulierung wählte, die den Bischof verletzen mußte. In Wirklichkeit waren die Worte der Gottesmutter milder und wohlwollender, aber der Bischof war und blieb skeptisch. Die Tragik des Bischofs liegt darin, daß er Vickas Aussage als die Worte der Gottesmutter interpretiert. In Vickas Aussage sieht der Bischof den Beweis dafür, daß die Gospa in Medjugorje nicht erscheint. Aus den Auszügen der Chronik der Erscheinungen, die ich dem Bischof überreichte, geht aber ganz klar hervor, daß die Worte der Gottesmutter viel milder formuliert waren als Vickas Aussage.

Ich war von Vickas Anschuldigungen gegen den Bischof so enttäuscht und negativ beeindruckt, daß ich sofort von Medjugorje abreisen wollte. Als ich aber von P. Tomislav Vlašić, dem ehemaligen Kaplan von Medjugorje, hörte, daß die beiden suspendierten Priester nicht vom Bischof verhört worden waren, beschloß ich zu bleiben und die Angelegenheit zu untersuchen. Von den suspendierten Kaplänen erfuhr ich dann, daß sie weder verhört worden waren, noch irgendeine schriftliche Ermahnung von ihrem Bischof bekommen hatten. Meine Untersuchungsmethode mißfiel P. Tomislav Vlašić. Darauf bat mich Bischof Žanić, die Vorgänge in Medjugorje zu untersuchen. Er nahm sich drei Tage Zeit, mich davon zu überzeugen, daß Gott nicht in Medjugorje am Werk sei. Als ich ihm aber erklärte, daß ich in Medjugorje eine tiefe Frömmigkeit angetroffen habe, und daß einige Angaben noch einmal überprüft werden müßten, hatte der Bischof keine Zeit mehr für mich übrig. Er wollte mich nicht mehr anhören, als ich ihm vorschlug, die andere Seite noch einmal zu untersuchen. Ich mußte meine Überzeugung auf ein Tonband sprechen und dieses dem Bischof übergeben. Bischof Žanić war von mir sehr enttäuscht, weil ich die suspendierten Priester in Schutz nahm. Ich hatte ihm gesagt, daß man im Zweifelsfall immer auf der Seite des Angeklagten stehen müsse. Später erklärte Bischof Žanić meinem Provinzial, daß er mit mir keine weitere Korrespondenz wünsche. Darauf untersagte mir mein Provinzial jeglichen Briefwechsel mit dem Bischof.»

Warum wollte Bischof Žanić keine weitere Korrespondenz mit P. Grafenauer über die Ereignisse in Medjugorje, wenn er ihn vorher eigens zu diesen Untersuchungen eingeladen hatte und — was von höchster Bedeutung ist — ihn als ***Kronzeugen für die nicht von Gott stammenden Erscheinungen*** in seinen Diözesannachrichten bezeichnete?

Die Gründe für dieses Verbot sind folgende:

1. P. Grafenauer hatte in einem Schreiben vom 8. März 1984 dem Bischof mitgeteilt, daß er Vickas Tagebuch nie gesehen oder in Händen

gehabt habe. Trotzdem beruft sich der Bischof immer wieder auf P. Grafenauer als Hauptzeugen.

2. P. Grafenauer hatte dem Bischof einige Textstellen aus der Chronik der Erscheinungen mitgebracht, die den Bischof belasteten. Die Gottesmutter hatte darin dem Bischof Voreiligkeit bei der Suspendierung der beiden Kapläne vorgeworfen; aber auch der Papst hatte den Bischof vor Voreiligkeit gewarnt.

3. P. Grafenauer sollte im Auftrag des Bischofs untersuchen, ob es sich bei den Erscheinungen von Medjugorje um göttliche oder dämonische Kräfte handle. Im Januar 1983 begann P. Grafenauer mit den Untersuchungen. Er hörte mehrere Tonbandaufzeichnungen, die von den Sehern gemacht worden waren. Dann — so versicherte mir P. Grafenauer — habe er dem Bischof vorgehalten, die Untersuchungen und Verhöre der Seher seien nicht sachbezogen und einer bischöflichen Kommission unwürdig. Bei seinen Nachforschungen kam P. Grafenauer zum Ergebnis, daß die Seher die Wahrheit sagen, was gegen die Aussage des Bischofs war.

4. Der tiefste Grund, warum P. Grafenauer dem Bischof nicht mehr schreiben durfte, liegt darin, daß dieser befürchtete, P. Grafenauer könnte eine Spur verfolgen, die die Unschuld der suspendierten Franziskaner ans Tageslicht brächte. Bischof Žanić hatte ihm erklärt, daß ein Verhör dieser Kapläne nicht notwendig gewesen wäre, da er ja hundert Zeugen für die Beleidigungen habe, die die beiden Franziskaner ihm zugefügt hätten. Diese suspendierten Kapläne sollten den Gläubigen der Pfarrei Mostar gesagt haben, der Bischof wolle für seine Kathedrale 1000000 Dinare, in Wirklichkeit wollte aber der Bischof von jeder katholischen Familie nur 10000 Dinare haben.

P. Grafenauer berichtete mir darüber: «Später habe ich dem Bischof geschrieben, daß er leicht untersuchen könne, ob die zwei suspendierten Patres die Summe von 1000000 Dinare von sich aus erwähnt hätten. Der Bischof brauche ja nur bei seiner Visitation der Franziskanerpfarrei dem Visitator zu befehlen, das Verkündigungsbuch der Pfarrei zu untersuchen, welche Summe dort eingeschrieben wurde, ob es 10000 oder 1000000 Dinare seien. (Es muß erwähnt werden, daß es sich hier leicht um ein Mißverständnis handeln kann, denn 10000 neue Dinare waren zu dieser Zeit zugleich 1000000 alte Dinare! — Anm. des Verf.) Der Bischof erklärte mir, diese Anklage hätte nicht zur Verurteilung der zwei Franziskaner beigetragen, sondern diese Anklage betreffe einen Dritten, der die Angelegenheit wieder in Ordnung gebracht habe. Hierauf konnte ich dem Bischof nicht mehr schreiben, da er mir durch meinen Provinzial jegliche Korrespondenz untersagte. Ich glaube, daß der Bischof befürchtete, die ganze Angelegenheit könnte untersucht werden.»

Ich fragte später einen der betroffenen Franziskaner, P. Ivica Vego, ob er und sein Mitbruder P. Ivan Prusina diese Geldsumme in der Öffentlichkeit erwähnt hätten. Pater Ivica antwortete: «Wir haben niemals über Spenden an die Bischofskirche gesprochen oder darüber gepredigt. Wir hatten damals auch keine Gelegenheit dazu. Bischof Žanić hat diesen Vorwurf nachher selbst zurückgenommen.»

Im Bericht *«Tagebuch der Erscheinungen von Medjugorje» (Protokoll-Nummer 54/1984)*, der am 13. Januar 1984 von der Kanzlei der Diözese Mostar herausgegeben wurde, wird eine Behauptung aufgestellt und später überall verbreitet, die der Wahrheit widerspricht. In diesem Bericht heißt es: «Pater Grafenauer sagte, daß er die Aussage unserer Lieben Frau in der Chronik (der Erscheinungen) mit den jeweiligen Abschnitten des Tagebuches (der Seherin Vicka Ivanković) verglichen und dabei festgestellt habe, daß sie identisch waren.»

Diese Behauptung ist eine Irreführung der Öffentlichkeit, da mir P. Grafenauer unter Eid versicherte, er habe das Tagebuch der Seherin Vicka Ivanković ***niemals*** gesehen. P. Grafenauer hat gegen diese Behauptung aus Mostar schriftlich protestiert, man möge zur Kenntnis nehmen, daß er das erwähnte Tagebuch nie gesehen habe. Trotz dieses Protestes und der Klarstellung bleibt Bischof Žanić bei seiner Behauptung und berichtete sie nach Rom. Darauf korrigierte P. Grafenauers Provinzial die nicht den Tatsachen entsprechenden Aussagen des Bischofs und schickte diese Korrektur an die jugoslawische Bischofskonferenz. Er ersuchte Bischof Žanić, diese Korrektur zu veröffentlichen.

Obgleich P. Grafenauer in einem Schreiben vom 8. März 1984 Bischof Žanić mitteilte, daß er Vickas Tagebuch nie gesehen und nie in Händen gehabt habe, teilte mir der Bischof durch seinen Sekretär in einem Brief vom 23. Mai 1984 mit: «Ich schicke Ihnen jetzt, was uns P. Radogost Grafenauer aus Medjugorje gebracht hat, was er aus dem Tagebuch Vickas und aus der Chronik der Pfarrei abgeschrieben hat.»

Die Klarstellung P. Grafenauers wird hier einfach unterschlagen.

Die suspendierten Priester Vego und Prusina

In meinen Gesprächen mit Kardinal Kuharić und Bischof Žanić wurde für mich ein sehr negatives Kriterium im Fall Medjugorje offenbar. Nach angeblichen Aussagen der Gottesmutter in Medjugorje sollten, wie die Seher sagten, die beiden suspendierten Priester, P. Vego und P. Prusina, in ihrem Priesteramt bleiben. Die beiden Patres wurden durch diese Aussage zum Ungehorsam gegen die kirchliche Entscheidung durch Rom aufgerufen. Sie sind noch heute im Kloster und üben ihren Priesterberuf weiterhin aus. Bis jetzt hatte ich aber nur eine Seite gehört, deshalb entschloß ich mich aus Gründen der Fairness, mit einem der suspendierten Priester zu sprechen. Es gelang mir, mit Pater Ivica Vego OFM einen Gesprächstermin zu vereinbaren. Ich wollte ihm die Möglichkeit einer Rechtfertigung für sein Handeln einräumen.

Pater Ivica versicherte mir: «Der Bischof hat durch falsche Entscheidungen diese Unruhe selber gestiftet.» Ich fragte den Pater: «Können Sie mir das genauer erklären?» Er erwiderte: «Gut betreute Pfarreien der Franziskaner wollte der Bischof von Mostar seinen Diözesanpriestern übergeben ohne ausreichenden pastoralen Grund.» Ich wollte wissen, was er darunter verstehe. Pater Ivica antwortete: «Die Franziskaner betreuen hier seit 400 Jahren die Pfarreien. Das II. Vatikanum betont die aktive Teilnahme des Gottesvolkes am Leben der Kirche. Dieses Gottesvolk in der Herzegowina wollte und will auch weiterhin von den Franziskanern betreut werden. Als der Bischof trotzdem einseitig entschied und drei Viertel der Pfarrei Mostar an seine Diözesanpriester übergeben wurden, entstand ein Widerstand unter den Gläubigen, die die Weltpriester abwiesen. Die Katholiken wollten zu Wort kommen, aber niemand wollte sie anhören. Der Bischof gab nicht nach und verbot den Franziskanern, diese Pfarrei weiterhin zu betreuen. Darüber waren die Gläubigen empört. Die Franziskaner verhielten sich zunächst zurückhaltend. Der Bischof verbot ihnen jegliche pastorale Aktivität. Sie durften nicht einmal den Sterbenden die Sakramente spenden. Mit dieser Strafmaßnahme wollte der Bischof die Gläubigen zurechtweisen. Einige Franziskaner hielten sich nicht an dieses Verbot, weil sie solche Maßnahmen als Verstoß gegen das Gottesgebot und das Kirchenrecht empfanden. Sie begannen, den Katholiken wieder pastoral zur Verfügung zu stehen, in der Hoffnung auf eine bessere Lösung für alle, den Bischof, die Diözesanpriester, die Gläubigen und die Franziskaner. Darauf begann der Bischof hartnäckig mit Strafmaßnahmen gegen die Franziskaner. Er verlangte von den Ordensoberen in Rom, gegen die "ungehorsamen Franziskaner" vorzugehen. Die Oberen in Rom reagierten sofort, ohne vorherige Verwarnungen, mit Strafen.»

Ich fragte P. Ivica: «Welche Strafe wurde von Rom ausgesprochen?» Er antwortete: «Die Strafe lautete: "In 24 Stunden müssen Sie die Provinz verlassen", ohne daß ein Grund für diese Strafe angegeben wurde. Das Gebiet der Provinz deckt sich mit dem Gebiet unserer Heimat. So wurde diese Strafe für uns eine Ausweisung aus der Heimat. Dieses und andere Vorgehen widersprechen eindeutig dem Kirchenrecht. Die letzte Strafe gegen uns war die Suspendierung und der Ausschluß aus dem Orden. Diese Strafe ist ungültig, weil sie auf falschen Behauptungen beruht und auf eine total gesetzwidrige Weise zustande kam. Zum Beispiel es wurde uns nicht einmal ein Berufungsrecht eingeräumt.»

Für diese Behauptung wollte ich einen Beweis haben, deshalb bat ich P. Vego, mir die Dokumente aus Rom zu beschaffen und zu zeigen. Im Urteil heißt es unter anderem: «Animadvertendum est quod iuxta decisiones S. Sedis hoc Decretum possibilitatem recurrendi non admittit.» Übersetzt heißt das: «Es ist zu beachten, daß gemäß den Entscheidungen des Hl. Stuhles die Möglichkeit eines Einspruches gegen dieses Urteil nicht gestattet wird.»

Pater Ivica Vego betonte: «Ich habe jetzt nur einiges, was unseren Fall angeht, erwähnt. Ich frage mich, darf die Gottesmutter das Gottesgebot und die Werte des Kirchenrechtes nicht verteidigen? Wir haben nach unserem Gewissen gehandelt, und in der späteren Aussage der Gottesmutter an die Seher von Medjugorje sahen wir eine Erleichterung für unsere Entscheidung.»

Eine Zusammenfassung der Verstöße gegen das Kirchenrecht im Fall der suspendierten Patres Prusina und Vego:

1. Die Angeklagten hatten nicht die Möglichkeit zur Verteidigung. Das Recht, mit dem obersten Leiter in Verbindung zu treten und ihm ihre Verteidigungsgründe direkt zu unterbreiten, wurde nicht gewährleistet *(vgl. Can. 1720, 1725 und 698)*.

2. Dadurch wurde versäumt, daß die Beschuldigten einen Anwalt nehmen konnten *(vgl. Can. 1723)*.

3. Der in Can. 696, § 1, erwähnte Grund zur Suspendierung: «Hartnäckiger Ungehorsam gegenüber den rechtmäßigen Anordnungen der Oberen in einer schwerwiegenden Angelegenheit» trifft für beide

Patres nicht zu, da die Anordnungen des Bischofs nicht dem Wohl der Gläubigen dienten, sondern der Kirche zum Schaden wurden. Wie an anderer Stelle erwähnt, hatten die beiden Franziskaner vor ihrem Handeln Kirchenrechtler und Moraltheologen um Rat gefragt, um nicht gegen ihr Gewissen zu handeln.

4. Die Angeklagten wurden nicht schriftlich oder vor zwei Zeugen verwarnt *(vgl. Can. 697)*.

5. Ein schwerwiegender Verstoß gegen das Kirchenrecht *(Can. 701)* liegt im Verhalten des Provinzialats und des Generalats der Franziskaner in Mostar bzw. Rom. Obgleich die Patres durch einen Entscheid des Hl. Stuhls in Rom, bei dem der Papst selbst beteiligt war, offiziell aus dem Orden entlassen wurden und damit alle Rechte und Pflichten als Ordenspriester verloren, werden sie danach so behandelt, als wären sie noch Mitglieder des Ordens.

Am 18. April 1981 wird einem der suspendierten Patres durch ein Dekret des Generaldefinitors, Nikola Radić, die Auflage gemacht, das Kloster in Mostar innerhalb von 24 Stunden zu verlassen und sich in das Kloster Slano zu begeben *(Dekret 1)*.

Am 4. Mai 1981 wird der suspendierte Priester vom Generaldefinitor Radić in das Kloster Konjic verwiesen *(Dokument 4)*.

Am 17. August 1981 erteilt der Generaldefinitor Radić dem suspendierten Pater den Befehl, das Kloster Konjic zu verlassen und in das Franziskanerkloster Frohnleiten (Österreich) zu gehen *(Dokument 6)*.

Am 31. Dezember wird dem Pater mitgeteilt, daß er sich in das Kloster Slano zu begeben habe, da die erforderlichen Papiere für das Ausland nicht vorhanden seien *(Dokument 8)*.

Zu diesen Verstößen gegen das Kirchenrecht schreibt der Kirchenrechtler Prof. Scheuermann (München):

«Was die beiden Patres Ivan und Ivica betrifft, so kann ich nur hoffen, daß ihr Gesuch an den Präfekten der Religiosen-Kongregation Erfolg hat. Es ist ja unglaublich:

1. daß aus den Akten die Führung eines förmlichen Entlassungsprozesses nicht hervorgeht;

2. daß trotz des Entlassungsdekrets (ohne Beschwerdemöglichkeit!) vom 29. April 1981 noch am 17. August 1981 der Generaldelegat dem P. Ivan die Pflicht auferlegt, in ein bestimmtes Kloster zu gehen, was der Provinzial am 31. Dezember 1981 fortsetzt, indem er ein anderes Kloster anweist.

Denn die Franziskanischen Oberen behandeln ja beide, als ob sie noch zum Orden gehörten. Daß sogenannte balkanische Zustände auch in der Vorgehensweise kirchlicher Oberen geübt werden, ist völlig unverständlich.»

Im Gespräch mit dem Kirchenrechtler Prof. Scheuermann erfuhr ich, daß jeder Katholik das Recht habe, sich zu verteidigen. Eine zweimalige Ermahnung an die suspendierten Patres wurde nicht abgeschickt. Vor allem vermißte Prof. Scheuermann die Befolgung der Formvorschriften im Fall der suspendierten Priester. Es fehlte das Verhör durch den Provinzial und der Bericht des Provinzials an das Generalat in Rom. Er betonte, daß die formalen Vorschriften nicht eingehalten wurden. Prof. Scheuermann wunderte sich darüber, daß die beiden Patres so lange schwiegen und sich erst jetzt an die Religiosen-Kongregation in Rom wenden. Der Beschwerdebrief nach Rom hat das Datum vom 18. Februar 1985!

In Medjugorje sagte die Gottesmutter, daß die beiden Franziskaner unschuldig seien und daß sie in Mostar bleiben sollten. Um den Beweis für diese Aussage zu beschaffen, stellte ich diese Nachforschungen an. Meine Untersuchungen ergaben, daß die Schuld anderer auf die Schultern dieser beiden suspendierten Priester abgewälzt wurde. Diese beiden Kapläne waren nicht einmal im Franziskanerorden, als der «Fall Herzegowina» entstand. Es wird von gewisser Seite immer wieder versucht, durch diese Patres die Erscheinungen in Medjugorje mit dem «Fall Herzegowina» zu belasten und als unglaubwürdig zu deklarieren. Man darf die Tatsache nicht übersehen, daß die Ereignisse von Medjugorje sich ein halbes Jahr lang entwickelten, bevor sie mit den beiden Kaplänen in Verbindung gebracht wurden.

Um die Sache zu klären, schrieb P. Tomislav Vlašić, damals Kaplan in Medjugorje, am 22. Januar 1984, an Bischof Žanić einen Brief, den ich hier im Wortlaut wiedergebe:

Fra Tomislav Vlašić
Pfarramt Medjugorje
88266 Medjugorje

Dem Bischöflichen Ordinariat
Setaliste JNA 18 — Mostar

Vater Bischof!

Wir setzen Sie über die wesentlichen Geschehnisse in Kenntnis, die mit den Erscheinungen der Mutter Gottes in Medjugorje verbunden sind, und die geschahen, nachdem wir Sie letztesmal schriftlich und mündlich informiert haben.

Punkt I: Problem der «Kapläne von Mostar» Fra Ivica Vego und Fra Ivan Prusina

Weil Sie mehrmals betonten, daß das Problem der beiden «Kapläne von Mostar» der «Schlüsselpunkt» im Verständnis und in der Anerkennung der Erscheinungen der Gospa in Medjugorje sei, stellte ich den Sehern im Zusammenhang damit einige Fragen und erhielt die Antworten. Ich bringe die Fragen und Antworten so, wie sie gesagt wurden. Ich setzte nur die Interpunktion und die Absätze fest, um den Sinn begreiflicher zu machen. Hier die Fragen und die Antworten:

17. Januar 1984

Frage 1: «Warum hast du, Gospa, Fra Ivica Vego und Fra Ivan Prusina gesagt, daß sie bleiben sollen?»

Ivan antwortet: «Die Gospa sagt, sie haben keine Schuld, der Bischof hat falsche Anklagen über sie bekommen, deshalb verwirft er sie jetzt.»

Frage 2: «Was empfiehlst du Fra Ivica Vego und Fra Ivan Prusina, damit ihr Problem gelöst wird?»

Ivan antwortet: «Die Gospa sagt, die beiden sollen viel beten, in einigen Angelegenheiten sollen sie Geduld haben.»

Frage 3: «Was empfiehlst du uns hier — den Franziskanern und dem Volk — zu tun, damit dieser Fall gelöst wird?»

Jakov antwortet: «Die Gospa sagt, sie sollen in der Buße und im Gebet ausharren.»

Bitte: «Dem Vater Bischof scheint es, daß du keine echte Gospa bist, weil du beide Patres beschützest. Hilf dem Vater Bischof, daß er dich begreift. Erkläre ihm deine Absicht!»

Marija antwortet: «Als ich ihr das vorgelesen habe, sagte die Gospa: "Betet, betet für den Bischof!"»

20. Januar 1984

Frage 4: «Was empfiehlst du dem Vater Bischof, damit er dich erkenne und damit der "Herzegowiner Fall" gelöst werde?»

Marija antwortet: «Die Gospa sagt so: "Ich habe dem Bischof viele Botschaften geschickt, aber er nahm sie nicht an. So habe ich auch dich geschickt, aber auch dann hat er die Königin des Friedens nicht anerkannt, weil in seinem Herzen Unfriede ist, dieser hat sich in ihm festgesetzt. Er hat seine Probleme und die Probleme seines Bistums auf sich selbst genommen, er bringt sie nicht meinem Sohn dar, damit dieser sie löse. Deshalb, liebe Kinder, betet, daß der Bischof mich akzeptiert, ich will den Allmächtigen bitten, daß er mir die Gnade gewähre, ihn zu befreien!"»

17. Januar 1984

Folgende Fragen an die Gospa habe ich über Jelena Vasilj gestellt. Die Fragen formulierte ich spontan. Jelena sprach ins Mikrofon, was ihr die Gospa ins Herz diktierte.

Frage 1: «Liebe Gospa! Wir werden dich noch einmal bitten, ärgere dich nicht über uns, daß wir dich so oft darüber befragen. Erkläre uns deine Haltung. Warum sagtest du, Fra Ivica Vego und Fra Ivan Prusina sollen in Mostar bleiben, als die kirchliche Obrigkeit sie aus dem Orden verbannt hatte? Das bringt unserem Vater Bischof und den anderen Bischöfen viele Probleme im Verständnis deiner Erscheinung. Deshalb bitten wir dich, Mutter, uns zu erklären, warum du das geäußert hast, und daß du uns sagst, was mir tun sollen, damit es zum Verstehen und Erkennen kommt.»

Jelena antwortet: «Sie sagt mir so: "Ihr sollt für euren Bischof und die anderen Bischöfe beten. Betet, daß der Geist Gottes sie alle erleuchte, so daß sie erkennen, was sie tun sollen. Ich wünsche, daß sie bleiben, und daß dort Friede sei, weil sie ihr ganzes Leben lang auf den Bischof böse sein und ihm alles wünschen können, was nicht gut ist. Sie sollen bleiben, weil es auf der Welt wenig Priester gibt. Ich brauche die Priester, die bereit sind, meinen Willen zu tun, deshalb betet für das alles, sonst könnte noch etwas Schlimmeres passieren, wenn sie keine Priester mehr sind."»

Frage 2: «Der Bischof sagt jetzt, daß die Gospa die ungehorsamen Franziskaner beschütze, und daß sie (die Gospa) der Kirche nicht gehorche. Wird die Gospa uns sagen, was sie mit einer solchen Haltung bewirken will? Will sie dem Vater Bischof erklären, damit dieser erkennen kann, daß die Gospa eigentlich für ihn und für die Kirche ist?»

Jelena antwortet: «Die Gospa sagt so: "Ich wünsche die Kirche und alle ihre Vorgesetzten zu bewahren. Ich möchte alle Priester beschützen — die guten wie die schlechten — weil Jesus sagte: 'Die Gesunden brauchen keinen Arzt.' Ihr sollt es nicht so verstehen, als beschütze ich nur die Priester in Not, und jene, die nicht gut sind. Ihr sollt wissen, wie könnten sie gut sein, wenn ich sie nicht beschützen würde. Deshalb begreift, ich möchte alle Priester beschützen und möchte alle Priester auf den rechten Weg führen. Sie sollen sich für meinen echten Willen entscheiden!"»

Frage 3: «Was empfiehlst du unserem Vater Bischof und den anderen Bischöfen, damit und auf welche Weise sie dieses Problem lösen können, und wie es zu einer Verständigung kommt, damit sie dich erkennen und es zu einer Versöhnung kommt?»

Jelena antwortet: «Die Gospa sagt so: "Hier soll man viel beten, sie sollen beten und sie sollen wissen, daß sie ohne meine Hilfe — weil ich eure Mutter bin — nichts erreichen können, und sie sollen sich deshalb mir empfehlen, weil ich sie alle retten möchte. Sie können sich nur durch den Frieden retten, wenn alle Priester einander lieben werden, wenn keiner dem anderen neidisch wird. Darin liegt die einzige Lösung!"»

Frage 4: «Vater Bischof hat schon längst eine Kommission ernannt. Wir wissen nicht, ob er jetzt eine neue ernannte, aber jedenfalls hat er die Absicht es zu tun. Was empfiehlt die Gospa den Mitgliedern der Kommission, die die Geschehnisse in Medjugorje untersuchen sollen?»

Jelena antwortet: «Die Gospa sagt so: "Sie sollen beten, damit der Geist Gottes sie erleuchte, so daß sie meine Anwesenheit hier wirklich fühlen können!"»

Frage 5: «Was empfiehlt die Gospa Fra Ivica Vego und Fra Ivan Prusina, um sich dem Vater Bischof nähern zu können, damit es zu einer Verständigung mit dem Vater Bischof kommen könnte?»

Jelena antwortet: «Die Gospa sagt so: "Sie sollen für den Vater Bischof beten, und es soll so sein, als hätten sie vergessen, was er getan hat. Sie sollen ihn zu lieben beginnen und viel für ihn beten, so wird sich alles lösen können!"»

Frage 6: «Was empfiehlt sie ihnen außerdem noch?»

Jelena antwortet: «Sie sagt nur: "Sie sollen beten, weil dies notwendig ist, damit der Geist Gottes den Bischof erleuchte!"»

Punkt II: Die Botschaften durch Jelena Vasilj

Durch Jelena Vasilj bittet die Gospa vom vierten Sonntag des Advents an, ununterbrochen um die Herabkunft des Heiligen Geistes zu beten. Jelena betont sehr oft, wie die Gospa sagt, es sei das Wichtigste, den Heiligen Geist zu bitten, er möge auf die Welt herabkommen. Sie betont besonders, dies im Jahr der Erlösung zu tun, damit sich der Geist Gottes auf die Bischöfe und die kirchlichen Vorgesetzten ergieße.»

Zweimal sprach ich mit der Seherin Jelena Vasilj. Sie gehört nicht zu den bekannten Sehern aus Medjugorje. Sie empfängt ihre Botschaften auf andere Weise. Noch nie war ich einem Menschen begegnet, der so offensichtlich Zeugnis vom Wirken des Heiligen Geistes gab.

Die Pilger haben Kollektiv-Halluzinationen

In seinem Bericht nach Rom behauptete Bischof Žanić, daß es sich bei den Ereignissen in Medjugorje um einen Fall von Kollektiv-Halluzinationen handle, das heißt konkret, daß die Seher und Pilger unter Massen-Halluzinationen litten, die durch die Franziskaner begünstigt würden. Alle Untersuchungen haben aber ergeben, daß die Seher psychisch gesund sind. Weiter darf man nicht vergessen, daß einige Bischöfe, Zehntausende von Priestern und Millionen von Laien in Medjugorje waren und viele von ihnen über außergewöhnliche Ereignisse berichteten.

Zudem widerspricht sich Bischof Žanić selbst, denn er sagte in einer Predigt: «Ich bin zutiefst überzeugt, daß sich die Kinder von niemand einreden ließen, sie hätten die Gospa gesehen, daß niemand diese Kinder überredete... Sechs unschuldige, einfache Kinder würden aber innerhalb einer halben Stunde zugeben, wenn es ihnen jemand eingeredet hätte. Ich bürge und garantiere dafür, daß kein Priester (damit meint er ganz speziell die Franziskaner — Anm. des Verf.) die Absicht hatte, die Kinder zu überreden» *(Predigt vom 25. Juli 1981).*

Die Behauptung des Bischofs, die Franziskaner hätten die Seher und Pilger manipuliert, so daß diese unter Halluzinationen litten, wurde ohne Beweisführung nach Rom geschickt. Dadurch wurden viele Personen getäuscht.

Es gelang mir, mit vier Personen zu sprechen, die am Karsamstagabend 1985 zusammen mit einer Gruppe von etwa 25 Pilgern auf den Kreuzberg in der Nähe von Medjugorje steigen wollten, durch besondere Umstände aber wieder umkehrten. Alle vier Personen, die ich einzeln befragte, bestätigten, daß der Seher Ivan bei der 7. Kreuzwegstation eine Erscheinung hatte, wobei die Gospa den Pilgern durch Ivan mitteilen ließ, sie sollten umkehren.

Eine Frau, die während der Erscheinung zwei bis drei Meter hinter Ivan stand, erzählte mir, was sie erlebt hatte. Links über dem Kreuz sah sie ein helles Licht, einen Lichtstrahl und eine helle Wolke, dann hatte sie ein inneres Erlebnis.

Die zweite Frau, die ich befragte, erklärte mir, daß sie nichts Auffälliges bemerkt hätte. Auch die dritte Person, die ich befragte, hatte an diesem Abend nichts Besonderes gesehen oder erlebt. Die vierte Person — ein Amerikaner aus Virginia — den ich interviewte, was er an diesem Karsamstagabend dort erlebt habe, erklärte mir, daß er auf der linken Seite des Kreuzes eine sehr schöne Frau wahrgenommen hätte.

Diese Einzelbefragung von verschiedenen Personen innerhalb einer Gruppe zeigt sehr deutlich, daß die Behauptung von Bischof Žanić nicht den Tatsachen entspricht. Es gibt keinen Anhaltspunkt für eine Kollektiv-Halluzination. Auch der Vorwurf der Manipulation scheidet aus, da kein Franziskaner anwesend war.

Der Manipulator und Meineidige von Medjugorje

In unseren Gesprächen, aber auch in seinem Bericht nach Rom bezeichnete Bischof Žanić den Franziskanerpater Tomislav Vlašić als Meineidigen, Anstifter, Anführer, Manipulator der Seher und falschen Mystiker.

Der Bischof behauptet, P. Tomislav Vlašić habe die Seher von Anfang an manipuliert und sie gegen den Bischof aufgehetzt. In seiner Predigt vom 25. Juli 1981 behauptet er aber genau das Gegenteil: «Ich bürge und garantiere, daß von den Priestern niemand die Absicht hatte, die Kinder zu überreden.»

Wenn man bedenkt, daß P. Tomislav Vlašić erst am 17. August 1981 als Kaplan nach Medjugorje kam, ist diese Behauptung absurd. Wenn man weiterhin bedenkt, unter welchen Verfolgungen die Franziskaner am Anfang der Erscheinungen ihre pastorale Tätigkeit ausüben mußten, scheidet eine Manipulation aus.

P. Tomislav Vlašić kam nach der Verhaftung des Pfarrers Jozo Zovko nach Medjugorje und stand sicher noch im Bann der Verhaftung des Pfarrers und zwei weiterer Mitbrüder.

Bei meinem zweiten Gespräch mit Bischof Žanić am 16. August 1984 erklärte dieser, daß P. Tomislav Vlašić von Medjugorje die angeblichen Seher manipuliere. Dieser Kaplan sei der Anstifter und Verursacher der Hetze gegen ihn, den Bischof. P. Vlašić habe den Sehern alles eingeredet, diese stünden unter seinem Einfluß. Für Bischof Žanić war P. Tomislav Vlašić im Fall Medjugorje der Hauptschuldige. Er bezeichnete ihn als einen Verrückten, deshalb stand für Bischof Žanić fest, daß die Seher unter Halluzinationen litten. Für ihn waren die negativen Kriterien im Fall Medjugorje so überzeugend, daß die Erscheinungen nach seiner Meinung nicht echt sein konnten. Die Tatsache, daß Menschen nach 30, 40 und 50 Jahren wieder gebeichtet und sich bekehrt haben, ist für ihn nicht wesentlich. Besonders im Brief des Sehers Ivan Dragićević, in dem Bischof Žanić von der Gottesmutter ein Gericht angekündigt wird, falls er seine Einstellung zu Medjugorje nicht ändere, sieht der Bischof in P. Tomislav Vlašić den Urheber jeder Hetze gegen ihn, und so verschärft sich der Konflikt zwischen den Franziskanern und dem Bischof immer mehr.

Nachdem ich die schweren Anschuldigungen des Bischofs gegen P. Tomislav vernommen hatte, hielt ich es für sinnvoll, diesen aufzusuchen. Ich berichtete ihm von den Bedenken und Kriterien des Bischofs und wollte ihm die Möglichkeit einer Rechtfertigung einräumen. Vor allem ging es um das Tagebuch der Seherin Vicka Ivanković, in dem Bischof Žanić angeblich von der Gottesmutter für alle Unordnungen in seiner Diözese verantwortlich gemacht wird. Denn angebliche Auszüge aus diesem Tagebuch sind die Hauptursache für die ablehnende Haltung des Bischofs. Im Klartext heißt es hier, daß der Bischof wegen der suspendierten Priester in Schuld stehe, und daß er vorschnell gehandelt habe.

Ich fragte P. Tomislav Vlašić nach diesem Tagebuch. Er sagte: «Zunächst, was heißt Tagebuch? Man versteht darunter, daß man jeden Tag etwas aufschreibt. Vicka hatte mehrere Tagebücher. ***Ich habe nie ein Tagebuch in den Händen gehabt, das irgendwelche Aussagen über die beiden suspendierten Kapläne macht, ebenso hatte ich nie ein Tagebuch in den Händen, das schwere Beschuldigungen der Gospa gegen den Bischof beinhaltet.*** Alle Aussagen über die zwei suspendierten Priester wurden auf Zettel geschrieben, aber nie in einem Tagebuch festgehalten. Der Bischof schafft durch ungenaue Angaben dieses Durcheinander.»

Diese Aussage wurde in einem Gespräch mit dem suspendierten Priester P. Ivica Vego bestätigt. Er sagte zu mir: «Wir waren durch das

Urteil aus Rom schockiert. Wir wollten wissen, wie es weitergehen sollte, deshalb schrieben wir unsere Fragen an die Gospa über unsere Zukunft auf Zettel und gaben sie der Seherin Vicka. Diese schrieb die Antwort, die sie erhalten hatte, wiederum auf Zettel.»

In unserem Gespräch berichtete ich P. Tomislav Vlašić, daß die Seherin Vicka zu Bischof Žanić gesagt habe, sie hätte nur im Februar und März 1983 ein Tagebuch geführt. In einem Brief vom 7. Mai 1983 an Bischof Žanić, den dieser mir zur Verfügung stellte, hatte die Seherin aber geschrieben: «Ich habe dieses Tagebuch seit Beginn der Erscheinungen der Gospa geschrieben.» Ich machte P. Tomislav auf diesen Widerspruch aufmerksam und bat um eine Erklärung. Er erwiderte: «Bischof Žanić hat ohne Erlaubnis der Seherin Vicka Auszüge aus ihrem Tagebuch veröffentlicht, sie wurden überall verbreitet. Ein Priester wollte Vickas Tagebuch vor Mißbrauch schützen und verfaßte diesen Brief. Er legte ihr den abgefaßten Brief zur Unterschrift vor. Vicka unterschrieb diesen Brief ohne ihn vorher sorgfältig durchgelesen zu haben. Dieser Priester hatte geschrieben, daß Vicka ihr Tagebuch vom Beginn der Erscheinungen führe. Für einen Widerruf war es aber zu spät, da der Brief bereits an den Bischof abgeschickt worden war.»

P. Tomislav berichtete: «Vicka konnte das Tagebuch gar nicht seit Beginn der Erscheinungen geschrieben haben, denn die Seher waren am Anfang so erschrocken, daß sie nichts aufschreiben konnten. Für Vicka war die Führung eines Tagebuches lästig, denn sie schrieb nicht gern. Sie diktierte die Worte für ihr Tagebuch öfters ihrer Schwester Anna. Einmal sagte mir Vicka, daß sie im Frühling 1982 eineinhalb Monate nichts in ihr Tagebuch eingetragen hätte, weil es nach ihrer Meinung nichts Besonderes aufzuschreiben gab, und weil sie viel arbeiten mußte.»

Darauf machte ich P. Tomislav auf den Besuch des Bischofs am 16. November 1983 in Medjugorje aufmerksam und sagte: «Bischof Žanić kam nach Medjugorje, um nach dem Tagebuch Vickas und der Chronik der Erscheinungen zu forschen. ***Sie sagten ihm, daß ein Tagebuch Vickas nicht existiere, und Sie schworen beim Kreuz, daß Sie dieses Tagebuch nie in Händen gehabt hätten.*** Wie können Sie dann in der Chronik der Erscheinungen vom 16. März 1982 schreiben: "Heute hatte ich eine lange Unterredung mit der Seherin Vicka. Seitdem sie mir für längere Zeit ihr Tagebuch der Erscheinungen nicht mehr brachte... Die wesentlichen Elemente sind: Vicka macht von allem chronologisch Notizen in ihr Tagebuch"» (eine Fotokopie dieses

Auszuges aus der Chronik der Erscheinungen wurde mir freundlicherweise von Bischof Žanić zur Verfügung gestellt).

P. Tomislav Vlašić antwortete: «Das bezieht sich auf ein Tagebuch, worin Vicka zwei Monate lang ihre Notizen eingetragen hatte, und das ist das einzige Buch, das ich gesehen habe. Ich habe kein anderes Buch von Vicka bekommen.»

Darauf fragte ich P. Tomislav: «Was halten Sie von den angeblichen Tagebuchauszügen, die mir Bischof Žanić überreichte, und die P. Grafenauer aus Vickas Tagebuch abgeschrieben haben soll?» Er erwiderte: «Das sind keine Auszüge aus Vickas Tagebuch, sondern Fragen und Antworten, die man auf Zettel schrieb. ***Vicka hatte alle Tagebücher dem Bischof gegeben, einschließlich der erwähnten zwei Monate Februar und März.*** Andere Bücher hat niemand gesehen, weil darin die Geheimnisse der Seher aufgezeichnet sind. Bischof Žanić hat in der Zeitschrift "Spirito e veritá" behauptet, daß P. Grafenauer die Tagebücher mit den Geheimnissen gelesen habe. Das aber ist falsch.»

Von drei verschiedenen Seiten hatte ich die gleiche Aussage gehört: P. Grafenauer, P. Ivica Vego und P. Tomislav Vlašić erklärten einstimmig, daß die Aussagen der Gospa über die beiden suspendierten Priester und über den Bischof auf Zettel geschrieben wurden. P. Tomislav Vlašić war bereit, für diese Aussage einen Eid zu leisten, daß er nie ein Tagebuch der Seherin Vicka Ivanković in den Händen hatte, das irgendwelche Beschuldigungen gegen den Bischof enthielt. Wenn P. Tomislav mir beteuerte, daß er nur ein einziges Buch mit den erwähnten zwei Monaten eingesehen habe, dann müßte mir Bischof Žanić das Gegenteil beweisen. Diesen Beweis hat der Bischof aber nie erbracht. Dafür aber hat er vor aller Welt P. Tomislav Vlašić als Meineidigen und Falschschwörer bezeichnet.

Ich fragte P. Tomislav nach seiner Meinung über Medjugorje. Er antwortete: «Ich sehe, daß hier alles zu Gott und zum Nächsten führt. Wenn dem nicht so wäre, wie könnte ich soviel Ungerechtigkeit und so viele Schwierigkeiten von Seiten des Bischofs ertragen? Sonst wäre ich gegangen, um etwas Vernünftigeres zu tun.»

Nach dem Kirchenrecht *(Can. 220)* «darf niemand den guten Ruf eines Mitmenschen rechtswidrig schädigen und dessen persönliches Recht auf den Schutz der eigenen Intimsphäre verletzen». Nun hat aber Bischof Žanić P. Tomislav Vlašić ohne ausreichende Beweismittel als Meineidigen, falschen Mystiker, Anstifter und Manipulator der Seher und als Verrückten bezeichnet. Dieses Vorgehen ist eindeutig ein Verstoß gegen das Kirchenrecht.

Ein Beispiel für die Unsicherheit von Bischof Žanić ist die Tatsache, daß dieser die oben erwähnten Anklagen als erwiesen betrachtet und sie nach Rom schickte.

Nach Can. 1368 heißt es: «Wenn jemand etwas vor einer kirchlichen Autorität versichert oder verspricht und dabei einen Meineid leistet, soll er mit einer gerechten Strafe belegt werden.» Weiter heißt es im Can. 1373: «Wer öffentlich wegen irgendeiner Maßnahme der kirchlichen Gewalt oder eines kirchlichen Amtes Streit der Untergebenen oder Haß gegen den Apostolischen Stuhl oder den Ordinarius hervorruft oder die Untergebenen zum Ungehorsam gegen diese auffordert, soll mit dem Interdikt oder anderen gerechten Strafen belegt werden.»

Obgleich Bischof Žanić und ein Teil der Kommission davon überzeugt sind, daß P. Tomislav Vlašić der Urheber und Anstifter der angeblichen Erscheinungen in Medjugorje sei, wurde dieser Priester ***nur*** in eine andere Pfarrei versetzt. Diese Versetzung und die Behauptungen des Bischofs sind aber ein krasser Widerspruch. Die Beschuldigungen sind so schwerwiegend, daß eine Suspendierung oder Exkommunikation die logische Folge gewesen wäre. Wie kann man einem Priester eine Pfarrei anvertrauen, wenn er lügt, manipuliert, aufhetzt und der Kirche damit großen Schaden zufügt? Hier ist eindeutig die große Unsicherheit des Bischofs bemerkbar. Es gibt für die Handlungen und Entscheidungen des Ortsordinarius keine logische Erklärung. Entweder ist er von der Schuld überzeugt und muß dementsprechend Entscheidungen treffen, oder aber er ist nicht ganz sicher und muß dann seine Vermutungen für sich behalten und darf sie nicht in die Welt hinausposaunen.

Im April 1984 (Ostern) bat ich ein sehr zuverlässiges Ehepaar, im bischöflichen Ordinariat von Mostar einen Brief abzugeben. Die Eheleute wurden von Bischof Žanić empfangen. Er erklärte ihnen, Medjugorje könne nicht echt sein, er habe dafür zu viele Beweise. Dabei zeigte er auf einen Stapel Hefte und sagte, dies seien Vickas Tagebücher.

Im Februar 1984 hatte ich Bischof Žanić gebeten, mir eine authentische Fotokopie aus Vickas Tagebuch zu geben, die die Seherin als Lügnerin belastet. Am 3. Mai 1984 teilte mir der Sekretär des Bischofs mit, daß Vickas Tagebücher nur den Franziskanern in Medjugorje bekannt seien. Welch krasser Widerspruch!

Es ist außerdem eine falsche Behauptung, daß P. Tomislav Vlašić den Jesuitenpater Radogost Grafenauer so manipuliert habe, daß dieser ein

Anhänger von Medjugorje wurde. Der wahre Grund für die weiteren Nachforschungen P. Grafenauers in Medjugorje war — wie schon erwähnt — die Tatsache, daß Bischof Žanić die beiden suspendierten Priester nicht verhört hatte. P. Grafenauer teilte mir mit: «Ich sagte dem Bischof, daß man im Zweifel immer auf der Seite des Angeklagten stehen müsse.»

Die Behauptung des Bischofs, P. Tomislav Vlašić habe die Seher manipuliert und das Volk verführt, ist unhaltbar. Im September 1984 wurde dieser Priester in eine andere Pfarrei versetzt. Trotzdem hat sich an den Erscheinungen und an dem Pilgerstrom in Medjugorje nichts geändert. Wäre P. Tomislav Vlašić wirklich der große «charismatische Magier», wie ihn Bischof Žanić bezeichnete, dann hätten die Erscheinungen ein jähes Ende gefunden.

Der damalige Präsident der Christlichen Demokratischen Partei Italiens, Signor Flaminio Piccoli, der mehrmals in Medjugorje weilte, protestierte beim Vatikan gegen die Verleumdungen der Franziskaner in Medjugorje durch Bischof Žanić *(vgl. Facts, Documents, Theology by M. Carroll, Veritas publications, Dublin, 1986).*

«Die Kinder haben Halluzinationen»

Bei meinem zweiten Gespräch mit Bischof Žanić in Mostar am 16. August 1984 versuchte ich, auf die positiven Kriterien im Fall Medjugorje einzugehen. Ich erklärte, daß es ein Gleichgewicht zwischen dem Guten und dem Bösen geben müsse. Dabei brachte ich den Vergleich mit der Waage. Das Böse dürfe nicht so überhand nehmen, daß die Waagschale mit den Sünden der Welt ständig nach unten ziehe. Der Bischof stimmte mir voll zu. Als ich ihm aber sagte, daß durch den Gebetssturm und die Opferbereitschaft der Menschen in Medjugorje dieses Gleichgewicht wieder ins rechte Maß gebracht werde, winkte er ab und sagte: «Die Kinder haben Halluzinationen.»

Später erörterte ich diese Behauptung mit Pater Slavko Barbarić in Medjugorje. Dieser sagte: «Überzeugen Sie sich selbst, tun Sie irgend etwas mit den Sehern, aber verletzen Sie diese nicht.» Einige Tage nach diesem Gespräch war ich in der Erscheinungskapelle und überlegte mir, wie ich die Behauptung des Bischofs entweder beweisen oder widerlegen könnte. Ich stand am Fenster. Plötzlich kamen die Seher herein. Am nächsten war mir der Seher Ivan Dragićević. Als die Seher wie auf ein lautloses Kommando auf die Knie fielen, kniff ich

Ivan so heftig in den Unterschenkel, wie ich es vermochte. Die erste Vision dauerte etwa eine Minute. Mit höchster Konzentration beobachtete ich die Gesichtszüge und den Körper Ivans, denn ich erwartete wenigstens einen minimalen Reflex oder eine schwach wahrnehmbare Reaktion. Trotz meiner intensiven Beobachtung konnte ich nicht die geringste Veränderung feststellen. Jeder normale Mensch wäre unter diesen Umständen — unter diesem festen Griff — zusammengezuckt, auch der beste Schauspieler der Welt hätte sich verraten, wenn er diesen Schmerz hätte ertragen müssen. Kurz darauf beteten die Seher wieder laut, dann hatten sie erneut eine Vision. Ich zögerte lange, dann entschloß ich mich, Ivan ein zweites Mal mit aller Kraft in den Unterschenkel zu kneifen. Ich versuchte noch sorgfältiger, die Gesichtszüge und den Körper Ivans zu beobachten.

Mein fester Griff dauerte etwa 15 bis 20 Sekunden. In dieser Zeit konzentrierte ich mich hauptsächlich auf das Gesicht des Sehers, besonders auf die Augen. Dabei machte ich die Feststellung, daß Ivan weder beim ersten noch beim zweiten Kneifen die geringste Reaktion zeigte. Der Seher hatte sich überhaupt nicht bewegt, keinerlei Reflexe gezeigt. Er hatte sich wie eine Statue verhalten.

Dieses Verhalten erinnerte mich an Bernadette Soubirous, die Seherin von Lourdes. Während einer Ekstase hielt sie eine brennende Kerze in der Hand. Die Flamme der Kerze brannte ihr — während der Vision — durch die Hand, ohne sie zu verbrennen. Nach der Vision näherte sich Bernadette ein Arzt mit der brennenden Kerze, da zuckte sie zusammen.

Der Versuch mit Ivan hat mir gezeigt, daß er und die anderen Seher außerhalb von Zeit und Raum und auch nicht mehr den Naturgesetzen unterworfen sind. Pater Slavko aus Medjugorje berichtete mir: «Vicka wurde während einer Vision von einem Mitglied der Kommission mit einer langen Nadel gestochen. Dieser Vorgang wurde von einer Filmkamera aufgenommen. Man stellte eindeutig fest, daß Vicka überhaupt nicht auf den Stich reagierte und keine Reflexe zeigte. Später sagte sie, an ihrer Schulter sei Blut.

Die Seher sind physisch und psychisch gesund. Es wurde während der Ekstasen ein EEG gemacht, ebenso wurden die Gehirnströme gemessen. Einmal war ein Kamerateam mit einer 2000-Watt-Lampe hier, die längere Zeit brannte; die Kinder zeigten keine Reflexe oder Reaktionen. Damit können wir beweisen, daß die Seher nicht Halluzinationen unterworfen sind. Wir haben keine Erklärung für das, was mit den Sehern geschieht. Wir müssen einfach glauben, was sie uns sagen. Die Seher sagen, daß sie die Gospa sehen und mit ihr sprechen. Dann müssen wir die Aussagen der Seher anhand der geoffenbarten Wahrheit des Evangeliums prüfen, ob sie mit der Tradition übereinstimmen.

Die Seher erkennen zuerst dreimal ein Licht, dann sehen sie die Gospa. Sie ist nach ihren Angaben etwa 20 Jahre alt und unbeschreiblich schön. Sie sehen die Erscheinung drei-dimensional. Die Seher bewegen ihre Lippen, aber wir hören keinen Laut. Wir können nie endgültig beweisen, daß die Gospa hier erscheint.»

Bei dieser Gelegenheit erzählte Pater Slavko, wie er einmal den Seher Jakov Čolo in der Erscheinungskapelle beobachtete: «Er war der einzige Seher in der Kapelle. Bald hatte er eine Erscheinung. Wir knieten nieder und wurden allmählich müde, denn die Vision dauerte 38 Minuten. Während der ganzen Zeit zeigte Jakov keinerlei Anzeichen von Ermüdung. Alle diese Begleitumstände sind aber nicht wesentlich. Wichtig ist die Tatsache, daß die Menschen zu Gebet, Umkehr, Versöhnung, Buße und Fasten aufgerufen werden.»

Meine Beobachtungen und die Aussagen von Theologen, die die Seher seit Jahren kennen, lassen keinen Zweifel darüber aufkommen, daß sich diese während der Visionen in einer Ekstase befinden. Alles Irdische ist dabei weit von ihnen entfernt. Eine Halluzination, also eine Trugwahrnehmung oder Sinnestäuschung, wie sie oft bei Geisteskranken beobachtet wird, scheidet im Fall Medjugorje mit größter Bestimmtheit aus. Es sind keine Symptome dafür vorhanden.

Was ich besonders negativ empfinde, ist die Behauptung des zuständigen Bischofs: «Die Kinder in Medjugorje haben Halluzinationen.» Diese Aussage hat etwas Endgültiges und ist nicht mehr sachlich und objektiv. Sie beeinflußte — bewußt oder unbewußt — auch die Mitglieder der bischöflichen Untersuchungskommission.

Ich bat den berühmten Parapsychologen Dr. Ludvik Stopar von der Universität Maribor, Jugoslawien, um sein Gutachten im Fall der Seher von Medjugorje. Er erklärte mir: «Der psychosomatische Status der Visionäre ist folgender: Die Seher wurden in den neuro-psychiatrischen, medizinisch-psychologischen und somatologischen Prüfungen als absolut normal befunden und zeigen keine psycho-pathologischen Reaktionen. Ich bat deshalb die kirchliche Kommission in Mostar, einen kanonischen Prozeß einzuleiten, damit die Ereignisse in Medjugorje objektiv und kritisch untersucht würden. Die Untersuchungen werden zeigen, daß diese Phänomene theistisch-parapsychologisch und nicht einer menschlichen Manipulation unterworfen sind.»

Von höchster Aktualität ist der Artikel des Arztes Dr. Alberto Alliney, Mitglied des internationalen Ärztebüros in Lourdes. Er schreibt über Halluzinationen folgendes:

«Die Erscheinungen können, wie alle wissen, wahr oder unwahr sein. Die hauptsächlichen Ursachen, die unwahre Erscheinungen hervorrufen, sind: Halluzination, Suggestion, Mythomanie... Die Halluzinationen führen uns dazu, ein in unserem Innern geschaffenes Bild nach außen zu projizieren, so daß es wie etwas Objektives erscheint, trotzdem es sich nur um ein Produkt unseres Gedächtnisses und unserer Phantasie handelt. Ein konfuses, plötzliches und veränderliches Bild, sehr reich an kleinen Details. Um verständlicher zu sein, kann ich sagen, daß es sich um etwas handelt, das sehr unseren Traumbildern gleicht (die wir auch im Halbschlaf haben können). Halluzinationen kommen nur bei Menschen vor, die an Schwachsinn, schwerer Psychose oder an Delirium leiden, nie bei gesunden Menschen» *(«Mater Nostra», April 1985, S. 12).*

Die Behauptung von Bischof Žanić, daß die Seher an Halluzinationen leiden, kommt demnach der Behauptung gleich, daß die Seher schwachsinnig seien, unter schwerer Psychose stehen und im Delirium die Welt zum Narren halten. Meine Beobachtungen und Untersuchungen haben aber ergeben, daß alle Seher aufgeschlossene, natürliche junge Menschen sind, die eine große Freude ausstrahlen. Die Behauptung, daß die Seher unter Halluzinationen leiden, ist unhaltbar. Bei den Erscheinungen habe ich die Kinder besonders intensiv beobachtet. Dabei ist mir nie etwas Verdächtiges aufgefallen, was auf die oben erwähnten Symptome schließen ließe. Wie wäre es möglich, daß fünf Schwachsinnige wie auf einen lautlosen Befehl auf die Knie fallen und ebenso gleichmäßig wieder mit dem lauten mündlichen Gebet einsetzen. Ich habe die Seher im Sommer bei etwa 40 Grad intensiv beobachtet, wie sie sich bei den Erscheinungen verhielten; auch bei dieser großen Hitze zeigten sie immer das gleiche Verhalten. Es ist meine feste Überzeugung, daß man Schwachsinnige schon von weitem an ihrer Verhaltensweise erkennen würde. Nie habe ich auch nur das geringste Symptom dieser Krankheit bei den Sehern feststellen können.

Die Seher wurden im Auftrag der römischen Glaubenskongregation im Februar 1986 eingehend von Fachleuten untersucht. Die Mediziner und Psychologen kamen zum Ergebnis, daß es sich bei den Jugendlichen um ganz normale Menschen handelt.

In diesem Zusammenhang schreibt der Wiener Pastoralmediziner Dr. Gottfried Roth:

«Vergleicht man die Schilderung der Bewußtseinsstörungen, wie eben dargestellt, so läßt sich unschwer ein wesentlicher Unterschied feststellen: Zur Zeit der Vision sind die Jugendlichen von der Außenwelt, vom Kontakt mit den Mitmenschen distanziert; sie wirken ruhig, gesammelt und konzentriert; sie sind nach den Visionen weder erschreckt noch verängstigt, auch nicht müde oder schläfrig. Eine Reihe wohldefinierter zerebralorganischer Bewußtseinsstörungen einschließlich halluzinogener Ekstasen (im Sinne der Drogenmystik) scheidet a priori aus» *(Laurentin/Joyeux, «Medizinische Untersuchungen in Medjugorje», S. 185/186).*

Der Mariologe René Laurentin und Professor Henri Joyeux von der Universität Montpellier mit seinem Team kommen zu folgender Schlußfolgerung über die Seher von Medjugorje:

«Aufgrund der klinischen Untersuchung der Seher in allen Phasen der Ekstase (vor, während und nach der Erscheinung) kann jedes klinische Anzeichen, das den bei individueller oder kollektiver Halluzination, bei Hysterie, Neurose oder bei pathologischen Ekstasen zu beobachtenden Anzeichen vergleichbar wäre, ausgeschlossen werden» *(S. 83).*

Im Kapitel «Konklusionen des Gutachtens» kommen diese Wissenschaftler zum Ergebnis:

«Es stellt sich heraus, daß das Phänomen der Erscheinungen im jugoslawischen Medjugorje, das zu verschiedenen Zeitpunkten des Jahres 1984 an fünf Sehenden untersucht wurde, wissenschaftlich nicht zu erklären ist. Aufgrund der klinischen Beobachtung der Sehenden läßt sich aussagen — wie es unsere jugoslawischen Kollegen vor uns schon getan haben —, daß diese jungen Leute normal und an Leib und Seele gesund sind. Aufgrund der minutiösen klinischen und paraklinischen Untersuchungen, die vor, während und nach den Ekstasen vom 24. bis 25. März, 9. bis 10. Juni, 6. bis 7. Oktober und 28. bis 29. Dezember 1984 durchgeführt wurden, kann wissenschaftlich sicher ausgesagt werden, daß bei den untersuchten objektiven Parametern (EEG, EOG, EKG, Evozierung auditiver Potentiale) keine pathologische Veränderung vorliegt. Wie die Elektro-Enzephalogramme zeigen, handelt es sich nicht um:

— Epilepsie,
— einen Schlafzustand,
— einen Traumzustand.

— Es handelt sich auch nicht um Halluzinationen im pathologischen Sinn...

Die (durch Aufmerksamkeit hervorgerufenen) Bewegungen des Augapfels hören bei den Sehenden zu Beginn der Ekstase gleichzeitig auf und setzen am Ende der Ekstase (auf die Sekunde genau) gleichzeitig wieder ein. Während der Ekstase herrscht Konvergenz (gleiche Richtung) der Blicke, und es ist, als stünden sich die Sehenden und eine Person, die wir nicht gesehen haben, Auge in Auge gegenüber. Das Verhalten dieser jungen Leute ist zu keinem Zeitpunkt pathologisch, während der Ektsase sind sie "im Zustand des Gebetes" und der interpersonalen Kommunikation (Verbindung). Sie sind keine Randfiguren, Träumer; sie haben nicht "die Schnauze voll" oder von Angst getrieben; sie sind frei und glücklich; sie stehen mit beiden Füßen auf dem Boden, in ihrem Land und in ihrer Zeit.

In Medjugorje sind die Ekstasen nicht pathologisch, und es handelt sich nicht um Betrug. Wir wissen keine wissenschaftliche Bezeichnung, die geeignet wäre, diese Phänomene zu benennen. Wir würden sie gerne als einen intensiven Zustand aktiven Betens, der von der Außenwelt teilweise losgelöst ist, definieren, als einen Zustand der Kontemplation und der kohärenten (zusammenhängenden), gesunden Kommunikation mit einer wirklichen Person, die nur sie allein sehen, hören und berühren können» *(René Laurentin/Henri Joyeux, «Medizinische Untersuchungen in Medjugorje», Styria Verlag, Graz, 1986, S. 107/108).*

Pilgerfahrten nach Medjugorje

Würden die Behauptungen des zuständigen Bischofs den Realitäten entsprechen, so dürfte kein Pilger mehr nach Medjugorje kommen, denn Betrug, Manipulation, Halluzination und andere negative Kriterien, die Bischof Žanić nach Rom berichtete, sind so schwerwiegend, daß ein Besuchsverbot für jedermann ausgesprochen werden müßte. Aber ein solches Verbot existiert nicht. Trotzdem haben mich meine beiden Unterredungen mit Bischof Žanić, die rund viereinhalb Stunden dauerten, belehrt, daß dieser überhaupt keine Pilger in Medjugorje haben möchte. Was aber hätte ein absolutes Verbot der Pilgerfahrten nach Medjugorje zur Folge?

Wenn die Pilger sich nach einem solchen Verbot richten würden, käme niemand mehr an diesen Ort. Wenn aber die Gottesmutter tatsächlich dort erscheint, könnte sie auch keine Gnaden mehr austeilen. Der Gnadenstrom würde versiegen. Es gäbe keine Heilungen und Bekehrungen mehr. Ein Nachlassen oder Versickern dieser Gnaden hätte aber zur Folge, daß die eingesetzte Kommission eine Handhabe hätte zu behaupten, es gäbe keine Anhaltspunkte für einen übernatürlichen Eingriff Gottes. Gerade die Pilgerströme nach Lourdes und Fatima waren und sind auch heute noch ein sicheres Kriterium dafür, daß die Menschen von Gott angezogen werden. Wenn niemand mehr nach Medjugorje kommt, sieht sich auch die Untersuchungskommission genötigt, ihre Nachforschungen einzustellen. Das allgemeine Interesse würde bald erlöschen, und Medjugorje würde nie wieder in der Öffentlichkeit erwähnt. Mit einem endgültigen Verbot würde dieser Gnadenort absterben und die Befürchtung des Kardinals Kuharić könnte wahr werden: «Und was, wenn wir die Gospa nicht aufnehmen und uns so großer Gnaden und des Geschenkes des Himmels unwürdig erweisen, so daß sich die Gospa zurückzieht?! Welche Verantwortung für uns!»

In einem Artikel der *«Kirchenzeitung» der Südtiroler Diözesen Bozen/Brixen vom 30. Juni 1985* stellen die Bischöfe der italienischen Kirchenprovinz, die Jugoslawien am nächsten liegt — in ihren Diözesen eine Zunahme der Wallfahrten nach Medjugorje fest... «Die Bischöfe halten es für ihre Pflicht, die Priester und Ordensleute zu warnen, Bewegungen oder Kundgebungen, die die Vorgänge in Medjugorje betreffen, zu fördern, dorthin Pilgerreisen zu organisieren oder auch nur daran teilzunehmen.» Ich hatte aus einer zuverlässigen Quelle erfahren, daß Bischof Hnilica aus Rom vom 15. bis zum 18. September 1985 offiziell in Medjugorje war, um dort die Ereignisse zu untersuchen. Aus diesem Grund fragte ich den Präfekten der Glaubenskongregation: «Wer hat Bischof Hnilica beauftragt, nach Medjugorje zu reisen und dort offiziell Nachforschungen anzustellen?» Kardinal Ratzinger antwortete: «Er war nicht offiziell dort. Er ging aus eigenem Interesse und wurde von niemandem beauftragt.» Diese Aussage ist bemerkenswert. Bischof Žanić, der für Medjugorje zuständig ist, hat seinem Amtsbruder Erzbischof Frane Franić unmißverständlich zu verstehen gegeben, daß er seinen Besuch in Medjugorje nicht mehr dulden werde. Einige Bischöfe Italiens warnen Priester und Ordensleute eindringlich vor einer Pilgerfahrt nach Medjugorje. Jetzt aber hört man von höchster Stelle, daß ein Bischof aus Rom nach Medjugorje gefahren sei, als wäre dies die selbstverständlichste Sache der Welt.

Die Franziskaner manipulieren mit den Pilgerzahlen

In seinem Bericht nach Rom warf Bischof Žanić den Franziskanern vor, sie manipulierten mit den Pilgerzahlen, sie gäben Zahlen an, die übertrieben seien und folglich die Öffentlichkeit täuschen. Es ist sicherlich nicht einfach eine Menschenmenge abzuschätzen. Gott allein weiß, wie viele Pilger wirklich nach Medjugorje kamen. Die Zahl der Bischöfe, die Medjugorje besuchten, liegt zwischen 20 und 25, die Zahl der Priester bei Zehntausenden, und die Zahl der einfachen Pilger dürfte sich zwischen fünf bis sechs Millionen bewegen. Um ein genaueres Bild von diesen Zahlen zu erhalten, beschloß ich, an einem bestimmten Tag und zu einer bestimmten Tageszeit die Pilger zu zählen.

Am 15. August 1984 (Fest Mariä Himmelfahrt) zählte ich in der Zeit von 18 bis 18.25 Uhr rund 1000 Pilger, die zur Kirche gingen. Ein Jahr später — am 15. August 1985 — zählte ich im gleichen Zeitraum ebenfalls rund 1000 Pilger. Da mich die Zahl der Pilger interessierte, die innerhalb einer Stunde zur Kirche gingen, zählte ich weiter. Es waren in der Zeit von 18 bis 19 Uhr etwa 2500 Pilger. Genau ließen sich die Menschen nicht zählen, da sie oft in Gruppen kamen. Unberücksichtigt bei meiner Zählung blieben die Menschen, die aus Bijakovići und aus Medjugorje (am Fuß des Kreuzberges) zur Kirche pilgerten. Man darf dabei nicht vergessen, daß zum Zeitpunkt der Zählung bereits Tausende von Pilgern in der Kirche und ringsum versammelt waren. Es ist unglaublich, welche Opfer und Strapazen die Menschen für Gott und Maria in Kauf nehmen.

Im offiziellen Reiseführer, der von der «Turistička Propaganda» in Zagreb über das Gebiet «Čitluk und Brotnjo» herausgegeben wurde, heißt es: «Eine besonders große Anzahl von Wallfahrern kommt zum Jahrestag der ersten Erscheinung am 24./25. Juni, dann am 15. August (Mariä Himmelfahrt), am 8. September (Mariä Geburt), sowie Mitte September, wenn die Messe auf dem Berg Križevac zelebriert wird. An diesen Tagen versammeln sich mehrere Zehntausende von Wallfahrern.»

Auch diese Zahlen sollten hier berücksichtigt werden.

Die Frömmigkeit in Medjugorje

Als ich Bischof Žanić auf die Frömmigkeit in Medjugorje aufmerksam machte, hatte er eine Erklärung, die mich verwunderte. Er sagte:

«Die Leute in unserem Land beten so.» Er sah in der Frömmigkeit der Menschen in Medjugorje und an anderen Orten oder Gegenden des Landes keinen Unterschied.

In einem Interview vom 18. Oktober 1983 mit *Kathpress/Wien* war Bischof Žanić aber anderer Meinung, er erwähnte: «Ich bewerte positiv, daß dort Bekehrungen geschehen, und daß der Glaube und der Gebetseifer der Menschen, die sich dort versammeln, echt sind.»

Sind die Erscheinungen Phantasiegebilde?

In der Zeitschrift *«Planète» Nr. 9/1969* schreiben zwei russische marxistische Wissenschaftler: «Die Technik der mystischen Erfahrung verwendet zwei Methoden. Zuerst die mystische Einbildungskraft entflammen, seine Aufmerksamkeit auf einen einzigen Punkt konzentrieren und dann seine Empfindlichkeit für die aus dem eigenen Körper kommenden Sensationen zum Schweigen bringen. Die dazu verwandten Mittel sind verschieden: spezielle Ausschmückungen, Musik, Spiegelfragmente, Kristallkugeln, Lichter. Ihr Zweck: den Glauben an die Verwirklichung des Imaginären anfachen, den Willen ganz dem Wunsch unterwerfen, daß das Geheimnis, das Unbekannte sich zu erkennen gebe... Man gelangt so zum hohen Grad der Autohypnose oder Autosuggestion der Mystiker. Abgetrennt von der wirklichen Welt sehnen sie das Wunder herbei, und das Wunder geschieht... Sie verwirklichen ihre Träume, ihre Träume werden Wirklichkeit für sie» *(A. Frossard, «Gott existiert – Ich bin ihm begegnet», S. 157 f.).*

Aus der Sicht der Materialisten ist das eine hervorragende Interpretation des Metaphysischen. Wendet man aber diese Hypothese auf die sechs jugendlichen Seher von Medjugorje an, so fällt sie wie ein Kartenhaus zusammen.

J. Mühlbauer berichtet: «Als die Erscheinungen der sechs Jugendlichen von Medjugorje bekannt wurden, haben etliche Leute sofort den Verdacht geäußert, es könne sich möglicherweise um Beeinflussungen handeln, die aus dem Gebetskreis des Paters Jozo Zovko herrührten. Also eine höchst willfährige Phantasie verleite die Jungen und Mädchen dazu, eines Tages tatsächlich zu meinen, sie sähen die Mutter Gottes, obwohl es vielleicht nur eine ungewöhnliche Lichtspiegelung oder etwas Ähnliches war, was ihre Einbildungskraft weckte» *(J. Mühlbauer, «Ein Rätsel», S. 21, Bildpost-Verlag).*

Nach Mühlbauers Nachforschungen wird diese äußerliche Beeinflussung der Jugendlichen widerlegt, denn erstens war Pater Zovko während der ersten Erscheinung nicht in Medjugorje, und zweitens waren es nicht Mitglieder seines Gebetskreises, die zuerst die Gottesmutter gesehen haben.

Die oben erwähnte Hypothese der beiden russischen Wissenschaftler wird auch durch die Antworten der Seher widerlegt. Man richtete an sie die Frage: «Hast du dir irgendwann vor der Erscheinung gewünscht, die Mutter Gottes zu sehen?» Darauf gaben sie einzeln zur Antwort:

1. «Ich habe mir das nicht einmal erträumen können.»
2. «Nein.»
3. «Niemals.»
4. «Niemals.»
5. «Ich habe mir das nicht einmal erträumt. Ich habe mir auch nicht vorgestellt, daß so etwas möglich wäre.»
6. «Ich habe darüber niemals nachgedacht» *(Rupčić*, S. 42).

Es kann hier überhaupt nicht die Rede davon sein, daß die Seher «abgetrennt von der wirklichen Welt das Wunder herbeisehnen, und sich dadurch ihre Träume verwirklichen».

Die Seher als angebliche Lügner

Schon bei meinem ersten Besuch erklärte mir Bischof Žanić, daß die angebliche Seherin Vicka Ivanković lüge. Dabei gab er mir ein Schriftstück, das als Beweis gelten sollte und angeblich Auszüge aus Vickas Tagebuch enthielt. Dieses Schreiben war mit der Maschine getippt worden. Kurz darauf bat ich Bischof Žanić, mir eine authentische Fotokopie aus Vickas Tagebuch zu schicken. Der Bischof ließ mir in einem Brief vom 19. März 1984 durch seinen Sekretär mitteilen: ***«Zu diesem Schreiben legen wir Ihnen die Ablichtungen aus dem Tagebuch Vickas vom 19. Dezember 1981 bei.»***

Meine Untersuchungen ergaben aber, daß es sich bei den übersandten Fotokopien keineswegs um Vickas Handschrift handelte, sondern sie stammten von einer unbekannten Person, die zudem noch theologische Kommentare dazu geschrieben hatte. Deshalb bat ich Bischof Žanić erneut, mir eine authentische Fotokopie aus Vickas Tagebuch zu schicken, das angeblich die Seherin so schwer belastete. Darauf teilte mir der Bischofssekretär mit: ***«Vickas Tagebuch ist nach unserer***

Meinung nur den Franziskanern in Medjugorje bekannt» (Brief vom 3. Mai 1984). Als ich in einem Einschreibebrief um Auskunft bat, von wem die handgeschriebenen Fotokopien vom 19. Dezember 1981 und anderer Daten seien, die angeblich aus Vickas Tagebuch gemacht wurden, teilte mir der gleiche Bischofssekretär mit: ***«Den Teil des Tagebuches von Vicka vom 15. Dezember 1981 bis zum Ende des Jahres 1981 haben wir nicht»*** *(Brief vom 23. Mai 1984).*

Diese Aussage ist aber ein gravierender Widerspruch. Da mir Bischof Žanić gesagt hatte, daß P. Grafenauer diese Auszüge aus Medjugorje mitgebracht habe, kam ich zur Überzeugung, daß er diese Auszüge aus Vickas Tagebuch abgeschrieben habe. Später versicherte mir P. Grafenauer, daß er dieses Tagebuch nie gesehen und nie etwas von Hand geschrieben habe, sondern immer die Schreibmaschine benutzte. In meinem Bericht an die Kardinäle Ratzinger und Kuharić legte ich folgende Unterlagen bei:

1. die drei Briefe des Bischofssekretärs;
2. die angeblichen von Hand geschriebenen Auszüge aus Vickas Tagebuch, die mir von Bischof Žanić zur Verfügung gestellt wurden;
3. einen Brief der Seherin Vicka Ivanković mit ihrer Handschrift (Original nach Rom und Fotokopie nach Zagreb);
4. eine Schriftprobe von Pater Grafenauer.

Der Beweis wurde nie erbracht, der Vicka als Lügnerin brandmarkte.

Die mir von Bischof Žanić zur Verfügung gestellten angeblichen Auszüge (drei Kopien) aus Vickas Tagebuch gaben neue Rätsel auf! Wer hatte sie wirklich geschrieben? Der Fall bleibt weiterhin unklar. Als ich P. Grafenauer von diesen handgeschriebenen Fotokopien, die angeblich aus Vickas Tagebuch stammen sollen, berichtete, wurde er sehr skeptisch. Er befürchtet, daß Bischof Žanić «Auszüge aus Vickas Tagebücher» an die jugoslawischen Bischöfe schickte, um mit diesen Texten zu beweisen, daß Vicka Ivanković lüge, denn die handgeschriebenen Texte enthalten negative Aussagen der Gottesmutter über Bischof Žanić und positive über die suspendierten Kapläne von Mostar.

P. Grafenauer befürchtet weiter, daß die an die Bischofskonferenz gerichteten Auszüge — zumindest was die Handschrift betrifft — eine Fälschung sind.

Aus P. Grafenauers Untersuchungsbericht geht folgendes hervor: «Der Bischof behauptete, daß Vicka sich in Widersprüche verwickelt habe. Sie hatte dem Bischof gegenüber gesagt, daß die Gottesmutter nicht über die Diözese gesprochen habe. P. Tomislav Vlašić war der

Meinung, daß Vicka Schwierigkeiten hatte, die Worte der Gospa wortgetreu und ganz sinngemäß wiederzugeben. Aus diesem Grund bat er Vicka, dem Bischof gegenüber über bestimmte Dinge zu schweigen, ohne ihr die Gründe für diese Maßnahme zu nennen. Mirjana Dragićević war nach der Überzeugung von P. Tomislav Vlašić in ihren Aussagen am präzisesten, sie konnte die Worte der Gottesmutter am besten im Gedächtnis behalten. Deshalb wollte er, daß nur sie dem Bischof über die Diözesanangelegenheiten berichte. Später sagte Vicka dem Bischof, daß P. Tomislav sie gebeten habe, nicht über alles mit ihm zu reden. Hierdurch kam der Bischof zu der Schlußfolgerung, daß Vicka lüge und P. Tomislav Vlašić die Seher manipuliere. Diese Behauptung schickte er nach Rom, ohne sie gründlich zu beweisen.»

P. Grafenauer versicherte mir, daß er durch seine Untersuchungen in Medjugorje, durch seine Gespräche mit Vicka und durch das Lesen des Buches von P. Bubalo, das hauptsächlich Aussagen der Seherin Vicka Ivanković enthält, zu der Überzeugung gekommen sei, daß Vicka ein gutes Gedächtnis habe. P. Grafenauer erklärte mir, daß die Seher nur nach dem Willen Gottes leben wollten. Dafür seien sie bereit, jedes Opfer zu bringen und jede Entbehrung auf sich zu nehmen. Sie hätten keine Angst vor Erniedrigung und Verdemütigung gezeigt. Für die Bekehrung der Sünder würden sie jedes Opfer bringen. Satan könne nicht so fromme und gottergebene Tugenden in den Seelen der Seher und Pilger zustande bringen, denn Satan könne nicht gegen sich selbst arbeiten. Nach seiner Überzeugung gehe es in Medjugorje um wahre Früchte des Gottesgeistes.

Die Aussagen P. Grafenauers werden durch meine Untersuchungen bestätigt. Alle Seher waren bereit, für die Echtheit der Erscheinungen nicht nur schwere Opfer zu bringen, sondern auch dafür zu sterben.

Einmal beobachtete ich ganz unauffällig die Seherin Marija Pavlović, wie sie mit zwei Frauen sprach. Marija konnte mich dabei nicht sehen. Während des Gesprächs versuchte eine der Frauen, der Seherin Geld in die Hand zu geben. Marija zog sofort die Hand zurück, aber vergeblich, denn die Frau steckte ihr das Geld schnell und sehr aufdringlich in die Tasche. Sofort griff Marija in ihre Manteltasche, holte das Geld heraus und gab es der Frau zurück. Ich habe mit eigenen Augen gesehen, daß sich die Seher nicht bereichern wollen. Ist das die Reaktion von Menschen, die lügen?

P. Grafenauer erklärte mir: «Alle früheren Forscher haben die Aufrichtigkeit der Seher bestätigt. Zuerst stellten das die Polizisten, die das Gegenteil beweisen wollten, fest. Auch die staatlichen Psychologen und Psychiater haben diese Aufrichtigkeit konstatiert. Sie wollten beweisen, daß die Seher lügen, aber es gelang ihnen nicht, weder in Mostar noch in Sarajevo. Dr. Ludvik Stopar aus Maribor hatte die Seherin Marija Pavlović hypnotisiert. Die Seherin wiederholte unter Hypnose das Gleiche wie früher. Dr. Stopar sagte, daß die Hypnose das beste Mittel sei, um die Aufrichtigkeit der Seher zu prüfen.»

Bischof Žanić versicherte mir, daß die Erscheinungen schon deshalb nicht echt sein können, weil die Seher zwei Schwerkranken falsche Auskünfte erteilt hätten, die diesen das Leben kosteten. In einem Fall hätten die Seher angeblich zu einer Operation geraten, im anderen hätten sie von einer Operation abgeraten, beide Patienten mußten angeblich infolge dieser falschen Ratschläge sterben. Dazu gab mir der Bischof einen Brief des Erzbischofs von Belgrad, Alojzije Turk, der dies beweisen sollte. In diesem Schreiben berichtet der Erzbischof, daß ein Seher von Medjugorje einem sehr schwer herzkranken Mann geraten hatte, sich operieren zu lassen, da alles gut ausgehen würde, wenn man viel bete. Der Mann hatte dies dem Erzbischof vor der Operation erzählt, da der Erzbischof als Patient das Zimmer mit ihm und anderen Patienten teilte. Drei Tage nach der Operation starb der Mann.

Wenige Stunden nach dem Gespräch mit dem Bischof war es mir gelungen, eine Erklärung der Melanija Blazević, der Tochter des Marko Blazević, aus Buna zu bekommen.

In dieser Anzeige schreibt sie:

«Ich muß erwähnen, daß mein Vater seit den Erscheinungen der Gottesmutter in Medjugorje ein ganz anderer Mensch wurde, und daß er mit der Tiefe seines Glaubens alle meine Gebete und regelmäßigen Besuche der heiligen Messe in den Schatten stellte. Ich finde einfach keine Worte, um seine Frömmigkeit in der letzten Zeit zu schildern. Bevor mein Vater im April 1984 sich nach Belgrad ins Krankenhaus begab, pilgerten er, meine Mutter und ich nach Medjugorje mit der Absicht zu beichten und der heiligen Messe beizuwohnen. Ich persönlich konnte Kontakt mit dem Seher Ivan aufnehmen, der uns die Botschaft der Gospa überbrachte. Ich zitiere Ivans Worte: "Es ist nur notwendig zu beten, vor der Operation möglichst viel, während der Operation am intensivsten, später weniger." Es war also vom Erfolg der Operation überhaupt keine Rede. Ich weiß genau, was mein Vater den anderen über seine Erlebnisse nach seiner Bekehrung sagen wollte. Es war seine wahrhafte Begeisterung wegen der Gottesnähe, die er mit anderen teilen wollte, sodaß auch sie seinen Seelenfrieden und sein Glück fühlen könnten. Auf keinen Fall hatte er die Absicht, eine Sensation über Medjugorje zu verbreiten. Ich muß erwähnen, daß keiner von den Priestern Anteil an Vaters Entschluß hatte.

Sein Pfarrer hat ihn sogar auf den Ernst der Operation aufmerksam gemacht. Vor seiner Fahrt nach Deutschland (Herr Blazević wurde in Deutschland von mehreren Ärzten untersucht — Anm. des Verf.) sprachen wir über allerlei, und da sagte mein Vater: "Es bleibt mir nichts anderes übrig, ich werde es riskieren — alles oder nichts. Ich habe meine Familie, meine Kinder, und ihretwegen hoffe ich, daß alles in Ordnung kommt, wenn Gott es so lenkt. Aber wenn Gott es anders will, möchte ich wieder sagen: Dank sei Gott." Am Sonntag vor der Operation, am 20. Mai 1984, sagte er, auf die Frage, ob er vor der Operation Angst habe: "Wenn Gott es will, daß ich lebe, werde ich leben, und wenn Gott mich lieber haben will, dann soll er mich holen." Anwesend waren zwei Ordensschwestern, meine Mutter und ich.

Das erkläre ich, um die entstandenen Mißverständnisse zu beseitigen, die mit dem Tod meines Vaters verbunden sind.

Melanija Blazević
Buna, 4. August 1984»

Der Aufruf zum Gebet, den Ivan überbrachte, kann ebensogut als Hilfe für eine gute Sterbestunde interpretiert werden.

Im Oktober 1984, zwei Monate nach meinem Gespräch mit Bischof Žanić, bekam ich endlich Klarheit über den zweiten Fall. In der Erklärung oder Anzeige heißt es:

«Im Zusammenhang mit dem Schreiben des bischöflichen Ordinariates Mostar, Nr. 636–84 vom 8. Juni 1984, an das Pfarramt Medjugorje, in dem der Tod meiner Schwester Desa mit den Aussagen der Seher in Verbindung gebracht wird, erkläre ich, daß die Behauptungen des erwähnten Schreibens ganz falsch sind. Deshalb verlange ich, daß sie öffentlich zurückgenommen werden und daß dieser Fall in den Diskussionen nicht mehr erwähnt wird.

Mostar, den 1. September 1984
Vukojević Dragica»

Die Frage, ob es sich hier um bösartige Verleumdungen oder um tragische Mißverständnisse handelt, soll hier nicht näher untersucht werden.

7.
Grundsätzliches über Visionen und Prophezeiungen

In seinem Bericht nach Rom und in den Gesprächen, die wir führten, beruft sich Bischof Žanić auf den Grundsatz: «Privatoffenbarungen sind nicht verpflichtend.»

Zu diesem Thema schreibt *Karl Rahner*: «Aber nach dem Zeugnis der Schrift ist jedenfalls soviel klar: Das Prophetische und Visionäre (im weitesten Sinn) ist aus der Geschichte des Christentums nicht wegzudenken. Wer alle solche Dinge auf natürliche oder gar krankhafte menschliche Zustände zurückführen wollte, würde konsequent leugnen, daß ein geschichtliches Handeln des sich im Wort offenbarenden persönlichen Gottes möglich ist. Damit aber würde er den Charakter des Christentums als einer übernatürlichen geschichtlichen Offenbarungsreligion bestreiten» *(«Visionen und Prophezeiungen», S. 19).*

Rahner nimmt besonders zu der nachchristlichen Offenbarung (Privatoffenbarung) Stellung. Er betont: «Wer die absolute Möglichkeit von besonderen Offenbarungen leugnet, verstößt gegen den Glauben. Wer bestreitet, daß solche auch nach der Zeit der Apostel noch vorkommen können, verstößt gegen eine theologisch sichere Lehre» *(S. 20).* Karl Rahner geht auch der Frage nach, ob eine Privatoffenbarung für andere verpflichtend sein kann oder nicht. Er folgert:

«Denn nach den allgemeinen Prinzipien der üblichen Fundamentaltheologie ist nicht einzusehen, warum eine "Privatoffenbarung" (wenn sie nicht bloß ein Imperativ an einen einzelnen ist, sondern auch, wie gewöhnlich, eine sachliche Mitteilung enthält) nicht von ***allen*** geglaubt werden müsse, die davon Kenntnis erhalten und mit jener genügenden Sicherheit (die für das Bestehen der "öffentlichen" Offenbarung erfordert ist) erkennen, daß sie tatsächlich von Gott stammt... Fordert man aber von einer nachchristlichen "Privatoffenbarung" hinsichtlich der Gewißheit ihrer Existenz nicht mehr als billig ist und man von der allgemeinen christlichen Offenbarung fordert, so ist nicht einzusehen, warum sie nicht in vielen tatsächlichen Fällen nicht nur vom unmittelbaren Offenbarungsempfänger, sondern auch von anderen als gottgewirkt so erkannt werden könnte, daß Glaubensrecht und Glaubenspflicht (fides divina) auch für diese anderen gegeben ist. Denn die Glaubenspflicht erfließt konnatural aus der Tatsache des Redens Gottes selbst, ohne daß dazu noch ein eigener Akt der Verpflichtung zum Glauben durch Gott hinzutreten müßte. Hat Gott geredet und steht diese Tatsache fest, das heißt, ist sie mir in genügender Weise bezeugt, dann ergibt sich für mich ohne weiteres eine Pflicht des Hörens, des Gehorsams und des Glaubens, sofern nur irgendwie der Inhalt des Gehörten auch mich betrifft» *(S. 27 ff.)*.

Mit großer Vehemenz verteidigt Rahner die Bedeutung der nachchristlichen Privatoffenbarung und unterstreicht deren Verbindlichkeit. Er schreibt:

«Wenn wir dies alles bedenken, wird als befriedigende Antwort auf unsere Frage nach dem theologischen Wesen einer nachchristlichen "privaten" Offenbarung an die Kirche nur übrigbleiben: Ihr Wesen liegt nicht in der Offenbarung einer gegenständlichen Inhaltlichkeit (in ihrem assertorischen Charakter), die nur "akzidentell' zur allgemeinen Offenbarung hinzukäme oder mit ihr schon identisch wäre, sondern: ***Privatoffenbarungen sind in ihrem Wesen ein Imperativ, wie in einer bestimmten geschichtlichen Situation von der Christenheit gehandelt werden soll. Sie sind wesentlich keine neue Behauptung, sondern ein neuer Befehl.*** In ihren ***Behauptungen*** sagen sie wirklich nur, was man immer schon aus Glaube und Theologie weiß. Und dennoch sind sie nicht überflüssig oder bloß ein himmlischer Repetitionskurs der allgemeinen Offenbarung oder eine intellektuelle Mäeutik zur Erkenntnis von etwas, was man grundsätzlich auch ohne diese Hilfe finden könnte. Denn was in einer bestimmten Situation als Wille Gottes zu tun ist, das läßt sich logisch in eindeutiger Weise nicht ableiten bloß aus den allgemeinen Prinzipien des Dogmas und der Moral, auch nicht unter Zuhilfenahme der Analyse der vorliegenden Situation» *(S. 32)*.

Rahner läßt keinen Zweifel darüber, daß prophetische Visionen, die eine Forderung an die Christen stellen, durch das Wunder beglaubigt werden müssen. Dazu argumentiert er:

«Treten uns aber "prophetische" Visionen, das heißt also solche entgegen, die eine Forderung an uns, die Außenstehenden, beinhalten, deren Gültigkeit und verpflichtende Kraft nicht schon unabhängig von der Vision feststeht, dann ist das einzige Kriterium, das einen solchen Anspruch begründen kann, das eigentliche (physische oder moralische) Wunder im strengen Sinn. Wenn nach der katholischen Fundamentaltheologie dieses Prinzip gegenüber der revelatio publica des Christentums geltend gemacht werden darf, ja muß, dann ist es selbstverständlich, daß es erst recht den Privatoffenbarungen prophetischen Charakters gegenüber zu gelten hat. Forderungen, Botschaften, die — wenn auch im Rahmen der allgemeinen, geoffenbarten Lehre — für andere als den Visionär selbst erhoben werden mit Berufung auf eine Vision, müssen ihren göttlichen Ursprung und ihre verpflichtende Berechtigung durch Wunder ausweisen» *(S. 90 f.)*.

Zur Prophezeiung von Zukünftigem schreibt Karl Rahner:

«Die Möglichkeit solcher Vorherverkündigung des Zukünftigen durch Gott kann für einen christlichen Gottesbegriff keine grundsätzliche Schwierigkeit machen, so wenig wir genauer verstehen können, wie Gott unbeschadet der Zukünftigkeit und vor allem der Freiheit des Vorhergesagten das Zukünftige weiß. Er steht als der lebendige und allwissende Gott über der Zeit und Geschichte, er ist, als die allmächtige und alles Geschaffene tragende Ur-Sache aller von ihm verschiedenen Wirklichkeit, allem, was sich in der Zeit entfaltet und wird, gleich nahe... Darum ist das Zukünftige nicht für Gott selbst erst noch zukünftig. Darum ist ihm das Künftige gegenwärtig. Er kann es darum mitteilen, wenn er will» *(S. 114)*.

Gleichzeitig betont Rahner: «Nach dem Zeugnis der Schrift kann es eine echte, wirklich von Gott stammende Vorherverkündigung der Zukunft geben und hat es eine solche gegeben. Es genügt hier, auf die Vorhersage Christi von der Zerstörung Jerusalems hinzuweisen. Wer eine solche Möglichkeit grundsätzlich bestreiten wollte, würde gegen den katholischen Glauben verstoßen. Solche prophetische Gabe soll ein bleibendes Angeld der Kirche und ein Beweis ihrer übernatürlichen Sendung sein. Darum wird der prophetische Geist in der Kirche nicht aussterben... Was den Sinn solcher göttlicher Prophezeiungen angeht, so ist zunächst zu sagen, daß sie nicht den Sinn haben können, den Raum menschlicher Freiheit aufzuheben. Sie wollen gerade als göttliche, die das Heil des Menschen bezwecken, dem Menschen die Last und Gnade einer freien Entscheidung in wagendem und vertrauendem Glauben nicht abnehmen... Wahre Prophezeiungen wollen uns mahnen zur Buße, zur Bekehrung und zum Gebet, zum Vertrauen auf den Sieg Christi, zur Hoffnung auf die Ewigkeit Gottes» *(S. 117 ff.)*.

Der tiefste Sinn der Prophetie liegt nach Rahners Überzeugung darin, daß «sie in uns den Ernst glaubender und wagender Entscheidung weckt, wenn sie uns klarmacht, daß die Welt im Argen liegt (was wir nie wahrhaben wollen), wenn sie ausdauernde Geduld weckt und den Glauben, daß Er schon gesiegt hat, auch wenn wir in der Welt noch Trauer haben, wenn sie uns mit Zuversicht, auf den einen Herrn auch der noch unenthüllten Zukunft erfüllt, wenn sie uns zum Gebet und zur Bekehrung des Herzens bringt und zum Glauben, daß uns nichts von der Liebe Christi trennen kann» *(S. 120)*.

Man muß sich weiter fragen: Sind Privatoffenbarungen heute nicht mehr wichtig? Hat Gott den Menschen unserer Zeit nichts mehr zu sagen? Darf Gott heute nicht mehr zu den Menschen reden, weil das «untheologisch» und nicht mehr «zeitgemäß» ist? Darf Gott sein Volk nicht mehr warnen, wie Er es früher durch die Propheten tat?

In einem bemerkenswerten Aufsatz schreibt der Theologe *Friedbert Branz:*

«Prophetischer Beistand des Heiligen Geistes zugunsten der Kirche in genau dieser Zeit (damit ist unsere Zeit gemeint — Anm. des Verf.) scheinen die bekannten Marienerscheinungen und ihre Botschaften zu sein... Es ist das senkrecht auftreffende Einwirken des Geistes Gottes, darauf berechnet, einen eindeutigen und einmaligen Effekt für das Volk Gottes jetzt zu erreichen... Denn weil ein verstehendes Wissen um die Natur solcher Vorgänge in der Theologenausbildung fehlte und fehlt war es möglich, daß es in unseren Jahrzehnten eine wahre Tragik prophetischer Sendungen und eine Art chronique scandaleuse von behördlichen Maßnahmen gegen sie gab.

Echtheit und Übernatürlichkeit ist manchmal nicht leicht festzustellen. Was besagt die Formel "De supernaturalitate non constat" (Übernatürlichkeit steht nicht fest)? Sie bestreitet nicht, sie schließt nicht aus, daß ein übernatürliches Faktum eintrat und nun vorliegt. Sie belehrt nur darüber, es sei von kirchlicher Stelle (jetzt) nicht möglich, über das Vorhandensein oder Vorhandengewesensein eines übernatürlichen Faktums Gewißheit zu erlangen. Die berechtigte praktische Folgerung daraus muß lauten: Man kann kirchlicherseits nicht von stattgehabten Erscheinungen oder Botschaften reden... Es hat guten Sinn, als göttliche Bestätigung für die Übernatürlichkeit eines Ereignisses ein Wunder zu erwarten... Ein leichter Zugang, um neue Seher und ihr Widerfahrnis abzuschätzen, ist heute die Vergleichung. Vergleichbare Elemente mit den Gesamtkomplexen La Salette, Lourdes, Fatima würden positiv sprechen. Abweichende Einzelheiten verlangen dann die deutende Wertung...

Das vergleichende Studium der Gesamtpersönlichkeit der betroffenen Seher in psychologischer, ethischer, geistiger Hinsicht bringt entscheidendes Licht in die Wertung. Bemerkenswert wäre gewiß auch, wenn schon vor den "Erscheinungen" ein Umgang mit einem Engel vorliegt. Wunderscheu ist ebenso abwegig wie Wundersucht. Die zögernde, ja abweisende Haltung kirchlicher Stellen einerseits, die mit dem Bescheid "Non constat" fragliche Vorgänge verhüllen, verbergen oder auch leugnen möchten, und die Not und Klage jener, die auf die kirchliche Anerkennung warten, berühren sich bei der Frage nach dem Wunderbaren...

Heute aber fixiert die naturwissenschaftliche Forschungsmethode das Denken auf die kausal-mechanische Wirkung in der gesamten sichtbaren Welt... Wenn in dieser Situation eine vereinbarte Strategie kirchlich Verantwortlicher mit dem "Non constat" die Front festigt gegen den Einbruch des Wunderbaren, hofft sie, Ruhe und Ordnung unter den Gläubigen zu bewahren. Ungewollt unterstützt sie damit den blicklosen Geist des Rationalismus und Materialismus, der in der Neuzeit das Glaubenkönnen zerstörte. Sie wehrt den erbarmenden Beistand des Herrn der Kirche ab, den er selbst in seiner Abschiedsrede verheißen, und den Petrus in seiner Pfingstpredigt als eschatologische Gegenwart signalisiert hat. Es ist darum vielleicht ein gnädiges Zeichen unserer Zeit zur Rettung der Kirche in den Herzen, daß schon an einigen Stellen die Front rationalistischen Widerstandes gegen die Hilfen des Himmels zerbröckelt, und daß die verklärte Mutter des Herrn fortfährt, als Mutter der Kirche und Vikarin des Heiligen Geistes für den Frieden zu wirken» *(Branz/Weigl: «Volk unter prophetischem Anruf»).*

In diesem Zusammenhang scheint mir die Meinung Kardinal Ratzingers von großer Bedeutung. Als er wegen Medjugorje angesprochen wurde, erwiderte er:

«Wir können Gott gewiß nicht daran hindern, in diese unsere Zeit hinein durch einfache Personen und auch durch außergewöhnliche Zeichen zu sprechen, die auf die Unzulänglichkeit der uns beherrschenden, von Rationalismus und Positivismus geprägten Kulturen hindeuten. Die Erscheinungen... zeigen unter anderem, daß die Offenbarung... nicht etwas Totes ist, sondern etwas Lebendiges und Vitales. Im übrigen — von Medjugorje zunächst abgesehen, über das ich keinerlei Urteil abgeben kann, da sich der Fall noch in der Überprüfung befindet — ist eines der Zeichen unserer Zeit, daß sich die Meldungen über "Marienerscheinungen" in der ganzen Welt häufen... Eines unserer Kriterien... besteht in der Bewertung der Lebendigkeit und der Rechtgläubigkeit des religiösen Lebens, das sich um diese Orte herausbildet» *(Messori, «Zur Lage des Glaubens», S. 113).*

Friedbert Branz zeigt an einigen Beispielen, daß bei der Bewertung der Erscheinungen schwerwiegende Fehler gemacht wurden. Mit Recht stellt sich die Frage, warum die kirchlichen Behörden so strenge Maßstäbe anlegen.

Dafür gibt es eine sehr einfache Erklärung. Wenn Gott der Welt Zeichen gibt, so hat er nur das Heil der Menschen vor Augen. Niemand weiß das besser als Gottes Gegenspieler, der Satan. Die Gegenwart aber ist durchdrungen vom Wirken des Antichrists. Dieser kennt nur ein Ziel: Die Gnaden, die Gott den Menschen schenken will, zunichte zu machen. Als ich dies einem Mitglied der Untersuchungskommission für Medjugorje erklärte, stimmte es mir voll zu. Wen wundert es also, wenn in den letzten Jahrzehnten kaum noch ein Zeichen Gottes von der Kirche anerkannt wurde! Sollte Satan seine Strategie gegenüber Medjugorje geändert haben? Niemals! Der Teufel weiß nur zu gut, daß eine Anerkennung Medjugorjes durch die Kirche die Menschen noch mehr aus seiner Macht befreien könnte. Deshalb handelt er, deshalb vermehrt er seine Anstrengungen.

Leider wird dieses Wirken des Satans von den meisten Theologen unterbewertet und unterschätzt. Das Thema «Teufel» ist heute nicht mehr gefragt, auch die Ausbildung der Theologen auf diesem Gebiet läßt sehr zu wünschen übrig. Branz schreibt treffend über dieses Problem:

«Das Verständnis für Mystik und Wunder ist kein Reservat für Extra-Studien, für Sonderlinge und Frömmler. Es ist für jeden Theologen, ob Professor oder Student, ob Bischof oder Kaplan eine Minimalforderung wissenschaftlichen Standards in der gegenwärtigen Situation der Kirche in einer materialistischen Welt. Denn sonst ist es wenig wahrscheinlich, daß die Masse der Gläubigen in der heutigen Anfechtung von Verfall und Verwirrung eine andere kirchliche Hilfe erfährt als nur das begütigende Vertrösten auf eine Wendung zum Besseren.

Und doch ist die Kraft des Zeugnisses gerade von der "Institution" der Kirche her zu erwarten. Dazu gehört aber auch, daß die Bemühung im Himmel, durch prophetischen Anruf das Volk zu erwecken, vom Amt der Kirche Bejahung und Hilfe erhält und nicht durch Ironie, Verachtung, Verfolgung zunichte gemacht wird. In einem anderen Zusammenhang, römische Maßnahmen betreffend, konnte J. Ratzinger den wohlüberlegten Satz schreiben: "Das Ressentiment, das durch allerlei Fehlentscheidungen... im letzten Halbjahrhundert aufgebaut worden ist, steckt wie eine tief nach innen wirkende Eiterbeule im kirchlichen Bewußtsein!"» *(Branz/Weigl, S. 208 f.).*

Ich fragte den Präfekten der Glaubenskongregation, ob sich seine Aussage auch auf Marienerscheinungen beziehe. Darauf antwortete Kardinal Ratzinger: «Diese Feststellung gilt ganz allgemein, aber sie bezieht sich auch auf Marienerscheinungen.»

Nach dieser Bemerkung wäre eine gezielte Unterweisung und Aufklärung in der Kirche über dieses Gebiet dringend erforderlich. Andernfalls laufen wir Gefahr, daß wir Gottes Anrufe durch Maria überhören oder die echten Kriterien aus Unwissenheit dem Teufel zuschreiben.

8.
Ernstzunehmende Kriterien lassen erkennen, daß der Friede in der Welt gefährdet ist

Als ich in Medjugorje zum ersten Mal hörte, daß Maria dort über die Sünden der Menschen weinte, beschloß ich, diesem Phänomen nachzugehen. Meine Nachforschungen erstreckten sich auf die letzten 155 Jahre. In wenigen Monaten fand ich etwa 120 Orte, wo die Gottesmutter geweint haben soll. Parallel zu diesem Weinen fand ich auch Prophezeiungen, die den Ernst der Stunde aufzeigen. Sicherlich müssen, was die Echtheit angeht, Abstriche gemacht werden. Dennoch wäre es verhängnisvoll, diese Tränen und Prophezeiungen grundsätzlich zu ignorieren. Besonders besorgniserregend ist die Feststellung, daß die Häufigkeit des Weinens in der letzten Zeit sehr zugenommen hat. Einige Zahlen sollen das veranschaulichen:

von 1830 bis 1900:	10 Fälle;
von 1901 bis 1950:	12 Fälle;
von 1951 bis 1960:	19 Fälle;
von 1961 bis 1970:	7 Fälle;
von 1971 bis 1980:	42 Fälle;
von 1981 bis 1987:	28 Fälle.

Insgesamt sind das 118 Orte. Sie befinden sich in Europa, Nord- und Südamerika, Afrika und Asien. Ein sehr ernstzunehmendes Phänomen ist die Tatsache, daß Maria nicht nur klare, sondern auch blutige Tränen vergießt. Untersuchungen in wissenschaftlichen Labors haben in einigen Fällen ergeben, daß es sich bei der klaren Flüssigkeit tatsächlich um menschliche Tränen und bei der roten Flüssigkeit um menschliches Blut handelte. Es ist in diesen Fällen nicht möglich, diese Ereignisse als Schwindel oder Betrug abzutun.

Es besteht nicht der geringste Zweifel, daß diese Tränen — ob klar oder blutig — ein besonderes Gnadengeschenk Gottes an eine sündige Menschheit sind. Gott läßt dieses Weinen zu, damit die Menschen sich auf ihre Umkehr besinnen. In vielen Berichten, denen ich nachging, heißt es, daß das religiöse Leben in diesen Pfarreien vor dem Weinen der Mutter-Gottes-Statuen einen absoluten Tiefpunkt hatte. Durch die sichtbaren Tränen tief beeindruckt, begannen die Lauen und die Abgefallenen wieder ein intensives religiöses Leben zu führen. Plötzlich waren die Kirchen überfüllt. Diese guten Früchte sollten nicht unbeachtet bleiben. Wenige Beispiele sollen zeigen, wie sehr der Friede in der Welt bedroht ist.

Am 19. September 1846 erscheint die Gottesmutter den Hirtenkindern Maximin und Melanie in der Nähe von ***La Salette.*** Schmerzerfüllt und weinend verbirgt Maria das Antlitz in ihren Händen. Während ihre ***Tränen*** über ihre Wangen rinnen, ruft sie den Kindern zu: «Wenn mein Volk sich nicht unterwerfen will, bin ich gezwungen, den Arm meines Sohnes fallen zu lassen... Gott wird strafen in einer Art, die ohne Beispiel sein wird... Die menschliche Gesellschaft steht am Vorabend der schrecklichsten Züchtigungen und der größten Ereignisse» *(J. Höcht, «La Salette»).*

Am 21. Februar 1858 hörte die Seherin Bernadette Soubirous in ***Lourdes*** die Worte: «Betet für die armen Sünder und für die wild bewegte Welt!» Drei Tage später übertrug sich die ***Sorge und Traurigkeit*** der Jungfrau Maria so sehr auf Bernadette, daß sie weinend die Anwesenden anflehte: «Buße! Buße! Buße!» Bernadette berichtete, daß sie diese Aufforderung zur Buße aus dem Mund der schönen Dame vernommen habe *(Robert Ernst, «Maria redet zu uns»).*

Über die Tränen der Schmerzhaften Mutter in Quito (Ecuador) sagte Papst Pius XII. am 22. April 1956 in einer Rundfunkansprache: «Nach den Aussagen der damaligen Zeugen zeigte die Allerseligste Jungfrau... ***Ängste und Traurigkeit*** so sehr, daß sie zu ***weinen*** begann, als sie eure katholische Nation durch die Verfolgung verwüstet und mit Blut befleckt sah... ***Es sind Tränen, aber kostbare Tränen***, die eure aufrichtigste Dankbarkeit verdienen... ***Die Jungfrau weinte***. Aber würde sie vielleicht nicht weinen — und wer weiß, ob nicht wegen unserer Schuld?» *(Robert Ernst, S. 68).*

Es ist nicht bekannt, ob die Gottesmutter in ***Fatima*** geweint hat, aber sie hat den Menschen eine Botschaft gegeben, die an Klarheit und Eindringlichkeit nichts zu wünschen übrig läßt.

Schwester Lucia berichtet über die Erscheinung am 13. Juli 1917 in Fatima: «Erschrocken und wie um Hilfe zu bitten, erhoben wir den Blick zu Unserer Lieben Frau, die voll Güte und ***Traurigkeit*** zu uns sprach: «Wenn man tut, was ich euch sage, werden viele gerettet werden, und es wird Friede sein... Wenn man auf meine Wünsche hört, wird Rußland sich bekehren, und es wird Friede sein; wenn nicht, wird es seine Irrlehren über die Welt verbreiten, wird es Kriege und Verfolgungen der Kirche heraufbeschwören. Die Guten werden gemartert werden, und der Heilige Vater wird viel zu leiden haben, ***verschiedene Nationen werden vernichtet werden»*** *(«Schwester Lucia spricht über Fatima»).*

Die gleiche Seherin sagte im Jahre 1957 in einem Gespräch mit Pater Augustin Fuentes: «Die Madonna ist sehr unzufrieden, weil man sich nicht um ihre Botschaft vom Jahre 1917 kümmert... Glauben Sie mir, Pater, der Herr wird die Welt sehr bald bestrafen. Die Züchtigung steht nahe bevor. Sie kommt sehr bald. ***Pater, stellen Sie sich die größte Strafe vor...*** Sagen Sie es allen, die Mutter Gottes hat es mir oft gesagt: ***Viele Nationen werden vom Antlitz der Erde verschwinden»*** *(Josef Stockert, «Der mahnende Finger Gottes»).*

Bruno Grabinski schreibt über ***die weinende Madonna von Syrakus***: «Was am 29. August 1953 um 8.30 Uhr in der sizilianischen Stadt Syrakus geschah, trägt aber alle Merkmale eines Wunders und wirkt bis heute mit zunehmender Kraft fort. Eine kleine, unscheinbare Madonna aus Terrakotta ***weinte bittere Tränen***; seither stellen sich täglich fünf bis sechs wissenschaftlich unerklärliche Heilungen vor diesem Abbild der Mutter Gottes ein» *(B. Grabinski, «Flammende Zeichen der Zeit», S. 86 f.).*

Die Bischöfe Siziliens äußerten nach gründlichen Untersuchungen der Ereignisse, daß an der Wirklichkeit der Tränen nicht zu zweifeln sei. Sie wünschen, eine solche Kundgebung der himmlischen Mutter möge alle zu heilsamer Buße und zu immer lebendigerer Verehrung des unbefleckten Herzens Mariens anspornen. Sie sprechen den Wunsch aus, daß zu Erinnerung an das Wunder ein Gotteshaus errichtet werde.

Robert Ernst schreibt über das Weinen in Syrakus: «Das Wichtigste am Tränenwunder von Syrakus sind jedoch nicht die Wunder. Das Wichtigste ist die stumme Botschaft der weinenden Himmelsmutter, die Tränen vergießt, weil so viele ihrer Kinder sich von ihrem Sohn abwenden, weil die Guten nicht genug beten und büßen, um ihre Brüder und Schwestern vor dem ewigen Verderben zu retten» *(R. Ernst, «Maria redet zu uns», S. 139).*

In eindrucksvoller Weise dokumentiert der Hirtenbrief von Bischof Johannes Ito von Niigata (Japan), wie sehr der Friede in der Welt gefährdet ist. Am 22. April 1984 richtete Bischof Ito ein Hirtenwort an alle Gläubigen seiner Diözese.

Zuvor hatten 115 Millionen Japaner durch Presse, Rundfunk und Fernsehen die Ereignisse von ***Akita*** verfolgen können. ***Dort vergoß eine Mutter-Gottes-Statue aus Holz vom 4. Januar 1975 bis zum 13. September 1981 über hundertmal Tränen.*** Die Untersuchung der klaren und roten Flüssigkeit, die von der Statue abgesondert wurde, ergab, daß es sich um menschliche Tränen und um menschliches Blut mit der Gruppe O handelte. Die Analysen wurden an den gerichtsmedizinischen Instituten der Universitäten Akita und Gifu im Auftrag von Bischof Ito offiziell durchgeführt. In seinem Hirtenwort betonte Bischof Ito:

«Nach den bis heute durchgeführten Untersuchungen kann man den übernatürlichen Charakter einer Reihe von unerklärlichen Ereignissen, die im Zusammenhang mit der im Institut der Dienerinnen der heiligen Eucharistie in Yuzawadai, Soegawa, Akita (Diözese Niigata) befindlichen Statue der Mutter Gottes stehen, nicht leugnen. Aber aus welchem Grund sollten sich derartige Phänomene ereignet haben? Ich frage mich, ob diese nicht im Zusammenhang mit den von der Statue der Mutter Gottes herrührenden und durch die tauben Ohren von Fräulein Sasagawa vernommenen Botschaften stehen... Die zweite Botschaft wurde ihr, wie die erste, durch die von der Statue der heiligsten Jungfrau ausgehende Stimme mitgeteilt: "Meine Tochter... höre, was ich dir zu sagen habe, es ist sehr wichtig. Du sollst es deinem Vorgesetzten mitteilen. Viele Leute betrüben den Herrn. Ich erwarte Seelen, die ihn trösten wollen. Mit dem Sohn erwarte ich Seelen, die, um den Zorn des himmlischen Vaters zu beschwichtigen, anstelle der Sünder und der Undankbaren leiden und durch ihre Opfer Sühne leisten. Um seinen Zorn gegen die Welt zu offenbaren, beabsichtigt der Vater, ***über die ganze Menschheit eine Strafe zu verhängen...*"** Die dritte und letzte Botschaft wurde Fräulein Sasagawa am 13. Oktober des gleichen Jahres wieder durch die von der Mutter-Gottes-Statue herrührenden Stimme übermittelt: "Wie ich dir schon früher sagte, wird der himmlische Vater, wenn die Menschen nicht bereuen und sich nicht bessern, ***eine schreckliche Strafe über die ganze Menschheit verhängen, eine Strafe, die fürchterlicher sein wird als die Sintflut, eine Strafe, wie man sie noch nie erlebt hat. Feuer wird vom Himmel fallen und den größten Teil der Menschheit vernichten...*** Die einzigen Waffen, die euch übrigbleiben, sind der Rosenkranz und das Zeichen, das der Sohn euch zurückgelassen hat. Betet täglich den Rosenkranz für den Papst, die Bischöfe und die Priester...»

Weiter heißt es im Hirtenbrief: «Diese Botschaft enthält eine Bedingung: "... wenn die Menschen nicht bereuen und sich nicht bessern..." ***Ich denke, daß es sich hier um eine ernsthafte Warnung handelt»*** *(«Mater Nostra», Juli/August 1983 und Dezember 1985, Parvis-Verlag, Hauteville/Schweiz).*

Die Aussagen der Seher von Medjugorje über das Weinen der Gottesmutter über die Sünden der Menschen veranlaßten mich, nach Maasmechelen zu fahren. Mehrere Zeitungen und Zeitschriften berichteten über die Tränen einer Rosa-Mystica-Statue in der belgischen Stadt Maasmechelen.

Am 16. April 1984 reiste ich zusammen mit meiner Familie dorthin, um mich über die dortigen Ereignisse zu informieren. Im Haus der Familie Linden ereigneten sich mehrere Phänomene, die kurz erwähnt werden sollen.

1. Vom 15. September 1982 — Fest der Sieben Schmerzen Mariens — bis zum 22. September 1982 vergießt eine Statue der Pilgermadonna von Montichiari Tränen. Im Auftrag des Bistums Hasselt wurde diese Statue entfernt, um den ständig steigenden Pilgerstrom zu unterbinden.

2. Zur gleichen Zeit weint eine kleine Fatima-Madonna mehrere Male im Wohnzimmer der Familie Linden.

3. Ende März 1983 erhält diese Familie eine eigene Rosa-Mystica-Statue. Seit dem 8. August 1983 vergießt diese Statue bis zum heutigen Tag Tränen.

4. Am 2., 3., 14., 15. Januar 1986 und am 6. und 7. Februar 1986 fließen aus den Augen einer Büste des bekannten Limpias-Christus blutige Tränen.

Bei unserem Besuch in der kleinen Hauskapelle der Familie Linden waren wir tief beeindruckt. Auf einem kleinen Altar, der mit vielen Blumen und Kerzen geschmückt war, sahen wir eine Statue der Mutter Gottes. Ich versuchte, mir das Geschehene gut einzuprägen, um später darüber berichten zu können. Wir durften nur wenige Minuten im kleinen Raum bleiben, da ständig neue Besucher in die Kapelle drängten.

Ich beobachtete, wie die Tränen im Licht einer Lampe schimmerten. Auffallend deutlich sah ich die Rötung der Augen. Am Kinn bemerkte ich einen sehr großen Tränentropfen, der aber trotz seiner

Größe haften blieb. Sehr deutlich konnte ich ein dünnes Rinnsal einer Tränenspur am Mantel entdecken. Das Rinnsal endete in einigen Leinentüchern am Fuß der Statue. Diese Leinentücher wurden später den Besuchern geschenkt. Dabei gewahrten wir einen herrlichen Rosenduft, der noch tagelang an den Tüchern anhaftete.

In einem ausführlichen Gespräch mit Frau Linden, der Besitzerin der Statue, erfuhr ich mehr über dieses unerklärliche Weinen der Mutter Gottes. Frau Linden berichtete mir, daß die Rosa-Mystica-Statue seit dem 8. August 1983 ununterbrochen Tränen vergieße. Das Rinnsal sei einmal schwächer, dann wieder stärker. Während des Gesprächs erfuhr ich, daß Frau Linden durch eine schwere Krankheit fast sieben Jahre lang an den Rollstuhl bzw. an das Bett gefesselt war. In ihrem Leben wurde sie 32mal operiert. Durch einen Handschuh des verstorbenen stigmatisierten Pater Pio aus San Giovanni Rotondo, der ihr aufgelegt wurde, erfolgte eine sofortige Heilung.

Sie berichtete, wie einem stummen Kind ein tränengetränktes Tüchlein auf den Mund gelegt wurde, worauf das Kind zu sprechen begann. Sie erwähnte, daß wir in einer sehr gefährlichen Zeit leben; dabei versicherte sie mir, daß Gott durch unsere Sünden genug beleidigt wurde, und daß Er sich diese Beleidigungen nicht mehr lange werde bieten lassen. Sinngemäß sagte sie, daß Gott die Welt schwer heimsuchen werde, wenn die Menschen sich nicht bekehrten. Die Tränen in ihrem Haus seien eine ernstzunehmende Warnung. Sie erwähnte: «Die Tränen der Jungfrau Maria lassen uns an die Tränen Jesu denken, der einst über Jerusalem weinte und sagte: "Wenn doch auch du an diesem Tag erkannt hättest, was dir Frieden bringt. Jetzt aber bleibt es vor deinen Augen verborgen"» *(Lk 19,42)*. Heute wissen wir, daß die Tränen Jesu dem Untergang Jerusalems galten, das im Jahre 70 n. Chr. vollständig zerstört wurde.

Über die Ereignisse in Maasmechelen gibt es ein Bändchen *«Die Tränen der Rosa Mystica – Maria weint in Belgien»* von *Gerhard Hermes.*

Wie ernst die Situation tatsächlich ist, geht aus den Worten des Benediktinerabtes Thomas Niggl hervor: «In La Salette hat Maria Tränen eingesetzt, und wie oft hat sie es seither getan. Aber wie haben wir auf die Herausforderung dieser Tränen geantwortet? Tränen, die von uns verlangen, daß wir dem Teufel und seiner Pracht entsagen und unter dem Einsatz aller Kräfte das tun, was Maria uns sagt. Papst Pius IX. hat das Anliegen von La Salette in die lakonischen Worte gefaßt: "Ihr wollt das Geheimnis von La Salette wissen" – und das gilt analog für Fatima — hier ist es: "Ihr alle werdet umkommen, wenn ihr euch nicht bekehrt"» *(Lk 13,3-5)*... Und die große Beleidigung Gottes besteht im Abfall, dessen tiefere Ursache unsere entsetzliche Oberflächlichkeit und Gleichgültigkeit ist, die auch so formuliert werden kann: «Es geht alles sehr gut ohne den lieben Gott. Es bringt keinen Nachteil, sich seiner zu entledigen. Es lohnt nicht die Mühe, sich mit ihm zu beschäftigen.» Vor dieser schuldhaften Indifferenz hat uns Maria durch ihre Tränen gewarnt. Von hier aus gilt es, die Warnung zu sehen, die die Mutter Gottes für ihre Kinder als unerläßlich hält» *(Thomas Niggl, «Maria — Die Antwort Gottes auf unsere Zeit»)*.

Die Ausführungen von Abt Thomas Niggl werden durch die Worte von Bischof Dominik Kalata, der wegen seines Glaubens sechs Jahre im Gefängnis war, bestätigt. Dieser Oberhirte sagte: «Die Menschheit erlebte noch nie eine so massive, so radikale Ablehnung Gottes wie heute» *(Marianischer Gebetstag in Marienfried, Weto-Cassetten-Verlag, Meersburg)*.

Vergegenwärtigen wir uns noch einmal die Worte Papst Johannes Pauls II. in Turin zum gleichen Problem: «Heute können wir miterleben, wie Gott weit und breit abgelehnt wird wie nie zuvor in der Geschichte der Menschheit» *(Marianischer Gebetstag in Marienfried, Weto-Cassetten-Verlag, Meersburg)*.

Auch Nobelpreisträger warnen. Albert Hebert weist in seinem Buch *«Mary, why do you cry?»* auf die Abtreibungslawine in der Welt hin. Er schreibt, daß in der Zeit von 1945 bis heute die Zahl der Abtreibungen auf 500 Millionen geschätzt werde. In diesem Zusammenhang zitiert er die ***Friedensnobelpreisträgerin Mutter Teresa von Kalkutta.*** Sie sagt über diese Entwicklung: «Abtreibung ist der größte Zerstörer des Friedens.»

Ebenso kritisierte der Friedensnobelpreisträger ***Alexander Solschenizjn***: «Es ist schon soweit, daß sich der böse Geist wie ein Wirbelsturm über allen fünf Kontinenten austobt. Wir sind Zeugen, sei es einer erzwungenen Zerstörung, sei es einer freiwilligen Selbstzerstörung der Welt. Das ganze 20. Jahrhundert wird in den Mahlstrom des Atheimus und der Selbstvernichtung hineingerissen... Nach diesem erdrutschähnlichen Zurückweichen im Laufe einer einzigen Generation gleitet der Westen nun unwiderruflich in den Abgrund. Die westlichen Gesellschaften verlieren immer mehr ihren religiösen Gehalt und überlassen ihre Jugend sorglos dem Atheismus... Heute sieht es so aus, als zöge sich bei allem raffinierten politischen Hin- und

Herlavieren die Schlinge um den Hals der Menschheit mit jedem Jahrzehnt immer enger und hoffnungsloser zusammen... Der voreiligen Hoffnungsfreudigkeit der letzten zwei Jahrhunderte, die uns ins Nichts und an den Rand des atomaren und nicht-atomaren Todes geführt hat, können wir nur die beharrliche Suche nach der ausgestreckten Hand Gottes entgegenstellen, die wir so unbekümmert und überheblich zurückgestoßen haben» *(«Der Fels», 14. Jahrgang, Nr. 9, S. 247).*

Der Abfall vom Glauben, die Tränen, die Prophezeiungen und die Aussagen großer Persönlichkeiten aus Kirche, Politik und Wissenschaft lassen sehr deutlich erkennen, wie sehr der Friede in der Welt heute gefährdet ist.

In den letzten Monaten untersuchte ich Prophezeiungen mit einem Umfang von etwa 4000 Seiten, ganz gleich, ob sie glaubwürdig waren oder nicht. Dabei stellte ich fest, daß alle Prophetien große negative Veränderungen in der Zukunft erwähnen. Es ist die Rede von zerstörerischen Kriegen, von schweren Krankheiten, von verhängnisvollen Überschwemmungen, von kosmischen Einwirkungen in unvorstellbaren Ausmaßen und — was am häufigsten erwähnt wird — von einem Feuer, das vom Himmel fällt.

In vielen Erscheinungen der Gottesmutter werden Strafen angekündigt, die alle bisherigen übertreffen sollen, wenn die Menschen sich nicht bessern.

Kardinal Ratzinger erwähnte, daß die Zahl der angeblichen Marienerscheinungen in der ganzen Welt zunehme. Seine Kongregation werde über diese Ereignisse ständig informiert. Es gibt viele Prophezeiungen, die den Vatikan erreichen, deren Inhalt aber kaum ein Außenstehender erfährt. Die Schwere dieser Prophetien — wie zum Beispiel das Dritte Geheimnis von Fatima — lastet auf den Verantwortlichen der Kirche. Wenn der Papst im Herbst 1986 die führenden Vertreter der großen Weltreligionen nach Assisi einlud, um dort gemeinsam für die Erhaltung des Weltfriedens zu beten, so dürften diese Prophetien und Tränen dabei eine sehr wichtige Rolle gespielt haben. Der Papst sagte am 28. Februar 1979: «Wenn die Madonna weint, bedeutet das, daß sie dazu einen Grund hat» *(Hebert, «Mary, why do you cry?»).*

Bei seinem Besuch in Tschenstochau (Polen) am 18. Juni 1983 erklärte der Papst vor dem Gnadenbild in Gegenwart einer Million Pilger, daß die Augen der schwarzen Madonna wie «tränenerfüllt und traurig» aussahen *(Hebert, «The Tears of Mary»).*

Während eines Gesprächs fragte ich den Präfekten der Glaubenskongregation: «Glauben Sie, daß das Weinen der Gottesmutter an so vielen Orten der Welt eine besondere Bedeutung hat?» Kardinal Ratzinger erwiderte: «Die Tränen sind von einer großen Tragweite.»

Angesichts des bedrohten Weltfriedens fragte ich den Präfekten: «Haben Sie wirklich gesagt, daß ein grundsätzliches Element Ihrer Kongregation die Geduld bei Marienerscheinungen sei?» Er antwortete: «Ja, das ist richtig.»

Dann wies ich auf die Zeichen der Zeit hin und erklärte, daß eine zu große Geduld heute sehr bedenklich sein könne, wenn Gott eine dringende Botschaft an die Welt richte. Der Kardinal entgegnete: «Ich kann als Präfekt der Glaubenskongregation dazu keine Stellung nehmen.»

Eine sehr ernstzunehmende Antwort auf die Probleme unserer Zeit gibt der Wissenschaftler Hans J. Andersen. Er schreibt über die marianischen Vorhersagen: «Es sind in unserem Jahrhundert vor allem die marianischen Prophezeiungen und Visionen, die für die Christenheit eine über alle Zweifel erhabene Orientierungshilfe darstellen» *(Hans Andersen: «Polwende — Zeitenwende»).*

Die Gottesmutter weint auch in Medjugorje

Während meines zweiten Interviews mit der Seherin Marija Pavlović erklärte sie: «Ich habe mehrmals gesehen, daß die Gottesmutter weinte.» Der Seher Ivan Dragićević betonte: «Ich habe die Gospa manchmal weinen sehen, besonders in der Karwoche.» Jakov Čolo, der jüngste Seher, bestätigte ebenfalls, daß die Gospa weinte. Auch die Seherin Mirjana Dragićević versicherte mir, daß die Gottesmutter Tränen vergossen habe. Als ich diese vier Seher nach dem Grund der Tränen befragte, antwortete Marija Pavlović: «Die Gospa weint, weil so viele Menschen den Glauben verloren haben oder kaum noch glauben.»

Ivan Dragićević erklärte: «Die Gospa weint wegen unserer Sünden.» Im gleichen Sinne antwortete Jakov Čolo: «Die Gospa weint wegen der Sünder, weil diese Gott, der sie liebt, so leichtfertig beleidigen.» Mirjana Dragićević betonte: «Die Gospa weint wegen der Ungläubigen. Sie sagt, daß auch diese ihre Kinder seien, und daß es ihr schwer falle, mit anzusehen, wie sie sich ins Verderben stürzen. Sie möchte ihnen als ihre Mutter helfen.» Auch Jelena Vasilj, die innerlich Botschaften empfängt, bestätigte mir: «Es ist sicher, daß die Gospa über unsere Sünden Tränen vergießt.»

Auf meine Frage, wie man die Gottesmutter trösten könne, antwortete Marija Pavlović: «Indem wir die Botschaft der Gospa leben.» Ivan Dragićević erklärte: «Wir sollten mehr beten.» Die Antwort von Jakov Čolo lautete: «Wir können die Gospa mit dem Gebet für die Bekehrung der Sünder trösten.» Mirjana Dragićević erwiderte: «Wir können die Gospa trösten, indem wir beten, fasten, Buße tun und Werke der Nächstenliebe verrichten, denn die Gospa wünscht, daß sich alle ihre Kinder bekehren und gerettet werden.» Auf die gleiche Frage antwortete Jelena Vasilj: «Wir trösten die Gospa, wenn wir begreifen, daß der Reichtum im geistigen und im christlichen Leben viel mehr wert ist als alles, was vergänglich ist, wenn wir begreifen, daß wir ihr gehören und wenn wir beten.» Dann berichtete Jelena: «Die Gospa sagte zu mir: "Wenn ihr wüßtet, wie sehr ich euch liebe, würdet ihr vor Freude weinen."»

Während eines Vortrages sagte der damalige Kaplan von Medjugorje, Pater Tomislav Vlašić: «In einer anderen Botschaft klagt die Jungfrau Maria: "Wo sind die Gebete, die die Menschen mir versprochen hatten? Mein Kleid ist benetzt von meinen Tränen. Es gibt so viele Seelen, die durch die Sünde verlorengehen. Ihr könnt es nicht sehen, weil ihr in einem kleinen Dorf wohnt. Wenn ihr wüßtet, wie sehr ich leide, würdet ihr nie eine Sünde begehen. Ihr würdet auch nie zu beten aufhören, wenn ihr wüßtet, wie sehr ich eurer Gebete bedarf."»

Bei der letzten regelmäßigen Erscheinung von Mirjana Dragićević am 25. Dezember 1982 ermutigte die Jungfrau Maria die Seherin: «Ich habe dir viel Schreckliches gezeigt, das du jetzt tapfer ertragen mußt. Denk an mich und denk daran, wie viele Tränen auch ich deswegen vergieße.»

In einem Gespräch mit Franz Hummer berichtete Jelena Vasilj aus Medjugorje: «Die Gospa hat in letzter Zeit oft geweint, vor allem über die Jugend, weil sich diese so weit von Gott entfernt hat» *(Franz Hummer, «Medjugorje», Styria Verlag, Graz).* Jelena Vasilj empfängt Botschaften der Gottesmutter und schaut sie innerlich.

Am 18. März 1985 klagte die Gottesmutter der Seherin Mirjana Dragićević ihr Leid wegen der Ungläubigen, dabei sagte sie: «Auch sie sind meine Kinder, ich leide ihretwegen, weil sie nicht wissen, was sie erwartet, wenn sie nicht zu Gott umkehren. Mirjana, bete für sie!» *(Medjugorje-Gebetsaktion, «Maria, Königin des Friedens» Nr. 2, Wien).*

Die gleiche Seherin bat die Jungfrau Maria: «Liebe Mutter, hilf mir, den Menschen zu sagen: Du bist unsere allerbeste Mutter — allen so nahe. Hilf mir, ihnen zu sagen: jedes Gebet trocknet eine Träne, die du für uns weinst... Ich bitte dich für die Ungläubigen, derentwegen du am meisten leidest. Liebe Mutter, ich will es jedem sagen, und gemeinsam werden wir versuchen, durch unser Leben Deine Tränen zu trocknen» *(Medjugorje-Gebetsaktion, Nr. 4, Wien)*.

In der Botschaft vom 24. Mai 1984 sagte die Gottesmutter: «Ich bitte euch, laßt nicht zu, daß mein Herz über jene Seelen blutige Tränen weint, die in der Sünde verlorengehen. Deshalb, liebe Kinder, betet, betet, betet!»

Diese Aussagen der Seher von Medjugorje sind sehr ernst zu nehmen, denn sie zeigen uns schlechthin auch das Empfinden Gottes über die sündige Menschheit.

Die Tränen einer Mutter sind Alarmzeichen für bedrohte Kinder. Der damalige Kaplan von Medjugorje, P. Tomislav Vlašić, sandte am 2. Dezember 1983 einen Bericht an den Heiligen Vater. Aus diesem Schreiben sollen einige Auszüge zitiert werden. Hier heißt es: «Die seligste Jungfrau sagt, daß sich der Weltfriede in einem kritischen Stadium befinde. Wiederholt ruft sie die Menschen zur Versöhnung und zur Bekehrung auf. Sie versprach, ein sichtbares Zeichen für die ganze Menschheit zu hinterlassen... Bevor die sichtbaren Zeichen gegeben werden, werde die Welt drei Vorwarnungen erhalten. Diese Vorwarnungen werden große Ereignisse auf dieser Welt sein...»

Drei Tage vor einer dieser Warnungen wird die Seherin Mirjana einen Priester ihres Vertrauens benachrichtigen. Das Zeugnis Mirjanas wird eine Bestätigung der Erscheinungen und ein Antrieb zur Bekehrung der Welt sein...

Nach den Aussagen Mirjanas sind diese Geschehnisse, die durch die Jungfrau Maria angekündigt wurden, nahe. Aus dieser Erkenntnis appelliert die Seherin Mirjana an die Welt: «Beeilt euch, bekehrt euch, öffnet Gott eure Herzen.»

Im Juli 1986 führte ich ein Interview mit P. Petar Ljubičić, dem jetzigen Kaplan von Medjugorje. Ich sprach mit ihm über die Ereignisse, die durch die Seher angekündigt wurden: «Pater Petar, Sie sind der vertraute Priester, den sich die Seherin Mirjana ausgesucht hat, um Ihnen die Geheimnisse zuerst anzuvertrauen. Sie werden diese zehn Tage vorher erhalten. Die Seherin Mirjana sagte einmal, daß die Strafe Gottes nicht mehr aufgehalten, aber wenigstens gemildert werden könne. Es gibt sehr ernstzunehmende Zeichen in unserer Zeit, daß Gott die Welt mit Strafen heimsuchen werde. An vielen Orten — auch in Medjugorje — weint Maria über die Menschen, die in Sünden leben und sich nicht bekehren wollen. Weint Maria über das Verderben ihrer

Kinder? Was sagen Sie dazu?» P. Petar entgegnete: «Maria, die Königin des Friedens, liebt uns so sehr, daß sie wie auch in früheren Erscheinungen weint, weil sich ihre Kinder in großer Gefahr und in einer unerträglichen Not befinden. Es geht um die unsterbliche Seele. Maria will uns die Hand reichen, um uns zu ihrem Sohn zu führen und uns so zu retten.»

Ich erwiderte dem Kaplan: «In einem Interview mit Franz Hummer haben Sie gesagt, daß Gott uns Zeichen der Vorwarnung schicken werde, und daß diese Zeichen ***bald*** kommen werden. Diese Zeichen sollen bleiben. Es soll hier keine Neugierde geweckt, sondern die Menschen sollen auf den Ernst der Situation aufmerksam gemacht werden. Können Sie darüber etwas sagen?» P. Petar antwortete: «Denken Sie an die Worte Jesu: "Ich komme bald." Ich kann nur sagen, die Ereignisse kommen bald, aber eine genaue Zeitangabe kann ich nicht machen. Das Siebente und Achte Geheimnis soll die ganze Welt betreffen.»

Wir kamen auf das schwere Reaktorunglück von Tschernobyl zu sprechen. P. Petar erwiderte: «Mirjana sagte mir, daß Tschernobyl keine Beziehung zu Medjugorje habe. Nach meiner Überzeugung könnte man es aber für eine Vorwarnung halten. Bedenken Sie, Gott hat es nicht zugelassen, daß alle vier Reaktoren gleichzeitig brannten, was zu einer großen Katastrophe geführt hätte.» P. Petar erwähnte noch, daß auf dieser Erde nichts ohne den Willen Gottes geschehe. Nach diesem Interview fragte ich die Seherin Mirjana Dragićević: «Wie erklärst Du das Wort ***"bald"*** von dem P. Petar berichtete?» Sie antwortete: «Das Wort ***"bald"*** sollen wir so verstehen, daß wir jeden Augenblick unseres Lebens als eine Zeit der Gnade für uns selbst und für andere nützen, das heißt, daß wir uns bekehren und daß diese Bekehrung ständig wachse. Wenn wir das tun, werden wir über das versprochene Zeichen und andere Warnungen nicht mehr so viele Fragen stellen, weil wir bereit werden, das, was kommt, anzunehmen. Jedenfalls dürfen wir keine Zeit verlieren, indem wir beständig fragen: "Wann, wie und was wird geschehen?" Leben wir das, was die Gospa gesagt hat.»

9.
Medjugorje, das Friedensangebot Gottes an die Welt

Die erwähnten Tränen und Prophezeiungen lassen mit aller Deutlichkeit erkennen, daß Gott die Menschen liebt. Sie lassen erkennen, daß es sich nicht um einen hinterlistigen, verschlagenen Gott handelt, der die Menschheit urplötzlich ins Verderben stürzen will, sondern daß es einen unendlich gütigen, barmherzigen Vater im Himmel gibt, der mit unendlicher Geduld auf die Umkehr der Sünder wartet. Immer wieder schickt er die Jungfrau Maria, die Königin der Propheten, zu uns, um uns zu mahnen, den Weg der Sünde zu verlassen. Ja, er läßt zu, daß die Königin des Weltalls klare und blutige Tränen vergießt, um uns vor dem ewigen Verderben zu retten. Die Erscheinung der Königin des Friedens in Medjugorje macht aber auch offenbar, daß Gott uns seinen Frieden anbieten will. Es ist das gewaltigste Friedensangebot Gottes, das man sich überhaupt vorstellen kann.

Im Juli 1986 richtete ich an P. Petar Ljubičić, den Kaplan von Medjugorje, die Frage: «Glauben Sie, daß Gott durch Maria hier in Medjugorje der Welt ein Friedensangebot macht?» Spontan erwiderte dieser: «Ja, die ganze Welt braucht Frieden. Er ist das höchste Gut. Ohne diesen Frieden können wir nicht leben. Das weiß die Königin des Friedens, die Jungfrau Maria, am besten. Ich habe damals Vicka gefragt, wie Maria sich hier in Medjugorje nennt. Vicka bekam die Antwort: "Ich bin die Königin des Friedens!"»

Konkret fragte ich Pater Petar: «Was wird geschehen, wenn wir diese Botschaft des Friedens überhören?» Er entgegnete: «Ich bin kein Prophet, aber ich hoffe doch, daß es genügend offene Menschen gibt, die bereit sind, die Botschaft von Medjugorje zu verwirklichen, damit das Unheil von den Menschen abgewendet werden kann. Aus einer umfangreichen Korrespondenz und aus Gesprächen erlebe ich täglich, daß es viele Menschen gibt, die sich dieser Friedensbotschaft öffnen. Das Entstehen großer Gebetsgruppen ist der beste Beweis dafür.»

Angesichts der Tatsache, daß viele Menschen vor der Zukunft Angst haben, fragte ich den Pater: «Was könnte man den Menschen sagen, um ihnen diese Angst zu nehmen?» P. Petar antwortete: «Die Botschaft, die uns die Gottesmutter hier gibt, ist für uns eine große Chance, weil die ganze Welt Hunger nach Frieden hat. Die Gospa hat uns eingeladen, daß wir uns bekehren, daß wir fasten, beten und opfern sollen. Wenn wir diesen Weg gehen, erhält die ganze Welt Frieden, Freude, Liebe und alle anderen guten Werte. Das wird der Sieg des Unbefleckten Herzen Mariens sein, den sie in Fatima prophezeite. Mirjana sagte mir vor eineinhalb Monaten: «Wir sollen uns nicht vor dem fürchten, was kommen soll.» Nach ihren Worten ist es am wichtigsten, daß wir nach dieser Botschaft leben und immer wachsam sind. Wir sollen immer an Gottes Liebe und Erbarmen denken, vor allem sollen wir die Werke der Nächstenliebe verrichten und von der Gegenwart Gottes Zeugnis geben.»

Gott gibt uns in Medjugorje eine Botschaft, die einen Ausweg aus der Krise darstellt. So zeigt Gottes Handeln sehr eindrucksvoll, daß er nicht den Tod des Sünders, sondern seine Umkehr will. Gott ist daran interessiert, daß wir das Leben haben und es in Fülle besitzen.

Aus vielen Interviews habe ich erfahren, daß Gott den Menschen einen tiefen Herzensfrieden schenken kann, wenn sie die Botschaft von Medjugorje ernst nehmen. Dieser innere Friede, den nur Gott geben kann, ist Voraussetzung für den Frieden in der Welt. Durch den Herzensfrieden des einzelnen wird der Friede in der Welt gefestigt. Dieser Friede des Herzens und der Friede unter den Menschen sind aber nicht alles, was Gott uns anbieten möchte. Er will uns ein ewiges Leben mit einem ewigen Frieden schenken.

Das Friedensangebot Gottes hat dadurch eine dreifache Dimension:

a) Gott schenkt uns den Frieden des Herzens;

b) Gott schenkt uns den Frieden in der Welt;

c) Gott schenkt uns den ewigen Frieden.

A) Gott schenkt uns den Frieden des Herzens

Während meines Gesprächs mit der Seherin Marija Pavlović erwähnte diese, daß die Gottesmutter am dritten Tag nach der ersten Erscheinung (26. Juni 1981) über die Sünden der Menschen bittere Tränen vergoß. Dann erfuhr ich vom erschütternden Erlebnis, das Marija an diesem Tag hatte. Zusammen mit den anderen Sehern erlebte sie eine Erscheinung der Gottesmutter auf dem Podbrdo. Als sie hierauf allein nach Hause gehen wollte, sah sie am Fuß des Berges erneut die Jungfrau Maria. Sie erblickte ein großes, dunkles Kreuz ohne den Leib Jesu daran. Bei dieser zweiten Vision erlebte sie den tiefen Schmerz Mariens. Mit großer Bestürzung gewahrte sie die Tränen in den Augen ihrer himmlischen Mutter, die voll Milde die bedeutungsvollen Worte an sie richtete: «Friede, Friede, Friede und nur Friede.» Dann vernahm sie eine Mahnung, die Medjugorje zum größten eschatologischen Ereignis werden läßt. Mit tränenerfüllter Stimme bittet die Mutter aller Menschen: «Der Friede muß wieder zwischen Gott und den Menschen herrschen. Er soll auch unter den Menschen sein.» Marija Pavlović war von dem Geschauten so überwältigt, daß sie nur noch weinen konnte. Ich fragte sie: «Was hast Du beim Anblick des dunklen Kreuzes gedacht?» Darauf antwortete sie: «Nichts, ich war nur sehr erschrocken.» Als die anderen Seher sie in diesem Zustand antrafen, war sie nicht in der Lage, mit ihnen über das Vorgefallene zu sprechen. Nur mit größter Mühe und mit Hilfe der anderen Seher gelangte Marija Pavlović nach Hause.

Einer der Gründe für das Weinen der Gottesmutter, so erklärte mir Marija, ist die Tatsache, daß ihre Kinder durch die Sünden den Herzensfrieden verloren haben.

Dann berichtete sie mir von einer erschütternden Begegnung mit einer jungen Frau: «Vor einiger Zeit kam eine Frau zu mir, die sechs Kinder abgetrieben und dann einen Nervenzusammenbruch erlitten hatte. Sie wollte bei der Gospa durch mich Trost und Zuflucht finden. Als ich während der Erscheinung die Gospa für diese arme Frau um Hilfe bat, bemerkte ich, daß die Gospa sehr betrübt war und fast weinte.»

Dieses Beispiel ist repräsentativ für Millionen von Menschen, die ihren Herzensfrieden durch die Sünde verloren haben. Durch ihre erhabene Stellung, die Gott der Königin des Himmels geschenkt hat, erkennt Maria im Licht des Heiligen Geistes die ungeheure Not der Menschen, die diesen Frieden im Herzen nicht mehr besitzen. Sie erkennt in einzigartiger Weise die Verzweiflung und Angst, die ihre Kinder bewegt. Welche gute Mutter könnte zusehen, wie ihre Kinder vor Kummer und Leid zugrunde gehen? Deshalb handelt Maria, die Königin des Friedens, indem sie ihre Kinder anfleht, die Sünde zu meiden, um dadurch den Herzensfrieden wieder zu finden. Die Jungfrau Maria wußte nur zu gut, wie es in jener Frau aussah, die ihre sechs Kinder abgetrieben hatte. Sie kannte das Leid genau, das sie fast zum Wahnsinn getrieben hatte, und sie wußte auch, daß Gott diese Verfehlungen nicht ungestraft lassen würde.

Die Vision, die Marija Pavlović hatte, zeigt auch, daß das sonst so strahlende und heilbringende Kreuz, das Zeichen unserer Erlösung, verdunkelt ist. Man kann daraus folgern, daß durch die hartnäckige Weigerung des Menschen zur Umkehr die wunderbaren Wirkungen des Erlösertodes Jesu am Kreuz verlorengehen. Maria, die in einzigartiger Weise am Erlösungswerk ihres Sohnes mitgewirkt hat *(II. Vatikanum)*, erkennt, wie die Erlösungsgnaden zurückgewiesen werden. Das Kreuz Christi ist verdunkelt, weil immer mehr Menschen diesem Zeichen der Erlösung den Rücken kehren. Immer wieder werden die Gnaden, die von diesem Siegeszeichen ausgehen, mißachtet. Die Folgen für den Sünder sind verheerend. In seinem Herzen regiert nicht mehr der Friede, sondern der Haß gegen Gott und die Mitmenschen. Der Mensch lebt in Aufruhr und Rebellion. In dieser lebensbedrohenden Situation erscheint die Gottesmutter und ruft uns zu: «Friede, schafft Frieden, bekehrt euch, damit der Friede in eure Herzen einziehen kann.» Ich erklärte der Seherin, daß ich mir große Sorgen um die Menschen mache, die sich von Gott getrennt haben. Sie entgegnete: «Wir müssen für diese Menschen sehr beten!»

In der Botschaft vom 6. September 1984 erklärt Maria: «Liebe Kinder! Ohne das Gebet gibt es keinen Frieden. Deshalb sage ich euch: Betet vor dem Kreuz um den Frieden.»

Am 20. Juni 1985 bittet und verheißt sie: «Gebt mir alle eure Gefühle und alle eure Probleme. Ich möchte euch in euren Versuchungen trösten; ich möchte euch mit dem Frieden, der Freude und der Liebe Gottes erfüllen.»

In der Botschaft vom 26. Juni 1986 bittet sie: «Liebe Kinder! Der Herr erlaubt mir, mit Ihm diese Friedens-Oase zu errichten. Ich lade euch ein, sie zu hüten, damit diese Oase immer rein bleibe. Es gibt Menschen, die durch ihre Nachlässigkeit den Frieden und das Gebet zerstören. Ich rufe euch auf, Zeugnis abzulegen und durch euer Leben zur Bewahrung des Friedens beizutragen.»

Am 31. Juli 1986 warnt und bittet die Gottesmutter: «Liebe Kinder! Der Haß erzeugt immer Spaltung und sieht niemand und nichts. Ich rufe euch auf, immer Einigkeit und Frieden zu bewahren! Besonders, liebe Kinder, wirkt dort mit Liebe, wo ihr lebt. Das Wichtigste sei euch immer die Liebe!»

Eine Woche später warnt sie erneut: «Liebe Kinder! Ihr wißt, daß ich euch eine Oase des Friedens versprochen habe. Aber ihr wißt nicht, daß rund um diese Oase die Wüste ist, wo Satan lauert und jeden von euch versucht.»

In der Botschaft vom 25. September 1986 mahnt Maria: «Liebe Kinder! Ich lade euch ein, durch euren Frieden beizutragen, daß die anderen Menschen den Frieden sehen und nach dem Frieden zu suchen beginnen. Ihr, liebe Kinder, seid im Frieden und könnt nicht begreifen, was Unfriede bedeutet.»

Am 23. Oktober 1986 lädt sie ein: «Liebe Kinder! Auch heute lade ich euch ein, zu beten. Besonders, betet für den Frieden. Ohne eure Gebete, liebe Kinder, kann ich euch nicht helfen, daß die Botschaft verwirklicht wird, die mir der Herr für euch gegeben hat. Deshalb betet und ihr werdet im Gebet den Frieden erfahren, den euch Gott gibt.»

Die Königin des Friedens ist gekommen, damit die Menschen ihren Frieden wieder finden. Um dies zu erreichen, bittet sie, auf ihre Botschaften zu hören und diese zu verwirklichen. Der erste Schritt, den Herzensfrieden zu finden, ist der Blick auf ihren göttlichen Sohn, das heißt: Wenn sich der Mensch zu Gott bekehrt, hat er den richtigen Weg zu diesem Frieden eingeschlagen. Der Weg muß von Gebet, Buße, Versöhnungsbereitschaft und Fasten begleitet sein, damit der Mensch von seinem Egoismus frei wird und sich immer mehr vom Materiellen loslösen kann.

Maria verspricht allen, die ihre Bitten erfüllen, den wahren Herzensfrieden. Dieser Friede ist allerdings davon abhängig, wie intensiv wir diese Mittel anwenden. Gott will von uns keine Halbheiten, er will unsere ganze Hingabe. Gott will von uns aus ganzem Herzen, aus ganzer Seele und mit unserem ganzen Denken geliebt werden *(Mt 22,37)*.

Diese Hingabe an Gott ist aber ohne Opfer und Leiden nicht möglich.

Den tiefsten Frieden, den je ein Mensch auf Erden erleben durfte, finden wir im Herzen der Gottesmutter. Einen Abglanz dieses wunderbaren Friedens fand ich bei meinen Gesprächen mit den Sehern von Medjugorje. Wo aber liegt der Schlüssel zu diesem Herzensfrieden? Ein Blick auf das Leben der Jungfrau Maria beantwortet diese Frage. Ihr innerer Friede war die Frucht ihrer Hingabe an Gott. Niemals hat sich ein Geschöpf so einzigartig seinem Schöpfer zur Verfügung gestellt. Wie ein roter Faden zieht sich ihr «Fiat» (Herr, dein Wille geschehe) durch ihr Leben. Sie sagte Ja bei der Menschwerdung, die ihr nach jüdischem Recht schwerste Konflikte hätte bringen können. Auch bei der beschwerlichen Herbergsuche und im armseligen Stall, in dem der Sohn Gottes Mensch wurde, sprach sie ihr Fiat. Bei der folgenschweren Flucht nach Ägypten gab sie ihre Zustimmung. Schließlich sagte sie in der schwersten Stunde ihres Lebens unter dem Kreuz: «Herr, Dein Wille geschehe.» Im Leben der Gottesmutter gab es keine Kompromisse oder Abstriche, wenn es um die Erfüllung des Willens Gottes ging. Deshalb war auch der Friede in ihrem Herzen unerschütterlich.

Im Gespräch mit den Sehern von Medjugorje spürte ich, daß sie bereit waren, für Gott alles zu wagen und alles aufzugeben. Fast alle erklärten mir mit einem Lächeln, daß sie zum Zeugnis für die Echtheit der Erscheinungen auch sterben würden. Selten habe ich bei Menschen eine solche Überzeugungskraft für ihren Glauben angetroffen. Wie die Gottesmutter sind auch sie darauf bedacht, einzig den Weisungen des Heiligen Geistes Folge zu leisten. Der Wille Gottes wurde der zentralste Punkt in ihren Herzen. Diese Übereinstimmung mit dem Willen Gottes ist der Weg zum inneren Herzensfrieden. Den Willen Gottes finden wir in der Befolgung der Zehn Gebote Gottes, im Leben nach dem Evangelium und in der Botschaft von Medjugorje. Diese drei Elemente bilden eine Einheit. Die Befolgung der Forderungen Gottes an uns sind der Gradmesser unserer Liebe zu Gott. Jesus sagt: «Wenn jemand mich liebt, wird er an meinem Wort festhalten» *(Joh 14,23)*. Zugleich verheißt Jesus: «Mein Vater wird ihn lieben, und wir werden zu ihm kommen und bei ihm wohnen» *(Joh 14,23)*.

Durch das Leben nach dem Evangelium wohnt die Heiligste Dreifaltigkeit im Herzen des Menschen. Diese Realität wurde in einem Dogma verkündet. Sind wir Christen uns überhaupt dieser Würde bewußt, daß der Vater, der Sohn und der Heilige Geist in uns wohnen? Sind wir uns bewußt, daß die Heiligste Dreifaltigkeit immer in uns gegenwärtig ist, daß Gott uns näher ist als wir uns selbst, solange wir ihn nicht durch eine schwere Sünde verlieren?

Wenn Gott in uns wohnt, wie Jesus es versprochen hat, darf uns nichts mehr erschüttern. Im Gegenteil, das Wohnen Gottes in uns muß uns glücklich und freudig stimmen. Je intensiver wir auf dieses Wohnen Gottes in uns achten, desto größer ist unser Herzensfriede. Der Apostel Johannes schreibt: «Wer seine Gebote hält, bleibt in Gott und Gott in ihm. Und daß er in uns bleibt, erkennen wir an dem Geist, den er uns gegeben hat» *(1 Joh 3,24).* Paulus schreibt an die Korinther: «Wißt ihr nicht, daß ihr Gottes Tempel seid und der Geist Gottes in euch wohnt? Wer den Tempel Gottes verdirbt, den wird Gott verderben. Denn Gottes Tempel ist heilig, und der seid ihr» *(1 Kor 3,16-17).*

Aus meinen vielen Interviews, die ich führte geht hervor, daß die Menschen, die Gott lieben indem sie seine Gebote halten, in ihren Herzen Unaussprechbares erfahren durften. Diese Erfahrung deckt sich mit dem, was der Apostel Paulus an die Korinther schrieb: «Wir verkündigen, wie es in der Schrift heißt, was kein Auge gesehen und kein Ohr gehört hat, was keinem Menschen in den Sinn gekommen ist: das Große, das Gott denen bereitet hat, die ihn lieben» *(1 Kor 2,9).* Ebenso schreibt der gleiche Apostel: «Ich bin überzeugt, daß die Leiden der gegenwärtigen Zeit nichts bedeuten im Vergleich zu der Herrlichkeit, die an uns offenbar werden soll» *(Röm 8,18).*

Das Wohnen Gottes in uns, wie es Jesus verheißen hat, schafft in unserem Herzen eine Oase des Friedens, denn Gott selbst ist der Friede. In dieser Situation wird der Mensch befähigt, alles hinzugeben, was ihn von Gott trennen könnte. Der heilige Bruder Klaus von Flüe (Schweizer Nationalheiliger), der diesen tiefen Herzensfrieden erleben durfte, konnte das ergreifende Gebet sprechen: «Mein Herr und mein Gott, nimm alles von mir, was mich hindert zu dir. Gib alles mir, was mich fördert zu dir. Nimm mich mir, und gib mich ganz zu eigen dir.» Während eines Gesprächs erklärte mir eine Pilgerin: «Seit ich in Medjugorje war und die Botschaft der Gospa lebe, habe ich keine Angst mehr vor dem Sterben.» Welch eine beglückende Erfahrung muß diese Frau mit Gott und der Gottesmutter gemacht haben!

Als ich in Medjugorje Jelena Vasilij, die innere Schauungen hat, fragte, ob sie bereit wäre, für Gott und die Gospa auch große Opfer zu bringen, erwiderte sie: «Ich werde alles so annehmen, wie es kommt.» Diese Antwort ist für ein Mädchen — sie war damals bei unserem ersten Gespräch elf Jahre alt — erstaunlich. Diese Antwort zeigt die Gleichförmigkeit ihres Willens mit dem Willen Gottes, aber diese Antwort offenbart auch ein seltenes Vertrauen in die Vatergüte Gottes. Das ganze Verhalten dieses Kindes läßt auf einen ständigen Wandel in der Gegenwart Gottes schließen. Dieses Mädchen strahlt einen

Herzensfrieden aus, den man unmöglich übersehen kann. Weil sie diesen unerschütterlichen Frieden in ihrem Herzen besitzt, gibt sie Antworten, die jeden Theologen verblüffen. Wenn Jelena von Versöhnung, Vergebung, Buße, Liebe und Frieden spricht, bleibt kein Zuhörer gleichgültig. Bei ihren Meditationen spürt man das Wirken des Heiligen Geistes in dieser Kinderseele deutlich.

Bei allen Sehern in Medjugorje beeindruckte mich immer wieder die Freude, die mir entgegenstrahlte, stets konnte man ein Lächeln entdecken. Ihr Verhalten zeugt von ihrem tiefen Herzensfrieden. Sie haben die Botschaft der Gottesmutter in ihrem Leben so sehr verwirklicht, daß ihr Herz vom Materiellen immer mehr losgelöst wurde.

Je weniger das Menschenherz an den Gütern dieser Welt hängt, desto empfänglicher wird es für die Gaben und Weisungen des Heiligen Geistes. Bekanntlich ist eine dieser Gaben der Friede. Umgekehrt kann man feststellen: Je mehr sich das Herz an die Güter dieser Welt verliert, um so unzufriedener wird der Mensch. Die Botschaft von Medjugorje ist der sicherste Weg, um uns von unserer Selbstsucht und Weltliebe frei zu machen. Denn der Egoismus und die Liebe zu den Gütern dieser Welt sind das größte Hindernis auf dem Weg zu Gott. Sie können das menschliche Herz niemals ausfüllen, «denn unser Herz ist für Gott geschaffen, und es ist unruhig, bis es ruht in Gott».

Die kleine heilige Theresia vom Kinde Jesu zeigt uns einen hervorragenden Weg zum Frieden des Herzens. Sie verstand es wie kaum jemand, ihre Wünsche, Pläne und Absichten restlos dem Willen Gottes unterzuordnen und anzuvertrauen. Selten gab es eine Seele, die sich mit so großer Hingabe dem Willen Gottes als kleines Werkzeug zur Verfügung stellte. Zu ihrem großen Vertrauen auf die göttliche Barmherzigkeit kommt ein Aspekt hinzu, der sie unter den Heiligen berühmt machte. Sie wollte die schweren Prüfungen und Fügungen Gottes nicht nur ertragen, sondern sie auch Gott aus Liebe für die Rettung der unsterblichen Seelen aufopfern. Sie schreibt: «O Jesus, meine Liebe, endlich habe ich meine Berufung gefunden! Mein Beruf ist die Liebe...! Auf diese Weise werde ich alles sein. So wird mein Traum verwirklicht werden! Warum aber von einer überströmenden Freude sprechen? Nein, dieser Ausdruck ist nicht richtig. Es ist vielmehr der Friede, der mein Anteil wurde. Der stille und heitere Friede des Steuermanns, der den Leuchtturm erblickt, der ihm Wegweiser zum Hafen ist» *(Teresia Martin, «Geschichte einer Seele»).*

Unser Herzensfriede ist von unserem Vertrauen zu Gott abhängig. Je größer unser Vertrauen ist, desto tiefer wird unser Herzensfriede sein. Die Heiligen sind das beste Beispiel dafür. Sie haben vertraut, auch wenn sich alles gegen sie verschworen hatte, und lebten doch im tiefsten Frieden mit Gott. Sie hatten ein grenzenloses Vertrauen, denn sie wußten, daß Gott sich für sie bis zum bitteren Kreuzestod hingegeben hatte, um sie zu schützen und zu retten.

Maria will uns lehren, daß Gottes Barmherzigkeit unerschöpflich ist und sie möchte, daß wir uns dieser Barmherzigkeit Gottes restlos anvertrauen. Von seiner unendlichen Barmherzigkeit spricht Jesus zu Schwester Faustine: «Die größten Sünder könnten ganz große Heilige werden, wenn sie sich meiner Barmherzigkeit anvertrauten. Meine Barmherzigkeit kann man nur mit dem Gefäß des Vertrauens schöpfen: je größer das Vertrauen, um so mehr empfängt man» *(Misiak, «Gottes Barmherzigkeit», S. 51).*

Während eines Interviews fragte ich die Seherin Ivanka Ivanković wie man diesen Herzensfrieden am leichtesten erlangen könne. Sie antwortete: «Die Menschen sollen nach dem streben, was himmlisch ist. Sie sollen beten, daß sie den Frieden der Seele finden.»

Nach diesen Worten ist die Loslösung von der Welt und das Gebet, wie es immer wieder in der Botschaft von Medjugorje heißt, die Grundvoraussetzung zur Erlangung dieses tiefen Herzensfriedens.

B) Gott schenkt uns den Frieden in der Welt

In der Weihnachtsbotschaft heißt es: «Verherrlicht ist Gott in der Höhe, und auf Erden ist Friede bei den Menschen seiner Gnade» *(Lk 2,14).* Es ist wie bei einer mathematischen Gleichung. Wird Gott von den Menschen dadurch geehrt, daß sie seine Gebote halten, so herrscht Friede auf Erden. Werden aber die Gebote Gottes vernachlässigt oder mit Füßen getreten, so triumphieren das Chaos und der Unfriede.

Wo immer Menschen in Gefahr waren, ewig verloren zu gehen, da hat Gott auch nach Wegen gesucht, seine Kinder zu retten. Als sich das auserwählte Volk Israel von Gott abwandte und die fremden (nicht existierenden) Götter verehrte, schickte Gott Propheten, die die Menschen zur Umkehr aufriefen. Wenn die Israeliten auf die

Stimme dieser Gottesmänner hörten, schenkte er ihnen Frieden. Verschlossen sie sich aber vor dem Wort Gottes, dann schickte Gott Strafen, die sein auserwähltes Volk zur Besinnung und zur Umkehr bringen sollten. Die Geschichte des Volkes Israel ist reich an Beispielen, wie dieses störrische Volk Gott immer wieder untreu wurde und die Propheten, die das Wort Gottes verkündeten, sogar ermordete.

Das Verhalten Gottes hat sich in den Jahrtausenden nicht im geringsten verändert, denn Gott ist immer der gleiche. Es betrübt ihn zutiefst, wenn sich die Menschen von ihm abwenden, einem Nichts nachlaufen und seine Vatergüte mißbrauchen. Diese Abkehr der Menschen durch die Sünde verwundet Gottes Vaterherz.

Gottes Vaterliebe und Barmherzigkeit übertrifft in der Tat alles, was wir uns vorstellen können, denn sie sind unendlich groß, und unendlich groß ist auch der Kummer und die Trauer Gottes, wenn wir uns durch unseren freien Willen von ihm abwenden und seine Gebote mit Füßen treten, wie das immer wieder geschieht. Weil die Menschen von heute ihren Schöpfer und Vater immer mehr aus ihrem Denken und Bewußtsein verdrängen und dafür ihr eigenes Ich, ihren Egoismus, in den Vordergrund stellen, auch auf Kosten ihrer Mitmenschen, ist die Welt in eine Krise geraten, deren Folgen noch nicht abzusehen sind.

Die geoffenbarten Worte der Mutter Gottes zeigen uns einen klaren Weg zum Heil und zum Frieden. In Medjugorje ruft uns die himmlische Mutter zu: «Kehrt um, verlaßt den Weg der Sünde, betet und tut Buße, dann werde ich euch auf der ganzen Welt den Frieden schenken!» Diese Bitten Mariens sind ein unüberhörbares Friedensangebot Gottes an die Welt! Unsere himmlische Mutter versucht, mit ihrem Aufruf zu retten, was noch zu retten ist.

Der Aufschrei einer Mutter zur Bekehrung ihrer Kinder in einer Zeit, da die Menschen sich in einem Augenblick durch ihre eigenen Waffen vernichten können, läßt Medjugorje zum größten eschatologischen Zeichen der Heilsgeschichte Gottes werden.

Um die Welt zu retten, hat Gott auch die Methode geändert. Er schickt heute keine Propheten mehr zu uns, sondern Er sendet die Königin der Propheten. Gott schickt uns eine Mutter zu Hilfe, deren Fürbitte alle menschliche Vernunft übersteigt, deren Mutterliebe alle Menschen dieser Erde umfaßt. Bevor Jesus am Kreuz starb, «sagte er zu seiner Mutter: "Frau, siehe, dein Sohn!" Dann sagte er zu dem Jünger: "Siehe, deine Mutter!" Und von jener Stunde an nahm sie der Jünger zu sich» *(Joh 19,26-27)*.

Nach katholischer Lehre wurde Maria unter dem Kreuz ihres Sohnes nicht nur die Mutter des Jüngers, sondern auch die Mutter aller Menschen. Die Liebe und Hilfe dieser Mutter ist aber unvorstellbar intensiv. Es gibt Mariologen, die behaupten, die Liebe aller Mütter dieser Welt sei nicht so gewaltig wie die Liebe der Gottesmutter zu uns Menschen. Jedes Kind, das verloren geht, betrübt diese wunderbare Mutter. Mit dieser treusorgenden Mutterliebe nimmt Maria am Erlösungswerk ihres göttlichen Sohnes teil.

Das II. Vatikanische Konzil sagt von Maria: «Indem sie Christus empfing... und mit ihrem am Kreuz sterbenden Sohn litt, hat sie beim Werk des Erlösers in durchaus einzigartiger Weise in Gehorsam, Glaube, Hoffnung und brennender Liebe zur Wiederherstellung des übernatürlichen Lebens der Seelen mitgewirkt. Deshalb ist sie uns in der Ordnung der Gnade Mutter. Diese Mutterschaft Marias in der Gnadenökonomie dauert unaufhörlich fort... bis zur ewigen Vollendung aller Auserwählten... In ihrer mütterlichen Liebe trägt sie die Sorge für die Brüder ihres Sohnes, die noch auf der Pilgerschaft sind und in Gefahren und Bedrängnissen weilen, bis sie zur seligen Heimat gelangen. Deshalb wird die selige Jungfrau in der Kirche unter dem Titel der Fürsprecherin, der Helferin, des Beistandes und der Mittlerin angerufen» *(Konstitution über die Kirche 61/62).*

Kein Geschöpf vermag die Pläne Gottes besser zu verstehen als Maria. Wenn aber diese einzigartige Mutter am Horizont für ihre Kinder Unheil aufsteigen sieht, ist sie in höchster Alarmbereitschaft, das heißt, sie unternimmt alles, um das drohende Verhängnis aufzuhalten. Einzig und allein aus diesem Grund erbittet Maria in Fatima, Medjugorje und an anderen Gnadenorten von ihren Kindern die Umkehr, das Gebet und die Buße. Sie hat wegen unserer Sünden unter dem Kreuz ihres Sohnes unaussprechlich gelitten, damit wir den Frieden finden können.

Wir sind aber vom wahren Frieden weit entfernt. Alle reden vom Frieden, riesige Demonstrationen für den Frieden werden veranstaltet, und doch fürchten viele Menschen den Krieg. Die Angst vor einem Atomkrieg geht in der ganzen Welt um.

In der Botschaft von Medjugorje leuchtet ein Stern auf, der uns wie einst die Weisen aus dem Morgenland den Weg zum Heil und zum Frieden führen kann, vorausgesetzt, wir beachten die Zeichen der Zeit!

Der Franziskanerpater Slavko Barbarić aus Medjugorje erklärte: «Die Welt ist in ihrer Weiterexistenz schwerstens bedroht. Die Mutter kommt und sagt: "Es gibt noch einen Weg, Jesus. Wer ihn begeht, schreitet zwischen den Katastrophen unversehrt hindurch."»

Im Schreiben der Deutschen Bischofskonferenz *«Gerechtigkeit schafft Frieden»* heißt es: «Wir verschweigen nicht, daß wir mit unseren Aussagen vor allem zur Friedenssicherung vor einem großen Dilemma stehen» *(S. 56)*. «Wir sind uns bewußt, daß wir keine fertigen Lösungen anbieten können» *(S. 72)*.

In der Tat ist die heutige Friedenssicherung ein Dilemma, und niemand weiß, was uns die Zukunft bringt. Aber gerade auf diese Situation hat die Gottesmutter in Fatima hingewiesen. Sie prophezeite: «Wenn man tut, was ich euch sage, werden viele Seelen gerettet, und der Friede wird kommen... Aber wenn man nicht aufhört, den Herrn zu beleidigen, wird nicht viel Zeit vergehen, bis ein neuer, noch schlimmerer Krieg beginnt... Mehrere Nationen werden vernichtet werden» *(Fonseca, «Maria spricht zur Welt», S. 44)*.

Besorgniserregend sind die Worte der Gottesmutter in Fatima besonders deshalb, weil viele Vorhersagen bereits eingetroffen sind. Leider hat man versäumt, die Botschaft von Fatima den Katholiken der ganzen Welt zu verkünden. Viele Bischöfe und Priester distanzieren sich von dieser Botschaft mit der Bemerkung: «Das sind Privatoffenbarungen, sie sind für mich nicht wichtig. Nur das Evangelium ist von Bedeutung, mit ihm ist die Offenbarung abgeschlossen.»

In Medjugorje sprach ich — wie oben schon erwähnt — mit der Seherin Marija Pavlović über dieses Problem. Sie sagte: «Es ist der Zweck der Erscheinungen, die Menschen zum Heil zu führen. Erscheinungen haben keinen Selbstzweck, sondern sie stehen im Dienst des Evangeliums, sie sollen die Menschen zum Glauben führen.»

Dazu möchte ich noch einmal die Ausführungen Karl Rahners zitieren: «Privatoffenbarungen sind in ihrem Wesen ein Imperativ (Befehl), wie in einer bestimmten geschichtlichen Situation von der Christenheit gehandelt werden soll. Sie sind wesentlich keine neue Behauptung, sondern ein neuer Befehl» *(Rahner, S. 32)*.

Die Jungfrau Maria zeigte in Fatima einen eindeutigen Weg zum Frieden und zum Heil. Leider nahm man diesen Weg nicht ernst. Die Ablehnung und das Totschweigen einer so wichtigen Botschaft hat aber zur Folge, daß sie nicht praktiziert wird, das heißt ganz konkret, daß man die Bitten der Gottesmutter in Fatima vernahm und einfach zur Tagesordnung überging. Die Bitten der besorgten Mutter wurden schnell wieder vergessen. Auch das Eintreffen der Prophezeiungen von Fatima in den letzten Jahrzehnten (z.B. ein Krieg, viel schlimmer als der Erste Weltkrieg, der 55 000 000 Menschen das Leben kostete) änderte an der Situation nicht das geringste.

Fatima wurde von der Kirche offiziell als glaubwürdig und echt anerkannt, das heißt konkret, die Botschaft, die uns den Frieden und das Heil bringen sollte, stammt von Gott. Wenn sie aber von Gott stammt, warum wurde sie ignoriert? Warum wurde sie nicht den Katholiken der ganzen Welt verkündet?

Medjugorje, das im Wesentlichen die Botschaft von Fatima enthält, hat eine unfaßbare eschatologische Bedeutung. Wird Medjugorje ein zweites Fatima, dessen Botschaft fast in Vergessenheit geraten ist? Werden wir die Ratschläge Gottes, die uns in dieser Botschaft kund getan werden, erneut überhören? In Jugoslawien fragte ich einen einflußreichen Theologen: «Was wird geschehen, wenn die Welt die Botschaft von Medjugorje so wenig ernst nimmt wie die Botschaft von Fatima?» Spontan gab er mir zur Antwort: «Wenn wir diese Botschaft nicht ernst nehmen, wird es zu einer Katastrophe kommen.»

Es gibt aber auch Stimmen, die zur Wachsamkeit aufrufen. Kardinal Kuharić, der Erzbischof von Zagreb, mahnte: «Und was, wenn wir die Gospa nicht aufnehmen und uns so großer Gnaden und des Geschenkes des Himmels unwürdig erweisen, so daß sich die Gospa zurückzieht?! Welche Verantwortung für uns!»

Was Fatima und Medjugorje zu den gewaltigsten Gnadenorten der Kirche macht, ist die brennende Sorge der Jungfrau Maria um den Frieden und das Heil der Welt. Aus dieser Sorge heraus weihte Papst Johannes Paul II. am 13. Mai 1982 die ganze Welt dem Unbefleckten Herzen Mariens. Es bedarf keines Kommentars, daß die Weihe an die Gottesmutter nicht nur eine Formel, sondern die gelebte Botschaft des Himmels sein muß, wenn uns der Friede und das Heil der Welt geschenkt werden sollen. Papst Johannes Paul II. sprach bei der Weiheformel mit Wehmut von denen, die die Friedensbotschaft von Fatima überhören. Er klagte: «Wie weh tut uns alles, was sich in der Kirche und in jedem von uns der Heiligkeit und der Weihe entgegenstellt! Wie weh tut es uns, daß die Einladung zur Buße, zur Umkehr und zum Gebet nicht jene Aufnahme fand, die ihr zukam! Wie weh tut es uns, daß viele die Erlösungstat Christi halbherzig mitvollziehen» *(Mikocki, «Fatima», S. 111)*.

Sehr konkret geht Bischof Graber auf die Friedensbotschaft von Fatima ein, wenn er mahnt: «In Fatima sagte Unsere Liebe Frau den Hirtenkindern: "Es wird Frieden sein, wenn man meine Bitten erfüllt." Die Vorbedingung für den Frieden ist daher die Erfüllung der

Bitten der seligsten Jungfrau Maria. Was fordert die Gottesmutter konkret? Sie verlangt von uns, daß wir Buße tun oder daß wir unser Leben durch eine echte Bekehrung, durch tätige Reue und durch Gottes- und Nächstenliebe zum Besseren ändern... Maria verlangt ferner: Betet jeden Tag den Rosenkranz, betet für die Bekehrung der Sünder, betet für die Kirche und den Heiligen Vater. Sie bat schließlich darum, daß wir uns selbst und die ganze Welt ihrem Unbefleckten Herzen weihen. Das sind einfache Dinge. Einfach, aber sie beinhalten das ganze Evangelium. Sind wir in der Lage, dies auszuführen? Sind wir ehrlich dazu entschlossen, dies auszuführen? Wenn das geschieht, ja, wenn das wirklich geschieht, dann wird Friede sein» *(«Timor Domini», 8. Sept. 1983, Nr. 3, S. 9).*

Einen Vorgeschmack vom Frieden unter den Menschen bekommen die Pilger, die nach Medjugorje kommen. Die Bevölkerung, die dort nach den Bitten der Gospa lebt, hat ihren Frieden gefunden. Jeder, der diesen Leuten begegnet, weiß diesen Frieden zu schätzen. In ihrer großen Hilfsbereitschaft machen sie fast das Unmögliche möglich. In ihrer Gemeinschaft hat man sehr schnell das Gefühl los, ein Fremder zu sein. Dort begegnet man mehr als der vielgerühmten Gastfreundlichkeit der Kroaten, hier treffen wir echte Nächstenliebe im Geist des Evangeliums an. Die Menschen teilen, was sie haben. Sie leben nicht nur bescheiden, sondern sie sind glücklich, voller Freude und Dankbarkeit.

Als ich das erste Mal nach Čitluk kam, fragte ich einen älteren Mann nach dem Weg nach Medjugorje. Sofort rief er seinem Sohn zu, er möge mich nach Medjugorje bringen. Im Nu waren wir bei der Kirche. Beim besten Willen war es mir nicht möglich, dem Mann für die Fahrt Geld zu geben. Es wäre für die Leute dort geradezu eine Beleidigung im Dienst der Gospa Geld anzunehmen. Es soll nicht verschwiegen werden, daß das Benzin in Jugoslawien damals rationiert war.

Die Begegnung mit der Bevölkerung war für mich eine große Bereicherung, ich habe dieses Volk lieben und schätzen gelernt. Es erinnerte mich an die Urchristen, die alles, was sie hatten, miteinander teilten. Bereitwillig gaben mir die Leute auf meine vielen Fragen Auskunft. Bei keinem konnte ich auch nur das kleinste Anzeichen von Mißtrauen entdecken.

Als ich einmal bei einer Familie eingeladen war, äußerte ich den Wunsch, daß ich bei einer Vision in der Erscheinungskapelle gern dabei sein möchte. Der Sohn der Familie geleitete mich ins Pfarrhaus, sprach mit dem Pfarrer, der mich gleich in die Kapelle führte und die Türe hinter mir verschloß, damit nicht zu viele Pilger in den kleinen Raum drängten.

Oft genügt bei den Sprachunkundigen eine Handbewegung zum Mund und die Einheimischen wissen, daß um Wasser gebeten wird, dieses Wasser wird jeder Pilger zu schätzen wissen, der an einem sehr heißen Tag vom Kreuz- oder Erscheinungsberg wieder heruntersteigt.

Wenn man die Bevölkerung beim Beten in der Kirche beobachtet, ahnt man, woher die Leute für ihre gelebte Nächstenliebe die Kraft holen. Diese Liebe zum Nächsten, diese Selbstlosigkeit, ist eine der guten Früchte, die man in Medjugorje und in der Umgebung entdecken kann.

Die Verwirklichung der Bitten der Gospa hat aus den Menschen von Medjugorje und Bijakovići eine Gemeinschaft geformt, die als Urbild des Friedens in der ganzen Welt betrachtet werden kann. Man darf nicht vergessen, daß diese beiden Orte einst in großer Feindschaft lebten, die sogar Tote forderte. Heute knien die ehemals verfeindeten Menschen in der Kirche einträchtig nebeneinander und betrachten sich als Brüder und Schwestern. Die Bitte der Gospa hat hier ihre reifste Frucht getragen, die Menschen haben den Wunsch nach Versöhnung sehr ernst genommen.»

Auch unter den Andersgläubigen hat sich eine Wandlung vollzogen, an die niemand mehr gedacht hatte. Die Nähe der Gospa läßt auch die Brüder und Schwestern anderer Konfessionen nicht unberührt. Sehr sachlich schreibt darüber Ljudevit Rupčić: «Wie begründet und zwingend war das Zeugnis jenes Muselmanen, der beim Anblick der Kirchtürme von Medjugorje auf die Knie fiel und sich so voll Ehrfurcht der Kirche und der Gottesmutter näherte, die ihn wie die anderen gerufen hatte, um zu glauben! Er fühlte, daß der Gott, an den man glauben muß, auch sein Gott und nicht nur der katholische Gott, und daß Maria auch seine Mutter und nicht nur die Mutter der Katholiken und Orthodoxen ist. Ein gleiches Zeugnis ökumenischer Glaubenskraft gaben auch die zahlreichen orthodoxen Gläubigen, die aus Ostserbien nach Medjugorje kamen und mit Freudentränen in den Augen die Katholiken in Gegenwart der Gottesmutter küßten. Das ist vorher nirgends geschehen und kann sich überhaupt niemals auf Gebot und Beschwörung der Institution hin ereignen. Nur die "Einheit des Geistes" *(Eph 4,3)* führt "zur Einheit im Glauben" *(Eph 4,13)*. Je tieferer Glaube, desto größere Liebe, kraftvollere Ökumene, größere Einheit! Als Bestätigung wurde eine orthodoxe Frau auf wunderbare Weise geheilt. Das alles zeugt für die Wahrhaftigkeit der Mutter-Gottes-Erscheinungen und für die Kraft des Glaubens» *(Rupčic, «Erscheinungen Unserer Lieben Frau zu Medjugorje», S. 169 f.).*

Maria hatte in Fatima gesagt: «Wenn man meine Bitten erfüllt, wird Friede sein» *(Fonseca, S. 44).* In Medjugorje und Umgebung ist diese Prophezeiung Realität geworden. Die Menschen haben den Frieden gefunden, den nur Gott geben kann.

Der Friede und die Frömmigkeit in Medjugorje und Umgebung sind überzeugend. Man verläßt die Menschen dort nur ungern. Wenn wir die Botschaft der Gottesmutter auch in unserem Leben verwirklichen, kann sich der Friede bei uns manifestieren. Der Grund dafür ist einleuchtend: Durch die Erfüllung dieser wichtigen Bitten sehen wir in den Menschen immer mehr unsere Brüder und Schwestern, die uns nicht mehr so gleichgültig sind wie früher. Das hat zur Folge, daß durch unser Verhalten ihnen gegenüber eine Basis des Vertrauens und Verstehens geschaffen wird. Auch das bleibt nicht ohne Folgen. Die Menschen um uns fühlen sich durch unsere Sinnesänderung angenommen und kommen auf uns zu und gehen uns nicht mehr wie früher aus dem Weg. Nur so kann der Friede in die Welt kommen, wenn wir — wie Maria immer wieder bittet — unsere Sünden gegen Gott und den Nächsten bereuen, wenn wir beten, Buße tun und den Weg der Versöhnung einschlagen.

Gott wird die Welt in ein Paradies des Friedens umwandeln, wenn wir tun, was unsere himmlische Mutter uns so sehr ans Herz legt. Es besteht nicht der geringste Zweifel, daß uns Gott durch Maria ein unüberhörbares Friedensangebot macht! Werden wir diesem gewaltigen Anruf Gottes Folge leisten?!

Dr. Ljudevit Rupčić mahnt eindringlich: «Das Angebot des Friedens, das Gott den Menschen durch die Vermittlung der Gottesmutter unter der Bedingung ihrer Bekehrung erneut macht, ist die einzige Möglichkeit, daß der Friede bei den Menschen seinen Einzug hält und sie vor der Katastrophe, die sie aus eigener Kraft nicht abwenden können, gerettet werden. Das erneute Friedensangebot und die Qualifikation der Zeugen deuten auf die kritische Weltlage hin und bezeugen, daß der richtige Ausweg aus der schweren Situation der Menschen in der Annahme des Friedens, den Gott anbietet, in der die Bekehrung sowie in der Verwirklichung durch Taten der Liebe gegenüber Gott und dem Nächsten liegt» *(S. 103).*

In diesem Sinne schreibt auch *Marijan Ljubić* über dieses Thema: «Es ist ganz sicher, daß keiner von uns die Größe, die Tragweite, die Bedeutung und die Kraft des Werkes ahnt, das Gottes Barmherzigkeit durch das Kommen der Gospa in Medjugorje begonnen hat... Die Gospa hat in Medjugorje wohl zu ihrem entscheidenden Endkampf angesetzt, der schon in Paris — Wundertätige Medaille 1830 —, dann in La Salette 1846, Lourdes 1858, Fatima 1917 und an vielen anderen Orten ihrer Erscheinungen besonders nach dem letzten Weltkrieg, so lange vorbereitet und angekündigt wurde, um unser Vaterland und die ganze Welt für Christus zu erobern. Dafür sei ihr von ganzen Herzen Dank gesagt!» *(S. 117 ff.).*

Gott bietet uns seinen Frieden an, er schickt uns die Königin des Friedens zu Hilfe, die beste Mutter der Welt, damit wir auf die Weisungen des Himmels hören und sie befolgen. Dazu schreibt der Abt von Weltenburg, Thomas Niggl, über die gewaltige Sendung Mariens: «So ist Maria die große prophetische Gestalt durch ihre Erscheinungen... Als die Königin der Propheten ist sie wahrhaft die Antwort Gottes auf unsere Zeit. Die Antwort erfolgt in ihren beglückenden Botschaften, die verheißen, daß gerade in der tödlichsten Bedrohung, wie sie nur im Atomzeitalter möglich ist, ihre Hilfe nahe ist. Vielleicht ist der Tag nicht mehr fern, daß wir begreifen werden, welch herrliche Antwort die Heiligste Dreifaltigkeit in Maria, der bevorzugt geliebten Tochter des Vaters, der Mutter seines Sohnes und dem Heiligtum des Heiligen Geistes *(Lumen gentium, Nr. 53)* für unsere Zeit, in der die Sache Christi wie im Todeskampf liegt, gegeben hat, zur Verherrlichung Gottes, zur Beschämung Satans und zur Beseligung des Menschen» *(T. Niggl, «Maria», S. 29 f.).*

Wie Gott der Welt den Frieden schenken kann, zeigt ein Gespräch, das ich mit einer Frau aus Süddeutschland führte. Ich fragte sie, warum sie nach Medjugorje gepilgert sei. Darauf antwortete sie: «Ich las ein Buch über diesen Ort. Die Worte "Maria kommt zu uns, weil sie uns liebt" waren der Anlaß für die Reise nach Medjugorje.» Dann fragte ich die Frau, ob sie dort etwas erlebt habe. Sie erwiderte: «Seit wir in Medjugorje waren, hat sich in meiner Familie alles grundlegend verändert. Vorher ging jeder seinen Weg, wir waren isoliert, und der gute Wille, auf den anderen zuzugehen, blieb ohne Früchte, ja die Versuche scheiterten immer wieder. Die Kinder gingen ihre eigenen Wege und kamen nur, um ihre Forderungen an uns zu stellen und hatten dabei keine Hemmungen. Das Verhalten der Familienangehörigen untereinander war verletzend, rigoros und egoistisch. Nach einer schweren Krankheit konnte ich meine Arbeit nicht mehr wie früher verrichten, aber dafür hatte niemand Verständnis. Das Verhalten meines Sohnes und seiner Gattin trug dazu bei, daß wir in ständigem Unfrieden und in Disharmonie lebten. Die familiären Verhältnisse und die ständigen Spannungen haben mich seelisch krank gemacht. Jahrelang fühlte ich mich einsam, verlassen und unverstanden. In diesem Zustand machte ich die Hölle durch. Das ging so weit, daß ich einen schweren Nervenzusammenbruch erlitt. Ich wünschte mir nur noch den Tod. Eines Tages wollte ich meinen Qualen ein Ende bereiten und nahm eine Überdosis Schlaftabletten, aber die Ärzte im Krankenhaus konnten mein Leben retten. Trotz dieses Vorfalls änderte sich kaum etwas am Verhalten der Familienangehörigen. Es war nicht mehr die Hölle, aber es war immer noch schlimm genug.

Bei unserem ersten Besuch in Medjugorje stellte ich bei meinem Gatten eine positive Veränderung fest. Es waren plötzlich gemeinsame religiöse Interessen da. Wir erlebten in Medjugorje einen tiefen Frieden und eine wunderbare Harmonie. Mein Mann, der seine Gefühle nie äußern konnte, sang und betete mit mir zusammen. Das gemeinsame Erlebnis des Glaubens war für uns wunderbar, aber ich war in Sorge, daß es wieder verloren gehen könnte. Nach der Rückkehr sprachen wir mit unserem Sohn und der Schwiegertochter von den Ereignissen in Medjugorje. Wir spürten, daß die jungen Leute Interesse zeigten. Bald entschlossen sie sich, dorthin zu fahren. Als sie zurückkamen, zeigten sie zum ersten Mal Interesse an meinem Wohlergehen und an meinem Gesundheitszustand. Sie strahlten und waren überglücklich. Seit der Rückkehr der Kinder hat sich unser Familienleben total zum Guten verändert. Meinungsverschiedenheiten werden heute mit gutem Willen und Verständnis für den anderen gelöst. Heute kann ich sagen, daß in unserer Familie eine Atmosphäre der Liebe, des Verständnisses und des Friedens herrscht.»

Dann fragte ich die Frau, was sie heute empfinde. Sie erwiderte: «Wir sind uns alle bewußt, daß wir diesen Frieden der "Königin des Friedens" von Medjugorje verdanken, und wir beten täglich um den Schutz Gottes und Mariens, damit dieser Friede in unserer Familie für immer erhalten bleibe. Es ist mir ein großes Bedürfnis, Jesus, Maria und dem heiligen Joseph täglich im Rosenkranzgebet für die geschenkten Gnaden meinen innigsten Dank zu sagen.»

C) Gott schenkt uns den ewigen Frieden nach dem Tod

Der Friede des Herzens und der Friede auf der Welt sind Werte, die im Denken der Menschheit den ersten Platz einnehmen sollten, viel wichtiger aber ist der ewige Friede nach dem Tod.

Das größte Ereignis im Leben eines Menschen ist seine Sterbestunde. Sie entscheidet darüber, ob er in Gott Heimat und Ruhe findet oder ob er für immer von Gott getrennt und von schweren Gewissensqualen gepeinigt wird. Die bewußte Ablehnung Gottes im Leben eines Menschen ist schwerste Sünde, die nach dem Tod nie wieder gut gemacht werden kann.

Vielleicht wird uns die ungeheure Tragweite der ewigen Verdammnis besser bewußt, wenn wir uns vor Augen führen, daß der unendlich gütige Gott seinen einzigen Sohn für die Menschheit opferte, damit wir durch ihn gerettet werden. Gott wartet bis zur letzten Stunde unseres Lebens auf unsere Rückkehr.

Ein eindrucksvolles Beispiel dafür ist die Szene der Kreuzigung Christi. Der Schächer am Kreuz hat seinen qualvollen Tod vor Augen. Dennoch denkt er über sein schlechtes Leben nach und gelangt zur Einsicht, daß er für seine Verbrechen keine Gnade mehr zu erwarten hat. In seiner Hoffnungslosigkeit und Verzweiflung sieht er Jesus neben sich. Er überwindet sich und bittet ihn um Erbarmen mit den Worten: «Herr, gedenke meiner, wenn du in dein Reich kommst.» Jesus sieht die ganze Not dieser verzweifelten Seele, aber auch deren guten Willen zur Umkehr. Deshalb ruft er ihm zu: «Amen, ich sage dir: Heute noch wirst du mit mir im Paradies sein» *(Lk 23,40 f.)*.

Der reumütige Schächer am Kreuz war der erste, den Jesus in seiner großen Liebe an sich zog und in sein Reich mitnahm. Dieser Verbrecher zeigte tiefe Reue. Diese Reue ist es, der Gott nicht widerstehen kann. Echte Reue bewirkt Umkehr, Abkehr von der Sünde und Hingabe an Gott.

Das ist auch in Medjugorje das zentrale Anliegen der Gottesmutter. Wenn wir ihre Bitten erfüllen, dürfen wir sicher sein, daß Gott auf unserer Seite steht und daß keine Macht der Welt uns von diesem gütigen Gott trennen kann. Bezeichnend sagt der Völkerapostel Paulus: «Was ergibt sich nun, wenn wir das alles bedenken? Ist Gott für uns, wer ist dann gegen uns? Er hat seinen eigenen Sohn nicht verschont, sondern ihn für uns alle hingegeben — wie sollte er uns mit ihm nicht alles schenken...? Was kann uns scheiden von der Liebe Christi? Bedrängnis oder Not oder Verfolgung, Hunger oder Kälte, Gefahr oder Schwert...? Doch all das überwinden wir durch den, der uns geliebt hat. Denn ich bin gewiß: Weder Tod noch Leben, weder Engel noch Mächte, weder Gegenwärtiges noch Zukünftiges, weder Gewalten der Höhe oder Tiefe noch irgendeine andere Kreatur können uns scheiden von der Liebe Gottes, die in Christus Jesus ist, unserem Herrn» *(Röm 8,31 ff.)*.

Jesus hat am Kreuz nicht nur die Arme nach uns ausgestreckt, um uns an sich zu ziehen, sondern er hat auch sein Herz von der Lanze durchbohren lassen. Nach der Überzeugung großer Christologen ist dieses gewaltsam geöffnete Herz zum Lebensquell für die Menschheit geworden. Kein Sünder, der seine Taten bereut, wird von diesem Lebensquell ausgeschlossen! Wenn wir uns vom Geist Gottes und nicht vom Geist des Bösen leiten lassen, wird uns dieser Lebensquell immer offenstehen.

Im Brief an die Gemeinde von Rom schreibt Paulus: «Wenn der Geist dessen in euch wohnt, der Jesus von den Toten auferweckt hat, dann wird er, der Christus Jesus von den Toten auferweckt hat, auch euren sterblichen Leib lebendig machen, durch seinen Geist, der in euch wohnt» *(Röm 8,11)*. Dieser Geist Gottes ermahnt uns, an den zu glauben, den der Vater gesandt hat. Dazu sagt Jesus: «Denn es ist der Wille meines Vaters, daß alle, die den Sohn sehen und an ihn glauben, das ewige Leben haben und daß ich sie auferwecke am Letzten Tag» *(Joh 6,40)*. Wer aber an Gott glaubt, wird nach der Gerechtigkeit hungern, er wird sanftmütig, barmherzig, rein und friedfertig leben, er wird um des Himmelreiches willen Verfolgung und Schmähung auf sich nehmen. Jesus verheißt uns dafür: «Freut euch und jubelt: Euer Lohn im Himmel wird groß sein» *(Mt 5,12)*.

Im Römerbrief preist der Apostel Paulus die Früchte, die uns in der Ewigkeit zuteil werden. Er schreibt: «Ich bin überzeugt, daß die Leiden der gegenwärtigen Zeit nichts bedeuten im Vergleich zu der Herrlichkeit, die an uns offenbar werden soll» *(Röm 8,18)*. In seinem Brief an die Gemeinde von Korinth weist der Apostel auf das Verdienst der Gottesliebe hin. Nach seiner Überzeugung wird es einen Frieden, ein Glück und eine Seligkeit im Himmel geben, die ohne Vergleich ist. Paulus schreibt: «Wir verkündigen, wie es in der Schrift heißt, was kein Auge gesehen und kein Ohr gehört hat, was keinem Menschen in den Sinn gekommen ist: das Große, das Gott denen bereitet hat, die ihn lieben» *(1 Kor 2,9)*. Diese Verheißungen und Beschreibungen des ewigen Lebens geben uns eine schwache Vorstellung von dem, was Gott seinen Getreuen nach dem Tod schenken möchte. Der Lohn für unsere Hingabe an Gott und unsere Treue zu seinen Geboten wird unbeschreiblich sein und jedes menschliche Vorstellungsvermögen weit übertreffen.

Papst Johannes Paul II. sagte im Liebfrauendom zu München am 19. November 1980 zu den Alten und Kranken: «Der Tod selber ist ein Trost! Das Leben auf dieser Erde, selbst wenn sie nicht ein "Tal der Tränen" wäre, könnte uns nicht für immer Heimat bieten. Sie würde mehr und mehr zum Gefängnis, zur "Verbannung" (Salve Regina)» *(Verlautbarungen des Apostolischen Stuhls, S. 198).* Der Mensch kann sein Heil nur in Gott finden. Nur in Gott findet er seine letzte Vollendung, in ihm findet er Frieden, Liebe, Geborgenheit und Heimat. Damit wir dieses Ziel nicht verfehlen, bittet und weint unsere himmlische Mutter in Medjugorje, weil sie uns zu Jesus führen will.

Ein sehr eindrucksvolles Gespräch führte ich mit der Seherin Ivanka Ivanković. Zum ersten Mal in meinem Leben begegnete ich einem Menschen, der mit einem verstorbenen Familienangehörigen ein Wiedersehen hatte. Ivanka sagte zu mir: «Ich habe meine Mutter sofort erkannt, sie hatte die gleichen Gesichtszüge wie früher, sie strahlte ein Licht aus, aber ich kann dieses Licht nicht beschreiben. Meine Mutter sah sehr glücklich aus, weil sie in der Nähe der Gospa weilen durfte... Meine Mutter und ich umarmten und küßten einander... Ich weiß heute nicht mehr, wie lange ich meine Mutter umarmte. Meine Mutter war sehr glücklich.» Dieser Bericht eines Kindes, das die verstorbene Mutter sehen, umarmen und küssen durfte, gibt Zeugnis vom Weiterleben nach dem Tod und vom Glück und vom Frieden, für immer bei Gott sein zu dürfen.

Medjugorje hat also für unsere Zeit eine gewaltige eschatologische Bedeutung. Ein weiteres Zeugnis der gleichen Seherin läßt ahnen, was sie in ihrem Herzen empfindet. Als ich die Frage an sie richtete: «Möchtest du gern sterben, um bei der Gospa und bei deiner Mutter leben zu können?» antwortete sie: «Ja, immer und zu jeder Sekunde.» Mit diesem Zeugnis verliert der Tod seinen Schrecken, denn für viele Menschen bedeutet der Tod ein Auslöschen und ein Ende für immer. Mit dieser Aussage wird aber auch die Lehre der Kirche bestätigt und bekräftigt, daß es nach dem Tod ein Weiterleben gibt, heißt es doch im Credo: «Ich glaube an die Auferstehung der Toten und an das ewige Leben.» Dieses einfache Mädchen aus Bijakovići unweit von Medjugorje gibt uns einen Einblick in das Geheimnis des Todes und der Auferstehung. Ihre Sehnsucht nach dem Tod ist ein Kriterium dafür, daß im Jenseits ein größeres Glück und ein tieferer Friede herrscht als auf dieser Erde.

Als ich Ivanka fragte, ob sie den Himmel, das Fegfeuer oder die Hölle gesehen habe, antwortete sie: «Ich habe den Himmel und das Fegfeuer gesehen. Beide sah ich wie ein Bild. Die Menschen im Himmel sind bei Gott sehr glücklich...» Dieser Einblick in den Himmel, die Begegnung mit der verstorbenen Mutter und die Erscheinungen der Gottesmutter während fast vier Jahren haben in Ivanka eine Sehnsucht nach dem Himmel hinterlassen, die auch vor dem Tod nicht zurückschreckt. Die Antworten dieser Seherin bezeugen, daß der Mensch nach dem Tod nur in Gott sein größtes Glück, seine höchste Geborgenheit und seinen tiefsten Herzensfrieden finden kann.

In diesem Gespräch habe ich aber auch die große Sorge der Seherin um die Menschen gespürt, die in schwerer Sünde dahinleben und in Gefahr sind, ewig verlorenzugehen. Es ist die aufrichtige Teilnahme eines Kindes an der Sorge der Mutter, die zusehen muß, wie sich ihre Kinder durch schwere Schuld von Gott abwenden, in die Irre gehen und eine Beute Satans werden. Es sind ihre Kinder, für die ihr Sohn den grauenvollen Kreuzestod gestorben ist, und die ***ihr ewiges Glück und ihren ewigen Herzensfrieden aufs Spiel setzen.***

10.
Die Friedensbotschaft von Medjugorje

Die Botschaft von Medjugorje ist eine Botschaft des Friedens. Maria erscheint nicht nur als die Königin des Friedens, sondern sie zeigt auch einen konkreten Weg, der zum Frieden des Herzens, zum Frieden in der Welt und zum ewigen Frieden bei Gott führt. Die Gottesmutter führt uns in den Geist des Evangeliums ein, das uns zum Heil führen soll.

In einem gemeinsamen Gespräch mit P. Tomislav Pervan und P. Slavko Barbarić (damals Pfarrer und Kaplan von Medjugorje), sowie in mehreren Einzelgesprächen kristallisierte sich eine Botschaft heraus, die in der Geschichte der Marienerscheinungen einmalig sein dürfte. Ich fragte die Patres nach den Bitten der Gottesmutter.

Sie nannten übereinstimmend folgende Schwerpunkte:

1. Die Menschen sollen wieder an Gott und seine Heilsbotschaft glauben.
2. Die Sünder sollen zu Gott zurückkehren und ihre schlechten Taten bereuen.
3. Die Menschen sollen sich mit ihren Mitmenschen versöhnen, sie sollen überall Frieden stiften.
4. Sie sollen, wenn möglich, mittwochs und freitags bei Wasser und Brot fasten.
5. Die Menschen sollen mehr beten. Konkret ist hier gemeint: Sie sollen das Glaubensbekenntnis, sieben Vaterunser, sieben Gegrüßt seist du Maria und sieben Ehre sei dem Vater, weiterhin alle 15 Geheimnisse des Freudenreichen, des Schmerzhaften und des Glorreichen Rosenkranzes betrachtend beten.

6. Die Christen sollen einmal im Monat zur heiligen Beichte gehen, und sich in diesem Sakrament mit Gott versöhnen.
7. Wo immer es möglich ist, sollen die Menschen die heilige Messe besuchen und sie andächtig mitfeiern.
8. Die Gläubigen sollen in ihren Familien täglich in der Bibel lesen.
9. Das Wichtigste ist heute, daß wir Zeugnis ablegen.

Der 9. Punkt wurde nur von P. Tomislav Pervan erwähnt. Deshalb fragte ich ihn: «Sind Sie bereit, für die Echtheit der Erscheinungen auch große Opfer zu bringen?» Sinngemäß antwortete er, daß er auch zu den größten Opfern bereit wäre. Ich fragte ihn, was ihn so sicher mache. Er erwiderte: «Einmal waren vier Seher in der Erscheinungskapelle. Nach der ersten Erscheinung sagte einer der Seher, daß er ein Geheimnis erhalten habe. Zwei andere bestätigten, daß sie ebenfalls ein Geheimnis erhalten hätten. Nur der vierte Seher beteuerte, daß er nichts von einem Geheimnis wüßte. Seither bin ich sicher, daß die Erscheinungen echt sind.»

In einem unserer Gespräche erklärte mir P. Tomislav Pervan: «Die Botschaft von Medjugorje hat große Ähnlichkeit mit der Botschaft von Fatima. Maria stellt fast die gleichen Bitten. Sie will Frieden und Versöhnung. Sie möchte die Erneuerung im Glauben und unsere Heiligung. Wenn man in der Woche nicht einmal eine Stunde Zeit für Gott übrig hat, dann ist Gott Nebensache geworden. Maria will, daß wir uns für Gott mehr Zeit nehmen, sie will unsere innere Umkehr.»

Aus den oben erwähnten Schwerpunkten sollen folgende Bitten der Gottesmutter näher betrachtet werden:

a) der Glaube an Gott;
b) die Bekehrung des Menschen;
c) das Rosenkranzgebet;
d) die Versöhnung;
e) das Fasten;
f) die Buße und der häufige Empfang des Bußsakramentes.

A) Der Glaube an Gott

Die Abwendung von Gott, das Mißtrauen Ihm gegenüber oder die Leugnung Seiner Existenz sind die schwersten Sünden unserer Zeit. Sie fordern Gottes Gerechtigkeit und Seinen Zorn heraus. Da Maria — unsere himmlische Mutter — diese Sachlage sehr genau kennt, bittet sie die Menschen eindringlich um diesen Glauben an Gott. Jeder Mensch, der glaubt, beginnt auch zu hoffen. Folglich ist der Glaube die Grundlage des Vertrauens. Das Vertrauen wiederum befähigt uns zur Liebe, denn man kann nur einen Partner lieben, dem man glaubt und vertraut.

Treffend schreibt der Theologe *L. Rupčić:* «Der Glaube ist die wichtigste Botschaft der Gottesmutter von Medjugorje. Dies wird aus ihren zahlreichen Betonungen und Empfehlungen ersichtlich. Aus allen Umständen der Erscheinungen wird deutlich, daß dies nahezu der einzige Zweck der Erscheinungen der Gottesmutter ist. Das ist verständlich, denn der Mensch erhält als Belohnung für den Glauben das göttliche Leben und das ewige Erbe. Außerdem ist der Glaube bei vielen Menschen verblaßt und hat aufgehört, ihr Leben zu bestimmen und zu formen. Das führte zu einer großen Verschlechterung und Zerrüttung nicht nur im Inneren der Menschen, sondern in der ganzen Welt. Der Mensch hat sich durch seinen Unglauben von Gott getrennt und ist dadurch gefährlich verarmt. Er wurde damit nicht nur zum Opfer seiner Schwächen und Fehler, sondern auch zum Opfer seiner Fähigkeiten, zog sich viel Böses zu, verlor die Lebensrichtung und stellte seine Zukunft und seine Existenz in Frage. Die einzige Rettung des Menschen gründet in der Tatsache, daß sein Gott lebt, seine Liebe weder aufgehört hat noch eingeschlafen ist, und daß sein Lebensangebot an den Menschen beständig in Kraft ist. Maria kommt, um dies alles zu bezeugen und die große Hoffnung, die sich allein im Glauben verbirgt, zu verkünden» *(L. Rupčić, S. 82 f.).*

Die Worte Jesu, die er an seine Jünger richtet, sind eindeutig und unmißverständlich: «Wer glaubt und sich taufen läßt, wird gerettet; wer aber nicht glaubt, wird verdammt werden» *(Mk 16,16).* Ebenso eindringlich sagt Jesus: «Wer an den Sohn glaubt, hat das ewige Leben; wer aber dem Sohn nicht gehorcht, wird das Leben nicht sehen, sondern Gottes Zorn bleibt auf ihm» *(Joh 3,36).*

Wenn der Papst — wie schon erwähnt — in Turin äußerte, daß noch nie in der Geschichte so viele Menschen vom Glauben abgefallen seien wie in der Gegenwart, dann wird die Bitte der Gottesmutter in

Medjugorje um Glauben um so verständlicher. Sie nennt als Grundvoraussetzung für ein christliches Leben den Glauben an Gott. M. Ljubić schreibt: «Sehr oft wiederholte die Gospa ihren Aufruf zur Bekehrung. Sie verlangte festen Glauben» *(S. 46)*. Eine Seherin äußerte: «Die Gospa sagte, daß ein fester Glaube das Wichtigste sei» *(L. Rupčić, S. 52)*.

Dieser Glaube ist nach den Worten Jesu die Voraussetzung für den Empfang jeglicher Gnade und für den Erfolg jeder Heilung. Im Glauben erschließen wir das Herz Gottes. Der Stammvater Abraham ist eines der schönsten Vorbilder für den Glauben an Gott. In der größten Hoffnungslosigkeit war sein Glaube unerschütterlich, weil er an die Liebe und Allmacht Gottes glaubte.

B) Die Bekehrung des Menschen

Durch den Glauben an Gott erhalten wir Licht und Gnade, um uns Gott zuwenden zu können. Die Bitten der Gottesmutter von Medjugorje beabsichtigen nichts anderes als unsere Bekehrung. Theologisch gesehen bedeutet die Bekehrung die Abwendung von der Sünde — vom Bösen — und die Hinwendung zu Gott und seiner unendlichen Liebe. Jede Bekehrung ehrt Gott, jede Abkehr beleidigt ihn schwer und stellt die Existenz des Menschen in Frage. Genau das sagte Maria in Medjugorje: «Wenn die Menschen sich nicht bekehren, werden sie von großen Übeln heimgesucht werden.»

In dieser Aussage zeigt sich die Identität dieser Botschaft mit der Botschaft von Fatima. Am 13. Juli 1917 sagte die Gottesmutter in Fatima: «Opfert euch für die Sünder und sagt oft, besonders aber, wenn ihr ein Opfer bringt: O Jesus, aus Liebe zu dir und für die Bekehrung der Sünder» *(Fonseca, S. 41)*. In einem dringenden Appell wendet sich die Gottesmutter in Medjugorje an die treuen Christen und bittet sie: «Ich brauche eure Gebete, die Gebete des ganzen Volkes. Man soll möglichst viel beten und Buße tun, weil noch zu wenig Menschen sich bekehrt haben. Es gibt viele aus dem christlichen Volk, die noch heidnisch leben. Die Christen sollen für die anderen ein lebendiges Zeichen sein und diesen zur Bekehrung und zum Heil verhelfen» *(Ljubić, S. 46 f.)*.

Wenn Maria in Lourdes, Fatima und Medjugorje eindringlich um die Bekehrung bittet, so ist das einer der tiefsten Beweggründe ihres mütterlichen Herzen. Sie erkennt im Licht Gottes die Gefahr und das Ende der Unbekehrten, aber sie will auch für diese fürbittend eintreten und ruft deshalb ihre treuen Kinder zur Mithilfe auf. Im Bericht über die Seherkinder von Fatima heißt es: «Etwas später fügte die Gottesmutter hinzu: "Wenn ihr den Rosenkranz betet, sagt am Ende jedes Gesetzleins: O mein Jesus, verzeih uns unsere Sünden, bewahre uns vor dem Feuer der Hölle, führe alle Seelen in den Himmel, und hilf denen, die es am nötigsten haben"... Die Seher, die dieses Gebet im Zusammenhang mit der Höllenvision gehört hatten, sagten jedoch, der Schluß solle der Bekehrung der Sünder gelten: "den Seelen, die sich in der größten Gefahr befinden oder die der Verdammung am nächsten sind" (Lucia)» *(Fonseca, S. 45).*

Auch einige Seher von Medjugorje durften einen Blick in die Hölle tun. Maria verfolgt mit diesen Höllenvisionen eine ganz bestimmte Absicht. Sie will dadurch die Seher zu größerer Opferbereitschaft für die unbußfertigen Sünder anregen. In der Tat haben die Hirtenkinder von Fatima nach der Höllenvision die schwersten Opfer gebracht, sie haben jede Gelegenheit gesucht, Opfer zu bringen, um durch ihre Leiden den Sündern zur Bekehrung zu verhelfen. Auch von den Sehern in Medjugorje ist bekannt, daß sie für die Bekehrung der Sünder die schwersten Opfer auf sich nehmen. Ich fragte die Seherin Marija Pavlović, warum Vicka Ivanković jedes Gebet für ihre Heilung ablehne. Darauf gab sie zur Antwort: «Vicka will mit Absicht für die Sünder leiden.»

Für die Sünder leiden bedeutet aber, sich für ihre Bekehrung einzusetzen. Tatsächlich werden wir Jesus in seiner Nachfolge am ähnlichsten, wenn wir mit unseren täglichen Leiden und besonders mit freiwilligen Opfern für die Bekehrung unserer Brüder und Schwestern apostolisch tätig sind. Es bleibt eine unumstößliche Tatsache, daß durch das Kreuz Christi und unser Kreuz, das wir geduldig im Geist Jesu tragen, das Reich Gottes am schnellsten und wirksamsten seine Ausbreitung findet. Nicht umsonst wird das Blut der Märtyrer der Same des Gottesreiches genannt. Die Bitte der Gottesmutter von Medjugorje ist eine der ersten Forderungen des Evangeliums. Jesus sagte einmal, daß über einen einzigen Sünder, der sich bekehrt, im Himmel mehr Freude herrsche, als über neunundneunzig, die der Umkehr nicht bedürfen *(Lk 15,7).*

Diese Aussage zeigt uns, wie wir Gott Freude bereiten können, indem wir für die unbußfertigen Sünder im Sinn Mariens durch Opfer und Gebet aktiv werden und so an ihrer Bekehrung arbeiten.

Durch alle Jahrhunderte ging der Ruf nach Bekehrung, aber noch nie war er so eindringlich wie heute. Es ist ein uraltes Gesetz: Je mehr sich die Menschen von Gott abwenden und sündigen, um so mehr fordern sie Gottes Gerechtigkeit und Zorn heraus. Nach den Worten des Papstes in Turin leben wir genau in dieser Epoche des Gotteszornes. Jede Bekehrung trägt dazu bei, den Zorn Gottes zu besänftigen. Deshalb bittet Maria in Medjugorje die Menschen zur Umkehr und die treuen Christen zur Mithilfe am Werk der Bekehrung.

M. Ljubić, der die Situation sehr gut erkannte, schreibt: «Aus verschiedenen, wiederholten Worten der Gospa geht hervor: Sie braucht unser Gebet und unsere Buße, um bei Gott für uns eintreten zu können» *(S. 46)*. Die Botschaft, die Maria in Medjugorje verkündet, ist eine Botschaft echter Mutterliebe und Muttersorge. Unsere himmlische Mutter sorgt sich um die Menschen, die sich von Gott abgewendet haben, und bittet uns — ihre Kinder — um mehr Glauben, mehr Gebet, mehr Buße und mehr Fasten, um damit den von Gott getrennten Brüdern und Schwestern die Gnade der Bekehrung zu erbitten. Deshalb bittet und mahnt Maria in Medjugorje so eindringlich, daß die Menschen sich bekehren, solange es noch eine Möglichkeit gibt.

In einem Gespräch sagte mir die Seherin Marija Pavlović: «Am dritten Tag nach der ersten Erscheinung — es war der 27. Juni 1981 — habe ich gesehen, wie die Gottesmutter weinte. ***Sie forderte die Menschen zur Bekehrung auf.***»

C) Das Rosenkranzgebet

Wie ein roter Faden zieht sich durch fast alle Marienerscheinungen die Bitte der Jungfrau Maria um das tägliche Rosenkranzgebet. Wenn man diese Bitte Mariens besser verstehen will, muß man die Wirkung dieses Gebetes kennenlernen. Die Geschichte der Kirche ist reich an Beispielen, die zeigen, welche Macht in diesem bescheidenen Rosenkranzgebet verborgen ist. Selbst von vielen Katholiken wird dieses Gebet gewaltig unterschätzt. Wenige Beispiele sollen zeigen, wie das Gebet des Rosenkranzes in den aussichtslosesten Situationen eine entscheidende Wende brachte.

Im Jahre 1571 standen die Mohammedaner vor den Toren Europas. Mit einer gewaltigen Flotte erschienen sie vor der Mündung des Golfes von Patras. Papst Pius V. rief alle christlichen Völker auf, den Rosenkranz zu beten. Die Christen beteten in den Stunden der Schlacht von Lepanto ohne Unterlaß das Kampfgebet der Christenheit, den Rosenkranz. Mit einer kleinen christlichen Flotte, die das Banner mit dem Bild Mariens zeigte, wurde ein überwältigender Sieg errungen.

Als im Jahre 1683 das Heer der Türken vor Wien stand, rief Papst Innozenz XI. die ganze Christenheit zum Rosenkranzgebet auf. Über 200000 Türken wollten Europa erobern. Am 12. September 1683 wurden die Mohammedaner durch den Polenkönig Johann Sobieski vernichtend geschlagen.

Im Jahre 1716 versuchten die Türken erneut, Europa zu erobern. Prinz Eugen, selbst ein großer Rosenkranzbeter, brachte den Mohammedanern eine vernichtende Niederlage bei, während die Christen Tag und Nacht den Rosenkranz beteten.

Während des spanischen Bürgerkrieges im Jahre 1936 wurde der Alcazar, eine Militär-Akademie, in Toledo von 10000 Mann belagert. Ein Fliegerhauptmann organisierte im Alcazar den ewigen Rosenkranz vor einer Marienstatue. Die Belagerten — 1100 Männer und 800 Frauen und Kinder — trotzten der Übermacht. Durch die Explosion einer Dynamitladung von 6000 kg entstand bei der Festung ein Trichter von 70 Meter Tiefe und 100 Meter Durchmesser. Während dieser gewaltigen Sprengung wurde niemand von den Eingeschlossenen verletzt. In den 71 Tagen Belagerung bis zur Befreiung durch General Franco starben in der Festung nur 80 Menschen. Maria, die Rosenkranzkönigin, hatte ihre Kinder im Alcazar auf wunderbare Weise gerettet, weil diese Tag und Nacht mit großem Vertrauen den Rosenkranz beteten, während der Hagel von Bomben und Granaten auf die Festung die Lage der Eingeschlossenen als hoffnungslos erscheinen ließ *(Harrer, «Die schönsten Mariengeschichten»)*.

Während des Zweiten Weltkrieges spielten sich in den Hungerbunkern der Konzentrationslager unvorstellbare Tragödien ab. Die Menschen starben entweder durch Hunger oder durch Ersticken. Fälle von Tobsucht und Kannibalismus traten ein. Nur ein einziges Mal kam ein Hoffnungsschimmer in diese Hölle. Als P. Maximilian Kolbe sich anbot, für einen Familienvater in diesen gefürchteten Hungerbunker zu gehen, betete er zusammen mit den zum Tod Verurteilten den Rosenkranz. Ein Augenzeuge berichtete: «Eine Stimme begann die Gebete, andere übernahmen den nächsten Teil. Auch aus den

Nachbarzellen war es zu hören... Und als seine Stimme, die wie Balsam wirkte, eines Tages schwieg, umfing alle, die noch in den Nachbarzellen geblieben waren, eine ungeheure Traurigkeit» *(«Vox Fidei», Heft 21/82).*

Es ist eine unbestreitbare Tatsache, daß Österreich durch das Rosenkranzgebet seine Freiheit wieder erlangte, das heißt, daß die Russen ohne Gewaltanwendung das Land verließen. Österreich ist das einzige Land der Erde, das die Kommunisten freiwillig verlassen haben. Der österreichische Außenminister Leopold Figl sagte am 10. September 1955: «Acht Jahre lang beteten wir den Schmerzhaften Rosenkranz und flehten, der Himmel möge uns unsere Freiheit und Unabhängigkeit voll und ganz wiedergeben. Unser Gebet wurde erhört. Heute können wir frohen Herzens den Glorreichen Rosenkranz beten, dem Himmel Dank sagen, daß unser Flehen erhört wurde und daß wir wieder das sein können, was wir waren: ein freies Volk» *(P. Petrus Pavlicek, «Die Schutzfrau Österreichs»).*

Ein letztes Beispiel aus dem Jahre 1960 soll zeigen, daß die Unterlassung dieses Rosenkranzgebetes für die Welt schwerste Folgen haben kann.

In diesem Jahr richtete der Bischof von Fatima im Einvernehmen mit dem Heiligen Vater einen Appell an alle katholischen Bischöfe der Welt. Die Oberhirten wurden gebeten, den Gläubigen mitzuteilen, sie möchten sich mit den Pilgern von Fatima in der Nacht vom 12. zum 13. Oktober zu einem Gebetssturm vereinigen. Dieser Aufruf wurde von vielen Katholiken sehr ernst genommen. Wohl noch nie war ein so gewaltiger Gebets- und Bußgeist in der Welt offenbar geworden. Doch warum dieser Appell?

Der später wegen Spionage hingerichtete russische Oberst Oleg Penkovski berichtete, daß zum 43. Jahrestag der Oktoberrevolution eine gigantische Rakete mit Atomantrieb hergestellt werden sollte. In der Tat war es den Russen gelungen, eine solche Rakete zu bauen. Zum Versuchsabschuß dieser atomgetriebenen Rakete waren viele Atomsachverständige und führende Persönlichkeiten eingeladen worden. Jedoch zur festgesetzten Zeit zündete die Rakete nicht. Marschall Nedelin kam nach einer Viertelstunde zusammen mit den Gästen aus dem Schutzbunker. Als alle den Bunker verlassen hatten, explodierte die Rakete, wobei alle 300 Gäste und Mitarbeiter den Tod fanden. Auch Marschall Nedelin war unter den Opfern. Chruschtschows Traum von einer atomgetriebenen Rakete, die jeden Ort dieser Erde erreichen kann, war nicht in Erfüllung gegangen. Wie viele Rosenkranzgebete bei diesem gewaltigen Appell zum Himmel stiegen, weiß Gott allein *(Harrer, S. 272).*

Von größter Bedeutung sind die Worte der Gottesmutter vom 13. Juli 1917 in Fatima: «***Ich möchte***, daß ihr am Dreizehnten des kommenden Monats wieder hierher kommt, ***daß ihr weiterhin jeden Tag den Rosenkranz zu Ehren Unserer Lieben Frau vom Rosenkranz betet, um den Frieden für die Welt und das Ende des Krieges zu erlangen, denn nur sie allein kann es erreichen***» *(«Schwester Lucia spricht zur Welt», S. 151).* Gott zeigt uns durch Maria, welches Gebet uns den Frieden in der Welt am sichersten bringen kann. In Fatima weist Maria auf die große Bedeutung des Rosenkranzgebetes hin, sie bittet: «Betet, betet viel und bringt Opfer für die Sünder, denn viele Seelen kommen in die Hölle, weil sich niemand für sie opfert und niemand für sie betet» *(13. August 1917).* Immer wieder äußert Maria ihre Sorge um die unsterblichen Seelen, sie bittet: «Wenn ihr den Rosenkranz betet, sagt nach jedem Geheimnis: "O mein Jesus, verzeihe uns unsere Sünden, bewahre uns vor dem Feuer der Hölle, führe alle Seelen in den Himmel, besonders jene, die Deiner Barmherzigkeit am meisten bedürfen."» *(13. Juli 1917).*

Aus den Worten der Gottesmutter in Fatima geht klar hervor, daß das Rosenkranzgebet die beste Garantie für einen sicheren Frieden in der Welt ist, und das wirksamste Mittel, die Menschen vor einer entsetzlichen Gottesferne zu bewahren. In Medjugorje fährt Maria mit dem Aufruf zum Gebet fort.

Am 24. Mai 1984 bittet sie: «Ich bitte euch, erlaubt nicht, daß mein Herz über jene Seelen blutige Tränen weinen muß, die in der Sünde verlorengehen. Deswegen, liebe Kinder, betet, betet, betet!»

Am 2. August 1984 mahnt sie: «Betet in diesen Tagen noch mehr für die Bekehrung der Sünder.»

«Ich möchte, daß die Menschen... jeden Tag wenigstens den Rosenkranz beten: die Freudenreichen, Schmerzhaften und Glorreichen Geheimnisse» (14. August 1984).

«Ich bitte die Familien der Pfarrei, den Rosenkranz in der Familie zu beten» (27. September 1984).

«Liebe Kinder! Alle Gebete, die ihr abends zu Hause betet, betet für die Bekehrung der Sünder, weil die Welt sich in großer Sünde befindet. Betet jeden Abend den Rosenkranz!» (8. Oktober 1984).

«Liebe Kinder! Legt euch die Waffenrüstung an und besiegt den Satan mit dem Rosenkranz in der Hand!» (8. August 1985).

«Liebe Kinder! Heute lade ich euch ein, daß ihr mit lebendigem Glauben den Rosenkranz zu beten beginnt. So werde ich euch helfen können. Ihr, liebe Kinder, wollt viele Gnaden erhalten, betet aber nicht. Ich kann euch nicht helfen, weil ihr nicht aufbrechen wollt. Liebe Kinder, ich rufe euch auf, daß ihr den Rosenkranz betet, daß euch der Rosenkranz zur Verpflichtung wird» (12. Juni 1986).

In einem Gespräch erklärte mir der Kaplan von Medjugorje, P. Ivan Dugandžić, was die Bitten der Gospa um das Gebet beabsichtigen: «Wenn wir heute die Einladung der Gottesmutter zum Gebet überdenken, so erkennen wir eine wunderbare himmlische Pädogogik. Die Gospa führt die Menschen ganz behutsam in die Welt des Gebetes ein. Zuerst bittet sie um ein Glaubensbekenntnis, sieben Vater unser, sieben Gegrüßt seist du Maria und sieben Ehre sei dem Vater. Nach einiger Zeit bittet sie um einen Rosenkranz pro Tag, und schließlich gibt sie zu verstehen, daß die Menschen täglich den ganzen Psalter (alle 15 Geheimnisse des Rosenkranzes) beten möchten. Die Gospa will uns damit vor Augen führen, daß unser ganzes Leben immer mehr vom Geist des Gebetes durchdrungen werden soll.»

Die Einrahmung der täglichen heiligen Messe in Medjugorje durch das Rosenkranzgebet

Es ist sicher dem Wirken des Heiligen Geistes zuzuschreiben, daß dieses Gebet, das die Gottesmutter so sehr wünscht, in der Pfarrei Medjugorje einen hohen Stellenwert einnimmt. Der 14. August 1984 ist für die Pfarrei Medjugorje ein besonderes Ereignis. An diesem Tag erscheint Maria dem Seher Ivan Dragićević und übergibt ihm eine ganz besondere Botschaft. Diese lautet: «Ich möchte, daß die Menschen in diesen Tagen zusammen mit mir beten, und das in möglichst großer Zahl, daß sie mittwochs und freitags streng fasten, daß sie jeden Tag wenigstens den Rosenkranz beten, die Freudenreichen, die Schmerzhaften und die Glorreichen Geheimnisse.»

Diese Bitte stieß in Medjugorje nicht auf taube Ohren. Die Franziskaner, die hier die Seelsorge ausüben, nahmen diese Botschaft sehr ernst. Einen Tag später — es war das Fest Mariä Himmelfahrt — wurden in der Pfarrkirche zum ersten Mal vor der heiligen Messe der Freudenreiche und Schmerzhafte Rosenkranz gebetet. An die heilige Messe schloß sich der Glorreiche Rosenkranz an. Seit diesem 15. August 1984 wird diese Praxis bis heute eingehalten. Die Bitten der Gottesmutter um das tägliche Rosenkranzgebet haben dazu beigetragen, daß die tägliche heilige Messe von diesem wirkungsvollen Gebet eingerahmt wird. Wir finden hier eine Pädagogik, die eine Nachahmung wünschenswert erscheinen läßt.

Das Zusammentreffen der Gläubigen wird genutzt, um das Anliegen der Jungfrau Maria zu realisieren. Als ich den Seher Ivan Dragićević fragte, ob es sinnvoll wäre, wenn die Priester und Bischöfe vor der heiligen Messe zusammen mit dem gläubigen Volk den Rosenkranz beten würden, antwortete er: «Auf jeden Fall wäre es sehr sinnvoll und sehr wichtig, vor jeder heiligen Messe gemeinsam mit den Gläubigen den Rosenkranz zu beten. Dies wäre eine Vorbereitung und Einstimmung auf die heilige Eucharistiefeier.» Vergleicht man dazu die päpstliche Enzyklika «Marialis cultus», so stellt man eine große Übereinstimmung fest. Hier heißt es: «Bei den heutigen Überlegungen sind schließlich die Beziehungen zwischen Liturgie und Rosenkranz mit größter Genauigkeit erkannt worden... Nachdem also der vorzügliche Wert der liturgischen Handlungen bekräftigt wurde, wird es nicht schwerfallen zu erkennen, daß der Rosenkranz eine Andachtsübung ist, die leicht mit der heiligen Liturgie in Einklang gebracht werden kann. Wie die Liturgie, hat nämlich der Rosenkranz einen gemeinschaftlichen Charakter, nährt sich von der Heiligen Schrift und ist auf das Geheimnis Christi hingeordnet... Nachdem man diesen wesentlichen Unterschied festgestellt hat, sieht jeder, ***daß der Rosenkranz eine Andachtsübung darstellt, die von der Liturgie inspiriert ist und, wenn er der ursprünglichen Idee gemäß gebetet wird, natürlicherweise zu ihr hinführt, ohne ihre Schwelle zu überschreiten.***

In der Tat kann die Betrachtung der Geheimnisse des Rosenkranzes, der die Geheimnisse Christi dem Geist und dem Herzen der Gläubigen vertraut macht, ***eine sehr gute Vorbereitung auf deren Feier in der Liturgie darstellen und nachher ihr anhaltender Widerhall werden»*** *(Marialis cultus von Papst Paul VI.).*

Bei einem ausführlichen Gespräch mit Bischof Rudolf Graber erörterte ich die Möglichkeiten und Grenzen des täglichen Rosenkranzgebetes vor der heiligen Messe gemeinsam mit den Oberhirten, den Priestern und dem gläubigen Volk. Sinngemäß antwortete Bischof Graber, daß gegen das Rosenkranzgebet vor der heiligen Eucharistiefeier nichts einzuwenden sei, wo dies möglich sei. Bedenken äußerte er nur bei den Oberhirten: «Bei den Bischöfen werden dadurch wichtige pastorale Verpflichtungen vernachlässigt.»

Zu diesem Zeitproblem bemerkt die Seherin von Fatima: «Wir müssen darum unser Leben der Vereinigung mit Gott stets mehr vertiefen, was ohne Gebet nicht geschehen kann. Die Zeit darf uns für alles andere mangeln, nie aber für das Gebet. So werden Sie die Erfahrung machen, daß man nach dem Beten in kurzer Zeit vieles erledigt» *(«Mater Nostra», Sept. 1984, S. 14).*

Während eines Gesprächs mit dem Präfekten der Glaubenskongregation wies ich auf die vielen Offenbarungen hin, in denen die Gottesmutter immer wieder um das tägliche Rosenkranzgebet bittet. Ich fragte ihn, ob es nicht angesichts der bedrohten Menschheit sinnvoll wäre, auf diese Bitten einzugehen und sie zu unterstützen. Schließlich fragte ich ihn ganz konkret: «Könnte man den Bischöfen, den Welt- und Ordenspriestern empfehlen, vor der heiligen Eucharistiefeier zusammen mit dem gläubigen Volk den Rosenkranz zu beten? Würde damit die Kirche nicht den Bitten Mariens entgegenkommen? Die Gläubigen brauchen nach meiner Erfahrung das Vorbild, und das müßten die Priester sein.» Kardinal Ratzinger antwortete: «Man könnte es in die Überlegungen miteinbeziehen, aber die Gläubigen haben ja den Papst zum Vorbild, der täglich den Rosenkranz betet.»

Am 25. Juni 1985, dem Jahrestag der Erscheinungen von Medjugorje, richtete ***die Gottesmutter*** durch die Seherin Marija Pavlović ***eine Botschaft an alle Priester, sie lautet: «Ich bitte euch: Ladet alle zum Rosenkranzgebet ein!*** Mit dem Rosenkranz werdet ihr alle Schwierigkeiten überwinden, die der Teufel in die katholische Kirche hineinbringt. Priester, betet alle den Rosenkranz! Nehmt euch Zeit für das Rosenkranzgebet.»

Nach diesem Appell wäre es wünschenswert, daß sich viele katholische Geistliche dazu entschließen könnten, dem Beispiel von Medjugorje zu folgen und zusammen mit den Pfarrangehörigen wenigstens einen Rosenkranz zu beten.

Sind die Verheißungen der Jungfrau Maria nicht eine gewaltige Motivation! Sie versprach uns:

— die Beseitigung der Schwierigkeiten in der katholischen Kirche;

— die Rettung vieler unsterblicher Seelen;

— den Frieden in der Welt;

— den Frieden im Herzen der Menschen.

Die überzeugendste Aussage, die ich je über das Rosenkranzgebet hörte, machte Frau Anna Oestringer kurz nach ihrer Bekehrung. Sie verdient größte Beachtung.

Mit dem festen Vorsatz, die Botschaft von Medjugorje zu verwirklichen, griff sie zum Rosenkranz und versuchte ihn zu beten. Sie hatte mit diesem Gebet keine Erfahrung, aber auch keine Vorurteile wie so viele Katholiken. Was mir Frau Oestringer über die Wirkungen dieses Gebetes berichtete, ist eine hervorragende Motivation für alle Katholiken. Als ich sie fragte, ob sie einen Bezug zu diesem Gebet gefunden habe, erwiderte sie: «Wenn ich den Rosenkranz bete, erlebe ich innere Ruhe, Frieden und eine tiefe Geborgenheit. Früher habe ich nur gearbeitet, heute nehme ich mir Zeit und lasse die Arbeit liegen, um den Rosenkranz zu beten. Dieses wunderbare Gebet bringt mich meinen Mitmenschen immer näher. Unser Familienleben ist harmonischer und problemloser geworden. Es ist jetzt mehr Verständnis für alle vorhanden. Dieses Gebet hat mir auch die Angst vor der Zukunft genommen, denn ich spüre, daß Gott uns den richtigen Weg führen wird. Die Gottesmutter wird sich sicher sehr freuen, wenn immer mehr Menschen den Rosenkranz beten. Ich bin überzeugt, daß durch das verstärkte Rosenkranzgebet der Zusammenhalt unter den Menschen immer besser würde, denn durch dieses Gebet werden Haß und Neid überwunden.»

Frau Oestringer berichtete mir weiter: «Ich gehe täglich zur Kirche, um den Rosenkranz vor dem Tabernakel zu beten. Durch dieses Gebet habe ich Jesus kennen und lieben gelernt. Nach dem täglichen Rosenkranz nehme ich an der heiligen Eucharistiefeier teil. Ich spüre, daß durch das Rosenkranzgebet das heilige Meßopfer immer mehr zum Zentrum meines Lebens wird. Ich möchte dieses wunderbare Gebet jedem Gläubigen ans Herz legen, damit er die gleiche Erfahrung machen kann.»

Hier wird das uralte Leitmotiv der Kirche erkennbar: «Durch Maria zu Jesus». Mit Hilfe des Rosenkranzgebetes führt Maria ihre Kinder zu ihrem göttlichen Sohn in der heiligen Eucharistie. Das ist in Medjugorje das große Anliegen der Gottesmutter. Die Erfahrung, die die Bekehrte mit dem Rosenkranzgebet machte, bestätigen die Ausführungen Papst Pauls VI. in seiner Enzyklika «Marialis cultus».

Drei Beispiele zeigen, daß das gemeinsame Rosenkranzgebet vor der heiligen Messe realisierbar ist

Im Herbst 1986 besuchte ich an der Peripherie des berühmten Kurortes Baden-Baden einen Werktagsgottesdienst. Einige Minuten vor

Beginn der Eucharistiefeier betrat der Pfarrer die Kirche und betete mit den anwesenden Pfarrangehörigen das Erste Geheimnis des Rosenkranzes. Nach dem Gottesdienst kam der Pfarrer wieder in die Kirche und betete die vier anderen Geheimnisse des Rosenkranzes. Interessant war die Feststellung, daß keiner der versammelten Gläubigen während des Rosenkranzgebetes die Kirche verließ. Alle, die dem heiligen Meßopfer beigewohnt hatten, beteten gemeinsam mit ihrem Pfarrer das Gebet, um das die Gottesmutter eindringlich bittet.

Ich fragte den Domkapitular Josef Kett aus Regensburg, warum er mit den Gläubigen seiner Pfarrei in St. Ulrich (Niedermünster) fast täglich vor der heiligen Messe den Rosenkranz bete. Er erklärte mir: «Die Einführung des täglichen Rosenkranzgebetes geht auf meinen Vorgänger Prälat Martin Lehner zurück, der 1968 nach der Renovation auch die tägliche Abendmesse einführte. Wir beten jeden Donnerstag den Rosenkranz um kirchliche Berufe, am Samstag um Versöhnung, Gerechtigkeit und Frieden, am Sonntag in den Anliegen der Pfarrei und der Pfarrangehörigen. Für jeden Verstorbenen der Pfarrei wird ein Rosenkranz gebetet. Daß ich persönlich immer wieder den Rosenkranz mitbete, ist mir ein echtes Bedürfnis. Der Rosenkranz war mein bester Begleiter und Tröster während des Zweiten Weltkrieges und in der russischen Kriegsgefangenschaft. Insgesamt war ich acht Jahre draußen.»

Das Rosenkranzgebet vor der heiligen Eucharistiefeier zusammen mit Priestern und Bischöfen ist nicht unmöglich. Es kommt auf die Motivation an. Seitdem in der Kirche St. Johannes von Gott in Chicago eine Rosa-Mystica-Statue weint, läßt es sich der Diözesanbischof nicht nehmen, öfters in der Woche den Rosenkranz vorzubeten. Der Pilgerandrang in dieser Kirche ist gewaltig, täglich kommen Tausende *(Werk der kleinen Seelen, April 1985, Sekretariat D-7955 Ochsenhausen/Württ.).*

D) Die Versöhnung

Die Welt ist reich an Feindschaften. Ganze Völker stehen sich feindlich gegenüber. Im Großen wie im Kleinen herrscht Feindschaft, weil die Menschen nicht bereit sind zu verzeihen. Unaussprechliche Leiden hat die Unversöhnlichkeit über die Menschen gebracht. Millionen Menschen sind unversöhnt gestorben und haben diese Haltung vor Gott verantworten müssen. Unsere himmlische Mutter kennt die Schrecken der Unversöhnlichkeit und ruft der Welt zu: Versöhnt euch, damit endlich der Friede in die Welt einkehrt.

Im Vaterunser beten wir: «Wie auch wir vergeben unseren Schuldigern» *(Mt 6,12)*. Jesus warnt sehr eindringlich vor der Unversöhnlichkeit. Er sagt: «Denn wenn ihr den Menschen ihre Verfehlungen vergebt, dann wird euer himmlischer Vater auch euch vergeben. Wenn ihr aber den Menschen nicht vergebt, dann wird euch euer Vater eure Verfehlungen auch nicht vergeben» *(Mt 6,14-15)*. Wenn Jesus das Gleichnis vom unbarmherzigen Knecht erzählt, der seinem Mitknecht nicht verzeihen wollte, zeigt er sehr deutlich, daß Gott niemandem verzeiht, der nicht auch seinem Bruder von Herzen verzeiht *(Mt 18,35)*. Ebenso sagt Jesus: «Und wenn ihr beten wollt und ihr habt einem anderen etwas vorzuwerfen, dann vergebt ihm, damit auch euer Vater im Himmel euch eure Verfehlungen vergibt» *(Mk 11,25)*.

Der Apostel Petrus wollte ganz genau wissen, wie oft er verzeihen soll, deshalb fragte er Jesus: «Herr, wie oft darf mein Bruder sich gegen mich verfehlen, daß ich ihm vergeben soll? Bis sieben Mal?» Jesus sprach zu ihm: «Nicht siebenmal, sondern siebenundsiebzigmal» *(Mt 18,21-22)*. Wir wissen, daß die Zahl 77 im Alten Testament «unendlich» oder «ohne Grenzen» bedeutet.

Auch der Apostel Paulus mahnt: «Ertragt euch gegenseitig und vergebt einander, wenn einer dem anderen etwas vorzuwerfen hat. Wie der Herr euch vergeben hat, so vergebt auch ihr!» *(Kol 3,13)*.

Die Worte Jesu zeigen uns sehr anschaulich, daß jede Versöhnung mit unseren Mitmenschen uns mit Jesus versöhnt, und daß jede Unversöhnlichkeit mit unserem Nächsten uns von der Versöhnung mit Jesus ausschließt. Im Klartext heißt das: Wer auf die Versöhnung mit seinem Mitmenschen verzichtet, der wird auch mit Jesus keine Versöhnung finden, denn Jesus identifiziert sich mit den Menschen, denen wir nicht vergeben wollen. Es gibt kaum eine schwerere Sünde als die Unversöhnlichkeit, denn sie schließt jede Barmherzigkeit aus. Die Folgen sind verhängnisvoll für den, der sich nicht versöhnen will, denn er verliert Gott.

Maria bittet die Menschen, sich zu versöhnen, denn sie weiß, daß Versöhnung auch Frieden bringt, den wir notwendig brauchen. Anderseits sieht sie das gewaltige Elend als Folge der unversöhnlichen Haltung der Menschen, denn jeder Streit, jeder Kampf und jeder Krieg wird aus Unversöhnlichkeit geboren. Haben wir vergessen, daß Gott sich mit uns zuerst versöhnt hat? Paulus schreibt: «Aber das alles kommt von Gott, der uns durch Christus mit sich versöhnt und uns den Dienst der Versöhnung aufgetragen hat. Ja, Gott war es, der in Christus die Welt mit sich versöhnt hat, indem er den Menschen ihre Verfehlungen nicht anrechnete und uns das Wort von der Versöhnung (zur Verkündigung) anvertraute» *(2 Kor 5,18-19).*

Durch den Opfertod Jesu am Kreuz wurden wir mit Gott versöhnt. Diese Versöhnung mit Gott hat einen hohen Preis, aber auch eine gewaltige Wirkung, denn der Sohn Gottes gab sein Leben freiwillig für uns hin. Wir werden auch, wenn wir den Geist der Versöhnung in uns haben, Kinder Gottes und Erben des Himmels. Maria hat für diese Versöhnung den höchsten Preis bezahlt, sie hat ihren einzigen Sohn dafür hingegeben und alle Leiden um unseres Heiles willen geduldig ertragen. Sie hat es in der Tat verdient, daß wir ihre Bitte um Versöhnung sehr ernst nehmen. Wer ihre eindringliche Bitte um Versöhnung aus Stolz überhört, ist in Gefahr, sein ewiges Seelenheil zu verfehlen. Jede Versöhnung mit dem Mitmenschen ist eine Versöhnung mit Gott, jede Vergebung ehrt Gott, und darum geht es primär: Gottes Ehre wird mit jeder Versöhnung unter den Menschen gefördert. Eine Versöhnung mit Gott ohne eine Aussöhnung mit dem Nächsten ist unmöglich. In diesem Sinne sagt Bischof Kamphaus: «Es gibt kein Opfer am Altar, solange jemand mit seinem Bruder in Unfrieden lebt, es gibt keine Versöhnung mit Gott über den Kopf des Bruders hinweg» *(Mt 5,23). (Franz Kamphaus, «Der Gott, an den wir glauben», Hirtenwort in der österlichen Bußzeit 1983, S. 49.)*

E) Das Fasten

Während meines Gesprächs mit der Seherin Marija Pavlović sagte sie: «Durch das Fasten kann man von Gott die meisten Gaben und Gnaden erlangen. Die Gottesmutter bittet darum die Menschen, bei Wasser und Brot zu fasten.» Maria sagte, daß man mit Fasten auch Kriege abwenden könne. Fasten ist auch wichtig für die Kranken.

Das Fasten ist biblisch begründet. Im Evangelium wird der Wert des Fastens besonders hervorgehoben. Jesus sagt: «Du aber salbe dein Haar, wenn du fastest, und wasche dein Gesicht, damit die Leute nicht merken, daß du fastest, sondern nur dein Vater, der auch das

Verborgene sieht; und dein Vater, der das Verborgene sieht, wird es dir vergelten» *(Mt 6,17-18).*

Als die Jünger Jesus fragten, warum sie den Dämon nicht austreiben konnten, antwortete er: «Diese Art kann nur durch Gebet (und Fasten) ausgetrieben werden» *(Mt 17,21 und Mk 9,29).*

Von der Prophetin Anna wird berichtet: «Sie hielt sich ständig im Tempel auf und diente Gott Tag und Nacht mit Fasten und Beten» *(Lk 2,37).* Von Jesus wissen wir, daß er sich oft zurückzog, um zu beten und zu fasten. Als die Apostel eine wichtige Entscheidung zu fällen hatten: «... da fasteten und beteten sie» *(Apg 13,3).* In der Apostelgeschichte heißt es weiter: «In jeder Gemeinde bestellten sie durch Handauflegung Älteste und empfahlen sie mit Gebet und Fasten dem Herrn, an den sie nun glaubten» *(Apg 14,23).*

P. Slavko Barbarić aus Medjugorje sagte in einem Interview: «Das Fasten ist von den Christen vergessen worden. Im besten Fall ersetzen sie es mit Almosen und sozialem Engagement. Ohne echt biblisches Fasten und Gebet wird aber Jesu Botschaft nicht "Fleisch" werden. Es geht weder um das Hungern noch um das Gesundheitsfasten. Es geht um das Gebetsfasten, das die Macht der Dämonen brechen kann. Somit könnten sogar Kriege verhindert und Naturgesetze umgangen werden.»

Das Buch Jonas berichtet, wie dieser Prophet in die Stadt Ninive kam und den Bewohnern drohte: «Noch vierzig Tage, und Ninive ist zerstört!» Es wird geschildert: «Und die Leute von Ninive glaubten Gott. Sie riefen ein Fasten aus, und alle, groß und klein, zogen Bußgewänder an... Befehl des Königs und seiner Großen: Alle Menschen und Tiere, Rinder, Schafe und Ziegen, sollen nichts essen, nicht weiden und kein Wasser trinken... Und Gott sah ihr Verhalten; er sah, daß sie umkehrten und sich von ihren bösen Taten abwandten. Da reute Gott das Unheil, das er ihnen angedroht hatte, und er führte die Drohung nicht aus» *(Jon 3,4 ff.).*

Das Fasten bei Wasser und Brot ist sicher ein Opfer, ganz besonders wenn man im Winter auf jegliche warme Speise verzichtet. Die Bitten Mariens in Medjugorje sind eine Empfehlung zum Fasten. In der Erfüllung dieser Bitten zeigen wir unsere Hingabe an Gott. Der tiefere Sinn des Fastens — so schreibt L. Rupčić — liegt darin: «Niemand kann sich einem anderen hingeben, wenn er nicht einmal sich selbst besitzt. Wer ein Sklave ist, besitzt sich nicht. Der Mensch versklavt sich nicht nur durch die Sünde, sondern auch durch viele Leidenschaften, die leicht die Bedürfnisse des Menschen mißbrauchen und ihn knechten. Maßhalten im Essen und Trinken ist eine Tugend, Unmäßigkeit jedoch ist eine Leidenschaft, die den Menschen versklavt. Da die Neigung des Menschen zum Essen und Trinken so ausgeprägt ist, verbirgt sich darin eine Gefahr für die menschliche Freiheit, wenn auch nicht die allergrößte, so doch die allerhäufigste... Das Fasten hilft dem Menschen, sich Gott und dem Nächsten in Glauben und Liebe frei schenken zu können» *(S. 97 f.)*.

Kardinal Ratzinger hebt die Bedeutung des Fastens für das christliche Leben hervor:

«Fasten bedeutet, einen wesentlichen Aspekt des christlichen Lebens zu akzeptieren. Es ist nötig, auch den leiblichen Aspekt des Glaubens wieder zu entdecken: Die Enthaltung von Speisen ist ein solcher Aspekt. Sexualität und Ernährung gehören zu den Grundelementen der Leiblichkeit des Menschen. Der Zerfall des Verständnisses der Jungfräulichkeit ging mit dem Zerfall des Verständnisses des Fastens Hand in Hand. Und diese Zerfallserscheinungen haben beide eine gemeinsame Wurzel: die gegenwärtige Verdunkelung der eschatologischen Spannung, das heißt die Spannung des christlichen Glaubens auf das ewige Leben hin. Jungfräulichkeit und zeitweiliger Verzicht auf Speise wollen bezeugen, daß uns das ewige Leben erwartet, daß es schon unter uns ist, daß "die Gestalt dieser Welt vergeht" *(1 Kor 7,31)*.

Ohne Jungfräulichkeit und ohne Fasten ist die Kirche nicht mehr Kirche, sie gleicht sich der Geschichte an... Es bleibt bestehen, daß Fasten, Abstinenz und andere "Bußübungen" weiterhin an die persönliche Verantwortung gebunden bleiben müssen... Darüber hinaus müssen wir in einer Welt, die in so weiten Teilen an Hunger stirbt, das sichtbare und gemeinschaftliche Zeugnis eines freiwillig aus Liebe übernommenen Verzichtes auf Speise geben» *(Messori, S. 115 f.)*.

Tatjana Goritschewa weist auf das Fasten in ihrem Land hin: «In Rußland fastet man heute sehr streng, so streng wie vor der Revolution. Allerdings konnte man damals leichter auf Fleisch, Fisch und Milch verzichten, weil es genügend Gemüse, Früchte und Getreide gab. Im heutigen Rußland ist es am Ende eines langen Winters — zur Zeit der großen Fasten — kaum möglich, Gemüse und Früchte zu finden. Die orthodoxen Gläubigen ernähren sich in den vierzig Tagen vor Ostern von Kartoffeln, Kohl und Brot, und es gibt welche, die tage-, ja wochenlang nichts essen... Außerdem sind das ganze Jahr über der Mittwoch und der Freitag gewöhnlich Fasttage, und das Fasten erstreckt sich nicht nur auf Fleisch, sondern auf jegliche Nahrung tierischer Herkunft (Milch, Fett, Eier usw.)... Wie stark Fasten das Beten fördert, kann nur durch eigene Erfahrung ermessen werden. Wie schade, daß diese Erfahrung im Westen fast gänzlich vergessen ist» *(T. Goritschewa, «Die Kraft christlicher Torheit», S. 117 f.).*

P. Slavko Barbarić, der damalige Kaplan von Medjugorje, erklärte mir:

«Die Gospa möchte, daß wir bei Wasser und Brot fasten. In unserer materialistischen Welt haben wir das Fasten vergessen. Wichtig ist, daß wir nach unseren Möglichkeiten fasten. Wir sollen an diesen Tagen das Materielle auf ein Minimum reduzieren, denn durch das Fasten wird man freier für Gott. Die Liebe zum Nächsten wächst, der Glaube wird lebendiger, weil durch das Fasten unsere Abhängigkeit offenbar wird. Das Fasten ist ein altbewährtes Mittel, es zeigt uns den Wert des Brotes, das ein Symbol des Lebens ist. Im Fasten liegt eine tiefe Symbolik: Brot ist die Nahrung der Armen und Wasser bedeutet Reinigung. Das Fasten öffnet uns den Zugang zur heiligen Eucharistie. ***Ganz konkret möchte Maria, daß wir mittwochs und freitags bei Wasser und Brot fasten.*** Beim Fasten sollen wir nicht hungern, es gelingt nur in Verbindung mit dem Gebet. Beim Fasten ist die Absicht sehr wichtig: Ich will meinen Leib für Gott öffnen, ich will dir, meinem Gott, zeigen, daß ich auf diese Dinge aus Liebe zu dir verzichte. Das Fasten löst uns vom Materiellen und vom Egoismus. Wir haben das Fasten verlernt, obwohl es in der christlichen Tradition tief verankert ist. Alle Heiligen sahen im Fasten eine wichtige Funktion und Aufgabe. Das Fasten und das Gebet sind die Grundpfeiler des christlichen Lebens. Das Fasten muß rein bleiben wie das Gebet.»

Ich fragte auch den jetzigen Kaplan von Medjugorje, P. Ivan Dugandžić, nach dem Sinn des Fastens. Er antwortete:

«Das Fasten hat eine dreifache Dimension:

— Die erste Dimension ist eschatologisch. Wir leben in der Erwartung des Herrn. Die Christen warten auf Jesu Wiederkunft.

— Die zweite Dimension ist asketischer Art. Der Mensch soll vom eigenen Ich und vom Materiellen frei werden, um für das übernatürliche Leben offener zu sein.

— Schließlich hat das Fasten eine soziale Dimension. Es soll uns an die Not der Hungernden erinnern. Durch den Verzicht können wir den Armen leichter helfen; damit erfüllen wir ein wichtiges Gebot des Herrn.»

P. Ivan wies darauf hin, daß das Fasten auch seine Grenzen hat. Gott will, so betonte er, daß wir nach unseren Möglichkeiten fasten. Es ist wichtig, daß die Gesundheit unter dem Fasten nicht leidet. Ein

Schwerkranker oder ein Mensch, der den ganzen Tag hart arbeiten muß, braucht für die Erhaltung seiner Gesundheit auch die notwendige Nahrung. Es gibt immer Möglichkeiten — so erklärte er — auf liebgewordene Dinge zu verzichten.

Treffend interpretierte der damalige Vorsitzende der Deutschen Bischofskonferenz, Joseph Kardinal Höffner, der Erzbischof von Köln, den Sinn des Fastens: «Das christliche Fasten ist eng mit dem Gebet und dem Almosen verbunden. Heute nehmen sich manche Menschen beim Essen und Trinken in acht — des Kreislaufs wegen. Das christliche Fasten aber hat andere Motive. Der Christ übt nicht Zucht gegen etwas, sondern für etwas, für die innere Freiheit und Ordnung seines Lebens und Handelns. Seinen tiefsten Grund hat das Fasten in der Liebe zu Gott und den Menschen. Darin liegt seine zeitlose Gültigkeit» *(«Bunte», Offenburg, März 1985).*

Jeder Verzicht — auch das Fasten ist ein solcher — bringt uns Gott näher. Wenn wir aus Liebe zu Ihm auf irdische Dinge verzichten, werden wir offener für die Gaben des Heiligen Geistes, unter denen der Friede eine ganz besondere Rolle spielt. Durch das Fasten erlangen wir einen tiefen Herzensfrieden, den nur Gott allein zu geben vermag.

Während meines zweiten Gespräches mit der Seherin Marija Pavlović brachte ich zum Ausdruck, daß es Menschen gibt, denen das Fasten mittwochs und freitags bei Wasser und Brot sehr schwer fällt. Darauf gab sie zur Antwort: «Wir sollen so fasten wie wir können. Es wird niemand gezwungen.»

Eine Frau aus Bijakovići erklärte mir, daß in den Fabriken der näheren Umgebung von Medjugorje die Arbeiter mittwochs und freitags bei Wasser und Brot fasten.

F) Die Buße und der häufige Empfang des Bußsakramentes

Ein Mensch ist nur dann bereit, Buße zu tun, wenn er einsieht, daß sein Handeln falsch war. Um zu dieser Einsicht zu gelangen, muß man oft über sein Tun nachdenken. Eines der hervorragendsten Mittel, sich Klarheit zu verschaffen, ist der häufige Empfang des Bußsakramentes. Wir bitten vor der Beichte den Heiligen Geist um

Erkenntnis und Licht, damit wir unsere Fehler und Sünden erkennen und bekämpfen können.

Wenn die Gottesmutter in Medjugorje um die monatliche Beichte bittet, hat sie einen tiefen Grund dafür. Die Menschen von heute leben zu oberflächlich und erfassen kaum, was Sünde ist. Der Begriff «schwere Sünde» oder «Todsünde» ist weitgehend verloren gegangen.

Der Evangelist Johannes schreibt unmißverständlich zum Thema Sünde: «Wundert euch nicht, meine Brüder, wenn die Welt euch haßt! Wir wissen, daß wir aus dem Tod in das Leben hinübergegangen sind, weil wir die Brüder lieben. Wer nicht liebt, bleibt im Tod. Jeder, der seinen Bruder haßt, ist ein Mörder, und ihr wißt: Kein Mörder hat ewiges Leben, das in ihm bleibt. Daran haben wir die Liebe erkannt, daß Er für sein Leben für uns hingegeben hat. So müssen auch wir für die Brüder das Leben hingeben» *(1 Joh 3,13 ff.)*.

Da wir uns aber in der Nächstenliebe immer wieder verfehlen, weil wir die Augen vor der Not unserer Brüder und Schwestern verschließen, machen wir uns vor Gott schuldig. Es geht darum, diese Schuld vor Gott im Bußsakrament zu bekennen, den Vorsatz zu fassen, sich zu bessern und für die eigenen Sünden Bußwerke zu verrichten.

Zu leicht übersehen wir die seelische Not unserer Mitmenschen, weil wir zu bequem und zu oberflächlich sind. Hier wäre ein Ansatzpunkt für ein gezieltes Werk der Buße, wenn wir auf die unwissenden oder irrenden Brüder und Schwestern zugingen, um ihnen den Weg zu Gott zu zeigen. Das meint auch Jakobus in seinem Brief: «Meine Brüder, wenn einer bei euch von der Wahrheit abirrt und jemand ihn zur Umkehr bewegt, dann sollt ihr wissen: Wer einen Sünder, der auf Irrwegen ist, zur Umkehr bewegt, der rettet ihn vor dem Tod und deckt viele Sünden zu» *(Jak 5,19-20)*. Der gleiche Apostel sagt aber auch: «Bekennt einander eure Sünden, und betet füreinander, damit ihr geheiligt werdet. Viel vermag das inständige Gebet eines Gerechten» *(Jak 5,16)*. Faßt man diese Aussagen zusammen, so ist die Liebe zum Nächsten das Tor, durch das wir vom Tod zum Leben eingehen.

Gott will, daß wir für unsere Sünden Buße tun. Die Bewohner von Ninive taten für ihre Sünden Buße, und Gott verschonte sie. Als Johannes der Täufer öffentlich auftrat, forderte er die Menschen zur Umkehr und zur Buße auf. Mit den Worten: «Bereitet dem Herrn den Weg! Ebnet ihm die Straßen!» *(Mk 1,3)*, ermahnte er sie zur Buße. Weiter heißt es: «So trat Johannes der Täufer in der Wüste auf und verkündigte Umkehr und Taufe zur Vergebung der Sünden. Ganz Judäa und alle Einwohner Jerusalems zogen zu ihm hinaus; sie bekannten ihre Sünden und ließen sich im Jordan von ihm taufen» *(Mk 1,4-5)*.

Paulus tadelt die Gemeinde von Rom, weil sie sich unbußfertig zeigt. Er schreibt: «Weil du aber starrsinnig bist und dein Herz nicht umkehrt, sammelst du Zorn gegen dich für den "Tag des Zornes", den Tag der Offenbarung von Gottes gerechtem Gericht. Er wird jedem vergelten, wie es seine Taten verdienen» *(Röm 2,5-6)*.

Wo immer Maria — die Königin des Himmels — erscheint, mahnt sie die Menschen zur Buße. In ***La Salette*** tadelt sie: «Die obersten Lenker des Volkes Gottes haben Gebet und Buße vernachlässigt.» In der Botschaft heißt es: «Die Gerechten werden viel leiden, aber ihr Gebet, ihre Buße und ihre Tränen werden zum Himmel steigen, und das gesamte Gottesvolk wird Verzeihung und Barmherzigkeit erflehen» *(Höcht, S. 55 f.)*.

Bei der Erscheinung in ***Lourdes*** am 24. Februar 1858 bat Maria inständig: «Buße, Buße, Buße!» *(Flagel, «Lourdes», S. 12)*. Am 27. Februar 1858 trägt Maria der Seherin Bernadette auf, für die Sünder zu beten und Buße zu tun, sich zur Buße auf den Knien den Abhang hinauf zu bewegen und dabei immer wieder den Boden zu küssen: «So küsse die Erde zur Buße für die Sünder.» Bernadette deutete den Leuten, dies auch zu tun *(Flagel, S. 14)*.

In ***Fatima*** wurden die drei Hirtenkinder vor den Mutter-Gottes-Erscheinungen von einem Engel zur Buße ermahnt. Er sprach: «Bringt dem Herrn immerwährend Gebete und Opfer dar als Sühne für die vielen Sünden, durch die er beleidigt wird, und Bitten um die Bekehrung der Sünder... Vor allem nehmt die Leiden, die euch der Herr sendet, mit Ergebung an und ertragt sie geduldig» *(Fonseca, S. 119)*. Bei den Erscheinungen in Fatima sagte Maria: «Opfert euch für die Sünder und sagt oft, besonders wenn ihr ein Opfer bringt: O Jesus, aus Liebe zu dir und für die Bekehrung der Sünder» *(Fonseca, S. 41)*. Weiter bittet Maria: «Betet, betet und bringt viele Opfer für die Sünder. Denn es kommen viele in die Hölle, weil sich niemand für sie opfert und für sie betet» *(Fonseca, S. 59)*.

Auch in ***Medjugorje*** bittet Maria die Menschen um Buße. Sie weiß, daß diese durch häufiges Beichten leichter von ihren Sünden loskommen und auch leichter zur Buße angeregt werden, wenn sie im Bußsakrament eine Gewissenserforschung halten. Die Gottesmutter möchte, daß wir für die Beleidigungen, die Gott durch die Sünden zugefügt werden, Buße tun und Genugtuung leisten. Der Aufruf zur Buße und zur häufigen Beichte wird in Medjugorje und Umgebung sehr ernst genommen.

Angesichts der schweren Bedrohung des Weltfriedens hat Papst Johannes Paul II. das Heilige Jahr der Erlösung 1983 ausgerufen. Er weiß nur zu gut, welche furchtbaren Folgen die Beleidigungen Gottes haben. Deshalb appellierte er an die Christen, im Heiligen Jahr der Erlösung besonders zu beten und Buße zu tun.

In hervorragender Weise beschreibt Robert Ernst das Wesen und die Notwendigkeit der Buße: «Mariens Botschaften sind letzten Endes immer dieselben, sie sind ein Mahnruf zu Buße und Gebet... Buße! Das heißt zunächst in unserer technischen, materialistischen Welt: Anerkennen, daß wir Sünder sind, daß wir in die Irre gegangen sind, daß wir Gott vergessen oder Gott im privaten und im öffentlichen Leben nicht den Platz einräumen, der ihm als dem Schöpfer der Welt zukommt, daß wir uns zu leicht über seine Gebote hinwegsetzen und unser Gutdünken an die Stelle seiner Gebote setzen.

Buße heißt Umkehr! "Kehrt um zu mir von ganzem Herzen!" *(Joel 2,12)*. "Kehrt um zu mir, dann kehr ich um zu euch!" *(Sach 1,3)*. Buße heißt also, aus dem eigenen Egoismus heraus zu Gott eilen, stets Gott vor Augen halten, stets auf Seine Worte lauschen und Seinen Eingebungen gehorchen.

Buße heißt auch, die Folgen der Sünde geduldig ertragen, um so die eigene und die Sündenschuld der anderen zu tilgen. Was auch die Folgen der Sünde seien: Verleumdungen und Beleidigungen, soziale Ungerechtigkeiten, Kriege und Verlust von Hab und Gut, Armut und Verfolgung, erlittene Untreue und verdemütigende Zurücksetzung, persönliche Leiden und Krankheiten oder Leiden unserer Angehörigen — alles, alles Übel ist irgendwie Folge der Sünde, und diese Folgen der Sünde tragen, wie Christus sein Kreuz, das auch ein Produkt der Sünde war, getragen hat, mit Sanftmut und Liebe, mit Geduld und sühnender Hingabe, das ist Buße, wie Maria sie fordert.

Buße heißt auch Abtötung! Wer denkt heute noch an freiwillige Abtötung? Freilich nicht nach Pharisäerart, wohl aber in christlicher Demut, unauffällig, vielleicht nur in kleinen Dingen, die aber noch schmerzlichere Buße sein können als öffentliche Bußübungen nach Art der Wüstenheiligen: Ein demütiges Schweigen statt einer gestatteten Rechtfertigung, ein ruhiges Nicht-Klagen bei seelischem oder körperlichem Leid, ein früheres Aufstehen um der heiligen Messe beizuwohnen, ein geduldiges Ausharren bei der Pflichterfüllung trotz Müdigkeit und Verdruß. So bietet jeder Tag Gelegenheit, unauffällige

Buße zu tun und dem Wunsch Mariens nachzukommen» *(R. Ernst, «Maria redet zu uns», S. 16).*

Auch die Überwindung, seine Sünden in der Beichte zu bekennen, ist Buße. Hier finden wir Versöhnung mit Gott, die uns zu den glücklichsten Menschen macht und uns einen großen Herzensfrieden schenkt. Treffend sagt Tatjana Goritschewa: «Wo es Leiden gibt, öffnet sich das Herz selbst zur Reue und lernt, in die Tiefe zu sehen und nicht nur die sozialen und politischen Zustände für seine Not verantwortlich zu machen, sondern die Schuld zuerst bei sich zu suchen. Deshalb dürstet man in Rußland so sehr nach der Beichte. Man will sein Inneres läutern und sich von der Sünde reinwaschen. Im Westen dagegen gibt es die Beichte fast nicht mehr. Es ist sichtlich schwieriger, in der freien Welt — ich sage das ohne Ironie, im Sinne der Freiheit von äußeren und inneren Spannungen — Reue zu erlangen. Um so kostbarer ist sie vor Gott» *(S. 114).*

In der Tat haben die Beichtstühle im Westen ihre Bestimmung fast verloren. Überall herrscht eine gähnende Leere. Liegt es daran, daß die Katholiken im Westen weniger sündigen? Heute ist es geradezu eine Selbstverständlichkeit geworden, daß die Katholiken an Sonn- und Feiertagen die heilige Messe nicht mehr regelmäßig besuchen.

Besorgniserregend ist ein Wort der deutschen Bischöfe zur «Kirchlichen Bußpraxis 1987». Darin heißt es: «Ein katholischer Christ ist verpflichtet, an jedem Sonntag und gebotenen Feiertag die heilige Messe mitzufeiern. An Sonn- und Feiertagen ohne schwerwiegenden Grund die Eucharistiefeier zu versäumen, ist eine ernsthafte Verfehlung vor Gott und der Kirche.»

Was aber ist eine «ernsthafte Verfehlung vor Gott?» Handelt es sich um eine läßliche Sünde, die nicht gebeichtet werden muß, oder ist es eine schwere Sünde (Todsünde)?

Ein Prediger überließ genau diese Frage den Gottesdienstbesuchern. Gebe Gott, daß diese «ernsthafte Verfehlung» nur eine leichte Sünde sei, denn die Folgen wären für den katholischen Christen katastrophal. Würde es sich um eine Todsünde handeln, dann begingen Millionen von Katholiken die furchtbarsten Sakrilegien, weil sie ohne das Bußsakrament, das sie wieder mit Gott versöhnen könnte, die heilige Kommunion empfangen.

Es wäre heilsam, wenn die Bischöfe den Begriff «ernsthafte Verfehlung vor Gott» genauer definieren würden.

Besorgniserregend ist auch die Tatsache, daß es kaum ein katholischer Priester mehr wagt, zu sagen: «Es darf nur zur heiligen Kommunion gehen, wer nicht gegen das Sonn- und Feiertagsgebot verstoßen hat. Wer dieses Gebot nicht ernst genommen hat, muß das in der Beichte vor Gott bekennen».

Gerade an hohen Festtagen oder bei besonderen Familienfeiern gehen katholische Christen zum Tisch des Herrn, die Monate oder Jahre nicht mehr in der Kirche waren.

In einer Katechetenversammlung wurde von einer Gemeindereferentin die Frage gestellt, ob nicht die jugendlichen Firmlinge ohne Beichte den Jugendgottesdienst mitfeiern könnten. Es versteht sich, daß bei dieser Eucharistiefeier fast alle Teilnehmer auch zur heiligen Kommunion gehen. Mit Befremden stellte ich fest, daß sich daraufhin die Versammlung in zwei Lager spaltete; die einen waren dafür, die anderen dagegen. Jeder, der in der Firmkatechese tätig ist, weiß, daß manche Jugendliche seit Jahren nicht mehr in der Kirche waren und kaum noch etwas über die Beichte wissen. Obgleich das bekannt ist, will man die Beichte übergehen oder sie auf einen Termin kurz vor der Firmspendung aufschieben.

Hier wird die Einheit der Kirche in Frage gestellt. Kurz nach dem II. Vatikanum hieß es plötzlich: «Schwere Sünden sind nur selten, und die Bußandacht leistet Genüge.» Von einer Beichte war nicht mehr die Rede. Diese neue «Lehre» war der Anfang für die Verwaisung der Beichtstühle. Genau diese Situation spricht Papst Johannes Paul II. an, wenn er sagte: «Ziemlich oft gehen alle Teilnehmer der Eucharistiefeier auch zur heiligen Kommunion, ohne ihr Gewissen geprüft zu haben» *(«Vox-Fidei», Augsburg, April 1983).*

Diese Dekadenz in der Bußpraxis ist alarmierend! Der Rückgang der Beichten veranlaßte den gleichen Papst zu der Äußerung: «Das Sakrament der Buße ist das durch nichts zu ersetzende Mittel der Umkehr und geistigen Vervollkommnung. Es bringt die Menschen dazu, den durch die Sünde zerbrochenen Bund mit Gott wieder herzustellen» *("Vox-Fidei", März 1983).*

In dieser gespannten Lage erscheint die Gottesmutter in Medjugorje und bittet: «Die Menschen sollen jeden Monat ihre Sünden beichten.»

Um diese Bitte besser verstehen zu können, muß man sich das Kirchenrecht vergegenwärtigen. Im Can. 960 heißt es: «Das persönliche und vollständige Bekenntnis und die Absolution bilden den einzigen ordentlichen Weg, auf dem ein Gläubiger, der sich einer schweren

Sünde bewußt ist, mit Gott und der Kirche versöhnt wird.» Das Bußsakrament ist die Voraussetzung für die Versöhnung mit Gott. Wie eindringlich bittet die Jungfrau Maria in Medjugorje die Menschen, sich wieder mit Gott zu versöhnen! Die Bitte der Gottesmutter um die monatliche Beichte unterstützt auch das Kirchenrecht, wo es heißt: «Den Gläubigen wird empfohlen, auch ihre läßlichen Sünden zu bekennen» *(Can. 988,2)*. Sowohl die Kirche als auch Maria, die Mutter der Kirche, empfehlen, die läßlichen Sünden zu beichten.

Die häufige Beichte macht uns für die Sünde empfindsam. Die regelmäßige Gewissenserforschung, das Bereuen der Sünde, die Ermahnungen und Ratschläge des Beichtvaters sind wichtige Voraussetzungen für das Leben mit Gott. Nur wer sein Gewissen erforscht, wird auch zu einer aufrichtigen Reue gelangen. Wie diese Reue wirkt, wird uns im Gleichnis vom verlorenen Sohn deutlich vor Augen geführt. Die Reue ist eine gewaltige Triebfeder, um die Sünde zu meiden. Im Can. 989 heißt es weiter: «Jeder Gläubige ist nach Erreichen des Unterscheidungsalters verpflichtet, seine schweren Sünden wenigstens einmal im Jahr aufrichtig zu bekennen.» Wer die Bitten Mariens in Medjugorje erfüllt und monatlich in der Beichte seine Sünden bereut, wird kaum eine schwere Sünde begehen, denn er hat durch dieses Bußsakrament reiche Erfahrungen gesammelt. Er wird immer mehr versuchen, die Sünden, die den Sohn Gottes an das Kreuz brachten, zu meiden. Das Kirchenrecht und die Botschaft von Medjugorje haben das gleiche Ziel: Die Bewahrung des Menschen in der Gnade und seinen beständigen Aufstieg zum Gott der Liebe und der Barmherzigkeit.

In hervorragender Weise geht der Theologe, P. Alois Noll (Claretiner), auf das Problem der Beichtpraxis ein. Er schreibt:

«Kürzlich sagte mir eine Frau: "Gott sei Dank hat die Kirche die lästige Beichte abgeschafft und den Bußgottesdienst eingeführt." Wie diese Aussage zeigt, gibt es leider immer noch sehr viel Verwirrung in dieser Frage... Es muß auch gesagt werden, daß für schwere Schuld ein Bußgottesdienst zwar hilfreich ist, aber zur Versöhnung mit Gott und der Kirche nicht ausreicht. Schwere Schuld kann nur durch die sakramentale Lossprechung nach einer persönlichen Beichte getilgt werden. Darum kann in diesem Fall der Bußgottesdienst nicht als "Beichteersatz" aufgefaßt werden — das haben die Bischöfe immer klar und deutlich betont, es wurde aber in vielen Fällen einfach überhört oder nicht zur Kenntnis genommen. Trotzdem behält der Bußgottesdienst einen hohen Stellenwert in unserem religiösen Leben...

Der Wert des Bußsakramentes gegenüber einem Bußgottesdienst besteht in seiner größeren Tiefenwirkung. Denn die ganz persönliche Schuld wird durch das Bußsakrament aufgedeckt und am ehesten durch eine Art "Wurzelbehandlung" geheilt. Wir dürfen auch das psychologische Element nicht geringschätzen. Schließlich ist Gott der beste Psychologe und Psychotherapeut, den wir uns vorstellen können. Im Bußsakrament kann sich der einzelne seine persönliche Schuld "von der Seele reden". Das gehört zwar nicht zum Wesen des Sakramentes, aber jeder vernünftige Mensch wird zugeben, daß hierin eine wertvolle Hilfe liegt. C. G. Jung nennt darum die Beichte "das größte Geschenk der katholischen Kirche". Hinzu kommt, daß der Priester beim persönlichen Gespräch viel eher auch durch einen seelsorglichen Rat oder einen ermutigenden Zuspruch helfen kann. Dabei wird kraft des Sakramentes die Vergebung Gottes durch den bevollmächtigten Priester ganz persönlich zugesagt, und zwar für die konkreten Dinge, die im Bekenntnis aufgedeckt worden sind. Eine großartige Sache: Kraft göttlicher Vollmacht darf der Priester sagen: "Diese deine Sünden sind dir vergeben." Mit der Vergebung verbunden ist darüber hinaus noch als Frucht des Sakramentes die gnadenhafte Verbindung mit Christus, die heiligende und helfende Wirkung hat... Es wird oft gefragt: Muß ich beichten?

Es ist eigentlich traurig, daß die Kirche eine äußerste Grenze festlegen mußte, indem sie erklärte: Als Minimum muß gefordert werden, daß ein Christ wenigstens einmal im Jahr zum Tisch des Herrn gehen soll, und zwar in der österlichen Zeit. Dazu gehört für den, der sich durch eine schwere Sünde von Gott getrennt hat, der vorherige Empfang des Bußsakraments. Das gilt heute noch. Doch es widerspricht dem Sinn und Ziel des Sakramentes der Versöhnung, wenn man es auf diesen Grenzfall beschränken wollte, und es wäre auch ein Zeichen mangelnder Liebe dem barmherzigen Gott gegenüber, der uns dieses Sakrament geschenkt hat. ***Auch wenn genau genommen die Beichte nur bei einer schweren Sünde verpflichtend ist, wäre es in der Praxis der Tod der Beichte, wenn man das Sakrament nur auf diesen Fall beschränken wollte... Die Kirche wünscht darum zur Pflege eines lebendigen Glaubenslebens den regelmäßigen Empfang des Bußsakramentes, weil gute Gewohnheiten zur Festigung und Sicherung des religiösen Lebens hilfreich sind»*** *(«Echo mit Herz», April 1987, Würzburg).*

Die häufige Beichte verbunden mit aufrichtiger Reue fördert das Gnadenleben der Seele. Je mehr der Katholik die Sünde meidet, desto offener wird er für das Wirken Gottes und seine Gnaden. Der unendlich barmherzige Gott, der in jedem Getauften wohnt, wird immer mehr der Mittelpunkt im Denken und Handeln des Menschen. Je mehr wir uns mit unseren Fehlern und Sünden Gott zuwenden und ihn in einer aufrichtigen Beichte um Verzeihung bitten, desto mehr läßt er uns an seiner Liebe teilnehmen. ***Die Hinwendung zu Gott in einer guten und regelmäßigen Beichte bewirkt aber auch einen tiefen Frieden, denn wir wenden uns der Quelle des Friedens zu. Maria, die Königin des Friedens, bittet deshalb ihre Kinder, jeden Monat dieses wunderbare Sakrament der Versöhnung zu empfangen. Der Friede Gottes wird mehr und mehr von uns Besitz ergreifen, wenn wir diese mütterliche Mahnung befolgen.***

11.
Was bewirkte die Botschaft von Medjugorje in meinem Leben

Im November 1984 begegnete ich in einer deutschen Großstadt einem jungen Ordenspriester. Er erzählte mir, daß er in Medjugorje war und dort einen tiefen Frieden erleben durfte. Er berichtete:

«Ich war in der Erscheinungskapelle von Medjugorje und betete zusammen mit anderen Priestern etwa 45 Minuten lang auf den Knien, bis die Seher in den Raum kamen. Ich fühlte mich an diesem Ort unwürdig. Ich wünschte mir, daß viele Menschen bei mir wären, damit sie das gleiche erlebten. Besonders tief ergriffen wurde ich, als die Menschen — besonders junge Menschen — die heilige Kommunion mit größter Ehrfurcht empfingen. Ich versuche, die heilige Messe täglich möglichst intensiv und so andächtig wie möglich zu zelebrieren. Während der Konzelebration am Abend habe ich so ganz neu und intensiv die Nähe Gottes und der Gottesmutter erleben dürfen. Am nächsten Morgen wollte ich die Stille aufsuchen, und hielt mich in der Nähe der Erscheinungskapelle auf. Ich habe dort für die ganze Menschheit gebetet, und aus diesem Gebet heraus wurde ich innerlich zutiefst ergriffen. Ich war von der Nähe Gottes und der Gottesmutter so tief durchdrungen, daß ich nur noch weinen konnte. Mein einziger Wunsch war, daß alle Menschen auf der Welt diese beglückende Erfahrung machen.»

Das Erlebnis dieses katholischen Priesters ist — wie schon erwähnt — charakteristisch für das Wirken Gottes in Medjugorje. Andere Zeugen versicherten mir, daß durch das Wirken der Gnade Gottes in ihnen eine tiefe Erschütterung vor sich ging, über die sie nur noch weinen konnten.

Auch der Pfarrer von Medjugorje erklärte mir, daß solche Erlebnisse der Nähe Gottes und der Gottesmutter hier nichts Ungewöhnliches seien. Diese Erlebnisse seien die Grundlage für die vielen Bekehrungen der Menschen.

Was ich selbst in Medjugorje erleben durfte, und was dieses Erlebnis in mir bewirkte, darüber soll in diesem Schlußkapitel berichtet werden. Als ich das erste Mal in der kleinen Kapelle bei den Visionen der Seher dabei sein durfte, fühlte ich nichts. Alles war so unwirklich. Ich konnte mir nur schwer vorstellen, daß zwei Meter von meinem Standort die Mutter Gottes sein sollte. Als wir dann gebeten wurden, wieder in die Kirche zu gehen, versuchte ich dort vergeblich, meine Gedanken zu ordnen. Ich war intensiv mit der Überlegung beschäftigt: Ist das wahr, oder ist das alles nur eine Täuschung?

In meinem Innersten herrschte Skepsis an der Echtheit der Erscheinungen. In diesen Augenblicken hätte ich gerne Gewißheit gehabt. Alles drehte sich um die Frage: Ist das hier echt oder ist es Schwindel? Plötzlich wurde ich von einer mir bis dahin unbekannten Macht erfaßt. Ich erlebte die Gegenwart Gottes und die Nähe der Gottesmutter in einer Weise, daß ich vor Freude über die große Herablassung Gottes und aus Scham über meine Fehler und Sünden nur noch weinen konnte. Fast eineinhalb Stunden konnte ich vor Freude und Schmerz nichts Anderes tun als weinen.

Ich durfte die Liebe und das Erbarmen Gottes erleben. Gott hatte sich meiner erbarmt. Es war, als hätte ich nach jahrelangem Umherirren endlich meine Heimat wiedergefunden, vergleichbar dem verlorenen Sohn im Evangelium, der im tiefsten Elend und in höchster Not den Weg zu seinem Vater zurückfindet und dort einem völlig unverdienten Erbarmen gegenübersteht. Noch nie in meinem ganzen Leben hatte ich eine solche Dankbarkeit empfunden. Keine Macht der Welt hätte mich davon abbringen können, daß Gott greifbar in meine Nähe gekommen war, und daß er an diesem Ort seine Gnaden austeilt. Vorbei waren alle Zweifel. Ich nahm mir fest vor, alle Einzelheiten im Fall Medjugorje zu untersuchen und sie zu publizieren.

Das gewaltigste Kriterium in Medjugorje ist die Tatsache, daß die Menschen hier Heimat und Geborgenheit finden, die ihnen einen tiefen Frieden schenken. Es ist unmöglich, daß sich Gott einem Menschen nähert und ihm das Licht der Erkenntnis verweigert. Die größte Erkenntnis, die ich von Medjugorje mitnehmen durfte, war, daß Gott mich trotz aller Fehler und Sünden liebt.

Aus dieser Erkenntnis wuchs der Vorsatz, jede Beleidigung Gottes — also jede Sünde — zu meiden.

In Medjugorje lernte ich eine Furcht kennen, die vielen Menschen unverständlich bleiben wird. Plötzlich wurde mir mein bisheriges Leben mit all seinen Höhen und Tiefen gegenwärtig. Eine schwer erklärbare Angst vor meinem Denken und Tun breitete sich aus. Ich hatte Furcht, Gott durch mein Denken und Tun zu beleidigen. Von nun an war meine größte Sorge, alles zu unterlassen, was diesen gütigen Gott beleidigen könnte. Diese Sorge ist tief in mein Bewußtsein eingedrungen.

Die Angst, Gott zu beleidigen, müßte die erste Sorge eines Christen sein, denn mit jeder Sünde entfernen wir uns weiter von Gott. Nach meinem Erlebnis in Medjugorje ist für mich jede Sünde etwas Grauenhaftes und Schreckliches, denn sie kann den Menschen an den Rand seiner Existenz bringen, ja, sie kann ihn dazu verdammen, eine Ewigkeit von Gott getrennt leben zu müssen.

Eindringlich nimmt Jesus zu diesem Thema Stellung, wenn er sagt: «Fürchtet euch nicht vor denen, die den Leib töten, die Seele aber nicht töten können, sondern fürchtet euch vor dem, der Seele und Leib ins Verderben der Hölle stürzen kann» *(Mt 10,28)*.

Auch der Apostel Paulus mahnt: «Das sind die Verheißungen, die wir haben, liebe Brüder. Reinigen wir uns also von aller Unreinheit des Leibes und des Geistes, und streben wir in Gottesfurcht nach vollkommener Heiligung» *(2 Kor 7,1)*.

Wenn die Menschen heute bei dem Wort Sünde nur ein Achselzucken oder ein Lächeln zeigen, dann fehlt ihnen einfach die Erkenntnis über die Schwere der Sünde. Tief beeindruckt hat mich die Erkenntnis, daß ich früher einem Nichts nachgelaufen bin und Gott vernachlässigt habe. Es wird für mich immer mehr zu einem Bedürfnis, meine Freizeit diesem unendlich gütigen Gott zu widmen.

Die Angst, den gütigsten Vater der Welt zu beleidigen, hat aber eine Furcht vertrieben, die bis dahin mein Herz beschwerte. Wie oft hatte ich früher Angst vor Bedrohungen aller Art. Die Furcht vor einem Atomkrieg oder vor Naturkatastrophen ließ mich oft nicht zur Ruhe kommen. Ich teilte meine Angst mit Millionen von Menschen, die sich von der Zukunft nichts Gutes versprechen. Bei meinem Erlebnis in Medjugorje war diese Furcht plötzlich verschwunden, denn ich wußte jetzt: Gott liebt mich nicht nur, sondern er sorgt auch für mich, ich brauche vor keiner Bedrohung Angst zu haben. Es war eine beglückende Gewißheit, daß Gott für mich da ist und für mich, meine

Familie, meine Verwandten und Freunde sorgt. Gott, der jedes Atom mit seiner Gegenwart durchdringt, und der dem Universum seine Existenz verleiht, dieser unendlich gewaltige Gott neigt sich mir zu und schenkt mir den Herzensfrieden, den ich sehr nötig habe.

Die Botschaft von Medjugorje — ein Leben nach dem Evangelium — zeigt sich als der realistischste Weg zum Frieden des Herzens. Wer Gott nur ein klein wenig erfahren darf, dem werden alle Dinge dieser Welt gleichgültig, und wenn das Herz nicht mehr an diesen Gütern hängt, wird es frei für Gott.

Es gibt Millionen von Menschen, die sich stundenlang vor dem Fernseher vergnügen können, aber nicht eine einzige Minute am Tage für Gott übrig haben. Ihr Herz hängt zu sehr an den Gütern und Vergnügungen dieser Welt. Sie leben ständig in Unfrieden, indem sie nach immer größerem Reichtum und mehr Belustigungen suchen.

Gerade die Tatsache, daß ich das Erbarmen Gottes so unverdient erleben durfte, hat in mir ein großes Mitgefühl geweckt.

Maria weint heute an vielen Orten der Welt über ihre lauen und von der Sünde entstellten Kinder, die nahe daran sind, ewig verloren zu gehen. Die Sorgen dieser treuen Mutter sind mir nicht gleichgültig, sondern spornen mich an, ihre Wünsche — Gebet, Buße, Versöhnung, Fasten — zu verwirklichen.

In einigen Botschaften sagt die Gottesmutter, daß viele Menschen in die Hölle kommen, weil niemand für sie betet und opfert. Die Sünden haben die Welt an den Abgrund gebracht. In Medjugorje habe ich erfahren, daß durch die Befolgung der Bitten der Gottesmutter viele Menschen mit Gott versöhnt werden und damit ihr ewiges Heil erlangen.

Mit einmaliger Deutlichkeit hat Bischof Graber dieses Problem beschrieben: «Wenn ich weiß, daß die Erde vernichtet werden kann oder daß mehrere Nationen vernichtet werden, und das ist heute mit den ABC-Waffen durchaus möglich, und wenn ich auf der anderen Seite ebenso genau weiß, daß dies durch Gebet und Buße abgewendet werden kann — wie es Maria in Fatima 1917 verlangte — dann ist es meine heiligste Pflicht, dieses rettende Mittel einzusetzen. Und wenn ich dies unterlasse, mache ich mich mitschuldig an der Vernichtung dieser Völker. Die Unterlassung von Gebet und Buße ist — und ich sage dies in allem Ernst — ein Verbrechen an der Menschheit» *(«Fatima ruft», Nov. 1985, S. 6)*.

Wer erlebt hat, wie Gott das ganze Wesen eines Menschen mit Freude, Frieden, Glück, Geborgenheit und Liebe erfüllen kann, dem ist der Nächste, der sündigt, nicht gleichgültig, sondern er fühlt sich für die irrenden Schwestern und Brüder verantwortlich.

Heute weiß ich genau, daß ein Mensch, der als Feind Gottes stirbt, einen Fehler begangen hat, der nie wieder gut gemacht werden kann. Dieser Mensch wird den tiefen Herzensfrieden bei Gott in Ewigkeit nicht erleben. Er wird in alle Ewigkeit keine Heimat, keine Geborgenheit und keine Liebe mehr finden.

In Medjugorje sagt Maria, daß wir für die Sünder beten und opfern sollen. Wir sollen mithelfen, unsere Brüder und Schwestern vor dieser entsetzlichen, grauenhaften Gottesferne zu retten. Maria will uns allen sagen, daß ihr göttlicher Sohn für jeden gestorben ist, damit wir alle durch ihn gerettet werden.

Über die furchtbare Tragweite dieser entsetzlichen Gottesferne berichtet Schwester Lucia, die letzte Seherin von Fatima:

«Die Vision der Hölle hatte Jacinta dermaßen mit Entsetzen erfüllt, daß alle Bußübungen und Abtötungen ihr wie nichts erschienen, wenn sie nur einige Seelen vor der Hölle bewahren konnte... Oft setzte sich Jacinta auf den Boden oder auf einen Stein und meinte nachdenklich: "Die Hölle! Die Hölle! Wie leid tun mir die Seelen, die in die Hölle kommen! Und die Menschen, die dort lebendig brennen wie Holz im Feuer!"... Manchmal klammerte sie sich an mich und sagte: «Ich gehe in den Himmel, aber du bleibst hier. Wenn Unsere Liebe Frau es dir erlaubt, dann sage es doch jedem, was die Hölle ist, damit sie keine Sünden mehr begehen und nicht dorthin kommen. So viele Leute kommen in die Hölle! So viele Leute kommen in die Hölle!» *(«Schwester Lucia spricht über Fatima», S. 101 f.).*

Ich habe bei meinen Nachforschungen über Medjugorje mit vielen Menschen aus mehreren Ländern gesprochen, aber niemand hat mich so tief beeindruckt wie Frau Julijana Ebert aus der Nähe von Heidelberg. Das Wirken des Heiligen Geistes in ihrer Seele war nicht zu übersehen. Am tiefsten beeindruckte mich ihre große Sorge um die unsterblichen Seelen. Eine Frau, die sich vorher kaum Gedanken über das Schicksal der Menschen nach dem Tod gemacht hatte, wurde durch eine Mutter-Gottes-Erscheinung unweit von Medjugorje zu einer eifrigen Seelsorgerin. Im Gespräch sagte sie mir: «Ich kann nicht zusehen, wie die Menschen in ihr Verderben rennen. Ich muß etwas für meine Brüder und Schwestern tun. Ich spreche fremde Menschen an, erzähle ihnen von Gott und der Mutter Gottes und bete mit ihnen. Die Leute fühlen sich durch mich angesprochen, sie fangen wieder an zu glauben und zu beten.»

Das ist die wertvollste Frucht, die in Medjugorje heranreift. Gott schenkt durch Maria den Menschen die große Gnade, daß sie sich um die verirrten und verlorenen Brüder und Schwestern Sorgen machen, damit diese aus dieser Verantwortung heraus durch vermehrtes Gebet und intensivere Opfer die Menschen mit Gott versöhnen.

Diese Sorge hat auch mich nach meinem Gnadenerlebnis in Medjugorje erfaßt. Sie ist zum Mittelpunkt meines Denkens und Handelns geworden. Es ist eine unumstößliche Tatsache, daß ein Mensch, der durch unser Gebet und Opfer vor dieser entsetzlichen Gottesferne gerettet wird, seinem Wohltäter gegenüber eine unvorstellbare Dankbarkeit zeigen wird. Er wird einmal am Thron Gottes auch für uns bitten, daß wir das größte Ziel unseres Lebens, den unaussprechlichen Frieden bei Gott, nicht verfehlen.

Durch ein unverdientes Gnadengeschenk, das mir auf die Fürbitte der Königin des Friedens in Medjugorje zuteil wurde, habe ich erleben und erfahren dürfen, was es heißt, Gott nahe zu sein. Nun habe ich eine kleine Vorstellung von dem, was Gott uns in seinem himmlischen Reich schenken wird. Wenn schon der Herzensfriede, die Freude, das Glück, die Liebe und Geborgenheit durch diese Begegnung unbeschreiblich ist, um wieviel mehr wird es dann nach unserem Tod die Herrlichkeit bei Gott sein!

Unvergeßlich bleiben mir die Interviews mit Eltern, die ihr Kind durch Selbstmord verloren hatten. Tief beeindruckte mich ihre Sorge um den Verstorbenen. Eine Mutter aus Bologna erklärte mir: «Unser Sohn beging mit 18 Jahren Selbstmord. Wir waren in großer Sorge, daß er für immer verloren ist. Ohne jede Hoffnung fuhren wir nach Lourdes. Dort wurden wir ein wenig getröstet, aber die Zweifel kamen immer wieder. Wir machten uns schwerste Vorwürfe und fühlten uns schuldig am Tod unseres Sohnes.»

Hier handelt es sich um die berechtigte Sorge der Eltern über das Schicksal ihres Kindes, aber wer ein mitfühlendes Herz hat, wird begreifen, welche Sorgen unsere himmlische Mutter bewegen, wenn sie zusehen muß, wie so viele ihrer Kinder für ewig verloren gehen. Bei mehreren Erscheinungen trauerte sie über die unbußfertigen Sünder, die ihr ewiges Heil verloren haben. Darum ist es so wichtig, daß wir an den Sorgen unserer himmlischen Mutter teilhaben, die um ihre gefährdeten Kinder weint, und tun, was sie im Auftrag Gottes sagt. Wenn wir ihre Bitten erfüllen, dann wird alles ein gutes Ende nehmen.

Schlußwort

Als ich im Januar 1983 nach meinem ersten Besuch in Medjugorje nach Hause fuhr, hatte ich nichts, worüber man hätte schreiben können. Nach meinem achten Besuch im Herbst 1989 besaß ich eine Fülle von Informationen. Allein mit den Artikeln aus Zeitungen und Zeitschriften hätte man einen dicken Band füllen können. Sie wurden im vorliegenden Werk kaum benutzt. Es wurden mir aber auch von Gewährsleuten Informationen gegeben, die ich aus Rücksicht auf die betreffenden Personen nicht veröffentlichen konnte. Gerade diese Informationen sind die größte Garantie dafür, daß Gott durch Maria in Medjugorje wirkt.

Wie kam ich aber zu den Quellen?

Der heilige Vinzenz Palloti sagte einmal: «Wer den heiligen Joseph ehrt, der ehrt zugleich die Allerseligste Jungfrau Maria. So verpflichtet er beide, ihm jegliche Gnade zu erwirken und so verpflichtet er Gott, sie ihm zu geben.»

Ich möchte dieses Buch schließen mit einem großen Dank an den heiligen Joseph, diesen mächtigen Fürsprecher am Throne Gottes. Ohne seine Vermittlung und Fürsprache wäre ich niemals zu diesen Fakten gelangt. In fast unmöglichen Situationen wurde durch eine Novene zum heiligen Joseph ein Hindernis nach dem anderen aus dem Weg geräumt, gemäß dem Wort der heiligen Theresia von Avila: «Ich erinnere mich bis zum heutigen Tag nicht, ihn je um etwas gebeten zu haben, das er mir nicht gewährt hätte.» Die Situation in der katholischen Kirche würde sich sehr schnell ändern, wenn man dem «Schutzpatron der Kirche» wieder die Ehre erwiese, die ihm in seiner Stellung als Pflegevater Jesu und Bräutigam der Gottesmutter zukommt.

Treffend sagte Papst Leo XIII.: «Das Geheimnis des heiligen Joseph bleibt größer als unser Wissen. Seine Macht an Jesu Thron ist fast unbegrenzt, daher eilt das gläubige Volk vertrauensvoll zu ihm.»

Gott lenkt durch diesen großen Fürsprecher die Herzen der Menschen. Als ich Kardinal Ratzinger über die Heilungen und die Erlebnisberichte der Pilger in Medjugorje informierte, sagte er: «Möge Ihr Buch viele Menschen erreichen.»

Dieser Bitte des Präfekten der Glaubenskongregation möchte ich einen Wunsch hinzufügen. Möge dieses Buch die Menschen auch innerlich erreichen, damit ihr Herz für die Sorgen und Ängste unserer himmlischen Mutter angesprochen werde, damit sie die Botschaft Gottes, die er uns durch Maria schenkt, zur Ehre Gottes und zum Heil der unsterblichen Seelen leben und verwirklichen. Niemand möge die folgenschweren Worte vergessen, die der Kaplan von Medjugorje, P. Petar Ljubičić, mir anvertraute: «Ich hoffe, daß es genügend offene Menschen gibt, die bereit sind, die Botschaft von Medjugorje zu verwirklichen, damit das Unheil von den Menschen abgewendet werden kann.»

Wenn wir uns dazu die Worte der Gottesmutter vergegenwärtigen, die sie am 28. Januar 1987 in Sarajevo an die Seherin Mirjana Dragićević richtete, wird uns klar, was auf dem Spiel steht. Maria sagte: «Trocknet die Tränen, die ich weine, von meinem Antlitz, wenn ich zusehen muß, was ihr tut!»

Mit einer seltenen Klarheit hat die Autorin Ingeborg Obereder in ihrem Werk «Medjugorje – Einladung zum Frieden» die gewaltige Bedeutung der Botschaft erkannt. Treffend schreibt sie: ***«Eine Botschaft, von deren Befolgung Heil oder Unheil, Glück oder Unglück der ganzen Welt abhängen.»***

Literaturverzeichnis

Adler Manfred, *Die Freimaurer und der Vatikan*, Verlag Claus P. Clausen, Lippstadt, 1985

Andersen Hans, *Polwende – Zeitenwende*, Wilhelm Moestel Verlag, Fürth (Bayern), 1983

Baum Hans, *Die apokalyptische Frau aller Völker*, Christiana-Verlag, Stein am Rhein, 1983

Branz & Weigl, *Volk unter prophetischem Anruf*, St. Grignionverlag, Altötting, 1982

Carroll Michael, *Medjugorje – Facts, Documents, Theology*, Veritas Publications, Dublin, 1986

Codex Iuris Canonici, Verlag Butzen & Bercker, Kevelaer, 1984

Ernst Robert, *Maria redet zu uns*, Markus Verlag, Walhorn (Belgien), 1983

Flagel Odilo, *Lourdes*, Lins Verlag, Feldkirch (Österreich)

Fonseca Gonzaga, *Maria spricht zur Welt*, Paulus-Verlag, Freiburg (Schweiz), 1973

Frossard André, *Gott existiert – Ich bin ihm begegnet*, Herder Verlag, Freiburg i. Breisgau, 1982

Goritschewa Tatjana, *Die Kraft christlicher Torheit*, Herder Verlag, Freiburg i. Breisgau, 1984

Grabinski Bruno, *Flammende Zeichen der Zeit*, Hacker Verlag, Gröbenzell, 1974

Harrer Karl, *Die schönsten Mariengeschichten*, Miriam Verlag, Jestetten, 1977

Hebert Albert, *Mary, why do you cry?*

Hebert Albert, *The Tears of Mary*, Paulana (USA), 1983

Hermes Gerhard, *Maria weint in Belgien*, Christiana Verlag, Stein am Rhein, 1984

Heupke Wilhelm, *Wisse – Erkenne – Handle*, Wiesbadener Buchhandelsgesellschaft, 1965

Höcht Johannes, *La Salette*, Credo Verlag, Wiesbaden, 1959

Hummer Franz, *Medjugorje*, Styria Verlag, Graz, 1986

Kraljević Svetozar, *The Apparitions of Our Lady of Medjugorje*, Franciscan Herald Press, Chicago, 1984
Laurentin & Joyeux, *Medizinische Untersuchungen in Medjugorje*, Styria Verlag, Graz, 1986
Ljubić Marijan, *Erscheinungen der Mutter Gottes in Medjugorje*, Miriam Verlag, Jestetten, 1982
Lucia, *Schwester Lucia spricht über Fatima*, Postulação Fatima, Portugal, 1977
Martin Teresia, *Geschichte einer Seele*, Joh. Zimmer Verlag, Trier
Messori Vittorio, *Kardinal Ratzinger – Zur Lage des Glaubens*, Verlag Neue Stadt, München, 1985
Mikocki Benno, *Fatima*, Pattloch Verlag, Aschaffenburg, 1982
Misiak, *Gottes Barmherzigkeit*, Mediatrix Verlag, St. Andrä, 1983
Niggl Thomas, *Maria – Die Antwort Gottes auf unsere Zeit*, Selbstverlag der Abtei Weltenburg, 1980
Pavlicek Petrus, *Die Schutzfrau Österreichs und der Staatsvertrag*, Rosenkranz-Sühnekreuzzug, Wien
Philbert Bernhard, *Christliche Prophetie und Nuklearenergie*, Christiana Verlag, Stein am Rhein, 1982
Rahner Karl, *Visionen und Prophezeiungen*, Tyrolia Verlag, Innsbruck, 1952
Rahner & Vorgrimmler, *Kleines Konzilskompendium*, Herder Verlag, Freiburg i. Breisgau, 1968
Rupčić Ljudevit, *Erscheinungen unserer Lieben Frau zu Medjugorje*, Miriam Verlag, Jestetten, 1984
Schumacher H., *Die atomare Bedrohung und der allmächtige Gott*, Christliches Verlagshaus, Stuttgart, 1984
Stocker Josef, *Der Dritte Weltkrieg*, Mediatrix Verlag, St. Andrä, 1983
Stocker Josef, *Reinigung der Erde*, Mediatrix Verlag, St. Andrä, 1983
Stocker Josef, *Der mahnende Finger Gottes*, Selbstverlag, München, 1969
Yallop David, *Im Namen Gottes*, Droemer & Knaur Verlag, München, 1984

Zeitschriften

Der Fels, Regensburg
Fatima ruft, Kissleg
Mater Nostra, Parvis-Verlag, Hauteville (Schweiz)
Stimme des Glaubens, Vox-Fidei, Ravensburg
Medjugorje, Gebetsaktion Medjugorje, Wien

Inhaltsverzeichnis

Gedruckt in der Schweiz